INTERESSE RECURSAL

Coleção
Eduardo Espínola

Carolina Uzeda

INTERESSE RECURSAL

2ª edição
Revista, ampliada
e atualizada

2024

EDITORA
JusPODIVM
www.editorajuspodivm.com.br

EDITORA *Jus*PODIVM
www.editorajuspodivm.com.br

Rua Canuto Saraiva, 131 – Mooca – CEP: 03113-010 – São Paulo – São Paulo
Tel: (11) 3582.5757
• Contato: https://www.editorajuspodivm.com.br/central-de-relacionamento

Copyright: Edições *Jus*PODIVM

Diagramação: Equipe *Jus*PODIVM

Capa: Ana Caquetti

U99i Uzeda, Carolina
Interesse Recursal / Carolina Uzeda – 2.ed., rev., atual. e ampl. - São Paulo: Editora JusPodivm, 2024.
304 p.

ISBN: 978-85-442-5300-7

1. Direito Processual Civil. I. Uzeda, Carolina. II. Título.

CDD 341.46

BIBLIOTECÁRIA RESPONSÁVEL

Ana Carolina Ribeiro Mois – CRB7 – RJ 007348/0

À minha mãe Angela,
por toda renúncia, dedicação e incentivo.

NOTA DA AUTORA À SEGUNDA EDIÇÃO

Apresento aos leitores esta nova edição, atualizada e revista após a conclusão do meu doutorado, na Universidade Federal do Paraná e após a publicação da versão comercial da tese, intitulada Boa-fé no Processo Civil.

Retornar ao meu primeiro trabalho de fôlego, após sete anos, foi um exercício de renúncia às verdades que, à época da elaboração da dissertação, pareciam absolutas. O leitor perceberá isso logo no começo do livro, em que o primeiro capítulo, antes intitulado "Ação", foi renomeado como "Interesse de agir no processo jurisdicional estatal". A explicação para essa opção consta no texto, com a economia necessária para que não me desviasse excessivamente do tema.

Sinto, também, uma enorme felicidade ao voltar os olhos para esta obra e perceber que, agora, aquilo que foi visto à época como corajoso e, até mesmo, irresponsável representa o entendimento atual do STF sobre o interesse recursal (Tema 1.141). A sensação de orgulho e dever cumprido é inevitável, assim como a convicção de que não se avança sem certa dose de ousadia.

Meu sincero agradecimento à querida Caroline Rocha Alves, pelo auxílio na pesquisa e atualização; à Editora, pela oportunidade de reedição da obra; e aos amigos Felipe Barreto Marçal, Fredie Didier Jr. e Manoela Virmond Munhoz, pelo diálogo constante, aberto e franco que muito contribuiu para os ajustes que ora são apresentados.

NOTA DA AUTORA À PRIMEIRA EDIÇÃO

O presente trabalho corresponde à dissertação de mestrado, elaborada sob orientação do Professor Doutor Sérgio Seiji Shimura e defendida em 6 de dezembro de 2017, junto à Pontifícia Universidade Católica de São Paulo, perante banca avaliadora composta pelos Professores Doutores Ronaldo Cramer e Teresa Arruda Alvim.

Agradeço ao meu orientador e aos avaliadores por suas observações, que contribuíram imensamente para o aprimoramento do texto que, agora, se torna público.

Agradeço, ainda, aos amigos da "Melhor Turma da PUC", Arthur Arsuffi, Bruna Kusumoto, Eduardo Aranha, Fernanda Pitta, Delosmar Neto, Igor Martins da Cunha, José Américo Zampar Junior, Ricardo Nacle, Rosane Santos, Vitor Limeira e Yrlanna Borges, que foram fundamentais para minha sanidade nos últimos meses de elaboração da dissertação e que, com seus uísques, charutos, lasanhas e cartazes mostraram que, realmente, o que nós conquistamos de mais precioso na vida são os amigos que fazemos.

Por fim, não posso deixar de ressaltar que durante a elaboração da dissertação busquei trazer igualdade de gênero às minhas referências bibliográficas. Entendo que a luta por uma maior participação feminina na academia deve partir de um efetivo compromisso com a causa e respeito e divulgação da produção das mulheres processualistas.

Quantitativamente não foi possível. A disparidade é evidente e muito me entristece. Por outro lado, qualitativamente, a realidade é outra. Meu trabalho foi fundamentalmente iluminado pelas lições das Professoras Ada Pellegrini Grinover, Teresa Arruda Alvim e Laura Salvaneschi. Teve as bases definidas a partir das monografias de Susana Henriques da Costa e Ana Marcato. Contou, ainda, com diálogo engrandecedor – para mim, pelo menos – com os textos de Silvia Rusciano, Suzana Cremasco e Sofia Temer. Outras grandes processualistas foram igualmente citadas. É o caso, apenas para exemplificar, das professoras Thereza Alvim, Arlete Inês Aurelli, Paula Sarno, Fernanda Pantoja e Lia Carolina Batista Cintra.

A todas elas, meu sincero agradecimento pelas lições e pela representatividade.

The dogmas of the quiet past are inadequate to the stormy present.

(Abraham Lincoln)

Dont´t be trapped by dogma – which is living with the results of other people's thinking.

(Steve Jobs)

PREFÁCIO

A leitura dos originais desta monografia causou-me inesperado prazer. No primeiro contato com a obra, nas páginas iniciais, desde logo, percebi que iria ler um trabalho de elevado caráter científico.

Não foi a primeira vez que Carolina Uzeda me surpreendeu. Em março de 2015, quando ela publicou, no "Portal Processual", o texto "Apelação exclusivamente contra decisão interlocutória", fui persuadido por sua incrível capacidade de captar, com inteligência, coisas novas que estavam detrás de dispositivos legais que se encontravam no Código de Processo Civil de 1973 e foram, *ipsis litteris*, reproduzidos no vigente diploma processual. Naquela oportunidade, antes de muitos, ela não se deixou envolver mecanicamente pelo texto legal *repetido* e percebeu que, modernamente, a apelação poderia ter objeto diverso da sentença, assentando incertezas da literalidade do *caput* do art. 1.009 do CPC/15 ("*Da sentença cabe apelação*"). O tema volta a ser debatido no presente trabalho, agora mais amadurecido e aprofundado.

Em maio de 2015, no Fórum Permanente dos Processualistas Civis (FPPC), – lugar de profícuos debates –, realizado em Vitória-ES, tive a oportunidade de conhecer pessoalmente Carolina Uzeda e confirmar sua capacidade intelectual.

Lembrando as sábias e eternas palavras do saudoso Professor José Carlos Barbosa Moreira, a apresentação e o prefácio não devem servir de espécie de indevido biombo entre o autor e a obra. Entretanto, é necessário dizer que, em *Interesse Recursal*, Carolina Uzeda *descodifica* o sistema processual anterior e apresenta teses que superam as exigências de uma dissertação de mestrado. Não foi uma, foram várias as originalidades do trabalho.

Depois de explorar o tema da teoria dos recursos, dialogando com autores clássicos e modernos, a obra oferece um interessante e novo conceito de recurso, superando – como não poderia deixar de ser – todos aqueles que foram apresentados na vigência do Código revogado.

Em seguida, o interesse recursal é examinado em diversas perspectivas, sempre com os olhos voltados para o *novo*: no campo da tutela provisória, das decisões interlocutórias e também no seu aspecto subjetivo ("Decisão prolatada contra terceiro e contra auxiliar do juízo").

Chama atenção a proposta de diálogo – muito interessante – oferecida pelo trabalho entre o modelo de precedentes e o interesse recursal. As conclusões que aqui foram apresentadas – se acolhidas – propiciarão resultados para a ciência processual que foram amplamente desejados por todos aqueles que serenamente trabalharam para a constituição do novo sistema processual.

Finalmente – e acima de tudo para respeitar a convicção do Professor Barbosa Moreira, à qual me filio –, o importante é dizer o seguinte: por se tratar de um tema clássico, revisto à luz do atual Código de Processo Civil, certamente o trabalho da Carolina Uzeda foi feito à custa de muita pesquisa e leitura de vasto material. E foi feito porque interesse recursal é um tema *indispensável* para todos que se ponham a atuar no processo judicial, independentemente do grau de jurisdição. Isso mesmo: *indispensável*. Caro leitor, não perca mais tempo com esta desimportante apresentação: deleite-se com o livro!

Fabiano Carvalho

SUMÁRIO

INTRODUÇÃO

A doutrina brasileira relaciona o interesse recursal com o interesse de agir. Até mesmo para justificar critérios como o da chamada sucumbência material, adota como elementos do interesse recursal a utilidade e a necessidade. Ocorre que tal vinculação parece ser apenas parcial, já que pouco se fala da incidência do interesse público na análise da utilidade do recurso, critério que, como será adiante demonstrado, é relevante para a avaliação do interesse de agir.

Também sobressai na doutrina e na jurisprudência o entendimento da existência de uma diferença no interesse recursal e nos critérios do seu estabelecimento para partes, terceiros, Ministério Público e *amicus curiae*. O mesmo se dá com relação a alguns recursos específicos, como é o caso dos embargos de declaração que, majoritariamente, afirma-se serem passíveis de interposição, independentemente da existência de sucumbência.

Tais distinções, que não podem ser consideradas irrelevantes, fazem com que o interesse recursal não tenha um tratamento uniforme que permita o estabelecimento de critérios objetivos e claros para a sua aferição. A existência de critérios e sua previsibilidade, porém, são fundamentais para que sejam determinados os limites impostos pelo instituto e em qual medida a admissibilidade do recurso atende às suas finalidades primárias.

Para definir esses critérios serão respondidas cinco perguntas fundamentais:

a) Realmente existe correlação entre o interesse de agir e o interesse recursal?

b) Quais são os elementos identificadores do interesse recursal?

c) Qual a relação da sucumbência com o interesse recursal e com os seus elementos?

d) O que pode ser considerado sucumbência, sob a perspectiva do interesse recursal?

e) Qual a medida da chamada ótica prospectiva para análise do interesse recursal, proposta por José Carlos Barbosa Moreira, e como ela se enquadra no ordenamento jurídico vigente?

Para tanto, o primeiro capítulo delimita as bases do interesse de agir, sua identificação, relações com as demais condições da ação, seus elementos e com o interesse processual. O segundo capítulo foi destinado ao recurso e à sua admissibilidade, bem como ao paralelo com o direito de ação e a admissibilidade da causa. Foram expostos alguns reflexos da evolução do processo civil brasileiro no tocante ao objeto do recurso e ao seu conceito. Isso porque o presente trabalho buscou investigar se existem distinções entre o interesse de agir e o interesse recursal, bem como se é possível tratá-los de forma geral, com a ampla comunicação entre os institutos.

No terceiro capítulo, analisou-se o interesse recursal em todos os seus aspectos e elementos, incluindo-se — aqui — o cabimento. Igualmente, tratou-se da sucumbência, enquanto instituto vinculado ao interesse recursal, e de alguns exemplos pontuais, rotineiramente dados pela doutrina, para as hipóteses do chamado interesse recursal do vencedor. Analisou-se, ainda, o interesse recursal do terceiro prejudicado, do Ministério Público e do *amicus curiae*.

Por fim, no quarto e último capítulo, foi abordada a relação entre Código de Processo Civil de 2015 e o interesse recursal, sobretudo no tocante à estabilização da tutela antecipada, à irrecorribilidade imediata de decisões interlocutórias e aos impactos provocados pelo sistema de precedentes vinculantes.

CAPÍTULO 1

INTERESSE DE AGIR NO PROCESSO JURISDICIONAL ESTATAL

1.1. INTERESSE DE AGIR

O mundo é movido pela vontade e por ela somos moldados. É ela que determina o agir dos homens e impõe, quando não plenamente satisfeita, o sofrimento. Tem por característica a possibilidade de, a um só tempo, encaminhar o homem para a evolução e animalizá-lo quando seu *apetite inferior* se rebela contra a razão[1]. Por esse motivo sempre mereceu ampla dedicação da filosofia, que parece concordar que dela se extrai necessariamente a busca pela consecução de um fim. Surge a partir de uma necessidade física ou psicológica — que varia desde o instinto animal de sobrevivência à ganância, ao egoísmo e à toda sorte de vicissitudes que o ser humano ainda experimenta — deixando o indivíduo em um estado de crise, que apenas se encerra quando da obtenção daquilo que ele acredita ser suficiente à satisfação[2].

---

1. OLIVEIRA, Claudio Ivan de. A psicologia de Tomás de Aquino: a vontade teologicamente orientada pelo intelecto. Memorandum, 17, 08-21. Disponível em https://periodicos.ufmg.br/index.php/memorandum/article/view/6662/4236. Acesso em 07.03.2024.
2. "A importância deste elemento – o interesse – no campo do Direito, reside em que o comportamento humano é motivado, em grande parte, pelos interesses, variados, que animam os homens e dinamizam a vida social. Como o Direito é um conjunto de leis e de princípios, regulamentadores da atividade do homem, não poderia deixar de levar em consideração o interesse e a necessidade, e outros elementos que circundam o homem e lhe definem o comportamento, como ser social que é. O Direito tem que ter sempre como elementos básicos, sobre os quais se erige o ordenamento jurídico, precisamente, os comportamentos humanos fundamentais": ARRUDA ALVIM NETTO, José

Para além do aspecto microscópico da vontade, voltada à evolução e satisfação do homem, pode-se falar também em uma vontade coletiva que direciona a sociedade ao progresso. Aqui, não se cogita na individualização da vontade, mas na integração dos desejos do indivíduo ao coletivo, de tal forma que ao mesmo tempo em que tal vontade é manifesta e inafastável, é impossível identificar pontualmente em qual medida ela pertence a cada membro do grupo social.

Já o interesse está presente na relação entre o desejo e o bem desejado, como um caminho para a satisfação da vontade, mediante a identificação de que determinado bem da vida é apto a trazer a paz, sanando a crise interna decorrente da sua existência[3]:

> Ao que se observa, o interesse consiste na relação entre a necessidade humana e o bem da vida apto a satisfazê-la, razão pela qual, existindo uma necessidade que possa ser satisfeita por um determinado bem, sobressai um interesse por esse mesmo bem. Em outras palavras, o interesse consiste numa utilidade ou vantagem que pode ser encontrada em algum bem, o qual, por sua vez, irá servir ao suprimento de uma necessidade humana[4].

Assim, se o indivíduo sente fome, surgirá nele a vontade de se alimentar e, como consequência, o interesse na obtenção do alimento para sua satisfação. Veja-se que o conceito de interesse está invariavelmente atrelado à satisfação da crise decorrente da vontade, ainda que esta crise decorra de aspectos egoísticos da personalidade humana.

A partir dessas premissas, da existência da vontade individual e da vontade coletiva e do interesse como a relação entre o desejo e o bem desejado, torna-se possível identificar, de plano, dois graus dife-

---

Manoel de. Tratado de direito processual civil – 2ª ed., refundida, do "Código de Processo Civil Comentado", vol. 1 (arts. 1º ao 6º). São Paulo: Editora Revista dos Tribunais, 1990, p. 7.

3. Flávio Luiz Yarshell define interesse como "aptidão de determinado bem ou pessoa a satisfazer a necessidade de outrem, de sorte a existir complementação ou utilidade": Curso de Direito Processual Civil. Vol. 1. São Paulo: Marcial Pons, 2014, p. 25. Rodrigo da Cunha Lima Freire, em sentido semelhante, trata o interesse como "fruto de um juízo realizado pelo homem para que o mesmo se posicione favoravelmente à satisfação de sua necessidade, através de um bem útil ou indispensável a este fim": FREIRE, Rodrigo da Cunha Lima. Condições da ação: enfoque sobre o interesse de agir. 2ª ed. rev., atual. e ampl. São Paulo: Editora Revista dos Tribunais, 2001, p. 172.

4. CUNHA, Leonardo José Carneiro da. Interesse de agir na ação declaratória. Curitiba: Juruá, 2002, p. 20.

rentes de interesses: (a) o interesse do indivíduo na satisfação egoística da sua vontade e (b) interesses cuja individualização é impossível, já que comuns à coletividade (vontade coletiva)[5].

Por fim, é possível identificar também o interesse do Estado, decorrente do seu dever de manter a paz social. Daí porque sempre despontará, diante da presença de qualquer crise que se manifeste — seja em decorrência da vontade individual, seja da coletiva — um aspecto do interesse público voltado à solução do conflito (ou da situação de crise que decorre de uma vontade não satisfeita) e a manutenção do *status quo* que legitima a existência do Estado de Direito[6].

No caso, importam apenas aqueles interesses efetivamente protegidos pelo ordenamento jurídico, ou seja, aqueles que se consubstanciam a partir do direito - subjetivo ou potestativo - do indivíduo e constituem o chamado interesse jurídico[7].

Em regra, os interesses jurídicos são satisfeitos quando os indivíduos conseguem, no dia a dia, interagir de modo a manifestar sua vontade e se relacionarem, preenchendo as suas necessidades, sem que se possa considerar a existência de um estado agravado de crise. Assim, as negociações, promessas e contratos são ordinariamente cumpridos; os indivíduos adquirem bens de consumo e as remunerações pelo trabalho são pagas, de modo que a sociedade se desenvolve harmonicamente.

Ocorre que, em algumas situações, impede-se ou cria-se obstáculos à satisfação da vontade, evitando que ela se concretize plena e espontaneamente, o que leva à instauração de uma crise e à necessidade de se buscar um meio para solucioná-la. Quando tal necessidade se manifesta, surge para o indivíduo um interesse de segundo

5. Podem chegar a se manifestar em uma comunhão indivisível, de tal forma que o indivíduo, por si, não consegue delimitar quando começa ou termina seu interesse, porque a sua vontade é a vontade de todos. José Carlos Barbosa Moreira exemplifica tal categoria de interesses com aqueles relacionados ao meio ambiente, valores culturais e espirituais e voltados à proteção do consumidor: BARBOSA MOREIRA, José Carlos. Tutela jurisdicional dos interesses coletivos ou difusos. Revista de Processo, v. 39. São Paulo: Revista dos Tribunais, jul-set, 1985, p. 55-77.

6. "No momento em que alguém se sente ferido em algum direito, o que por vezes é fato puramente psicológico, o Estado tem interesse em acudir à sua revolta, em pôr algum meio ao alcance do lesado, ainda que tenha havido erro de apreciação por parte do que se diz ofendido": MIRANDA, Pontes de. Comentários ao Código de Processo Civil, tomo I: arts. 1º a 45. Rio de Janeiro: Forense, 1979, p. 104-105.

7. Sobre o conceito de direito subjetivo: ARRUDA ALVIM. Manual de direito processual. 20. ed. rev., atual. e ampl. São Paulo: Thomson Reuters Brasil, 2021, p. 165-167.

grau, o de buscar uma solução para a crise[8]. O interesse de agir é instrumental e secundário ao interesse jurídico e apenas se manifesta diante do estado agravado de crise[9]. Aqui tido, genericamente, como o momento em que o indivíduo sozinho não é capaz de obter o bem da vida necessário à satisfação da sua vontade[10-11].

Para Eduardo Grasso, tratando do interesse de agir exercido perante o Poder Judiciário, o interesse substancial visa à obtenção de uma vantagem enquanto o interesse de agir surge para reparar uma situação de crise e restituir as partes ao estado no qual deveriam estar, sempre e exclusivamente quando seja necessária a intervenção estatal para tanto[12]. Ainda que o próprio exercício do direito de ação vise — e isso integra obviamente o interesse de agir — a obtenção de uma vantagem, ela sempre decorreria de um desvio no curso do direito subjetivo da parte, desvio cuja reparação exige o exercício da tutela jurisdicional. Assim, enquanto o interesse substancial traria a ideia de *benefício primário*, o interesse de agir estaria ligado à reparação e à restituição da situação jurídica ao que ela *deveria ser*.

Exemplificando. O sujeito deseja adquirir um imóvel para sua moradia. Seu interesse surge para obtenção de uma vantagem, qual seja, o aumento do seu patrimônio. O caminho ordinário é a aquisição do bem e a transferência da propriedade. Este é o estado de direito que deve se mostrar. A transferência da propriedade, com o cumprimento de todas as obrigações dos envolvidos, é o esperado. Quando se foge disso e os fatos se dão de forma diversa, sem, por exemplo, a transferência da titularidade do imóvel, surge o interesse

---

8. LIEBMAN, Enrico Tullio. O despacho saneador e o julgamento do mérito. In: Estudos sobre o processo civil brasileiro. São Paulo: Bestbook Editora Distribuidora, 2001, p. 106.

9. A crise pode ser de certeza, de adimplemento ou aquela decorrente da necessidade de uma modificação do estado jurídico, levando, respectivamente, às tutelas declaratória, condenatória e constitutiva: YARSHELL, Flávio Luiz. Curso de direito processual civil. Vol. 1. São Paulo: Marcial Pons, 2014, p. 28-29.

10. LIEBMAN, Enrico Tullio. Manual de direito processual civil. 3ª edição. Vol. I. tradução e notas de Cândido Rangel Dinamarco. Tradução da 4ª edição italiana do Manuale di Diritto Processuale Civile, Giuffrè, Milão, 1980. São Paulo: Malheiros Editores, 2005, p. 206.

11. Vale a transcrição da lição de Arruda Alvim: "Quando, porém, ante o titular da pretensão, surge um obstáculo impeditivo do gozo do direito que se alega estar subjacente àquela, ou da satisfação do mesmo, nasce um outro interesse, diverso daquele primário. Trata-se de um interesse dirigido à supressão do obstáculo, de molde a que o direito possa novamente ser objeto de gozo e utilização normal. A este interesse secundário dá-se o nome de interesse processual": Manual de direito processual civil. 20. ed. rev., atual. e ampl. São Paulo: Thomson Reuters Brasil, 2021, p. 166.

12. GRASSO, Eduardo. L'interesse ad impugnare. Milano: Dott. A. Giuffrè Editore, 1967, p. 14-18.

de agir, para restituir as coisas à realidade que era esperada, caso não houvesse surgido a crise, pelo inadimplemento de uma das partes.

Tal perspectiva serve como um excelente método para identificação da existência (ou não) do interesse de agir, porém, não se adequa à do presente trabalho, que reputa a vontade em si mesma como um estado de crise. Assim, tanto o interesse substancial quanto o material derivam da crise que nasce na vontade e se agrava pela impossibilidade de sua satisfação. Não se trata de restituir as partes a estado hipotético, mas sim, de solucionar a crise, presumindo que ela existe – em alguma medida – desde o surgimento da vontade. Por isso que, na concepção deste trabalho, há, por exemplo, interesse de agir para a resolução de determinada dúvida sobre fatos, como é o caso das ações probatórias autônomas.

Afirmar, todavia, que em ambas as situações pode ser identificada a presença de uma crise — a segunda como agravamento da primeira —, não retira a independência do interesse de agir que, embora secundário, é autônomo ao interesse substancial. Isso se dá por ser figura vinculada ao respectivo método de solução da crise, cuja utilização estará autorizada mediante a mera afirmação do direito, sem que, para isso, seja necessária a sua efetiva constatação. Por isso, por exemplo, tem interesse de agir aquele que afirma um interesse jurídico a ser tutelado pelo Estado, independentemente de, ao final, ser verificada a sua existência[13-14].

Mas, recentemente, aquilo que se convencionou como interesse de agir reclama reformulação. Na medida em que se reconhece a

13. "Naturalmente, o reconhecimento da ocorrência do interesse de agir ainda não significa que o autor tenha razão: quer dizer apenas que sua demanda se apresenta merecedora de exame. Ao mérito, e não ao interesse de agir, pertence toda e qualquer questão de fato e de direito relativa à procedência da demanda, ou seja, à juridicidade da proteção que se pretende para o interesse substancial": LIEBMAN, Enrico Tullio. Manual de direito processual civil. 3ª edição. Vol. I. tradução e notas de Cândido Rangel Dinamarco. Tradução da 4ª edição italiana do Manuale di Diritto Processuale Civile, Giuffrè, Milão, 1980. São Paulo: Malheiros Editores, 2005, p. 203-204.

14. "O interesse processual necessário e suficiente, à propositura da ação, inegavelmente é mais numeroso, no sentido de existir em maior número de casos do que o substancial. Admitem-se mais processos, até sentença final de mérito (onde, por implicação deu-se por presente o interesse processual, e, demais condições da ação), do que processos em que a sentença, além disso, seja procedente, tendo em vista a pretensão a ser fundada, hipótese em que a ação terá produzido os efeitos verdadeiramente desejados pelo autor": ARRUDA ALVIM NETTO, José Manoel de. Tratado de direito processual civil – 2ª ed., refundida, do "Código de Processo Civil Comentado", vol. 1 (arts. 1º ao 6º). São Paulo: Editora Revista dos Tribunais, 1990, p. 321.

existência de um sistema multiportas de solução de problemas jurídicos, deve-se também atentar para a circunstância de que os critérios historicamente, até então, adotados dizem respeito ao acesso ao processo jurisdicional estatal. O interesse de agir, porém, é mais amplo e seus elementos devem ser adaptados à porta adequada e eleita pela parte, sempre que a escolha possa ser realizada.

Nesse sentido, Fredie Didier Jr. e Leandro Fernandez sustentam a existência de duas categorias distintas, em relação de continente e conteúdo: o interesse na solução de um problema jurídico e o interesse no processo jurisdicional estatal. Ao lado do processo jurisdicional estatal, é possível se identificar um interesse próprio para o processo arbitral, para a mediação extrajudicial etc. Para cada um desses tipos de interesse, haverá características próprias, identificáveis e externadas em seus elementos.[15]

Foi, inclusive, por intuitivamente perceber esse movimento que, anteriormente, defendeu-se a inexistência da figura do interesse de agir no processo arbitral, uma vez que a utilidade, no caso, não trará, em si, a necessidade de se observar também o interesse do Estado.[16] Hoje, a precipitação do entendimento fica evidente: na realidade, há interesse de agir no processo arbitral, como há na mediação e na conciliação. O que ocorre é que os elementos do interesse de agir são manipulados, de acordo com a técnica de solução de crises mais adequada.

A verdade é que a primeira edição deste livro incidiu no mesmo erro que havia identificado: a lei processual brasileira, apesar de ser clara quanto à necessidade da presença de interesse de agir para utilização plena da via judicial, deixa de conceituar o instituto que tende a ser definido pela doutrina por seus elementos e não propriamente por sua essência. Veja-se, por exemplo, que Rodrigo da Cunha Lima Freire, em monografia específica sobre o tema, conclui que "o interesse se concretiza na utilidade potencial da jurisdição"[17].

---

15. DIDIER JR., Fredie; FERNANDEZ, Leandro. Introdução à Justiça Multiportas: sistema de solução de problemas jurídicos e o perfil do acesso à Justiça no Brasil. São Paulo: Editora JusPodivm, 2024, p. 311-327.
16. UZEDA, Carolina. Boa-fé no processo civil. São Paulo: Thomson Reuters, 2024.
17. Condições da ação: enfoque sobre o interesse de agir. 2ª ed. rev., atual. e ampl. São Paulo: Editora Revista dos Tribunais, 2001, p. 176.

À época, concluiu-se que a dificuldade decorria do fato de o interesse de agir se tratar de um conceito lógico-jurídico, ou seja, independentemente das características de cada ordenamento e das definições que se lhe atribuam, ele permanece em essência o mesmo, uniforme e constante em todo o mundo[18-19]. Não é por acaso que se fala em princípio do interesse de agir, o qual, como sinaliza Aldo Attardi[20], precede, inclusive, à própria concepção autônoma do direito de ação[21]. Mas não é só isso: a dificuldade decorre da análise do interesse apenas à luz do interesse de agir para o processo jurisdicional estatal.

Por isso, sustentou-se ser correta e exaustiva a acepção adotada por Antonio do Passo Cabral, que identifica o interesse de agir como "filtro de eficiência através do qual o legislador deseja evitar o dispêndio de atividade jurisdicional inútil"[22], já que, como será demonstrado a seguir, é justamente na utilidade e na sua relação com a economia de recursos estatais que se encontra a matriz para análise da sua existência[23-24]. Esse conceito, porém, aplica-se exclusivamente ao interesse de agir no processo jurisdicional estatal.

---

18. CUNHA, Leonardo José Carneiro da. Interesse de agir na ação declaratória. Curitiba: Juruá, 2002, p. 80-81.
19. Sobre conceitos fundamentais ou conceitos lógico-jurídicos e sua reconstrução, vide: DIDIER JR., Fredie. Sobre a teoria geral do processo, essa desconhecida. 3. ed. Salvador: Editora Juspodivm, 2016, p. 52-63.
20. ATTARDI, Aldo. L'interesse ad agire. Padova: Cedam, 1958, p. 5. Francisco Cavalcanti Pontes de Miranda utiliza, para se referir ao artigo 3º, do CPC/73, os termos princípio da necessidade da tutela jurídica e princípio do interesse na tutela jurídica: Comentários ao Código de Processo Civil, tomo I: arts. 1º a 45. Rio de Janeiro: Forense, 1979, p. 168-169.
21. Sinaliza Francisco Cavalcanti Pontes de Miranda que as referências ao interesse de agir partem da expressão francesa point d'intérêt, point d'action: Comentários ao Código de Processo Civil, tomo I: arts. 1º a 45. Rio de Janeiro: Forense, 1979, p. 174.
22. CABRAL, Antonio do Passo. Despolarização do processo e zonas de interesse: sobre a migração entre polos da demanda. Revista Forense, vol. 1 – 1904. Volume 404 – 2009 (julho/agosto). Rio de Janeiro: Forense, 2009, p. 14.
23. Enrico Tullio Liebman, com os olhos voltados exclusivamente para os interesses das partes e desconsiderando, portanto, o interesse público igualmente existente, sintetiza o interesse de agir como "Limite além do qual não é permitido por em ação os órgãos jurisdicionais e molestar a parte contrária": Manual de direito processual civil. 3ª edição. Vol. I. tradução e notas de Cândido Rangel Dinamarco. Tradução da 4ª edição italiana do Manuale di Diritto Processuale Civile, Giuffrè, Milão, 1980. São Paulo: Malheiros Editores, 2005, p. 207.
24. "Logo, nenhum direito é exercido ao simples talante de seu titular. Coíbe-se não só o exercício abusivo ou caprichoso, mas também – em maior ou menor grau, a depender da intensidade da funcionalização do direito – seu exercício inútil ou de modo inadequado. Nos campos de maior funcionalização, o interesse deixa de constituir um pressuposto negativo e excepcional (pode-se exercer o direito, desde que não haja abuso ou desvio de finalidade) para tornar-se um pressuposto positivo e geral (pode-se exercer o direito, desde que ele seja útil e adequado para o suprimento de uma necessidade objetivamente considerada)": TALAMINI, Eduardo. Interesse recursal. *In*:

Em linhas mais gerais, pode-se utilizar o que defende Maurício Zanoide de Moraes. O autor afirma que o interesse está pautado em quatro pressupostos lógicos. O primeiro deles é a causa, que surge a partir da necessidade de obtenção de determinado bem. Essa causa é a vontade. O segundo, que diz respeito ao que se espera após saciada a vontade, é o resultado. Este, por sua vez, será alcançado com o terceiro pressuposto: o bem. Veja-se que, tomando por empréstimo o exemplo utilizado pelo autor, é muito lógico que sentida a fome (causa), o sujeito busque a saciedade (resultado), mediante o uso do bem. Por fim, o quarto pressuposto lógico do interesse é o próprio sujeito, ou seja, o portador do interesse[25].

Esses quatro pressupostos devem, em um primeiro momento, servir de fonte para a análise da adequação do método de solução da crise (tutela jurisdicional estatal, arbitragem, mediação, conciliação etc.). Após a identificação do método – e aqui se encontra a primeira faceta da adequação – parte-se para a análise dos elementos do interesse. Não mais vistos em linhas gerais, mas como elementos de uma espécie específica de interesse. No caso, o presente trabalho se volta à análise do interesse de agir no processo jurisdicional estatal.

1.2. ALOCAÇÃO HISTÓRICA DO INTERESSE DE AGIR COMO CONDIÇÃO DA AÇÃO: A POSIÇÃO DO INSTITUTO NO PROCESSO JURISDICIONAL ESTATAL

Em um tempo em que o processo jurisdicional estatal era o meio por excelência para a solução dos problemas jurídicos, este era visto apenas como o direito subjetivo material em estado de crise, ou seja, como outro viés do direito material, que emergia sempre que a pretensão não era satisfeita. Como reflexo disso, a ação era também compreendida como o próprio direito subjetivo em estado de reação, em sua fase agressiva[26]. Surgiria como um efeito do inadimplemento

ARENHART, Sérgio Cruz; MITIDIERO, Daniel (Coord.). DOTTI, Rogéria. (Org.). O Processo civil entre a técnica processual e a tutela dos direitos: estudos em homenagem a Luiz Guilherme Marinoni. São Paulo: Editora Revista dos Tribunais, 2017.

25. Interesse e legitimação para recorrer no processo penal brasileiro: análise doutrinária e jurisprudencial de suas estruturas. São Paulo: Editora Revista dos Tribunais, 2000, p. 55-69.

26. LIEBMAN, Enrico Tullio. Manual de direito processual civil. 3ª edição. vol. I. tradução e notas de Cândido Rangel Dinamarco. Tradução da 4ª edição italiana do Manuale di Diritto Processuale Civile, Giuffrè, Milão, 1980. São Paulo: Malheiros Editores, 2005, p. 190.

ou da impossibilidade de o indivíduo, por seus próprios meios, obter a plena satisfação do seu direito. Era, assim, a ação considerada, para a teoria civilista, um elemento do direito subjetivo.

Arruda Alvim anota a concepção, prévia à obra de Büllow, do processo como um contrato ou quase contrato, tratado como um aspecto do direito privado. Tal perspectiva não era suficiente para abranger toda a sua relevância, em virtude da sua intrínseca relação com o poder estatal e com a própria noção de tutela jurisdicional do Estado[27]. E assim era porque, como bem ressalta Ovídio Baptista, os adeptos da teoria civilista observam a ação a partir da sua perspectiva material (ação material), consubstanciada no direito de exigir o cumprimento da prestação pelo obrigado, independentemente da sua vontade[28].

Essa perspectiva, no entanto, desconsiderava a existência de uma ação processual, relacionada à tutela jurídica pelo Estado, o que apenas foi desenvolvido a partir da polêmica envolvendo Bernhard Windscheid e Theodor Muther e da publicação, em 1868, do clássico Teoria das Exceções Dilatórias e dos Pressupostos Processuais, de Oskar von Büllow. O processo conquistou independência e a ação passou a ser considerada por uma ótica dualista, como direito autônomo do direito subjetivo (ação processual) e não um mero desdobramento (ação material)[29].

Na sequência, Adolf Wach aprimorou as conclusões obtidas por Windscheid e Muther para afirmar que a ação seria um direito autônomo público, voltado contra o Estado – e não contra o réu –, posto que este deve prestar tutela jurídica. Não o desvinculou, porém, da necessidade de uma sentença de procedência. Apesar de ser um direito autônomo, a ação apenas existiria para aquele indivíduo que tivesse seu direito subjetivo violado e que, logo, teria direito a obter do Estado a tutela pretendida.

---

27. Manual de direito processual civil. 20. ed. rev., atual. e ampl. São Paulo: Thomson Reuters Brasil, 2021, p. 68-69.

28. SILVA, Ovídio A. Baptista da. Direito subjetivo, pretensão de direito material e ação. In: Polêmica sobre a ação, a tutela jurisdicional na perspectiva das relações entre direito e processo / org. Fábio Cardoso Machado, Guilherme Rizzo Amaral; Carlos Alberto Alvaro de Oliveira. [et. al.]. Porto Alegre: Livraria do Advogado, 2006, p. 15-39, p. 28-29.

29. Sobre a polêmica Windscheid-Muther: SILVA, Ovídio Baptista; GOMES, Fábio Luiz. Teoria geral do processo civil. São Paulo: Editora Revista dos Tribunais, 1997, p. 96-100.

Esse vínculo entre a procedência do pedido e o direito de ação permaneceu nas lições de Giuseppe Chiovenda, que, entendendo a ação como um direito potestativo a ser exercido contra o réu, buscou desvinculá-la da tutela jurídica devida pelo Estado, afirmando que esta seria "o poder jurídico de dar vida à condição da vontade da lei"[30]. A ação seria, para a teoria concreta, a possibilidade de pedir ao Estado sua intervenção, para solução da crise do direito material, sujeitando o réu tanto à sua existência quanto ao seu resultado.

Muito embora sustentasse a autonomia entre a ação e o direito subjetivo, a teoria concreta não se desvincula plenamente dele, uma vez que a ação seria apenas daquele indivíduo que tivesse o seu direito subjetivo violado[31]. Tal compreensão não foi suficiente para explicar as hipóteses nas quais o processo era encerrado com uma sentença de improcedência. Identifica-se, também aqui, uma certa confusão entre a ação material e a ação processual.

A questão não passou despercebida à chamada teoria abstrata, que defendia a ação como, aqui sim, completamente autônoma do direito subjetivo, razão pela qual estaria presente na sentença de procedência e na de improcedência. A pedra de toque para os precursores da teoria abstrata está, não propriamente na violação do direito subjetivo, mas na afirmação de boa-fé da sua existência[32]. Aborda a ação processual para ressaltar que bastaria que o indivíduo acreditasse ter seu direito violado, para que tivesse ação e pudesse deduzir demanda perante o Estado[33].

---

30. "A ação é um poder que nos assiste em face do adversário em relação a quem se produz o efeito jurídico da atuação da lei. O adversário não é obrigado a coisa nenhuma diante desse poder: simplesmente lhe está sujeito. Com seu próprio exercício exaure-se a ação, sem que o adversário nada possa fazer, quer para impedí-la, quer para satisfaze-la. Sua natureza é privada ou pública, consoante a vontade de lei, cuja atuação determina, seja de natureza privada ou pública": CHIOVENDA, Giuseppe. Instituições de direito processual civil. Volume I: Os conceitos fundamentais. A doutrina das ações. Tradução da 2ª edição italiana por J. Guimarães Menegale. São Paulo: Saraiva, 1942, p. 53-55.

31. MARINONI, Luiz Guilherme; MITIDIERO, Daniel. Comentários ao Código de Processo Civil: artigos 1º ao 69 . v. 1. 3. ed. rev. e atual. Dir. Luiz Guilherme Marinoni. Coord. Sérgio Cruz Arenhart e Daniel Mitidiero. São Paulo: Thomson Reuters Brasil, 2021, p. 298.

32. MARINONI, Luiz Guilherme; MITIDIERO, Daniel. Comentários ao Código de Processo Civil: artigos 1º ao 69 . v. 1. 3. ed. rev. e atual. Dir. Luiz Guilherme Marinoni. Coord. Sérgio Cruz Arenhart e Daniel Mitidiero. São Paulo: Thomson Reuters Brasil, 2021, p. 294-295.

33. É importante ressaltar que as obras de Plotz e Degenkolb precederam a teoria concreta do direito de ação, todavia, apesar de terem sido enfrentadas, tanto por Wach quanto por Chiovenda, não houve, por parte dos concretistas, resposta efetiva aos questionamentos por eles postos, acerca da sentença de improcedência.

A teoria abstrata foi ainda extremada para a compreensão da ação como absolutamente desvinculada, inclusive, da decisão de mérito. Ela decorreria do dever do Estado de prestar tutela jurisdicional, ainda que a resposta não compreendesse o julgamento do mérito da causa[34].

No Brasil, Calmon de Passos foi um de seus maiores defensores, compreendendo "ser o direito de ação simplesmente o direito à atividade jurisdicional do Estado"[35]. Lição que, como será demonstrado adiante, foi relevante para a moldura da ação – e de suas condições – feita pela legislação de 2015.

Entre as duas correntes (concreta e abstrata), Liebman optou por considerar que a ação seria direito desdobrado em o poder de exigir do Estado a tutela jurisdicional e o poder de ver seu pedido julgado[36-37]. Neste segundo aspecto, a ação – processual – é exercida mesmo nas hipóteses de improcedência do pedido[38]. O desdobramento da ação foi acolhido por Galeno Lacerda que, ao explicar a distinção entre o simples direito de petição (tido como direito de acesso aos tribunais) e o chamado direito subjetivo de ação, esclarece que

34. "Se a ação é, pelo processo histórico de sua formação, um modo de substituir o exercício da autotutela, mediante a tutela pela autoridade; e se essa substituição só se realiza a requerimento da parte interessada, não se deve admitir que esse requerimento, ou mais corretamente, esse poder de requerer, integra o poder jurídico de todos os indivíduos, de recorrer à autoridade e solicitar o que considera justo?": COUTURE, Eduardo. Fundamentos del Derecho Procesal Civil. Tercera edición. Buenos Aires: Ediciones Depalma, 1966, p. 74. Tradução livre. No original: "Si la acción es, a través del processo historico de su formación, un modo de sustituír el ejercicio de los derechos por acto proprio, mediante la tutela por acto de la autoridad; y si esa sustitución sólo se realiza a requerimiento de la parte interesada, no cabe admitir que ese requerimiento, o más correctamente, ese poder de requerir, forma parte del poder jurídico halla asistido todo individuo, de acudir ante la autoridad a solicitar lo que considera justo?"

35. Em torno das condições da ação – a possibilidade jurídica. *In*: DIDIER JR., Fredie; BRAGA, Paula Sarno. (Org.). Ensaios e Artigos. Salvador: Editora Juspodivm, 2016, p. 21.

36. "Naturalmente, só tem direito à tutela jurisdicional aquele que tem razão, não quem ostenta um direito inexistente. Mas a única maneira de assegurar a quem tem razão a possibilidade de impor o reconhecimento desta em juízo consiste em permitir que todos tragam suas demandas aos tribunais, incumbindo a estes a tarefa de examiná-las e afinal acolhê-las ou rejeitá-las, conforme sejam procedentes ou improcedentes": LIEBMAN, Enrico Tullio. Manual de direito processual civil. 3ª edição. Vol. I. tradução e notas de Cândido Rangel Dinamarco. Tradução da 4ª edição italiana do Manuale di Diritto Processuale Civile, Giuffrè, Milão, 1980. São Paulo: Malheiros Editores, 2005, p. 195.

37. Cândido Rangel Dinamarco concorda com essa dualidade da ação, como a soma de duas pretensões distintas. A primeira é a substancial. A outra é logicamente antecedente àquela e "consiste na aspiração a um provimento jurisdicional em relação à primeira": Capítulos de sentença. 7. ed. São Paulo: Malheiros, 2021, p. 44-45.

38. LIEBMAN, Enrico Tullio. Manual de direito processual civil. 3ª edição. Vol. I. tradução e notas de Cândido Rangel Dinamarco. Tradução da 4ª edição italiana do Manuale di Diritto Processuale Civile, Giuffrè, Milão, 1980. São Paulo: Malheiros Editores, 2005, p. 200.

> (...) ambos podem gerar relações processuais. Mas, enquanto a relação nascida do direito de petição se justifica apenas em termos de direito constitucional, a que surge do direito de ação se agasalha nas normas do direito Judiciário". Exemplifica utilizando a ação divórcio, vedada pelo ordenamento ao tempo da publicação da monografia, que geraria uma relação jurídica processual, na forma prevista na Constituição, sem, contudo, poder ser considerada "expressão de um direito subjetivo de ação[39].

Liebman condiciona a existência do direito processual de ação apenas à presença dos requisitos da legitimidade e do interesse de agir, chamados condições da ação[40]. Ou seja, no entendimento da teoria eclética: i) há direito processual de ação mesmo na hipótese de improcedência, desde que preenchidas suas condições, sem as quais não será possível o julgamento do mérito[41]; e ii) não há direito processual de ação quando o juiz extingue o processo sem julgar o mérito. Nesse caso, haverá apenas direito constitucional de ação (direito de petição).

As lições da teoria eclética foram acolhidas pelo legislador de 1973, que previu a carência de ação, decorrente do não preenchimento de suas condições, como forma de extinção do processo sem resolução de mérito[42-43]. Pecou, no entanto, ao aproveitar lição defasada do próprio Liebman que, no mesmo ano, havia excluído a possibilidade jurídica do pedido das chamadas condições da ação, passando

39. Despacho saneador. Porto Alegre: Livraria Sulina, 1953, p. 76.

40. LIEBMAN, Enrico Tullio. Manual de direito processual civil. 3ª edição. Vol. I. tradução e notas de Cândido Rangel Dinamarco. Tradução da 4ª edição italiana do Manuale di Diritto Processuale Civile, Giuffrè, Milão, 1980. São Paulo: Malheiros Editores, 2005, p. 203.

41. Para Teresa Arruda Alvim a ausência de condições da ação é vício de existência da sentença, não sendo sujeitas à ação rescisória: "Parecer-nos, então, que as sentenças proferidas em processos instaurados por meio de ação, sem que tenham sido satisfeitas uma ou mais condições de ação – legitimidade e interesse -, não podem ser consideradas nulas, mas juridicamente inexistentes": ALVIM, Teresa Arruda. Nulidades do processo e da sentença. 11. ed. rev., atual. e ampl. São Paulo: Thomson Reuters Brasil, 2021, p. 400. A posição foi novamente sustentada, em obra recente e em coautoria com Maria Lucia Lins Conceição: Ação rescisória e querela nullitatis: semelhanças e diferenças. São Paulo: Thomson Reuters Brasil, 2022, p. 36-63.

42. Artigo 267. Extingue-se o processo, sem resolução do mérito: (...) VI – quando não concorrer qualquer das condições da ação, como a possibilidade jurídica, a legitimidade das partes e o interesse processual.

43. BUZAID, Alfredo. A influência de Liebman no Direito Processual Civil Brasileiro. Revista de Processo. vol. 27/1982, p. 1226. jul.-set./1982.

a compreendê-la, nas raras hipóteses que não conduziam à improcedência do pedido, como integrante do interesse de agir[44].

Sem prejuízo do acolhimento pelo CPC de 1973 da teoria eclética, a teoria abstrata evoluiu. Para os seus adeptos, na esteira das lições de, dentre outros, Eduardo Couture[45] e, no Brasil, principalmente Calmon de Passos, a ação seria direito autônomo desvinculado tanto do direito subjetivo quanto do julgamento de mérito. Trata-se do direito de obter a tutela jurídica do Estado, seja qual for o resultado, sendo intimamente atrelada ao princípio da inafastabilidade do controle jurisdicional. Nessa esteira, as condições da ação seriam o mérito[46].

Em nossa leitura, do ponto de vista prático, as três teorias não chegam a se anular, muito pelo contrário, coexistem e se complementam. São perspectivas distintas para um mesmo fenômeno. Evidentemente que para a obtenção de uma sentença favorável de mérito, é necessário que a parte tenha legitimidade e interesse, o que apenas será avaliado com a possibilidade de seu ingresso em juízo.

A controvérsia reside apenas na identificação do ponto em que se considera exercido o direito de ação. Em qual momento dessa escalada é possível se afirmar que o indivíduo *tem ação*? A resposta para tal indagação não tem mais tanta relevância, já que será garantido ao sujeito, independentemente do nome pelo qual se chame ou do desdobramento que se faça, o direito a ingressar em juízo e obter, caso preenchidos os requisitos previstos em lei e comprovada a existência do direito subjetivo, julgamento favorável de mérito[47]. Afinal, como bem ponderou José Carlos Barbosa Moreira.

44. A modificação do pensamento de Liebman ocorreu na terceira edição de seu Manual, publicada em 1973.

45. COUTURE, Eduardo. Fundamentos del Derecho Procesal Civil. Tercera edición. Buenos Aires: Ediciones Depalma, 1966, p. 57-74.

46. Não se pode deixar de mencionar, ainda, a crítica formulada por Ovídio A. Baptista da Silva, que argumenta no sentido de que também a teoria eclética teria confundido o direito subjetivo de ação com o seu exercício. O exercício deste direito seria, a rigor, a chamada ação processual: SILVA, Ovídio Baptista; GOMES, Fábio Luiz. Teoria geral do processo civil. São Paulo: Editora Revista dos Tribunais, 1997, p. 31-32.

47. Pelo prisma constitucional, qualquer das teorias adotadas leva ao mesmo resultado: BEDAQUE, José Roberto dos Santos. Tutela cautelar e tutela antecipada: tutelas sumárias e de urgência: tentativa de sistematização. 2. ed. rev. e ampl. São Paulo: Malheiros Editores, 2001, p. 65.

> (...) parece menos relevante indagar se a ação há de ser concebida como direito a uma sentença favorável ou como direito a uma sentença de qualquer teor, que cuidar da possibilidade concreta do respectivo exercício e salientar os desdobramentos de conteúdo (direito ao contraditório, à prova, à motivação das decisões judiciais) cujo resguardo se põe como condição necessária – embora não suficiente – de um desfecho, na medida do possível, justo[48].

1.3. ANÁLISE DAS CONDIÇÕES DA AÇÃO

A teoria eclética, adotada pelo legislador brasileiro de 1973, jamais foi isenta de críticas. Especialmente quanto às situações nas quais havia reconhecimento tardio da inexistência de determinada condição da ação. Por diversas vezes, o processo ultrapassava a fase instrutória, desenvolvendo-se por anos, com grande dispêndio de tempo e recursos, para ser encerrado com uma sentença de extinção sem resolução do mérito, por carência de ação. É evidente que tal circunstância produzia (como ainda produz) grande desapontamento, visto que as partes, tanto autor quanto réu, não obtêm resposta definitiva, sendo levadas a um estado de incerteza e de descrédito para com o Judiciário.

Somado a isso, sempre houve grande dificuldade em se distinguir as condições da ação do mérito. Este é o motivo de algumas das mais enfáticas críticas à teoria eclética, sobretudo em se tratando da possibilidade jurídica do pedido e da legitimação *ad causam*.

Buscando solucionar os problemas teórico e o prático, a teoria da asserção ou *prospettazione*, defende que a presença das condições da ação deve ser aferida exclusivamente a partir das alegações das partes, ou seja, *in statu assertionis*. O juízo, aqui, é sumário e somente de viabilidade, de tal forma a evitar que se prolongue um processo evidentemente inútil. Ultrapassada esta fase[49], com os olhos voltados para as provas produzidas nos autos, isto é, realizando cognição efe-

48. MOREIRA, José Carlos Barbosa. Tendências contemporâneas de direito processual civil. Revista de Processo, v. 31. São Paulo: Revista dos Tribunais, jul-set, 1983, p. 199-209.

49. Fase cognitiva e não temporal. Para os defensores da teoria da asserção, é possível o reconhecimento da inexistência das condições da ação em qualquer grau de jurisdição ou fase processual, desde que tal análise seja feita a partir das afirmações do autor.

tiva, a sentença, ainda que reconheça ausência de alguma das condições da ação, deverá ser de julgamento do mérito do pedido[50-51].

Apesar de ter sido acolhida por parte da doutrina, a teoria da asserção não restou alheia às críticas de quem encontra dificuldade em aceitar que a instrução seja suficiente para justificar que um mesmo fundamento sirva, inicialmente, para extinção do processo sem resolução de mérito e, ao final, para o julgamento de improcedência[52].

A crítica, porém, parece confirmar a correção da premissa. Isso porque as condições da ação devem ser vistas única e exclusivamente pela perspectiva da efetividade e da economia processual, impedindo que um processo inútil se prolongue no tempo, causando inúmeros prejuízos, principalmente ao réu[53]. Não importa saber se seu conhecimento implicará, ou não, julgamento do mérito, porque a separação apenas é viável no plano das ideias. Quando defrontados com as situações da vida, com as demandas postas para julgamento, nem sempre

50. São adeptos, dentre outros, da teoria da asserção: GUIMARÃES, Luiz Machado. Carência de ação. In: Estudos de direito processual civil. Rio de Janeiro-São Paulo: Editora Jurídica e Universitária, 1969, p. 93-107; GRINOVER, Ada Pellegrini. As condições da ação penal. Revista Brasileira de Ciências Criminais, vol. 69/2007, Nov-Dez, 2007, p. 179-199 e ALVIM, Teresa Arruda. Nulidades do processo e da sentença. 11. ed. rev., atual. e ampl. São Paulo: Thomson Reuters Brasil, 2021, p. 67-70.

51. Há controvérsia acerca da adesão de Liebman à teoria da asserção. Enquanto Cândido Rangel Dinamarco afirma ter ouvido do mestre italiano "uma palavra de repúdio a ela". (Enrico Tullio Liebman e a cultura processual brasileira. *In*: Enrico Tullio Liebman Oggi: riflessioni sul pensiero di un maestro. Milano: Dott. A. Giuffrè Editore, 2004, p. 53), Machado Guimarães afirma sua adesão tomando por base conferência realizada em 1949, na qual Liebman teria afirmado que "todo problema, quer de interesse processual, quer de legitimação ad causam, deve ser proposto e resolvido admitindo-se, provisoriamente e em via hipotética, que as afirmações do autor sejam verdadeiras; só nesta base é que se pode discutir e resolver a questão pura da legitimação ou do interesse. Quer isto dizer que, se da contestação do réu surge a dúvida sobre a veracidade das afirmações feitas pelo autor e é necessário fazer-se uma instrução, já não há mais um problema de legitimação ou de interesse, já é um problema de mérito": Carência de ação. In: Estudos de direito processual civil. Rio de Janeiro-São Paulo: Editora Jurídica e Universitária, 1969, p. 102-103.

52. Por todos, vide: DINAMARCO, Cândido Rangel. Instituições de direito processual civil: volume II. 9. ed., rev. e atual. São Paulo: Editora JusPodivm, 2023, p. 369-371.

53. José Roberto dos Santos Bedaque, muito embora não pareça adotar a mesma perspectiva do presente trabalho, ao reconhecer a insuficiência da teoria da asserção para as demandas declaratórias, diante de uma possível necessidade de instrução para o reconhecimento da existência de incerteza jurídica, ressalta que "Embora iniciado desnecessariamente, este processo reúne elementos suficientes para eliminar qualquer litígio futuro sobre determinado direito material. E isso será obtido sem qualquer esforço extra ou atividade complementar. É só flexibilizarmos a técnica processual, para admitir que a falta de interesse na tutela declaratória não impede a sentença de mérito se nos autos houver elementos suficientes que permitam afirmar a existência do direito do autor. Já que o processo nasceu e se desenvolveu, vamos extrair dele a maior utilidade possível. Extingui-lo sem julgamento de mérito, nesse caso, parece-me contrariar a lógica do razoável": Efetividade do processo e técnica processual. Efetividade do processo e técnica processual. 4. ed. Curitiba: Editora Direito Contemporâneo, 2024., p. 320-322.

é possível realizar essa distinção de forma segura, sobretudo quanto à possibilidade jurídica do pedido e a legitimidade *ad causam*[54].

Merece ser tomada por empréstimo a analogia criada por Kazuo Watanabe para tratar do acoplamento entre os planos do direito material e processual[55]. Imagine dois rios cujas águas possuem cores distintas e que, em um dado momento, se encontram e passam a correr paralelamente, até que se misturam por completo. A pintura serve perfeitamente à compreensão das condições da ação. Um dos rios é o da admissibilidade e o outro o mérito. Eles são diferentes e embora as suas águas corram paralelamente durante algum tempo, é possível notar com nitidez que as cores destoam. As condições da ação estão postas justamente na junção entre tais águas, sendo a fronteira entre ambos os rios. Não é possível, com segurança, separá-las do mérito ou da admissibilidade, como se fossem azeite e água. Elas possuem a mesma essência e circulam entre as duas naturezas ainda que se apresentem, pontualmente, mais próximas de uma ou de outra margem[56-57].

A posição mutável das condições da ação, que a doutrina, apesar dos esforços envidados, não conseguiu diferenciar de forma clara, admite que em um dado momento a verificação da ausência de uma delas leve à resolução sem mérito e noutro com mérito[58]. Daí porque

54. Galeno Lacerda sustenta que especificamente a possibilidade jurídica do pedido e a legitimação ad causam levarão à prolação de sentença de mérito. Tal circunstância, contudo, pode ser atribuída ao amplo conceito de mérito por ele adotado, que o identifica como "todo juízo de valor sobre o pedido": Despacho saneador. Porto Alegre: Livraria Sulina, 1953, p. 82. Fredie Didier Jr., no mesmo sentido, adverte que, apesar de a falta de possibilidade jurídica e a legitimação ad causam levarem à improcedência do pedido, "O interesse de agir, em certo sentido, não se confunde com o mérito da causa": Pressupostos processuais e condições da ação: o juízo de admissibilidade do processo. São Paulo: Saraiva, 2005, p. 215.

55. WATANABE, Kazuo. Cognição no processo civil. 4. ed. rev. e atual. São Paulo: Saraiva, 2012, p. 21.

56. As condições da ação podem ser consideradas elementos de coordenação entre os planos do direito material e processual, "que são distintos, apesar do vínculo de instrumentalidade que os une": WATANABE, Kazuo. Cognição no processo civil. 4. ed. rev. e atual. São Paulo: Saraiva, 2012, p. 98.

57. Susana Henriques da Costa, em monografia específica sobre o tema, defende que as condições da ação são questões de mérito e que, portanto, "ao constatar a ausência de uma condição da ação, o juiz deverá, obrigatoriamente, entender pela improcedência da demanda, uma vez que respondeu negativamente a uma questão de mérito condicionante ao acolhimento do pedido do autor": Condições da ação. São Paulo: Quartier Latin, 2005, p. 97. Em sentido contrário, Arruda Alvim compreende as condições da ação como tecnicamente inconfundíveis com o mérito: Manual de direito processual civil. 20. ed. rev., atual. e ampl. São Paulo: Thomson Reuters Brasil, 2021, p. 170-171.

58. Pontes de Miranda, no Prólogo dos seus Comentários e tomando as lições de Adolf Schönke, parece dissentir da possibilidade de haver julgamento de improcedência, quando ausente condição da ação: "Quando se julga pela falta de pressuposto, não se pode, ao mesmo tempo, julgar-se pela improcedência da ação, porque seria encher-se de julgamento de mérito sentença

o critério a ser adotado não está na sua relação com o objeto litigioso, mas sim na utilidade do provimento jurisdicional. Tal utilidade possui dois aspectos: o benefício do réu e o dispêndio adequado de tempo e recursos na atividade jurisdicional[59].

Para o primeiro aspecto – do benefício do réu – tome-se por exemplo uma situação pueril: um concurso de soletrar promovido por uma escola de ensino fundamental. As regras do concurso admitem a inscrição e participação apenas de alunos do quinto ano. No momento das inscrições, o professor responsável por coletá-las avalia se o aluno candidato preenche o requisito essencial para participação. O aluno de outra série que porventura preencha a ficha, terá sua inscrição indeferida. Caso o concurso não atinja o mínimo de dois competidores inscritos, será cancelado. Se apenas um aluno se inscrever, considerando a inexistência de outros competidores, o concurso não será realizado. A situação será diferente caso o professor não perceba que um dos alunos do oitavo ano se inscreveu indevidamente no concurso. As etapas prosseguirão e o evento será marcado com dois competidores. No momento da competição, caso o equívoco seja verificado e se note que apenas um dos alunos preenche os requisitos para participação, ele será o vitorioso. Não parece justo que, após submeter o aluno do quinto ano a todas as angústias da competição, o certame fosse cancelado, sem a consagração de qualquer vitorioso. O único legitimado para o concurso de soletrar deverá receber o prêmio.

Nesse caso, o fato de um dos jovens haver se submetido às etapas da competição e esperado por participar do concurso de soletrar será suficiente para que, inexistindo competidor apto, ele seja considerado o vencedor. A expectativa criada no competidor, a tensão que envolve o concurso, a presença de familiares e amigos na data mar-

---

que, ex hypothesi, é somente formal": Comentários ao Código de Processo Civil, tomo I: arts. 1º ao 45. Rio de Janeiro: Forense, 1979.

59. Reconhecendo a dificuldade em identificar o conteúdo da decisão, Teresa Arruda Alvim sustenta que, além do momento da prolação, deverá ser considerado o grau de imediatidade da aferição do conteúdo da decisão: "Casos há em que só o momento somado ao grau de imediatidade da aferição do conteúdo da decisão é que nos pode orientar no sentido de saber se a decisão é de mérito, ou não. Tem-se o caso, já citado, do usucapiente que pleiteia a declaração de usucapião antes do decurso do prazo. Neste caso, tido o autor como carecedor da ação (por falta da necessidade ou da utilidade – atuais e jurídicas), terá sido o mérito examinado, ainda que prima facie, e a decisão, em ultima ratio, sobre ele versa, ainda que proferida liminarmente": Nulidades do processo e da sentença. 11. ed. rev., atual. e ampl. São Paulo: Thomson Reuters Brasil, 2021, p. 67-68.

cada para o evento e os custos que a escola terá com a preparação do evento: tudo isso corrobora para que, muito embora ele não precise soletrar absolutamente nenhuma palavra, receba o prêmio. A justiça do resultado está em todo o processo que se desenrolou inutilmente após a fase inicial de inscrições.

Tanto no cancelamento do concurso quanto na consagração do único participante como vencedor, o fundamento será o fato de o segundo candidato não preencher os requisitos mínimos para participação. O resultado, porém, dependerá não apenas do momento em que a circunstância foi descoberta, mas principalmente da indevida submissão do aluno do quinto ano às etapas do concurso.

O exemplo auxilia na compreensão do que motiva a alteração do resultado, apesar da identidade de fundamentos. Em fase inicial, o processo não chegou a causar prejuízo mais grave ao réu, razão pela qual é autorizada sua extinção sem resolução do mérito. No entanto, desenvolvido o processo, os prejuízos decorrentes da litispendência justificam que o réu receba a tutela jurisdicional, mediante o julgamento de improcedência do pedido.

Daí porque mesmo que a sentença de improcedência liminar, na forma do art. 332, seja mais favorável ao réu, não se justifica sua prolação para as hipóteses de reconhecimento inicial de ausência das condições da ação, já que, ainda não citado, não sofreu prejuízo em decorrência da litispendência.

Nessa perspectiva, o segundo aspecto determinará se a análise da ausência das condições da ação leva a uma sentença com ou sem julgamento de mérito: se é justificável impor ao juiz uma cognição efetiva – e não apenas de fachada –, o que, sem sombra de dúvidas, exigirá maior dispêndio de tempo e energia[60].

Há situações em que a prolação de sentença de mérito não trará qualquer benefício. Nesses casos, ao arrepio do que defende a teoria da asserção, o julgamento com resolução do mérito não se justifica. Mesmo porque, por outra perspectiva, a sentença de improcedência

60. Muito embora o art. 489 do CPC afirme que todas as decisões deverão ser fundamentadas, é evidente que para a extinção do processo sem resolução de mérito, o esforço argumentativo do magistrado será sempre menor. Em sentido contrário, defendendo que a extinção do processo sem resolução de mérito deveria impor um esforço argumentativo maior do julgador: SCHMITZ, Leonard Ziesemer. A fundamentação das decisões judiciais: a crise na construção de respostas no processo civil. São Paulo: Editora Revista dos Tribunais, 2015, p. 284.

nada mais é que entrega da tutela jurisdicional ao réu. Se não houver a quem tutelar, não existe justificativa para sua prolação e o Estado está impedido de prestar o serviço público. Tanto assim é que o art. 488, que tem a mesma finalidade da teoria da asserção (ainda que com ela não se confunda) ressalta que o juiz resolverá o mérito sempre que a decisão for favorável à parte, ou seja, é preciso que exista efetivo benefício a ser obtido com o julgamento[61].

É o que ocorre nos processos de jurisdição voluntária e em situações excepcionais, nas quais a sentença de improcedência será indiferente ao réu. Por exemplo, uma ação de divórcio na qual se descobre, após a expedição de ofício ao respectivo registro civil, que as partes nunca foram casadas. Não se justifica, no caso, a sentença de improcedência, que não surtirá qualquer efeito na esfera jurídica das partes, bastando a extinção do processo sem resolução de mérito, por ausência de condição da ação[62].

Para ilustrar a aplicação prática dessa segunda premissa e manter os exemplos nos assentos escolares, imagine-se uma prova final. Todos os alunos do quinto ano devem ser submetidos ao exame que verificará se estão aptos a *passar de ano*. O professor recebe os alunos em sala, pede que assinem a lista de presença e lhes entrega as provas, que serão posteriormente por ele corrigidas.

É possível imaginar que um aluno do quarto ano erre de sala e tente realizar o exame junto com os colegas do quinto ano. O professor, ao pedir que assine a lista, imediatamente verificará o equívoco e encaminhará o jovem para a sala correta. É possível, porém, que o erro não seja notado, o professor autorize o ingresso do aluno e lhe entregue a prova. E mais: é igualmente possível que o jovem, com grande dificuldade, faça a prova e a entregue para correção.

Ao se deparar com o exame e verificar que, na verdade, o aluno não tinha *legitimidade* para fazê-lo, não se justifica exigir que o professor corrija a prova e lhe atribua nota. Da mesma forma, não

61. Art. 488. Desde que possível, o juiz resolverá o mérito sempre que a decisão for favorável à parte a quem aproveitaria eventual pronunciamento nos termos do art. 485.

62. Veja-se, por exemplo, a decisão de extinção sem resolução de mérito, por perda superveniente de legitimidade, prolatada nos autos da Medica Cautelar na Ação Direta de Insconstitucionalidade nº 4.380/AM, pelo Min. Celso de Mello, hipótese na qual, apesar da fase processual, mostrou-se correto o reconhecimento de falta de condição da ação, seja porque foi requerido pelo próprio autor, seja porque se tratava de processo objetivo.

se justifica que o aluno seja penalizado com o lançamento da nota no sistema, especialmente considerando o fato de ter sido submetido a exame para o qual não estava habilitado. Note-se que, aqui, não se pode exigir que o professor faça a correção da prova – ainda que tenha tido todas as suas respostas preenchidas, tampouco não se pode lançar sobre o aluno a nota decorrente do exame injustamente aplicado.

Mesmo sentido pode ser aplicado na análise das condições da ação e do julgamento – ou não – do mérito. Sempre que não seja possível obter benefício suficiente ao exercício de cognição efetiva, não se justifica o prejuízo lançado sobre o autor e o dispêndio de energia do julgador. Não importa o *estado avançado* em que o processo se encontre, o julgamento do mérito deverá ocorrer sempre que – e apenas quando – se demonstrar útil[63].

Nessa medida que, na busca por um processo civil de resultados[64], as condições da ação devem (a) ser aferidas *in statu assertionis*, viabilizando a extinção liminar do processo sem resolução de mérito; (b) ultrapassada a fase inicial, devem levar necessariamente à extinção com mérito, desde que – e aqui há a condicionante – o julgamento de mérito seja útil a alguém, a ponto de justificar o dispêndio de energia do julgador. Se não houver a sobredita utilidade, a extinção deverá ser sem resolução do mérito.

1.4. CONDIÇÕES DA AÇÃO NO CPC/15

O CPC/15 não adota os termos condições da ação e carência de ação, utilizados por seu antecessor[65]. Além disso deixou de prever a

63. São exemplos de inutilidade do julgamento de mérito, os processos de jurisdição voluntária e o divórcio litigioso de pessoas que nunca foram casadas. Na mesma esteira, o TJESP já decidiu pela falta de interesse de agir em processo de alteração de nome e sexo no registro civil de transexual ainda não submetido à cirurgia de redesignação sexual (6ª Câmara de Direito Privado, Apelação de número não divulgado, julgamento em 26.11.2009, Rel. Des. Natan Adrano Joaquim Nunes). Veja-se que, no caso, o julgamento de improcedência do pedido poderia constituir óbice –possivelmente transponível, é verdade- ao ajuizamento de nova demanda, após a realização da cirurgia.

64. O termo é adotado, dentre outros, por Arruda Alvim, ao tratar das condições da ação: A ação e as condições da ação no processo civil contemporâneo. *In*: YARSHELL, Flávio Luiz; ZUFELATO, Camilo. (Org.). 40 anos da teoria geral do processo no brasil. Passado, presente e futuro. São Paulo: Malheiros Editores, 2013, p. 148.

65. Para uma profunda análise da carência de ação, vide: GUIMARÃES, Luiz Machado. Carência de ação. *In*: Estudos de direito processual civil. Rio de Janeiro-São Paulo: Editora Jurídica e Universitária, 1969, p. 93-107.

possibilidade jurídica do pedido como causa para a extinção do processo sem resolução de mérito.

A omissão do texto legal fez surgir nova controvérsia. Parte da doutrina passou a sustentar que que teria ocorrido um desprendimento do direito processual brasileiro da teoria eclética. Em sentido diametralmente oposto, outros doutrinadores passaram a defender que, a rigor, teria havido um reforço na adesão à teoria eclética, com a adequação do sistema brasileiro às lições de Liebman[66] quanto à possibilidade jurídica do pedido, enquanto integrante do interesse de agir[67].

Não parece ter havido qualquer modificação substancial no sistema em razão da omissão legislativa quanto aos termos *condições da ação* ou *carência de ação*, que seguirão sendo reproduzidos por questões didáticas[68]. A bem da verdade, a mera alteração da nomenclatura, em que pese tenha servido para demonstrar que não é possível condicionar a ação a qualquer requisito, não se presta a modificar, em essência, aquilo que elas representam: obstáculos que precisam ser vencidos para que a parte obtenha o julgamento do mérito e, por

66. "Custou algumas décadas para que o legislador pátrio se adequasse à revisada posição de Liebman, restringindo as denominadas condições da ação à legitimidade ad causam e ao interesse processual. A teoria do mestre italiano passa assim a ser agora adotada pelo novo CPC, com a inclusão, no rol das hipóteses que obstruem o juiz a resolver o mérito da causa, da ausência de qualquer uma das duas referidas condições de admissibilidade da ação": TUCCI, José Rogério Cruz e. Comentários ao Código de Processo Civil: artigos 485 ao 538. São Paulo: Thomson Reuters Brasil, 2021, p. 48.

67. Sobre o tema e a persistência das condições da ação no processo civil brasileiro, sobretudo com relação à possibilidade jurídica do pedido: DIDIER JR., Fredie. Será o fim da categoria "condição da ação"? Um elogio ao projeto do novo Código de Processo Civil. Revista de Processo, v. 197. São Paulo: Revista dos Tribunais, jul, 2011, p. 256-260; CÂMARA, Alexandre Freitas. Será o fim da categoria "condição da ação" Uma resposta a Fredie Didier Jr. Revista de Processo, v. 197. São Paulo: Revista dos Tribunais, jul, 2011, p. 261-269; e CUNHA, Leonardo José Carneiro da. Será o fim da categoria das condições da ação? Uma intromissão no debate travado entre Fredie Didier Jr. e Alexandre Freitas Câmara. Revista de Processo, v. 198. São Paulo: Revista dos Tribunais, ago, 2011, p. 227-236. Pelo completo abandono da teoria eclética: NUNES, Dierle; CARVALHO, Mayara de. Comentários ao artigo 17. *In*: Código de processo civil anotado. TUCCI, José Rogério Cruz. .et. al. (Coord.). Rio de Janeiro: LMJ Mundo Jurídico, 2016, p. 30. Aderindo ao entendimento de Alexandre Câmara, pelo tratamento da possibilidade jurídica do pedido como integrante do interesse de agir: AURELLI, Arlete Inês. As condições da ação no novo Código de Processo Civil. *In:* CÂMARA, Helder Moroni. Et al. (Org.). Aspectos polêmicos do novo Código de Processo Civil, volume 1. São Paulo: Almedina, 2018.

68. Cassio Scarpinella Bueno foi pontual ao afirmar que "mesmo no ambiente do CPC de 2015, parece ser absolutamente adequado entender que os fundamentos e o substrato do "interesse de agir" e da "legitimidade para causa" não guardam nenhuma relação com o processo, nem com sua constituição nem com seu desenvolvimento. Muito pelo contrário, ambos os institutos só se justificam, na perspectiva do mérito, na perspectiva da afirmação de direito feita por aquele que postula em juiz": Manual de direito processual civil. 7. ed. São Paulo: Saraiva Educação, 2021, p. 144.

consequência, a posterior efetivação da tutela jurisdicional[69]. Permanecem sendo intrinsecamente instrumentais e servem como meio para obtenção de um resultado, jamais podendo ser tratadas como um fim em si mesmas.

No que concerne à possibilidade jurídica do pedido, a despeito do que defende parte da doutrina[70], a omissão legislativa não implicou imediata extinção da categoria, enquanto requisito de admissibilidade. A possibilidade jurídica não levará, no ambiente do CPC/15, ao automático e invariável julgamento de mérito.

Isso porque, quando o pedido formulado encontra barreiras na legislação, sendo juridicamente impossível, falta à parte o requisito do *interesse de agir*, vez que a tutela pedida não terá qualquer resultado útil, frente à impossibilidade de o Estado concedê-la[71]. Tal perspectiva permanece válida especialmente para a extinção liminar de demandas inviáveis, independentemente da citação do réu e de um esforço argumentativo maior do magistrado para a prolação da sentença.

A possibilidade jurídica do pedido será causa de extinção do processo sem resolução do mérito sempre que aferida *in statu assertionis* ou, ainda que após o decurso das fases do conhecimento, na forma do que foi dito, quando a prolação de sentença com julgamento do mérito não for útil[72].

---

69. "A despeito do avanço terminológico, as chamadas "condições da ação" continuam, no CPC de 2015, na mesma posição que ocupam no CPC de 1973, isto é, de "pressupostos do válido julgamento de mérito" (categoria que constitui gênero, do qual historicamente se apresentavam como espécies as antes chamadas "condições da ação", a serem aqui examinadas, e os "pressupostos processuais" (...))": SICA, Heitor Vitor Mendonça. Capítulo VI: Da contestação. Comentários ao art. 337. *In*: WAMBIER, Teresa Arruda Alvim. Et al. (Coord). Breves comentários ao Novo Código de Processo Civil. 3. ed. rev. e atual. São Paulo: Editora Revista dos Tribunais, 2016, p. 1.016.

70. ALVIM, Teresa Arruda. Nulidades do processo e da sentença. 11. ed. rev., atual. e ampl. São Paulo: Thomson Reuters Brasil, 2021, p. 60-62 e COSTA, Susana Henriques da. Comentário ao artigo 17. *In*: BUENO, Cassio Scarpinella. (Coord.). Comentários ao novo código de processo civil. São Paulo: Saraiva, 2017, p. 279.

71. No mesmo sentido, pelo tratamento da possibilidade jurídica do pedido em conjunto com o interesse de agir: MARINONI, Luiz Guilherme; MITIDIERO, Daniel. Comentários ao Código de Processo Civil: artigos 1º ao 69. 3. ed. rev. e atual. Dir. Luiz Guilherme Marinoni. Coord. Sérgio Cruz Arenhart e Daniel Mitidiero. São Paulo: Thomson Reuters Brasil, 2021, p. 304-305 e NERY JUNIOR, Nelson. Princípios do processo na Constituição Federal: (processo civil, penal e administrativo). 12. ed. rev., ampl. e atual. com as novas súmulas do STF (simples e vinculantes) e com o novo CPC (Lei 13.105/2015). São Paulo: Editora Revista dos Tribunais, 2016, p. 214.

72. "A supressão da possibilidade jurídica não implica, por si só, o extermínio dessa construção teórica historicamente marcante no direito positivo brasileiro. Por possibilidade jurídica do pedido, portanto, enquanto condição da ação, entendíamos que ninguém pode intentar uma ação sem que peça providência que esteja, em tese, prevista, ou que não encontre óbice no ordenamento jurídico material. Ocorre que o mesmo se pode dizer em relação ao interesse, que é intimamente

Tome-se por exemplo a demanda proposta perante a Justiça Federal de Pernambuco, na qual pediu que fosse reconhecido "o direito legal legítimo de ser inimiga contra os Estados Unidos da América do Norte" e "o direito a explodir bomba atômica contra todo o povo norte americano"[73]. Se, apesar de caricata, a petição inicial preencher todos os requisitos previstos em lei, o magistrado que considere a possibilidade jurídica do pedido como mérito – e não como uma faceta do interesse de agir – não encontrará no CPC/15 alternativa para extinção liminar do processo. Não é possível o julgamento de improcedência liminar do pedido[74] e inexiste no corpo do art. 330 qualquer justificativa para o indeferimento da petição inicial[75].

Haja vista, porém, que se o interesse de agir for tratado a partir da dualidade entre o interesse estatal e o da parte, como será desenvolvido a seguir, não haverá qualquer razão para o recebimento da demanda, podendo o processo ser extinto na forma do art. 330, inciso III. Daí porque considerar a possibilidade jurídica do pedido, como é, integrante do interesse de agir é permitir que as condições da ação exerçam, de forma ampla, sua função de promotoras da efetividade, impedindo a realização de atos inúteis[76-77].

---

vinculado à existência de previsão legal para o que se pede em juízo. Assim, se o autor objetiva, pela ação, uma providência jurisdicional para a qual não existe previsão no ordenamento jurídico positivo, pode-se dizer não haver interesse jurídico processual para o pedido realizado. A exclusão da 'possibilidade jurídica do pedido' não invalida a conclusão de que uma tal demanda pode (e deve) ser extinta in limine, por carência de ação": ALVIM, Arruda. Manual de direito processual civil. 20. ed. rev., atual. e ampl. São Paulo: Thomson Reuters Brasil, 2021, p. 162-164.

73. O processo nº 2000.83.00.013654-2, que tramitou junto à 10ª Vara Federal de Recife, foi citado por Heitor Vitor Mendonça Sica como exemplo de demanda absurda que, ainda assim, deve ser apreciada pelo Poder Judiciário: O direito de defesa no processo civil brasileiro: um estudo sobre a posição do réu. São Paulo: Atlas, 2011, nota de rodapé nº 31, p. 27.

74. Art. 332. Nas causas que dispensem a fase instrutória, o juiz, independentemente da citação do réu, julgará liminarmente improcedente o pedido que contrariar: I - enunciado de súmula do Supremo Tribunal Federal ou do Superior Tribunal de Justiça; II - acórdão proferido pelo Supremo Tribunal Federal ou pelo Superior Tribunal de Justiça em julgamento de recursos repetitivos; III - entendimento firmado em incidente de resolução de demandas repetitivas ou de assunção de competência; IV - enunciado de súmula de tribunal de justiça sobre direito local.

75. Art. 330. A petição inicial será indeferida quando: I - for inepta; II - a parte for manifestamente ilegítima; III - o autor carecer de interesse processual; IV - não atendidas as prescrições dos arts. 106 e 321.

76. "São razões de economia processual que determinam a criação de técnicas processuais que permitam o julgamento antecipado, sem a prática de atos processuais inteiramente inúteis ao julgamento da causa. As "condições da ação" nada mais constituem que técnica processual instituída para a consecução desse objetivo": WATANABE, Kazuo. Cognição no processo civil. 4. ed. rev. e atual. São Paulo: Saraiva, 2012, p. 101.

77. Em sentido diverso, considerando que as demandas juridicamente impossíveis podem ser objeto de improcedência liminar do pedido: MEDINA, José Miguel Garcia. Novo Código de Processo Civil Comentado: com remissões e notas comparativas ao CPC/1973. São Paulo: Editora Revista dos

Apesar das controvérsias pontuais, a doutrina parece caminhar para um consenso quanto às condições da ação integrarem, junto com os pressupostos processuais, a categoria de *requisitos para admissibilidade do julgamento válido do mérito*, a ser observada sempre com os olhos voltados para a efetividade do processo. Nessa perspectiva, da prevenção de um processo inútil, que a sua análise há de ser realizada pelo julgador, com o exame feito em abstrato e em face do pedido formulado[78]. Ultrapassado, contudo, o marco inicial e desenvolvido o processo inútil, em que pese a ausência de preclusão para conhecimento da matéria, o julgador, em regra, deverá julgar o mérito.

Concluindo, as condições da ação: (a) persistem na vigência do CPC/15, ao lado dos pressupostos processuais, como requisitos de admissibilidade do julgamento do mérito, mas sem com eles se confundirem; (b) são instrumentos de efetividade do processo; (c) devem ser aferidas *in statu assertionis*, para extinção do processo sem resolução de mérito; (d) podem, ultrapassada a fase inicial, levar tanto à sentença de extinção com resolução de mérito quanto sem resolução de mérito, a depender da utilidade do provimento jurisdicional; e (e) consubstanciam-se em legitimidade da parte e interesse de agir,

Tribunais, 2015, p. 553; DIDIER JR., Fredie. Curso de direito processual civil: introdução ao direito processual civil, parte geral e processo de conhecimento. 26. ed., rev., atual. e ampl. São Paulo: Editora Juspodivm, 2024, p. 762-763 e COSTA, Susana Henriques da. Comentário ao art. 332. *In:* / CABRAL, Antonio do Passo; CRAMER, Ronaldo. (Coord.). Comentários ao novo Código de Processo Civil. 2. ed. rev., atual. e ampl. Rio de Janeiro: Forense, 2016, p. 525. Entendemos, contudo, com Oreste Nestor Souza Laspro, pela impossibilidade de interpretar extensivamente o artigo 332: LASPRO, Oreste Nestor Souza. Comentário ao artigo 332. *In*: TUCCI, José Rogério Cruz e. Et al. (Coord.). Código de Processo Civil anotado. Rio de Janeiro: LMJ Mundo Jurídico, 2016, p. 484. Em entendimento que merece ser ressaltado, Nelson Nery Junior e Rosa Maria de Andrade Nery defendem a inconstitucionalidade do art. 332, "por ferir as garantias da isonomia (CF 5º caput e I), da legalidade (CF 5º II), do devido processo legal (CF 5º caput e LIV), do direito de ação (CF 5º XXXV) e do contraditório e ampla defesa (CF 5º LV), bem como o princípio dispositivo, entre outros fundamentos, porque o autor tem o direito de ver efetiva da a citação do réu, que pode abrir mão de seu direito e submeter-se à pretensão, independentemente do precedente jurídico de tribunal superior ou de qualquer outro tribunal, ou mesmo do próprio juízo": NERY JUNIOR, Nelson; NERY, Rosa Maria de Andrade Código de processo civil comentado. 18. ed. rev., atual. e ampl. São Paulo: Thomson Reuters Brasil, 2019, p. 909. Embora não concordemos integralmente com a afirmação, esta demonstra a gravidade do que disciplina o art. 332 e faz transparecer a impossibilidade de interpretá-lo de forma extensiva, sobretudo para admissão de sentença liminar de improcedência por pedido 'manifestamente improcedente'.

78. GRINOVER, Ada Pellegrini. As condições da ação penal. Revista Brasileira de Ciências Criminais, vol. 69/2007. Nov-Dez, 2007, p. 179-199. Parece seguir o mesmo entendimento, em que pese tecendo críticas à taxatividade do art. 332: KOEHLER, Frederico Augusto Leopoldino. As novidades do NCPC com relação à improcedência liminar do pedido (art. 285-A do CPC/73, atual art. 332 do NCPC). *In*: DIDIER JR., Fredie. (Coord.). MACÊDO, Lucas Buril de; PEIXOTO, Ravi; FREIRE, Alexandre. (Org.). Novo CPC doutrina selecionada, v. 2: procedimento comum. Salvador: Editora Juspodivm, 2016, p. 127.

este, quando não for hipótese de julgamento do mérito, integrado pela possibilidade jurídica do pedido.

1.5. PRESSUPOSTOS PROCESSUAIS

Os pressupostos processuais, diferente das condições da ação, são requisitos formais, considerados como "circunstâncias subjetivas e objetivas que constituem os requisitos para que o processo, tal como foi proposto, se apresente adequado e apropriado à lide"[79-80]. Ou seja, a observância de seu preenchimento, como regra, dispensa a análise do mérito da causa, sendo dele independentes.

Retomando o exemplo do rio de Kazuo Watanabe, enquanto as condições da ação se apresentam no limiar entre o processo e o direito material, alternando-se entre um e outro, os pressupostos processuais têm sua posição bem delimitada, ao lado do processo e sem qualquer relação com a margem oposta. Justamente por isso, sua avaliação pelo juiz antecede, em regra, à das condições da ação.

Eles são requisitos para que a "relação processual exista validamente"[81], como, por exemplo, a capacidade da parte e a competência do juízo. Veja-se que, ao avaliar se o autor está representado por advogado ou se a demanda foi proposta perante o juízo correto, o julgador realiza uma análise superficial, prévia, sem se debruçar sobre a relação jurídica de direito material apresentada.

Tal circunstância permite que os pressupostos processuais sejam tratados como requisitos extrínsecos de admissibilidade da causa, enquanto as condições da ação são requisitos intrínsecos, já que "não mais se referem a dados genéricos de validade do processo, mas

---

79. LIEBMAN, Enrico Tullio. O despacho saneador e o julgamento do mérito. *In*: Estudos sobre o processo civil brasileiro. São Paulo: Bestbook Editora Distribuidora, 2001, p. 104.

80. Sobre pressupostos processuais e seu tratamento pela doutrina nacional: ARAÚJO, Luciano Vianna. Pressupostos processuais. *In*: YARSHELL, Flávio Luiz; ZUFELATO, Camilo. (Org.). 40 anos da teoria geral do processo no brasil. Passado, presente e futuro. São Paulo: Malheiros Editores, 2013, p. 573-612.

81. ALVIM, Teresa Arruda. Nulidades do processo e da sentença. 11. ed. rev., atual. e ampl. São Paulo: Thomson Reuters Brasil, 2021, p. 42. Tratando do dogma da prioridade no conhecimento dos pressupostos processuais: CINTRA, Lia Carolina Batista. Pressupostos processuais e efetividade do processo civil: uma tentativa de sistematização. Revista de Processo, v. 214. São Paulo: Revista dos Tribunais, dez, 2012, p. 79-119.

sim a requisitos condicionantes da eficácia da relação processual, diretamente em face da pretensão nela veiculada"[82].

A categorização, como será demonstrado adiante, apresenta-se relevante para a tentativa de atribuir tratamento uniforme da admissibilidade da causa e do recurso, em prol de uma teoria geral da admissibilidade.

Cândido Rangel Dinamarco ressalta que a análise, em separado, de pressupostos processuais e condições da ação não apresenta grande relevância, já que o julgador aferirá a existência dos requisitos de admissibilidade da causa em um momento único, prévio à análise do mérito[83]. Parece, porém, que ainda que os pressupostos processuais e as condições da ação possam ser agrupados em uma categoria única, a diferenciação entre ambos permanece relevante no tocante à aplicação da teoria da asserção.

No caso concreto, é absolutamente distinta a argumentação a ser utilizada pelo magistrado quando do julgamento da causa. Na ausência de condição da ação, apenas poderá deixar de resolver o mérito quando demonstrar, fundamentadamente, que realizou a análise *in statu assertionis* ou que o provimento de mérito não será útil a qualquer das partes. Não ocorrendo as hipóteses já desenvolvidas no item 1.3 (*supra*), é dever do magistrado decidir o mérito da causa.

No tocante aos pressupostos processuais, além de alguns impedirem completamente o julgamento do mérito, porque voltados à proteção de interesse público, nas hipóteses em que seja possível o julgamento, o argumento do julgador deverá ser no sentido de demonstrar a possibilidade da entrega da tutela jurisdicional. Deverá reconhecer a existência do vício e aplicar a regra de julgamento prevista no art. 488, demonstrando que o pressuposto processual faltante visava a proteger a parte que será beneficiada por seu julgamento.

Antonio Carlos Marcato, reconhecendo a possibilidade de agrupamento das condições da ação e dos pressupostos processuais, também atenta para a necessidade de exame autônomo de cada uma das categorias, ressaltando que os efeitos do reconhecimento da ausência

82. THEODORO JÚNIOR, Humberto. Requisitos da tutela cautelar. Revista de Processo, v. 50. São Paulo: Revista dos Tribunais, abr-jun, 1988, p. 129-142.

83. DINAMARCO, Cândido Rangel. Instituições de direito processual civil: volume II. 9. ed., rev. e atual. São Paulo: Editora JusPodivm, 2023, p. 733.

dos requisitos são diferentes. O faz, porém, partindo de premissas distintas das nossas, já que ressalta que "a constatação da ilegitimidade de qualquer das partes ou da ausência de interesse processual acarretará, *ipso facto*, a extinção do processo sem resolução do mérito, a qualquer tempo e grau de jurisdição"[84].

Muito embora se reconheça que os efeitos práticos se assemelham, tanto a relação dos requisitos com o mérito da causa quanto a distinção entre os efeitos de sua inexistência, como será demonstrado ao longo do trabalho, impõem o tratamento como categorias distintas, inclusive e principalmente, no tocante aos requisitos de admissibilidade do recurso[85].

1.5.1. Pressupostos processuais negativos

Questão relevante é a dos pressupostos processuais negativos. A doutrina diferencia os pressupostos processuais em positivos e negativos[86]. No primeiro grupo, elenca aqueles cuja análise realizada pelo magistrado levará a um juízo de constatação negativo. Verificada a ausência de algum dos pressupostos, o processo será extinto. A análise dos pressupostos processuais negativos, por sua vez, implica juízo de constatação positivo. E a existência de qualquer deles que levará à extinção do processo, ressalvada, se possível, a aplicação do art. 488.

Os pressupostos processuais negativos são, na forma do que dispõe o art. 485, V, a perempção, a litispendência e a coisa julgada[87]. A eles deve ser acrescida a estabilização da tutela antecipada que, igual-

---

84. MARCATO, Antonio Carlos. Procedimentos especiais. 17ª ed. rev., atual. e ampl. São Paulo: Atlas, 2017, p. 16-17.

85. Para melhor compreensão das divergências ainda persistentes na doutrina acerca da existência de distinção entre pressupostos processuais e condições da ação vide: DIDIER JR., Fredie. Pressupostos processuais e condições da ação: o juízo de admissibilidade do processo. São Paulo: Saraiva, 2005 e ALVIM, Teresa Arruda. Nulidades do processo e da sentença. 11. ed. rev., atual. e ampl. São Paulo: Thomson Reuters Brasil, 2021, p. 42-70.

86. "Neste sentido, até para fins didáticos, é correto agrupar os pressupostos de existência e de validade do processo como pressupostos processuais positivos. Positivos, no sentido de que devem estar presentes, para o atingimento de suas finalidades respectivas, a existência e a validade do processo, respectivamente. Os pressupostos negativos, de seu turno, não devem estar presentes, sob pena de comproménter a validade do processo": BUENO, Cassio Scarpinella. Curso sistematizado de direito processual civil: teoria geral do direito processual civil – parte geral do Código de Processo Civil, vol. 1. 9. ed. São Paulo: Saraiva Educação, 2018, p. 336.

87. Teresa Arruda Alvim entende como pressupostos processuais negativos apenas a litispendência e a coisa julgada: ALVIM, Teresa Arruda. Nulidades do processo e da sentença. 11. ed. rev., atual. e ampl. São Paulo: Thomson Reuters Brasil, 2021, p. 58-59.

mente, a exemplo da coisa julgada, constitui estabilidade que impede o julgamento do mérito[88].

Quanto à sua natureza, correto Donaldo Armelin que percebeu o que tratou por *zona cinzenta* entre os chamados pressupostos processuais negativos e as condições da ação[89]. Isso porque, para além de meros requisitos formais, genéricos em essência, os chamados pressupostos processuais negativos impõem a observação do objeto litigioso, exigindo do julgador a análise, ainda que sumária, dos elementos da demanda, especificamente da causa de pedir e do pedido[90].

Esse voltar de olhos para a demanda propriamente dita, lança os pressupostos processuais negativos no limiar entre as questões meramente formais e as condições da ação, entre o que é intrínseco e extrínseco. Tal situação limítrofe é apresentada, inclusive, no próprio texto legal, que no art. 485 (a) diferencia os pressupostos processuais dos pressupostos processuais negativos e (b) inclui perempção, litispendência e coisa julgada entre a "*ausência de pressupostos de constituição e de desenvolvimento válido e regular do processo*" (inciso IV) e a "*ausência de legitimidade ou de interesse processual*" (inciso VI).

Não se está discutindo se se trata de vícios de existência ou de validade, ou dos efeitos de seu reconhecimento, circunstâncias que

---

88. Há, ainda, quem entenda a convenção de arbitragem como pressuposto processual negativo. Sobre o tema, vide: DINAMARCO, Cândido Rangel. Instituições de direito processual civil: vol. III. 8. ed. rev. e atual. São Paulo: Malheiros, 2019, p. 158-159; BUENO, Cassio Scarpinella. Curso sistematizado de direito processual civil: teoria geral do direito processual civil – parte geral do Código de Processo Civil, vol. 1. 9. ed. São Paulo: Saraiva Educação, 2018, p. 339-340; DIDIER JR., Fredie. Curso de direito processual civil: introdução ao direito processual civil, parte geral e processo de conhecimento. 26. ed. rev., atual. e ampl. São Paulo: Editora Juspodivm, 2024, p. 447; e CREMASCO, Suzana Santi. A interpretação extensiva da hipótese de cabimento de agravo de instrumento prevista no art. 1.015, III, do NCPC: o reconhecimento de competência do árbitro como pressuposto processual negativo no processo judicial. *In*: GALINDO, Beatriz Magalhães; KOHLBACH, Marcela. (Coord.). Recursos no CPC/15: perspectivas, críticas e desafios. Salvador: Editora Juspodivm, 2017.

89. Para ele os pressupostos processuais negativos "se encartariam nas categorias genéricas de condições da ação acima explicitadas, porque, antes de afetarem a existência ou formação válida do processo, atingem, no que tange a um caso específico, o direito de ação como tal considerado neste trabalho, tornando ineficaz o resultado do processo". Legitimidade para agir no direito processual civil brasileiro. São Paulo: Editora Revista dos Tribunais, 1979, p. 42-43. No mesmo sentido: GUIMARÃES, Luiz Machado. Carência de ação. In: Estudos de direito processual civil. Rio de Janeiro-São Paulo: Editora Jurídica e Universitária, 1969.

90. A existência de tal zona cinzenta fica clara nos estudos de Luiz Machado Guimarães que elencou o compromisso arbitral como condição da ação. O fez, contudo, ressaltando que sua adequação a uma ou outra categoria dependia da natureza que o observador atribuísse ao juízo arbitral. Se jurisdicional, o compromisso será um pressuposto processual; se contratual, uma condição da ação: GUIMARÃES, Luiz Machado. Carência de ação. *In*: Estudos de direito processual civil. Rio de Janeiro-São Paulo: Editora Jurídica e Universitária, 1969, p. 102.

iluminaram as conclusões de Donaldo Armelin, mas apenas e exclusivamente se, para sua verificação é necessário observar a existência do direito (de obtenção do julgamento de mérito) ou apenas o modo de exercê-lo.

A lição de Donaldo Armelin, ao encartar os pressupostos processuais como condições da ação poderia ser facilmente acolhida se nossa perspectiva sobre as condições da ação fosse outra, que não a aplicação da teoria da asserção.

Veja-se que perempção, litispendência e coisa julgada se resolvem na análise do interesse de agir da parte, se considerados os critérios anteriormente estabelecidos. Na hipótese de coisa julgada ou de estabilização da tutela antecipada, o que é avaliado é a ausência de interesse na prestação jurisdicional, uma vez que a lide já foi solucionada. O Estado já prestou tutela e é injustificável que a via judicial seja novamente instaurada. No tocante à litispendência, há demanda idêntica tramitando no mesmo grau de jurisdição, o que torna inútil seja ela apreciada em duplicidade, impondo ao réu e ao Estado o dispêndio desnecessário de recursos e energia. Por fim, quanto à perempção, ainda que a lide não tenha sido anteriormente decidida, o uso abusivo do direito de ação e o sopesamento entre o interesse estatal e o da parte fazem com que falte utilidade no julgamento da causa.

Ocorre que a aferição da existência dos pressupostos processuais negativos levará sempre, invariavelmente, à extinção do processo sem resolução do mérito. Não é possível, aqui, pela análise de critérios como a economia processual, que justificam a aplicação da teoria da asserção, se obter o julgamento de improcedência do pedido[91].

O que se diz, em resumo, é que, independentemente de estarem expressamente previstos como causas autônomas de extinção do processo sem resolução do mérito e, em regra, tratados junto ao *bloco* dos pressupostos processuais e, portanto, como requisitos extrínsecos, coisa julgada, litispendência, estabilização da tutela antecipada

91. No mesmo sentido: CREMASCO, Suzana Santi. A interpretação extensiva da hipótese de cabimento de agravo de instrumento prevista no art. 1.015, III, do NCPC: o reconhecimento de competência do árbitro como pressuposto processual negativo no processo judicial. *In*: GALINDO, Beatriz Magalhães; KOHLBACH, Marcela. (Coord.). Recursos no CPC/15: perspectivas, críticas e desafios. Salvador: Editora Juspodivm, 2017, p. 461-462.

e perempção, ainda que não possam ser encartadas como condições da ação, são considerados requisitos intrínsecos de admissibilidade[92].

1.6. ELEMENTOS DO INTERESSE DE AGIR NO PROCESSO JURISDICIONAL ESTATAL

Como dito, constituindo condição da ação e sendo, consequentemente, requisito intrínseco de admissibilidade do julgamento do mérito, é natural que a identificação da existência do interesse de agir no processo jurisdicional estatal se dê mediante a análise das afirmações do autor acerca da sua pretensão. Tal aferição se faz, por consequência, inicialmente a partir da "exposição fática consubstanciada na causa de pedir remota"[93].

Ou seja, para avaliar se a parte possui ou não interesse de agir, o julgador deverá observar inicialmente a causa de pedir remota, o que motiva o pedido de tutela jurisdicional. Da mesma forma, é igualmente relevante avaliar o tipo de tutela jurisdicional pedida, uma vez que para cada uma das espécies o interesse de agir se apresenta de forma diferenciada[94].

Partindo da teoria ternária, José Rogério Cruz e Tucci traça parâmetros eficazes para a avaliação da existência do interesse, afirmando que, no tocante às ações condenatórias, entendidas como aquelas que contêm a afirmação de um direito a uma prestação, a aferição do interesse de agir se dará mediante a narração do fato constitutivo e do fato violador. Este é apenas o primeiro passo, já que o pedido também

92. William dos Santos Ferreira, analisando especificamente a relação entre os pressupostos processuais negativos e o interesse de agir, esclarece que estes seriam "questões (prévias) prejudiciais ao interesse" a fim de evitar "(a) o curso de um processo em que sua lide já foi decidida e encontra-se transitada em julgado (coisa julgada); (b) a coexistência de dois processos em curso, no escopo de evitar duas decisões conflitantes (litispendência); (c) o curso de um processo no qual o direito de ação deixou de existir pela desídia do próprio autor que ensejou a extinção do processo por três vezes pelo mesmo fundamento – 267, III (abandono do processo por mais de 30 dias) (perempção)": FERREIRA, William Santos. Pressupostos processuais, condições da ação e mérito. Estudos revisitados e o Projeto do CPC. *In*: AURELLI, Arlete Inês. Et. al. (Coord.). O direito de estar em juízo e a coisa julgada: Estudos em homenagem a Thereza Alvim. São Paulo: Revista dos Tribunais, 2014, p. 422.

93. CONSOLO, Claudio. Spiegazioni di diritto processuale civile. Volume II: Profili generali. Secunda edizione. Torino: Giappichelli, p. 219. No mesmo sentido: DIDIER JR., Fredie. Pressupostos processuais e condições da ação: o juízo de admissibilidade do processo. São Paulo: Saraiva, 2005, p. 278.

94. TUCCI, José Rogério Cruz e. A causa petendi no processo civil. 3. ed. rev., atual. e ampl. São Paulo: Editora Revista dos Tribunais, 2009, p. 173.

deverá ser observado, especialmente para verificação da utilidade da tutela condenatória pedida.

Nas ações constitutivas, em que é operada "modificação de estado ou situação jurídica"[95], é necessário que venha afirmada a existência do direito à modificação jurídica, ou seja, deverá afirmar ser titular de direito potestativo. Para Fredie Didier Jr. também é preciso diferenciar as ações constitutivas em necessárias e não necessárias[96]. Uma vez que, para as constitutivas necessárias, o interesse de agir dispensa demonstração, já que aferido *in re ipsa*[97].

Ainda no que concerne às ações constitutivas, Donaldo Armelin acrescenta que a legitimidade do autor se integra no interesse de agir, porque a "utilidade da atuação jurisdicional só existirá em função da situação jurídica do autor"[98].

Por fim, nas declaratórias, em que se busca a certeza jurídica[99], é preciso que a parte afirme a existência de necessidade e a utilidade de obtenção de tal certeza. Tal necessidade e utilidade surgem, conforme assente na doutrina, de um estado de dúvida e incerteza jurídica[100], existindo o interesse sempre que a tutela jurisdicional seja apta a entregar a segurança almejada[101].

---

95. YARSHELL, Flávio Luiz. Curso de Direito Processual Civil, vol. 1. São Paulo: Marcial Pons, 2014, p. 239.
96. "Diante disso, impõe-se uma distinção entre (a) sentenças constitutivas necessárias, quando o ordenamento jurídico só admite a constituições, modificação ou a desconstituição do estado ou relação jurídica por via jurisdicional (é o caso da anulação de casamento), e (b) sentenças constitutivas não necessárias, para a produção de certos efeitos jurídicos que também poderiam ser ocnsiguidos extrajudicialmente: a rescisão de contrato por inadimplemento, a anulação dos atos jurídicos etc.": CINTRA, Antonio Carlos de Araújo; GRINOVER, Ada Pellegrini; DINAMARCO, Cândido Rangel. Teoria geral do processo. 31. ed., rev. e ampl. São Paulo: Malheiros Editores, 2015, p. 340.
97. DIDIER JR., Fredie. Pressupostos processuais e condições da ação: o juízo de admissibilidade do processo. São Paulo: Saraiva, 2005, p. 285-286.
98. ARMELIN, Donaldo. Legitimidade para agir no direito processual civil brasileiro. São Paulo: Editora Revista dos Tribunais, 1979, p. 68.
99. CUNHA, Leonardo José Carneiro da. Interesse de agir na ação declaratória. Curitiba: Juruá, 2002, p. 148-149.
100. Entendendo pela necessidade de incerteza jurídica: ARMELIN, Donaldo. Legitimidade para agir no direito processual civil brasileiro. São Paulo: Editora Revista dos Tribunais, 1979, p. 68; PISANI, Andrea Proto. Lezioni di diritto processuale civile. Terza edizione. Napoli: Casa Editrice Dott. Eugenio Jovene, 1999, p. 334. Em sentido contrário, pela desnecessidade da presença de incerteza jurídica: CUNHA, Leonardo José Carneiro da. Interesse de agir na ação declaratória. Curitiba: Juruá, 2002, p. 182-183.
101. "Podemos considerar que a incerteza jurídica constitui-se, ao lado da lesão e do desejo de modificação, criação ou extinção do direito, num dos móveis justificadores para se ajuizar uma ação": ARRUDA ALVIM NETTO, José Manoel de. Tratado de direito processual civil. 2. ed. refundida, do "Código de Processo Civil Comentado", vol. 1 (arts. 1º ao 6º). São Paulo: Editora Revista dos Tribunais, 1990, p. 326.

No ponto, é digno de nota o entendimento de Antonio do Passo Cabral, que sustenta que a jurisdição possui também função consultiva, defendendo que nesses casos o interesse será identificado a partir da necessidade de se garantir a segurança jurídica, eliminando qualquer dúvida acerca da aplicabilidade ou interpretação do direito.[102]

1.6.1. Linhas gerais

Há quem sustente que a evolução do interesse de agir implicou o afastamento do elemento necessidade, que era voltado exclusivamente à parte e à impossibilidade de obtenção do resultado pretendido por outro meio que não a tutela jurisdicional. Em seu lugar, como explica Antonio do Passo Cabral, teria surgido a utilidade, em uma concepção mais publicista, na qual a justificativa para o provimento de mérito partiria da conjugação também dos interesses do Estado e na utilidade do provimento[103]. O interesse surgiria, além de tudo e principalmente, como uma forma de gestão processual, evitando que processos inúteis imponham o desproporcional dispêndio de recursos estatais.

Em que pese exista uma evolução nos conceitos, com a percepção da utilidade pela perspectiva do Estado e de que "nenhuma posição jurídico-processual constitui um fim em si mesma"[104], não se trata de elementos antagônicos, mas sim de características que devem

---

102. CABRAL, Antonio do Passo. Jurisdição sem decisão: non liquet e consulta jurisdicional no Direito Processual Civil. São Paulo: Editora Juspodivm, 2023, p. 171-172.

103. Antonio do Passo Cabral defende e compila os posicionamentos da doutrina no sentido dessa evolução: "O interesse-necessidade retratava uma visão individualista, inspirado sobre o ideal liberal que ressalta a relação de direito material deduzida em juízo, ao afirmar-se uma lesão a direito de titularidade do sujeito, num contexto conflituoso próprio da 'lide' em sentido carneluttiano. Nesta perspectiva, o processo era visto como unicamente direcionado à proteção do direito material dos litigantes, e a ação só poderia ser abstrata, desvinculada dos direitos afirmados no processo, os direitos subjetivos pré-existentes à sentença. Posteriormente, passou-se a teorizar o interesse a partir da visão do juízo, como um meio de gestão processual para economizar tempo e energia dos serviços judiciários. O interesse-utilidade passou a regrar a atividade estatal, evitando povoar as prateleiras dos juízos com processos 'sem sentido' e que poderiam ser solucionados, se não espontaneamente, pelo menos com menor empenho de energia e custos financeiros": CABRAL, Antonio do Passo. Despolarização do processo e zonas de interesse: sobre a migração entre polos da demanda. Revista Forense, vol. 1 – 1904. Volume 404 – 2009 (julho/agosto). Rio de Janeiro: Forense, 2009, p. 18-25.

104. TALAMINI, Eduardo. Interesse recursal. In: O Processo civil entre a técnica processual e a tutela dos direitos: estudos em homenagem a Luiz Guilherme Marinoni. Sérgio Cruz Arenhart, Daniel Mitidiero, coordenadores; Rogéria Dotti, organizadora. São Paulo: Editora Revista dos Tribunais, 2017.

coexistir, em uma necessária escalada para aferição da existência do interesse de agir.

Inicialmente, é preciso identificar se pela perspectiva do autor existe a necessidade da tutela jurisdicional, ou seja, se não há outro meio pelo qual ele possa obter a satisfação de seu interesse, sem que seja a via extrema do apelo ao Estado. Mais: se porta escolhida pelo autor é a adequada à satisfação dessa vontade.[105] Falta interesse de agir-necessidade, por exemplo, ao caso do locador que não pode despejar o inquilino, antes do decurso do prazo da notificação para desocupação voluntária do imóvel[106].

105. Sobre a concepção do interesse de agir à luz de um sistema multiportas: DIDIER JR., Fredie; FERNANDEZ, Leandro. Introdução à Justiça Multiportas: sistema de solução de problemas jurídicos e o perfil do acesso à Justiça no Brasil. São Paulo: Editora Juspodivm, 2024, p. 311-327.

106. O exemplo é mencionado em manifestação expressa do STJ sobre o interesse de agir, seu significado e sua relação com o interesse substancial: "TRIBUTÁRIO. PROCESSUAL CIVIL. AÇÃO DECLARATÓRIA. MULTA MORATÓRIA. FALTA DE INTERESSE DE AGIR. EXTINÇÃO DO PROCESSO SEM RESOLUÇÃO DE MÉRITO. ART. 138, DO CTN. ART. 61, DA LEI N.º 9.430/96. INTERPRETAÇÃO. 1. A ação declaratória não é servil à simples interpretação de tese jurídica ou de questão de direito, revelando a sua propositura com esse escopo ausência de interesse de agir, posto transfigurar o judiciário como mero órgão de consulta. 2. In casu, o Tribunal a quo, ao analisar a situação fática dos autos, aduziu que: A demanda formulada é abstrata, não se referindo a qualquer relação jurídica existente: a autora apenas pede que, nas eventuais denúncias espontâneas que porventura possa vir a fazer, não lhe seja exigida a multa de mora (fl. 136). 3. O interesse jurídico-processual, uma das condições do exercício do direito de ação, deflui do binômio necessidade-utilidade da prestação jurisdicional, sendo certo que: O interesse, como conceito genérico, representa a relação entre um bem da vida e a satisfação que o mesmo encerra em favor de um sujeito. Esse interesse assume relevo quando 'juridicamente protegido' fazendo exsurgir o 'direito subjetivo' de natureza substancial. Ao manifestar seu interesse, o sujeito do direito pode ver-se obstado por outrem que não reconhece aquela proteção jurídica. Em face da impossibilidade de submissão do interesse substancial alheio ao próprio por via da violência, faz-se mister a intervenção judicial para que se reconheça, com a força da autoridade, qual dos dois interesses deve sucumbir e qual deles deve sobrepor-se. À negação de submissão de um interesse ao outro, corresponde um tipo de interesse que é o de obter a prestação da tutela jurisdicional, com o fim de fazer prevalecer a aspiração própria sobre a de outrem, definindo o Judiciário qual delas é a que encontra proteção jurídica. Essa situação que reclama a intervenção judicial sob pena de um dos sujeitos sofrer um prejuízo em razão da impossibilidade de autodefesa é que caracteriza o interesse de agir.' Por essa razão, já se afirmou em bela sede doutrinária que a 'função jurisdicional não pode ser movimentada sem que haja um motivo.' Destarte, como de regra, o interesse substancial juridicamente protegido nada tem a ver com o interesse meramente processual de movimentar a máquina judiciária. Assim, v.g., não pode o credor mover uma ação de cobrança sem que a dívida esteja vencida, tampouco pode o locador despejar o inquilino antes de decorrido o prazo de notificação que a lei lhe confere para desocupar voluntariamente o imóvel etc. Advirta-se, entretanto, que alguns direitos 'só podem ser exercidos em juízo' , como por exemplo, o direito à separação entre os cônjuges, ou o direito-dever de interditar alguém que esteja sofrendo de suas faculdades mentais etc. Nesses casos, o interesse de agir nasce juntamente com o direito substancial; por isso, por exemplo, um casal não pode separar-se extrajudicialmente, tampouco é possível interditar-se alguém por ato particular de vontade. Tratam-se de hipóteses de jurisdição necessária, onde o interesse de agir é imanente. Outrossim, cada espécie de ação reclama um interesse de agir específico. Assim, na ação declaratória em que a parte pleiteia que o Estado-juiz declare se é existente ou não uma determinada relação jurídica, mister que paire dúvida objetiva e jurídica sobre a mesma, para que o judiciário não seja instado a definir um pseudo litígio como mero órgão de consulta. Em

Feito isso e concluindo pela existência da necessidade, passa-se à segunda análise, agora sim, sob a perspectiva da economia processual e da suficiência do benefício a ser obtido com a efetivação da tutela pretendida. Deverá ser aferido se a tutela necessária é também suficientemente útil ao ponto de justificar a intervenção estatal[107-108].

---

consequência, não cabe ação declaratória para interpretação do direito subjetivo; bem como para indicar qual a legislação aplicável ao negócio jurídico, objeto mediato do pedido. (Luiz Fux, in 'Curso de Direito Processual Civil', Vol. I, 3ª Ed., Rio de Janeiro, 2008, págs. 162/163). 4. A declaração de inconstitucionalidade do art. 61, da Lei n.º 9.430/96, não pode ser veiculada como premissa para a suposta ação inibitória, com nítido desígnio de engendrar o controle difuso à luz da causa de pedir da demanda e da competência exclusiva do Supremo Tribunal Federal. 5. Recurso especial a que se nega provimento": REsp 1106764/RJ, Rel. Min. Luiz Fux, Primeira Turma, julgado em 20.10.2009, DJe 02.02.2010.; "AÇÃO DE COBRANÇA DE INDENIZAÇÃO SECURITÁRIA. SEGURO DE VIDA. INTERESSE PROCESSUAL. NÃO CONFIGURAÇÃO. AUSÊNCIA DE PRÉVIA COMUNICAÇÃO DO SINISTRO À SEGURADORA. INEXISTÊNCIA DE LESÃO OU AMEAÇA DE LESÃO A DIREITO. 1. Ação de cobrança de indenização securitária ajuizada em 01/12/2021, da qual foi extraído o presente recurso especial interposto em 10/04/2022 e concluso ao gabinete em 09/02/2023.2. O propósito recursal consiste em definir se, para a configuração do interesse jurídico na propositura de ação de cobrança de indenização securitária, é necessário prévio requerimento administrativo.3. O interesse de agir é condição da ação caracterizada pelo binômio necessidade-adequação e decorre da necessidade de obter, por meio do processo, a proteção de interesse substancial. Pressupõe, então, a alegação de lesão desse interesse. O art. 771 do CC/02 exige que o segurado comunique o sinistro à seguradora, logo que o saiba, sob pena de perder o direito à indenização. Embora a finalidade precípua dessa norma seja evitar o agravamento das consequências geradas pelo sinistro, o aviso de sinistro representa a formalização do pedido de pagamento da indenização securitária. Antes disso, a seguradora não está obrigada a pagar, simplesmente porque não tem ciência do evento. Portanto, não realizada a comunicação acerca do sinistro, não há lesão a direito ou interesse do segurado.5. Excepcionalmente, a ausência de requerimento administrativo prévio não obstará o prosseguimento do processo. Se já tiver se operado a citação da seguradora, eventual oposição desta ao pedido de indenização deixa clara a sua resistência frente à pretensão do segurado, evidenciando a presença do interesse de agir. Porém, nem sempre a resposta da seguradora implicará impugnação ao pedido de pagamento. É possível por exemplo, que ela invoque a ausência de prévia solicitação administrativa, hipótese em que caberá a extinção do processo sem resolução do mérito, por ausência de interesse processual.6. Recurso especial não provido": REsp: 2050513 MT, Rel. Min. Nancy Andrighi, Terceira Turma, julgado em 25.04.2023, DJe 27.04.2023.

107. Como será demonstrado adiante, na análise do interesse de agir surge o necessário balanceamento entre interesse público e privado. O interesse público deve sempre ser associado a uma função, decorrente do "dever de buscar, no interesse de outrem, o atendimento de certa finalidade": MELLO, Celso Antonio Bandeira de. Curso de direito administrativo. 36. ed. Belo Horizonte: Fórum, 2023, p. 83. Isso não quer dizer, porém, que o interesse na prestação da tutela jurisdicional esteja vinculado exclusivamente ao interesse das partes. Ele é muito mais amplo e está ligado igualmente à necessidade de manter a paz social e de fazer cumprir o ordenamento jurídico.

108. "Também na teoria do interesse de agir transparece significativo reflexo dessa colocação: interesse é por definição utilidade e, embora o provimento possa oferecer algo de útil ao demandante, ele carece de ação por falta de legítimo interesse processual quando, a juízo do Estado, o custo social e individual das atividades que o preparam não traz a perspectiva de retorno que, do ponto-de-vista da utilidade pública, seja compensador. Tal é a explicação que se tem da carência de ação por falta de adequação do provimento pedido, como v.g. na pretensão executiva desamparada de título": DINAMARCO, Cândido Rangel. A instrumentalidade do processo. 16. ed. rev. e atual. São Paulo: Malheiros/JusPodivm, 2022, p. 157-158.

Por fim, deve ser observado se o método utilizado para buscar aquilo que é necessário e útil é apto a entregar, em sua eficácia máxima, aquilo que se pretende. E é nesse contexto que se dá a escalada na análise da presença do interesse de agir. O provimento há de ser necessário, útil e, em última análise, adequado.

Tome-se por exemplo de uma cobrança de dívida. Ao se deparar com a demanda, é natural que o juiz, primeiro, verifique se o autor alegou estar o débito vencido, ou seja, se realmente a tutela jurisdicional se faz necessária. Ultrapassada essa primeira análise, ingressará na avaliação da utilidade do provimento, analisando se o valor do débito justifica a prestação jurisdicional. Por fim, em último caso, avaliará se o provimento do pedido é apto a solucionar a crise, determinando, conforme for, os respectivos ajustes. O sopesamento entre o interesse público e o privado é exercício que apenas se faz viável quando preenchido o elemento da necessidade, da mesma forma que a análise da adequação apenas será possível após aferido que a tutela é necessária e útil. Veja-se que há um avanço na cognição de fachada realizada pelo juiz, em uma ordem lógica inafastável. Daí porque são compreendidos como elementos do interesse de agir: a necessidade, a utilidade e a adequação, cujas características passam a ser apresentadas[109-110].

---

109. No mesmo sentido, pela presença de três elementos do interesse de agir: CUNHA, Leonardo José Carneiro da. Interesse de agir na ação declaratória. Curitiba: Juruá, 2002, p. 101. Há quem, como Donaldo Armelin, inclua como requisito do interesse de agir a atualidade, a qual "impõe a existência do interesse no momento da propositura da ação, não se concebendo, em regra, tal interesse relativamente a direitos futuros e eventuais, que ainda não constituam objeto de tutela por parte do sistema jurídico": Legitimidade para agir no direito processual civil brasileiro. São Paulo: Editora Revista dos Tribunais, 1979, p. 66. A atualidade deve ser observada quando da análise do interesse de agir, o que será feito essencialmente pela perspectiva da utilidade.

110. Muito embora não compreenda o interesse de agir como uma condição da ação, mas sim como um fato impeditivo do julgamento de mérito, Monacciani afirma que pode ser analisado por dois aspectos: um abstrato e um concreto. O primeiro, abstrato, diz respeito ao monopólio da jurisdição pelo Estado, o que impõe uma necessidade abstrata de intervenção do órgão jurisdicional, para a tutela que se pretende conseguir. O aspecto concreto, por sua vez, compreende a utilidade, voltada às ações condenatórias, constitutivas, declaratórias e executivas; e a necessidade, específica para as ações constitutivas necessárias: MONACCIANI, Luigi. Azione e legitimazione. Milano: Dott. A. Giuffrè – Editore, 1951, p. 80-81.

1.6.1.1. Necessidade

A necessidade concreta da jurisdição é a primeira característica a ser observada quando da avaliação da presença do interesse de agir[111]. A via judicial, em regra, será sempre secundária e a parte apenas poderá fazer uso do processo quando não lograr obter a satisfação do seu interesse por outro meio[112-113]. Assim, diz-se com frequência que a cobrança judicial de dívida não vencida deve levar inexoravelmente à extinção do processo sem resolução de mérito, já que o autor poderá obter a satisfação do crédito de forma espontânea pelo devedor, quando do vencimento[114-115].

Aqui sobressai a diferença entre a utilidade e a necessidade, enquanto elementos do interesse de agir. Na utilidade, como será visto, o provimento jurisdicional não será suficientemente útil ao autor, ao ponto de justificar o custo social do processo — para o réu e para o Estado[116]; na necessidade, o custo pode até ser justificado, contudo,

---

111. SHIMURA, Sérgio Seiji. Titulo executivo. 2. ed. ampl. e atual. São Paulo: Método, 2005, p. 85.

112. DIDIER JR., Fredie. Pressupostos processuais e condições da ação: o juízo de admissibilidade do processo. São Paulo: Saraiva, 2005, p. 284.

113. Francisco Cavalcanti Pontes de Miranda acrescenta no âmbito da necessidade a impossibilidade de o Estado prestar tutela, ao afirmar que "A decisão sobre a falta de necessidade de tutela jurídica supõe que o demandante possa alcançar a finalidade sem pedido à justiça, ou que a justiça nada possa fazer": Comentários ao Código de Processo Civil, tomo I: arts. 1º ao 45. Rio de Janeiro: Forense, 1979, p. 169. Ao nosso ver, ainda que a afirmação se preste a confirmar a presença, no âmbito do interesse de agir, da possibilidade jurídica do pedido, a falta de possibilidade de prestar tutela se encontra no elemento utilidade e não se confunde com o interesse-necessidade.

114. SHIMURA, Sérgio Seiji. Titulo executivo. 2. ed. ampl. e atual. São Paulo: Método, 2005, p. 85-86. Em sentido contrário, considerando que a questão está afeta ao mérito: FREIRE, Rodrigo da Cunha Lima. Condições da ação: enfoque sobre o interesse de agir. 2. ed. rev., atual. e ampl. São Paulo: Editora Revista dos Tribunais, 2001, p. 138.

115. O STJ já reconheceu a ausência de interesse de agir do credor que, apesar de ter promovido habilitação de crédito nos autos do inventário do devedor falecido, propôs ação de execução, com lastro no mesmo título executivo, contra o cônjuge supérstite: REsp 1.167.031/RS, Rel. Min. Massami Uyeda, julgado em 06.10.2011.

116. É o que ocorre, por exemplo, em demandas de cobrança de valores irrisórios. Questão que merece relevo é a fixação de precedente, pelo STJ, no sentido de, ainda que considere o valor da execução fiscal irrisório, o juiz não poder reconhecer a falta de interesse de agir e extinguir o processo de ofício. Para o STJ, na tese fixada nos autos do REsp nº 1111982/SP, julgado sob o regime dos recursos repetitivos, em que pese a própria lei considere os valores irrisórios, os autos devem ser apenas arquivados. Consta no voto do Ministro Castro Meira que "O caráter irrisório da execução fiscal não é causa determinante de sua extinção sem resolução de mérito, impondo-se apenas o arquivamento do feito, sem baixa na distribuição. O espírito da norma é o de desobstruir a máquina judiciária dos processos de pouca monta, bem como evitar os custos da cobrança, que pode equivaler, ou até superar o valor do crédito exequendo, sem que haja para o contribuinte o incentivo ao inadimplemento de suas obrigações tributárias. Em momento algum, o diploma legal menciona a extinção dos créditos da Fazenda Nacional, apenas autoriza o feito ser arquivado, provisoriamente, até o surgimento de dívidas que, somadas, ultrapassem um mínimo que justifique a movimentação do aparato judicial". O tratamento diferenciado

ainda é possível obter a satisfação por meio espontâneo, sem fazer uso do Judiciário[117].

A necessidade admite graus de intensidade que variam, ao extremo, até a impossibilidade de resolução da crise de forma espontânea. Situações nas quais, sem a propositura da demanda, a parte não tem como gozar do seu direito[118]. Era o que acontecia, como sinaliza Teresa Arruda Alvim, no caso do divórcio que, até a Lei 11.441/2007, não poderia ser obtido sem a intervenção do Estado. Ela não está vinculada a uma lesão do direito subjetivo material, uma vez que o próprio ordenamento admite — até mesmo impõe — em determinadas situações, a utilização do processo como único meio de satisfação do interesse[119]. Dessa forma, pode-se concluir que o grau da intensidade será sempre maior quando o interesse de agir derivar de imposição legal e não de uma afirmada lesão ao direito subjetivo ou da existência de uma mera crise. Ao ponto de a análise da existência da necessidade do provimento ser dispensável, por ser presumível *in re ipsa*[120]. É o que ocorre, por exemplo, nas ações constitutivas necessárias.

1.6.1.2. *Utilidade*

O segundo elemento a ser avaliado é a vantagem que a parte obterá com a tutela jurisdicional, isto é, se ela trará algum benefício prático na vida de quem a pede[121]. O interesse de agir resulta da utilidade

da Fazenda Pública se dá, como consta no voto, em decorrência da existência de lei própria delimitando o que poderia – ou não – ser considerado valor irrisório, bem como as consequências de sua aferição (arquivamento, como determina a Lei nº 10.522/02).

117. "Os casos em que os contornos de interesse como condições da ação e do mérito são menos visíveis são aqueles cujo objetivo do pedido, em si, seria lícito, mas, no caso concreto, é ilícito, por passar a integrar o campo, por exemplo, do abuso de direito, e também aqueles em que o pedido, embora lícito, é infundado, como aquele em que se quer cobrar uma dívida não vencida, exemplo já mencionado. Só por meio do desdobramento do conceito de interesse em utilidade e necessidade é que se pode vislumbrar a separação referida: no primeiro caso, inexiste utilidade; no segundo, necessidade": ALVIM, Teresa Arruda. Nulidades do processo e da sentença. 11. ed. rev., atual. e ampl. São Paulo: Thomson Reuters Brasil, 2021, p. 66.

118. CUNHA, Leonardo José Carneiro da. Interesse de agir na ação declaratória. Curitiba: Juruá, 2002, p. 86-88.

119. ALVIM, Teresa Arruda. Nulidades do processo e da sentença. 11. ed. rev., atual. e ampl. São Paulo: Thomson Reuters Brasil, 2021, p. 113-115.

120. DIDIER JR., Fredie. Pressupostos processuais e condições da ação: o juízo de admissibilidade do processo. São Paulo: Saraiva, 2005, p. 284-285.

121. GRASSO, Eduardo. L'interesse ad impugnare. Milano: Dott. A. Giuffrè Editore, 1967, p. 21-22.

que a tutela jurisdicional tenha para solução da crise, para "obtenção de certeza jurídica objetiva, no caso concreto"[122-123].

Ocorre que, como dito, diante do risco que causa à paz social, a crise faz surgir igualmente um interesse do Estado em sua solução. A partir do momento que ela surge e a demanda é proposta, afasta-se do terreno privado e converte-se em assunto público[124]. Por isso, fala-se na concomitância de objetos da função jurisdicional. O mediato, para solução do conflito entre as partes e um imediato, referente ao respeito ao ordenamento jurídico e à correta aplicação da lei[125].

Neste sentido, Piero Calamandrei sustenta que o interesse público, no processo, pode ainda ser considerado reflexo ou direto. Será reflexo no tocante à solução do conflito existente entre as partes, uma vez que, solucionado, mantém-se a paz social. Será direto para garantia do cumprimento do direito objetivo, ou seja, o asseguramento de que os súditos estão cumprindo as normas. Tal subdivisão tem, como será visto adiante, efeitos profundos na atuação do Ministério

122. ARMELIN, Donaldo. Legitimidade para agir no direito processual civil brasileiro. São Paulo: Editora Revista dos Tribunais, 1979, p. 59.

123. Para Gustavo Badaró tanto a necessidade, quanto a adequação estão inseridas no conceito de utilidade. Em suas palavras: "A utilidade é aferida por meio da necessidade do provimento jurisdicional e de sua adequação. O interesse de agir decorre, pois, da necessidade mais a adequação. É possível que o provimento seja necessário sem ser adequado, ou seja adequado sem ser necessário. Em ambos os casos não há interesse de agir, sendo desnecessário o prosseguimento do processo, porque o provimento que se pede é inútil, seja por não ser necessário, seja por não ser adequado a eliminar a lesão afirmada": As condições da ação penal. *In*: YARSHELL, Flávio Luiz; ZUFELATO, Camilo. (Org.). 40 anos da teoria geral do processo no Brasil. Passado, presente e futuro. São Paulo: Malheiros Editores, 2013, p. 403.

124. Assim entende José Carlos Barbosa Moreira, acolhendo as lições de Bernhardt: O processo, as partes e a sociedade. Revista de Processo, v. 125. São Paulo: Revista dos Tribunais, jul, 2005, p. 279-288. No direito italiano, Renzo Provinciali chega a afirmar a preponderância do interesse público sobre o privado, ressaltando que não é o processo que serve às partes, mas as partes que servem ao processo: Delle impugnazioni in generale. Napoli: Morano Editore, 1962, p. 141.

125. "O Estado, com o exercício da função jurisdicional, tende à composição justa, mediante a atuação da lei, dos conflitos que os são levados pelos seus tutelados, cumprindo assim um fim primário (imediato) de conservação e progresso, identificado no respeito ao ordenamento jurídico, e (inversamente e como consequência necessária) também um interesse secundário (mediato) do indivíduo, sujeito do conflito: este é apenas um aspecto do princípio de supremacia do interesse público, sobre o interesse individual, que constitui a base do ordenamento jurídico do Estado moderno:" PROVINCIALI, Renzo. Delle impugnazioni in generale. Napoli: Morano Editore, 1962, p. 9. Tradução livre. Do original: "Lo Stato con l'esercizio della funzione giurisdizionale tende alla giusta composizione, mediante l'attuazione della legge, dei conflitti che sorgono tra i componenti l'aggregato statale, assolvendo con ciò ad un fine primario (immediato) della conservazione e del progresso dell'aggregato, che si identifica nel rispetto dell'ordinamento giuridico, e (per converso e come conseguenza necessaria) anche all'interesse secondario (mediato) dei singoli, soggeti del conflito: ciò non è che un aspetto di quel principio della supremazia dell'interesse dello Stato sull'interesse individuale, che costituisce la base dell'ordinamento giuridico dello Stato moderno."

Público, que servirá, após intervir no processo como fiscal da ordem jurídica, tanto aos interesses reflexos quanto aos diretos do Estado[126].

O interesse do Estado se apresenta, ainda, em todos os feitos, diferindo seu grau de intensidade a depender do bem da vida discutido pelas partes. Por conseguinte, o interesse estatal pode equivaler desde aquele decorrente da jurisdição, até um interesse qualificado que justifica, por exemplo, a intervenção do Ministério Público[127]. Tal circunstância se dá independentemente do caráter publicístico ou privatista que se atribua ao processo, uma vez que, ainda em seu aspecto mais subjetivo, quando as partes apenas levam à discussão dos direitos privados, o interesse do Estado se apresenta para evitar a utilização abusiva dos recursos públicos[128].

Nessa perspectiva que, como apontado supra, a utilidade se observa como fator preponderante não apenas para a admissão da causa a ser aferida *in statu assertionis*, mas também autoriza que, independentemente do momento processual, o processo seja extinto

126. Complementa Piero Calamandrei que "Este segundo aspecto do interesse público que o Estado busca realizar através do exercício da função jurisdicional civil, parece-me talvez mais característico do outro aspecto já destacado pela doutrina quando considera esse interesse público como um interesse essencialmente reflexo: o Estado persegue, por meio da função jurisdicional, em primeiro lugar, a reafirmação no caso individual da vontade geral manifestada na norma, aplicando no caso concreto a norma elaborada abstratamente em sua função legislativa, mantendo sua autoridade e demonstrando, na prática, sua capacidade de se impor": CALAMANDREI, Piero. Opere giuridiche. Volume settimo. Napoli: Morano Editore, 1979, p. 108-109. Tradução livre. Do original: "Questo secondo aspetto dell'interesse pubblico che lo Stato mira a soddisfare attraverso l'esercizio della funzione giurisdizionale civile, sembrami che sia forse più caratteristico dell'altro aspetto, già messo in luce dalla dottrina, quando considera questo interesse pubblico come un interesse essenzialmente riflesso: lo Stato, attraverso la funzione giurisdizionale, mira, infatti, innanzi tutto a riaffermare nel caso singolo la volontà generale da esso manifestata nella norma giuridica, a prosseguire in statuizioni concrete relative a speciali rapporti di fato le statuizioni astratte formulate nell'esercizio della funzione legislativa, a mantenere la sua autorità tutte le volte che essa há ocasione di provare, nel contato colla realtà pratica, la sua capacità di farsi valere."

127. BARBOSA MOREIRA, José Carlos. O processo, as partes e a sociedade. Revista de Processo, v. 125. São Paulo: Revista dos Tribunais, jul, 2005, p. 279-288.

128. Cândido Rangel Dinamarco, ao tratar do interesse de agir, ressalta esse caráter dúplice, que envolve tanto o interesse das partes, quanto o do Estado, afirmando que "Tal é a utilidade da jurisdição, que lhe confere dignidade entre as instituições nacionais. O seu repetido exercício em casos concretos que as pessoas trazem, lamentando situações desfavoráveis e deduzindo pretensões, constitui indispensável fato de paz social entre os membros da população e de estabilidade das instituições, do ordenamento jurídico e do próprio Estado, na medida em que, sem ele, muitos e muitos preceitos de direito material ditados pela entidade soberana acabariam por ser letra morta": Execução civil. 4. ed. rev., atual. e ampl. São Paulo: Malheiros Editores, 1994, p. 395. No mesmo sentido: FREIRE, Rodrigo da Cunha Lima. Condições da ação: enfoque sobre o interesse de agir. 2ª ed. rev., atual. e ampl. São Paulo: Editora Revista dos Tribunais, 2001, p. 14.

sem resolução do mérito, sempre que a decisão de mérito não for suficientemente útil a justificar o custo social da sua prolação.

A utilidade, na condição de elemento caracterizador do interesse de agir, deverá ser aferida a partir da conjugação entre o interesse privado das partes e o interesse público, seja para promoção da paz social, seja para redução do custo social do exercício da jurisdição. Dessa maneira, exige que o provimento ressalte suficientemente útil para a parte ao ponto de superar os inconvenientes naturais decorrentes da litispendência[129]. Assim, acertada a lição de Donaldo Armelin ao afirmar que a utilidade deverá ser aferida objetivamente, também sob a ótica da "atividade jurisdicional, jungida ao princípio da economia processual, cuja atuação pressupõe a maximização dos resultados processuais com a minimização de esforços e dispêndio de tempo e dinheiro"[130].

O juiz deverá avaliar, então, quando "a atividade preparatória do provimento custe mais, em dinheiro, trabalho ou sacrifícios, do que valem as vantagens que dele é lícito esperar"[131], impedindo que se prolongue no tempo, em inevitáveis prejuízos para o Estado e para a parte contrária, um processo fadado ao insucesso ou, ao menos, cujo sucesso não venha a provocar alteração significativa na esfera jurídica do autor. O interesse de agir aqui deve ser, por conseguinte, legítimo e útil sob a ótica do escopo político da jurisdição[132], "consubstancia-se na coincidência entre a utilidade que pode ser esperada pelo demandante e a disposição do Estado a dispensar-lhe o provimento pretendido, na situação lamentada"[133].

129. DINAMARCO, Cândido Rangel. Execução civil. 4. ed. rev., atual. e ampl. São Paulo: Malheiros Editores, 1994, p. 401.

130. ARMELIN, Donaldo. Legitimidade para agir no direito processual civil brasileiro. São Paulo: Editora Revista dos Tribunais, 1979, p. 59.

131. DINAMARCO, Cândido Rangel. Execução civil. 4. ed. rev., atual. e ampl. São Paulo: Malheiros Editores, 1994, p. 401.

132. YARSHELL, Flávio Luiz. Curso de Direito Processual Civil. Vol. 1. São Paulo: Marcial Pons, 2014, p. 272.

133. DINAMARCO, Cândido Rangel. Execução civil. 4. ed. rev., atual. e ampl. São Paulo: Malheiros Editores, 1994, nota 109, p. 402-403.

Por isso, não tem interesse de agir, por exemplo, o autor que propõe demanda com o fim de obter vantagens ilícitas ou em abuso de direito[134], como quando "se propõem dez ações de cobrança para serem cobrados dez aluguéis do mesmo réu, quando se poderia ter proposto uma só"[135]. É importante que o provimento jurisdicional pretendido possua utilidade efetiva para o autor, não sendo admitido que se estabeleça um processo apenas com o viés de importunar o réu, usando para tal — indevidamente — recursos do Estado[136].

1.6.1.3. Adequação

Por fim, a adequação, o mais controverso dos elementos do interesse de agir[137], nessa nova perspectiva, como dito, possui uma perspectiva mais geral, relacionada ao método adequado para a solução da crise e, no caso do processo jurisdicional estatal, refere-se à adoção do modelo procedimental adequado à tutela jurisdicional pedida. É necessário que a parte se utilize da via correta, permitindo que o processo atinja o fim colimado[138].

Alguns autores, dentre os quais Teresa Arruda Alvim, identificam a adequação como inerente à utilidade - e não propriamente como um elemento autônomo, já que "Só a via adequada há de ser útil para que, teoricamente (= se fundado o pedido), possam ser atingidos os objetivos colimados"[139]. Outros, ainda, como Susana Henriques Costa e Fredie Didier Jr., consideram que a via procedimental

---

134. Em sentido contrário, afirmando que a aferição do interesse de agir não se relaciona com o abuso do direito: MACÊDO, Lucas Buril de. Influência do sistema brasileiro de precedentes no interesse recursal. In: Aspectos polêmicos e atuais dos recursos cíveis e assuntos afins, v. 13. Coordenação Nelson Nery Junior, Teresa Arruda Alvim. São Paulo: Editora Revista dos Tribunais, 2017, p. 337-378.

135. ALVIM, Teresa Arruda. Nulidades do processo e da sentença. 11. ed. rev., atual. e ampl. São Paulo: Thomson Reuters Brasil, 2021, p. 65-66.

136. Pode-se afirmar que o abuso de direito de propor a demanda é essencialmente reprimido pelo interesse de agir, devendo, sempre que transpareça a intenção de exercício ilegítimo do direito, o processo ser extinto sem resolução do mérito, na forma do art. 485, VI.

137. Cassio Scarpinella Bueno, por todos, esclarece que, voltada à forma, a adequação não pode ser caracterizada como componente do interesse de agir, servindo mais como "indicativo do que, propriamente, como uma imposição": Curso sistematizado de direito processual civil: teoria geral do direito processual civil – parte geral do Código de Processo Civil, vol. 1. 9. ed. São Paulo: Saraiva Educação, 2018, p. 296.

138. Enrico Tullio Liebman defendia que não haveria interesse de agir quando não houvesse conflito e o pedido não fosse adequado. O despacho saneador e o julgamento do mérito. *In*: Estudos sobre o processo civil brasileiro. São Paulo: Bestbook Editora Distribuidora, 2001, p. 106.

139. ALVIM, Teresa Arruda. Nulidades do processo e da sentença. 11. ed. rev., atual. e ampl. São Paulo: Thomson Reuters Brasil, 2021, p. 65-66.

seria relacionada ao processo e não propriamente à ação e identificam a adequação como pressuposto processual[140].

As críticas são intensas e, quase sempre, transparecem um inconformismo em atribuir tamanha relevância à escolha do procedimento adequado. Como se o defeito decorrente da falta de adequação, para quem a defende como condição da ação, fosse impossível de ser corrigido[141].

Veja-se que, ao defender a adequação como elemento do interesse de agir, não se está, em hipótese alguma, rejeitando a possibilidade de correção de eventual vício ou de adaptação do procedimento. Não se está, dessa forma, rechaçando a instrumentalidade ou a primazia do julgamento do mérito. Mesmo porque, independente da categoria em que se aloque, seja pressuposto processual, seja condição da ação, será possível a correção de eventual vício, em prol da efetividade. Não há colisão entre a primazia do julgamento do mérito e a adequação, não sendo possível partir da premissa de que a constitucionalização do processo e as garantias dela decorrentes faria com que esta perdesse seu *status* de elemento do interesse de agir e passasse a pressuposto de menor importância.

A bem da verdade, ao tratar da adequação como elemento do interesse de agir, não se está lidando com a matéria eminentemente formal que, esta sim, pode ser considerada como pressuposto processual. A adequação, aqui, decorre da situação de direito material e do pedido formulado para sua obtenção, de como são — e devem ser — compatíveis, para que o processo atinja o fim colimado. São fenômenos distintos, que devem ser tratados de forma distinta. A adequação, condição da ação, como esclarece Flávio Luiz Yarshell, diz respeito a:

---

140. COSTA, Susana Henriques. Condições da ação. São Paulo: Quartier Latin, 2005, p. 60 e DIDIER JR., Fredie. Pressupostos processuais e condições da ação: o juízo de admissibilidade do processo. São Paulo: Saraiva, 2005, p. 287.

141. É clássica e exaustivamente repetida pela doutrina a observação feita por José Carlos Barbosa Moreira, enquanto examinava a tese de livre-docência de Cândido Rangel Dinamarco, na qual afirmou que "Aberra até do bom-senso afirmar que uma pessoa não tem interesse em determinada providência só porque se utilize da via inadequada. Pode inclusive acontecer que a própria escolha da via inadequada seja uma consequência do interesse particularmente intenso; se alguém requer a execução sem título, não será possível enxergar-se aí uma tentativa, ilegítima embora, de satisfazer interesse tão-premente, aos olhos do titular, que lhe pareça incompatível com os incômodos e delongas da prévia cognição? Seria antes o caso de falar em excesso do que em falta de interesse..": DINAMARCO, Cândido Rangel. Execução civil. 4. ed. rev., atual. e ampl. São Paulo: Malheiros Editores, 1994, nota 109, p. 402-403.

> (...) a) compatibilidade entre pedido (provimento invocado) e situação lamentada pelo demandante, de tal sorte que, em tese, a providência alvitrada pelo autor seja idônea a solucionar o mal que lamenta; b) compatibilidade entre o procedimento adotado pelo autor e a situação afirmada pelo demandante, de modo que os atos processuais, por seu encadeamento, sejam aptos a conduzir o demandante ao ato final que, como visto, é (deve ser) idôneo à superação do estado de coisas exposto pelo autor[142].

Por isso, não se pode considerar a (in)adequação como limitada a um mero equívoco da parte. Não é disto que ela trata. A (in)adequação decorre da deliberada escolha de um determinado meio, para alcançar um fim com ele incompatível. É a tentativa de fazer uso de um procedimento inadequado com a tutela jurisdicional pretendida e que, por sê-lo, levará à impossibilidade de sua efetivação e, pois, inutilidade da prestação jurisdicional. Tal situação pode partir da mera falha culposa do advogado ou pode ser deliberada, como quando, por exemplo, a parte opta por um procedimento mais complexo[143] ou mais gravoso para o réu, sem qualquer motivação legítima que justifique sua escolha.

Para que se identifique esse equívoco é necessário observar mais que o procedimento. É preciso voltar os olhos para a tutela pedida, para a causa de pedir posta, o que se faz necessariamente mediante a observação da pretensão deduzida. É um requisito intrínseco, não periférico e que, por suas características e sua relação com a utilidade, pertencente ao interesse de agir[144].

Conclui-se que para a caracterização do interesse de agir é preciso que a parte demonstre a necessidade da tutela e como ela será suficientemente útil ao ponto de justificar os danos sociais decorrentes da prestação jurisdicional, quando entregue através do método adequado.

142. Tutela jurisdicional. 2. ed. São Paulo: Atlas, 2006, p. 119.

143. FREIRE, Rodrigo da Cunha Lima. Condições da ação: enfoque sobre o interesse de agir. 2 ed. rev., atual. e ampl. São Paulo: Editora Revista dos Tribunais, 2001, p. 147-148.

144. "Daí se infere que o interesse de agir deve ser constatado a partir do exame da causa petendi próxima, que contém a demonstração da necessidade, da utilidade e da adequação, como elementos integradores do interesse de agir": CUNHA, Leonardo José Carneiro da. Interesse de agir na ação declaratória. Curitiba: Juruá, 2002, p. 101.

1.7. INTERESSE PROCESSUAL

Muito embora tidos pela lei processual[145] e por parte da doutrina como conceitos sinônimos[146], aderimos à lição de Donaldo Armelin para compreender o interesse de agir como instituto diferente do interesse processual. O interesse de agir se trata de "um ângulo específico do interesse processual"[147], o integrando e constituindo uma das formas através das quais se manifesta. É, logo, o requisito para que se proponha a demanda e se obtenha o julgamento do mérito[148]. O interesse processual, por sua vez, possui escopo maior e alcança todos os atos processuais, a partir da demanda.

Isso porque, como explicitado, o interesse de agir, ainda que autônomo, permanece como secundário ao interesse jurídico, ou seja, de alguma forma se comunica com a relação de direito material deduzida. Tal não se reproduz no interesse processual que, voltado à prática de atos processuais, como, por exemplo, o requerimento e a produção de provas, não necessariamente irá pressupor a existência de um interesse jurídico material, ainda que afirmado[149].

145. O art. 485, VI dispõe que o juiz não resolverá o mérito quando reconhecer a ausência de "interesse processual".

146. Liebman, por exemplo, ao conceituar o interesse de agir, afirmou que "Ele não é requisito só da ação, mas de todos os direitos processuais, como o de contestar, isto é, de defender-se (c.p.c., art. 100, cit.), o de propor exceção em sentido estrito (c.p.c., art. 112; infra, n. 79), o de recorrer de uma sentença desfavorável etc.": Manual de direito processual civil. 3ª edição. Vol. I. tradução e notas de Cândido Rangel Dinamarco. Tradução da 4ª edição italiana do Manuale di Diritto Processuale Civile, Giuffrè, Milão, 1980. São Paulo: Malheiros Editores, 2005, p. 208. No mesmo sentido, adotando interesse de agir e processual como sinônimos, dentre outros: SHIMURA, Sérgio; ALVAREZ, Anselmo Prieto; SILVA, Nelson Finotti. Curso de direito processual civil. 3. ed. rev., atual. e ampl. Rio de Janeiro: Forense; São Paulo: Método, 2013, p. 73.

147. ARMELIN, Donaldo. Legitimidade para agir no direito processual civil brasileiro. São Paulo: Editora Revista dos Tribunais, 1979, p. 57.

148. Aldo Attardi, no mesmo sentido, sustenta que o artigo 100 constitui um princípio próprio da demanda, em suas palavras, "dell'atto introduttivo del processo": L'interesse ad agire. Padova: Cedam, 1958, p. 282. Renzo Provinciali usa o mesmo argumento para diferenciar direito de ação do poder de recorrer, afirmando que este pode ser exercido por qualquer sujeito que participe do processo, de modo independente do direito de ação, desde que a decisão judicial e os efeitos dela decorrentes o autorize: PROVINCIALI, Renzo. Delle impugnazioni in generale. Napoli: Morano Editore, 1962, p. 72-73.

149. Nesse sentido, vale reproduzir a lição de Aldo Attardi: "O interesse de agir é, como dito, uma condição – de admissibilidade ou de validade (v. n. 9) – própria do ato introdutivo do processo. No entanto, não se aplica o artigo 100 para a série de atos processuais das partes, posteriores à demanda, bem como para a decisão judicial. Tais atos têm o escopo de preparar o processo para o julgamento do pedido formulado pelo autor e possuem, portanto, um caráter instrumental": L'interesse ad agire. Padova: Cedam, 1958, p. 284-285. Tradução livre. Do original: "L'interesse ad agire è, come si è visto, una condizione – di ammissibilità o di fondatezza (v. n. 9) – própria dell'atto introduttivo del processo. Si deve, invece, escludere che l'art. 100 possa venire in considerazione rispetto alla serie di atti processuali di parte che corre tra l'atto introduttivo del processo e il

Apenas para exemplificar, o interesse processual para o réu contestar nem sempre surgirá da relação jurídica que tenha com o autor, podendo decorrer apenas do risco de ter uma decisão desfavorável contra si, ou seja, do prejuízo de uma eventual tutela concedida à parte contrária. Também serve como exemplo o *amicus curiae* que, apesar de ser interveniente no processo, como será demonstrado a seguir, não possui interesse jurídico na causa e, ainda assim, pode ser considerado dotado de interesse processual para prática de atos como o recurso contra a decisão que julga o incidente de resolução de demandas repetitivas.

Sem prejuízo, pode-se imaginar situações nas quais a parte não possua interesse de agir, não podendo propor demanda, nada obstante permaneça titular do interesse processual. É o que acontece no caso da perempção, que leva à perda do direito de propor demanda, mas, com a persistência do interesse processual, seja para apresentar a matéria em defesa, seja para justificar a intervenção como assistente simples[150]. O mesmo ocorre nos incidentes processuais que, em regra, dissociados do direito material deduzido, exigem interesse processual para sua instauração e para a prática de atos que lhes sejam 'internos'.

A existência dessa diferença não obsta que ultrapassada a propositura da demanda, o interesse processual praticamente se iguale, em essência, ao interesse de agir, pressupondo a presença de seus elementos: necessidade, utilidade e adequação. O interesse processual é o interesse de agir para além da demanda, cuja presença deve ser avaliada para cada ato, de forma independente da formatação inicial por ela apresentada. Tal independência fica clara diante da possibilidade da existência de interesses processuais contrapostos entre sujeitos que integram o mesmo polo da relação processual, especialmente diante de litisconsortes necessários[151].

provvedimento del giudice che pronuncia sulla domanda in tale atto contenuta. Si trata di quegli atti che hanno lo scopo di prepare il provvedimento richiesto dell'attore e che hanno, perciò, carattere strumentale."

150. "Portanto, havendo perempção, remanesce, ainda, a possibilidade de se afirmar o direito. Principalmente quando se pensa que o direito brasileiro abraçou a teoria abstrata do direito de ação, embora essa afirmação (afirmação de direito = pretensão), tendo havido a perempção, passe a carecer de fundamentação, o que não descaracteriza a pretensão, enquanto tal": ALVIM, Teresa Arruda. Nulidades do processo e da sentença. 11. ed. rev., atual. e ampl. São Paulo: Thomson Reuters Brasil, 2021, p. 82-83.

151. Por todos e apresentando mais exemplos, como nas ações coletivas com dissidências internas, procedimentos concursais e intervenientes: CABRAL, Antonio do Passo. Despolarização do

O que muda, então, no interesse processual, é a necessidade de identificá-lo por outra perspectiva. Enquanto no interesse de agir se observa a causa de pedir, o interesse processual é necessariamente avaliado por "módulo ou 'zona de interesse' pertinente ao ato ou conjunto de atos que o sujeito deseja praticar"[152] como, por exemplo, a defesa, a instrução ou o recurso. Assim, observa-se a necessidade, a utilidade e a adequação na prática do ato, avaliando, caso a caso, se aquela manifestação realizada pela parte é apta a produzir, em seu favor, benefício que justifique o dispêndio de recursos do Estado.

Adere-se em parte, à concepção de Antonio Cabral, no sentido de observar o interesse processual de uma forma mais ampla, "compreendendo o complexo de atividades que são permitidas aos sujeitos ao longo de todo o curso do procedimento, franqueando sua atuação desde que o ato específico tenha atual e concreta utilidade para o requerente"[153]. Sem prejuízo da necessidade de observação da utilidade também pela ótica do interesse público, já que a prática do ato processual deverá preservar, igualmente, a observância da maximização dos resultados, conjugada à minimização dos esforços, dispêndio de recursos e tempo.

Daí porque ainda que a parte possa vir a obter algum benefício com a prática do ato processual, sua realização deve ser inadmitida sempre que, feito o sopesamento entre os eixos público e privado, não for possível identificar benefício apto a justificar sua prática e o prolongamento do processo no tempo. É o que acontece, por exemplo, em recursos que impugnam condenações em valores irrisórios, inclusive, ao valor das próprias custas processuais.

---

processo e zonas de interesse: sobre a migração entre polos da demanda. Revista Forense, vol. 1 – 1904. Volume 404 – 2009 (julho/agosto). Rio de Janeiro: Forense, 2009, p. 14-15.

152. CABRAL, Antonio do Passo. Despolarização do processo e zonas de interesse: sobre a migração entre polos da demanda. Revista Forense, vol. 1 – 1904. Volume 404 – 2009 (julho/agosto). Rio de Janeiro: Forense, 2009.

153. CABRAL, Antonio do Passo. Despolarização do processo e zonas de interesse: sobre a migração entre polos da demanda. Revista Forense, vol. 1 – 1904. Volume 404 – 2009 (julho/agosto). Rio de Janeiro: Forense, 2009.

Rogéria Dotti, tratando do (não) cabimento de recursos especiais que impugnam condenações indenizatórias por danos morais em valor irrisório, sugere a edição de súmula que estabeleça parâmetros objetivos, permitindo que o jurisdicionado identifique se seu recurso é ou não admissível[154]. Muito embora, pelo viés adotado neste trabalho, enquadre-se a questão referente aos valores da condenação que se impugna ao interesse-utilidade, a proposta da autora é louvável, uma vez que traria critérios objetivos para a aferição do interesse recursal, além de gerar previsibilidade e segurança jurídica. Claro, porém, que o interesse recursal possui outros parâmetros – especialmente o interesse público, de tal forma que caso o julgador reconheça que, apesar de versar sobre valor irrisório, existe utilidade no conhecimento do recurso, este deverá ser admitido.

1.8. INTERESSE PÚBLICO E INTERESSE INSTITUCIONAL

Nas considerações iniciais foram identificados dois interesses de *caráter* público: aquele decorrente da vontade coletiva e o do Estado, de manter a paz social através da composição dos conflitos que eventualmente surjam. Não se nega, porém, a existência de outros interesses de ordem pública, que conjugam tanto as necessidades da coletividade e de suas instituições quanto o dever do Estado de manter a ordem jurídica e, no campo jurisdicional, preservar "a livre e adequada manifestação dos fracos contra os mais poderosos"[155-156-157].

---

154. A uniformização da jurisprudência e a admissibilidade de recurso especial diante de valor irrisório de indenização. In: Reflexões teóricas sobre direito material e processual: estudos jurídicos em homenagem ao jubileu de diamante da criação da Faculdade Estadual de Direito de Ponta Grossa. Org. Kleber Cazzaro. Blumenau: Legere/Nova Letra, 2014, p. 634-638.

155. José Carlos Barbosa Moreira esclarece que a 'socialização' do direito processual civil, com sua percepção igualmente pública (e não voltada exclusivamente ao arbítrio das partes) surgiu a partir da reforma do Processo Civil austríaco, quando foram consagradas medidas como o impulso oficial, o dever de veracidade das partes e a participação ativa do juiz. Dela também teriam decorrido as preocupações com o acesso à Justiça, a paridade das partes e o próprio desenvolvimento da tutela coletiva: Tendências contemporâneas do direito processual civil. Revista de Processo, v. 31. São Paulo: Revista dos Tribunais, jul-set, 1983, p. 199-209.

156. SILVA, Ovídio A. Batista. Curso de processo civil: processo de conhecimento, volume 1. 4. ed. rev. e atual. São Paulo: Revista dos Tribunais, 1998, p. 310.

157. "A potencialidade desse meio de proteção dos interesses supraindividuais proporciona aos cidadãos cultural e economicamente mais fracos um verdadeiro acesso aos tribunais. Transpõe-se, também, a barreira psicológica nas hipóteses em que, mesmo tendo eclodido a lide, continua existindo relação de subordinação econômica ou outra qualquer entre as partes lesadas e a detentora do poder": SHIMURA, Sérgio Seiji. Tutela coletiva e sua efetividade. São Paulo: Editora Método, 2006, p. 32.

Isso porque como leciona Calmon de Passos, a expressão interesse público é eminentemente relativa e representa "múltiplos e variados interesses públicos", como, por exemplo, dentre outros: (a) "aquele a que provêm as normas de organização e as outras normas que asseguram as estruturas criadas por elas os meios para funcionar"; (b) os interesses dos incapazes; (c) os direitos fundamentais dos cidadãos; e (d) aqueles que o Estado assume como públicos interesses de determinados tipos, como religiosos e raciais[158].

Como ressalta Cassio Scarpinella Bueno, a defesa do chamado interesse público, resumidamente como aquele transcendente aos interesses dos particulares, sempre foi confiada ao Ministério Público que, historicamente, tem a missão de, enquanto *custos legis*, zelar pela ordem jurídica[159]. Nessa toada que o CPC prevê, em seus arts. 176 e 178, que "o Ministério Público atuará na defesa da ordem jurídica, do regime democrático e dos interesses e direitos sociais e individuais indisponíveis" e, ainda nos interesses público, social, de incapazes e em litígios coletivos pela posse de terra rural ou urbana.

Tal protagonismo do Ministério Público, garantido pelo art. 127 da Constituição Federal[160], não impede que outros sujeitos assumam, conforme o caso, a posição de defensores desse interesse público, de tal forma que possuam igualmente interesse de agir para buscar tutela jurisdicional. É o caso, por exemplo, da Defensoria Pública e das associações, para defesa de interesses coletivos. Esses sujeitos permitem, além da proteção dos direitos da coletividade, uma ampla participação – indireta, é verdade – popular na "reivindicação da melhoria dos serviços públicos e a proteção do patrimônio histórico, artístico e cultural. Em suma, fornece o processo instrumentos para

158. PASSOS, José Joaquim Calmon. Intervenção do Ministério Público nas causas a que se refere o art. 83, III, do Código de Processo Civil. *In*: Ensaios e artigos: volume I. Salvador: Editora Juspodivm, 2014, p. 108-111.

159. BUENO, Cassio Scarpinella. Amicus curiae no processo civil brasileiro: um terceiro enigmático. 2. ed. rev., atual. e ampl. São Paulo: Saraiva, 2008, p. 466-473.

160. Art. 127. O Ministério Público é instituição permanente, essencial à função jurisdicional do Estado, incumbindo-lhe a defesa da ordem jurídica, do regime democrático e dos interesses sociais e individuais indisponíveis.

que a sociedade civil contribua para a definição dos rumos da nação 'institucionalizando-os'"[161].

Além do interesse de agir, não se nega, também, a possibilidade de ingresso de terceiros no processo que, igualmente na defesa de interesse público, são dotados de interesse processual para prática de determinados atos. Nesse ponto, sobressaem as figuras das pessoas jurídicas de direito público e do *amicus curiae*[162-163].

O *amicus curiae*, que já foi sujeito de grandes controvérsias no direito processual brasileiro, assumiu por disposição expressa do CPC/15, o papel de terceiro, tendo sua atuação disciplinada pelo art. 138 e seus três parágrafos. A delimitação de premissas acerca do seu interesse no processo é fundamental, especialmente considerando que o §3° autorizou expressamente que o *amicus curiae* recorra "da decisão que julgar o incidente de resolução de demandas repetitivas", atribuindo-lhe legitimidade recursal.

E mais. Na esteira do que defende Cassio Scarpinella Bueno, o *amicus curiae* assume papel de suma relevância porque se digna a *dar voz* a interesses que fogem ao processo civil individual e ao processo civil coletivo. Para o autor, ele dá voz a "valores que se transformaram, ao longo do tempo, em institutos jurídicos próprios e diferenciados,

---

161. CABRAL, Antonio do Passo. Pelas asas de Hermes: a intervenção do amicus curiae, um terceiro especial. Uma análise dos institutos interventivos similares – o amicus e o Vertreter des Öffentlichen interesses. Revista de Processo, v. 117. São Paulo: Revista dos Tribunais, set-out, 2004, p. 9-41.

162. Eduardo Talamini define o *amicus curiae* como "terceiro admitido no processo para fornecer subsídios instrutórios (probatórios ou jurídicos) à solução de causa revestida de especial relevância ou complexidade, sem, no entanto, passar a titularizar posições subjetivas relativas às partes (nem mesmo limitada e subsidiariamente, como o assistente simples)": Capítulo V: Do *amicus curiae*. Comentários ao arti. 138. *In*: WAMBIER, Teresa Arruda Alvim. Et al. (Coord). Breves comentários ao Novo Código de Processo Civil. 3. ed. rev. e atual. São Paulo: Editora Revista dos Tribunais, 2016, p. 488. Sobre as origens, conceito e evolução do amicus curiae no ordenamento jurídico brasileiro: BUENO, Cassio Scarpinella. Amicus curiae no processo civil brasileiro: um terceiro enigmático. 2. ed. rev., atual. e ampl. São Paulo: Saraiva, 2008.

163. Cassio Scarpinella Bueno defende expressamente a remodulação do conceito de interesse jurídico, para integrar igualmente o interesse institucional, do amicus curiae. Nas suas palavras: "O que convém destacar, portanto, é que a concepção do que é interesse jurídico transformou-se. É decorrência natural – e necessária – das modificações profundas passadas pela sociedade e capturadas, pouco a pouco, pelo próprio sistema jurídico. Nem todos os interesses ou direitos são capturáveis pelo ordenamento jurídico a partir da necessária fixação em um individuo. O que importa é verificar em que medida eles passam a poder influenciar as decisões judiciais e em que medida podem ser levados à consideração do Estado-juiz para que o exercício da influencia que justifica seu transporte para o plano judiciário, seja feita de maneira consciente e em observância ao "modelo constitucional do processo"": BUENO, Cassio Scarpinella. Amicus curiae no processo civil brasileiro: um terceiro enigmático. 2. ed. rev., atual. e ampl. São Paulo: Saraiva, 2008, p. 474.

que merecem, por isso mesmo, "representantes adequados"[164]. Assim, admite-se, conforme o caso, a atuação do *amicus curiae* para levar ao juízo valores de certa cultura ou de determinado grupo religioso, político ou social. O interesse do *amicus curiae* é institucional, "para que vozes sem boca, ao menos no plano do direito processual, possam ser ouvidas, devidamente representadas, em prol do aprimoramento e aprofundamento da qualidade da cognição jurisdicional"[165].

Em todo e qualquer caso, para atuação tanto do Ministério Público (e demais legitimados para tutela da coletividade) quanto do *amicus curiae*, na defesa do interesse público[166], há de ser avaliada criteriosamente a presença do interesse de agir e do interesse processual, levando-se em consideração, sempre, a necessidade, a utilidade e a adequação do ato processual[167-168]. Enquanto para o Ministério Público tais interesses devem transparecer a partir da conjugação entre aquele que legitimou seu ingresso e todos os demais decorrentes de seu dever abstrato de zelar pela ordem jurídica[169], para o *amicus curiae*, considerando que sua atuação no processo é pautada a partir do interesse que justifica seu ingresso, decorrente da importância transcendental da causa, é preciso que o ato seja compatível com os motivos que justificaram sua inserção: (i) defesa da (certa) coletividade; (ii) contribuição para a formação de cognição qualificada sobre

164. BUENO, Cassio Scarpinella. Amicus curiae no processo civil brasileiro: um terceiro enigmático. 2. ed. rev., atual. e ampl. São Paulo: Saraiva, 2008, p. 487.

165. BUENO, Cassio Scarpinella. Amicus curiae no processo civil brasileiro: um terceiro enigmático. 2. ed. rev., atual. e ampl. São Paulo: Saraiva, 2008, p. 515.

166. Aqui visto como aquele que abrange interesses transindividuais, individuais homogêneos e institucionais, ou seja, todos aqueles de relevância social. Sobre o tema, lateral ao presente trabalho, vide: BUENO, Cassio Scarpinella. Amicus curiae no processo civil brasileiro: um terceiro enigmático. 2. ed. rev., atual. e ampl. São Paulo: Saraiva, 2008; e SHIMURA, Sérgio Seiji. Tutela coletiva e sua efetividade. São Paulo: Editora Método, 2006.

167. Em sentido contrário, Sérgio Seiji Shimura compreende como presumido o interesse processual do Ministério Público: SHIMURA, Sérgio Seiji. Tutela coletiva e sua efetividade. São Paulo: Editora Método, 2006, p. 56.

168. Nesse sentido, tratando, porém, em razão das premissas que norteiam sua produção científica, da necessidade de demonstração de legitimação do Ministério Público e não do interesse: PASSOS, José Joaquim Calmon. Intervenção do Ministério Público nas causas a que se refere o art. 83, III, do Código de Processo Civil. In: Ensaios e artigos: volume I. Salvador: Editora Juspodivm, 2014, p. 98.

169. GRASSO, Eduardo. L'interesse ad impugnare. Milano: Dott. A. Giuffrè Editore, 1967, p. 40.

determinado tema fundamental, promovendo "maior legitimidade das decisões judiciais que possam influenciar diretamente a sociedade"[170-171]; (iii) contribuição probatória; (iv) defesa de interesses econômicos etc.[172]

170. "O fundamento do instituto, portanto, é o permissivo de manifestação de terceiros quando o caso puder afetar toda a sociedade, mesmo em processos cuja demanda seja limitada individualmente, permitindo-se que sejam trazidos ao processo elementos que sejam relevantes para a cognição do órgão julgador": CABRAL, Antonio do Passo. Pelas asas de Hermes: a intervenção do amicus curiae, um terceiro especial. Uma análise dos institutos interventivos similares – o amicus e o Vertreter des Öffentlichen interesses. Revista de Processo, v. 117. São Paulo: Revista dos Tribunais, set-out, 2004, p. 9-41.

171. SANTOS, Welder Queiroz dos. A hora e a vez do amicus curiae: o projeto do novo Código de Processo Civil Brasileiro. In: O projeto do Novo Código ded Processo Civil. Estudos em homenagem ao Professor José Joaquim Calmon de Passos. 2ª Série. Coordenadores Fredie Didier Jr. e Antonio Adonias Aguiar Bastos. Salvador: Editora Juspodivm, 2012, p. 699.

172. Sobre as múltiplas facetas do amicus curiae, vide: MUNHOZ, Manoela Virmond. A participação do amicus curiae: interesse, funções, regime jurídico e classificação. – São Paulo: Thomson Reuters Brasil, 2024.

CAPÍTULO 2

RECURSO

2.1. DUPLO GRAU DE JURISDIÇÃO

Assim como é consciente da própria capacidade de errar, o homem tem incutidas em sua personalidade a irresignação e a necessidade de buscar auxílio daqueles que considera seus superiores, responsáveis pela gestão de sua vida. Entrega a estes, por conseguinte, a liberdade de decidirem o curso da sua existência[1]. Contudo, sem abrir mão de recorrer, quando inconformados, a alguém de maior poder, ainda que este alguém seja a divindade. O filho menor, inconformado com as ordens do irmão mais velho, apela aos pais. Quando se revolta com as ordens do pai, pede auxílio à mãe. Caso o suposto erro seja de ambos os pais, pede socorro aos avós[2]. Se, por fim, nada mais lhe serve, e porventura é religioso, pede ajuda à divindade, crendo que a falha da "justiça dos homens" não será corroborada pela de deus[3].

---

1. "Os pontos até aqui expendidos, por derivarem da própria consciência de nossa falibilidade, formam o fundamento subjetivo à existência do duplo grau de jurisdição. Os homens, por serem e se saberem falíveis, também têm consciência da falibilidade dos julgadores. Necessitam, para sua tranquilidade, da existência da possibilidade de reexame de possíveis erros jurisdicionais": MORAES, Mauricio Zanoide de. Interesse e legitimação para recorrer no processo penal brasileiro: análise doutrinária e jurisprudencial de suas estruturas. São Paulo: Editora Revista dos Tribunais, 2000, p. 26.
2. VESCOVI, Enrique. Los recursos judiciales y demás medios impugnativos en Iberoamérica. Buenos Aires: Ediciones Depalma, 1988, p. 25.
3. Questão interessante é a do surgimento da impugnação quase que simultaneamente à dissociação do Direito da divindade, realizada pelo direito romano. Luiz Carlos de Azevedo ressalta que nos escritos de culturas orientais, da Mesopotâmia e, mais palpável, no próprio código de Hamurabi, que mantinham uma certa fusão entre a palavra do julgador e da divindade, não se concebia a existência de qualquer recurso. A palavra era final e considerada, para os indianos, por exemplo, como dharma. Noutra perspectiva, os gregos, que, no apelo democrático, transformaram o povo em sua própria divindade, também sofriam com a falta de recursos e de hierarquia na estrutura judiciária, situação que teria sido condenada pelo próprio Aristóteles: Origem e introdução da apelação no Direito Lusitano. São Paulo: FIEO, 1976, p. 31-35.

A busca por socorro aos superiores é inerente à natureza humana. Quando permanecem inconformados, recorrem ainda aos superiores dos seus superiores, até que o desconforto da irresignação se esmaeça, seja pela concretização dos objetivos, seja pela inexistência de uma nova instância à qual apelar[4]. O fato é que a mera oportunidade de impugnação e a consciência da possibilidade de revisão da decisão fazem com que, esgotadas as vias recursais, o vencido se conforme com maior facilidade[5].

Somado a isso, deve ser possível exercer controle sobre as decisões judiciais. Não apenas sob o fundamento da humanidade dos julgadores ou do inconformismo da parte vencida[6], mas também - e principalmente - como uma forma de viabilizar a adequada prestação jurisdicional, seja no aspecto da correção das decisões, seja na promoção da igualdade e da paz social[7-8].

Quando a parte busca tutela do Estado, espera receber a solução do conflito e, para que isso ocorra, é preciso que a resposta dada surja

---

4. Como leciona Eduardo Couture "A apelação é um impulso instintivo, dominado pelo direito; um protesto em moldes jurídicos; um 'pega, pero escucha' de quem se sente dotado de razão e privado de assistência. A apelação é uma forma de clamor e rebeldia; é o grito daqueles que, crendo-se prejudicados, pedem auxílio a uma maior autoridade": Prólogo. *In*: COSTA, Agustin A. El recurso ordinario de apelación en el proceso civil. Buenos Aires: Asociacion de Abogados de Buenos Aires, 1950, p. 3. Tradução livre. Do original: "Decía el viejo precepto que la apelación era una forma de sustituir el alzarse por sublevarse por el alzarse por apelar. La apelación es un impulso instintivo, dominado por el derecho; una protesta volcada en moldes jurídicos; un "pega pero escucha', de quien se siente poseído de razón y privado de asistencia. En su mismo nombre castizo, alzada, la apelación es una forma de clamor y de rebeldía; es el grito de los que, creyéndose agraviados, acuden a mayor juez".

5. MOREIRA, José Carlos Barbosa. Comentários ao Código de Processo Civil, Lei nº 5.869, de 11 de janeiro de 1973, vol. v. 17. ed. rev. e atual. Rio de Janeiro: Editora Forense, 2013, p. 237-239.

6. "Isso quer dizer que a existência ou não do direito ao recurso, a sua extensão e mesmo a quantidade de recursos cabíveis são questões que não podem ser analisadas de forma dissociada da cultura em que se aloca determinado sistema processual civil, assim como dos objetivos por ele visados. Daí que é imprescindível afastar qualquer ideia de que a contingencia de todos estarmos submetidos à falibilidade da condição humana por si só justifica a existência do direito ao recurso e a revisão irrestrita e constante das decisões judiciais por todas as instâncias do Poder Judiciário": MARINONI, Luiz Guilherme; ARENHART, Sérgio Cruz; MITIDIERO, Daniel. Novo curso de processo civil: tutela dos direitos mediante procedimento comum, volume II. 2 ed. rev., atual. e ampl. São Paulo: Editora Revista dos Tribunais, 2016, p. 512.

7. BUZAID, Alfredo. Estudos de direito. São Paulo: Saraiva, 1972, p. 102.

8. "A previsão da figura dos recuros, nos ordenamentos jurídicos positivos, tem como fundamento, essencialmente, a possibilidade de erros, imprecisões, obscuridades, omissões ou ontradições nas decisões judiciais, bem como o interesse correlato do Estado na interpretação e aplicação correta do direito (fundamento que se mostra presente de forma mais acentuada em algumas espécies recursais como os recursos especial, extraordinário e embargos de divergência). O termo "recurso", aliás, remete a um curso repetido, no sentido de que todo recurso faz com que a decisão, que entra uma tutela jurisdicional, possa vir a ser objeto de reanálise, por provocação de uma das partes, do Ministério Público ou de terceiro juridicamente interessado": ALVIM, Arruda. Novo contencioso cível no CPC/15. 2. ed. rev., atual. e ampl. São Paulo: Thomson Reuters Brasil, 2022, p. 761.

de um processo válido e seja apta a proporcionar certeza aos envolvidos sobre sua definitividade[9]. Daí porque a decisão inválida (intrínseca ou extrinsecamente[10]) equivale a uma não-tutela, uma vez que não é apta a proporcionar às partes segurança jurídica, que é fundamento da jurisdição. Os recursos funcionam como um meio de ajustar o processo, impedindo que persistam quaisquer vícios capazes de gerar, no futuro, insegurança sobre a decisão final. Da mesma forma que viabilizam uma "prestação jurisdicional mais qualificada, com o direito à obtenção de uma decisão o tanto quanto possível, correta"[11].

Disso é possível extrair que, também nos recursos, sobressai interesse público e social, que para Alcides Mendonça Lima se apresenta tanto no controle magistrados, como meio de garantir as "liberdades individuais contra o arbítrio, o despotismo e as fraquezas dos juízes de primeira instância", quanto no melhor cumprimento da função jurisdicional, para que esta seja "verdadeira expressão da ordem legal e do ideal de justiça"[12]. Nesse último caso, ressalta, ainda em 1976, que o recurso estaria perdendo seu sentido privatístico, passando a servir também à melhor formação do ordenamento jurídico e ao estabelecimento da interpretação correta e uniforme da lei e da Constituição[13-14].

---

9. "O direito à segurança jurídica constitui direito à certeza, à estabilidade, à confiabilidade e à efetividade das situações jurídicas": MITIDIERO, Daniel. Fundamentação e precedente: dois discursos a partir da decisão judicial. Revista de Processo, v. 206. São Paulo: Revista dos Tribunais, abr., 2012, p. 70.

10. ALVIM, Teresa Arruda. Nulidades do processo e da sentença. 11. ed. rev., atual. e ampl. São Paulo: Thomson Reuters Brasil, 2021, p. 324-426.

11. ALVIM, Teresa Arruda. Restrições indevidas ao direito de recorrer. Revista de Processo, v. 130. São Paulo: Revista dos Tribunais, dez, 2005, p. 249-251.

12. LIMA, Alcides de Mendonça. Introdução aos recursos cíveis. 2. ed. rev. e atualizada. São Paulo: Editora Revista dos Tribunais, 1976, p. 135-136.

13. "O Estado de Direito, que é uma conquista gradativa da civilização na luta do homem em prol de sua liberdade, se funda, exatamente, numa ordem jurídica devidamente estruturada, na qual tem de prevalecer a supremacia da lei, naquilo que, como expressão do direito, represente de equilíbrio social e de instrumento de paz coletiva. De modo geral, o juiz deve sempre obedecer a lei, como manifestação da vontade comum. Um dos meios pelos quais o Estado controla essa atividade do juiz, em nome do prestígio da própria lei, em sua integridade e em sua substância, é o uso dos recursos, ainda nos casos em que a discussão gire em torno, aparentemente, de pura matéria de fato, porquanto, em última análise, sempre está em jogo a incidência de uma norma jurídica, amparando o direito subjetivo dos litigantes. Há, portanto, um alto interesse público, concomitantemente com o interesse privado das partes, na instituição e na subsistência dos recursos no âmbito processual, salvo as raras hipóteses em que, por motivos de ordem pública, se impõe o encerramento da causa com decisão de um só órgão, cabendo impugnação para o próprio julgador": LIMA, Alcides de Mendonça. Introdução aos recursos cíveis. 2. ed. rev. e atual.. São Paulo: Editora Revista dos Tribunais, 1976, p. 137-138.

14. Interessante a perspectiva dada pelo direito canônico à persistência de sentença de anulação de casamento viciada. No caso, além da existência de um conflito entre a vontade divina e

Tem-se, assim, o duplo grau de jurisdição, em duas perspectivas. A primeira delas relacionada à hierarquia dos órgãos jurisdicionais e à própria estrutura do Judiciário e a segunda, do direito ao recurso[15]. Esta última, da qual se passa exclusivamente a tratar, como imanente à inafastabilidade do controle jurisdicional e ao direito de ação, com manifestações desde o direito romano e previsão em praticamente todo o mundo[16-17].

Sua ampla difusão decorre, também, do seu escopo social. Além de permitir às partes o apelo inerente à sua humanidade, ao concentrar o controle das decisões em órgão de revisão, evita a dispersão da interpretação sobre determinada norma jurídica e impõe um certo temor reverencial aos juízes. Espera-se que os magistrados, conscien-

---

a manifestada pelo juiz, surge, com ela, o nascimento de uma fonte de pecado para as partes: ZUBILLAGA, José L. Lopez. La doble decisión conforme em la doctrina procesal del Código de 1917. Revista Española de Derecho Canónico, vol. 59. Año 2002. Enero-Junio, p. 147.

15. "O princípio do duplo grau de jurisdição tem dois significados distintos e desdobra-se em dois aspectos de especial relevância na disciplina do exercício da jurisdição, a saber, (a) na oferta de recursos, possibilitando o acesso das partes aos tribunais com suas irresignações em relação a decisões desfavoráveis e (b) na imposição, salvo casos excepcionais de competência originária dos tribunais, do processamento inicial das causas por juízes inferiores, de primeiro grau, para só depois, se houver recurso, legitimar-se o exercício da jurisdição pelos tribunais. A infração a essa segunda regra, com eventual decisão do tribunal sobre a causa ou mesmo sobre algum incidente processual ainda não decidido por um juiz inferior, constitui o que se chama supressão de um grau de jurisdição": DINAMARCO, Cândido Rangel. Instituições de direito processual civil: volume I. 10. ed., rev. e atual. São Paulo: Malheiros, 2020, p. 310. Humberto Theodoro Junior, partindo dessa dupla perspectiva, opta por defender a existência de dois princípios distintos e complementares. O direito ao recurso estaria garantido pelo chamado princípio da recorribilidade e o princípio do duplo grau de jurisdição seria voltado exclusivamente à dualidade de instâncias: Curso de Direito Processual: *Teoria geral do direito processual civil, processo de conhecimento e procedimento comum: vol. I.* 60. ed. Rio de janeiro: Forense, 2019, p. 59. Oreste Nestor Laspro, noutra perspectiva, afirma que "não se pode, pelo menos no sistema processual brasileiro, confundir duplo grau de jurisdição com direito de recorrer", chegando a afirmar que "os recursos, somente em matéria de direito, não constituem garantia do duplo grau de jurisdição": Garantia do duplo grau de jurisdição. In: Garantias constitucionais do processo civil. Coord. José Rogério Cruz e Tucci. São Paulo: Editora Revista dos Tribunais, 1999, p. 192-193.

16. Giovanni Serges sinaliza que o nascimento do direito ao recurso está intimamente atrelado às alterações na estrutura jurídica do império, ao tempo do principado (27 a.C.), quando o poder passou a ser concentrado (ainda que de forma não tão evidente em Roma) na figura do imperador. A concentração de poder tornou necessária a criação de uma complexa máquina jurídica-administrativa, voltada à figura do governante, que guardava, para si, a função de "centro supremo dela giustizia": Il principio del "doppio grado di giurisdizione" nel sistema constituzionale italiano. Milano: Dott. A. Giuffrè Editore, 1993, p. 23-25. Armando Roberto Holanda Leite anota que apenas o direito turco possui grau único de jurisdição, inadmitindo recursos ordinários: Recurso adesivo – subordinação ao recurso principal – admissibilidade – matéria impugnada – Código de Processo Civil, art. 505. Revista de Processo, v. 21. São Paulo: Revista dos Tribunais, jan-mar, 1981, p. 285-295.

17. Sobre princípio do duplo grau de jurisdição, especialmente quanto às suas origens, aplicação e limitações: MARCATO, Ana Cândida Menezes. O princípio do duplo grau de jurisdição e a reforma do Código de Processo Civil. São Paulo: Atlas, 2006.

tes de que suas decisões estão sujeitas à reanálise, tenham o devido cuidado com a qualidade e coerência[18].

São variadas, em vista disso, as justificativas para o duplo grau de jurisdição, enquanto direito ao recurso. A tentativa frustrada de restringi-lo, ao tempo da Revolução Francesa[19], não foi suficiente sequer para abalar a estrutura do controle que, geralmente, persiste vinculado a órgão hierarquicamente superior, composto, em regra, por juízes mais experientes[20].

Frise-se que, como corretamente explicitou José Carlos Barbosa Moreira, a probabilidade de acerto em uma segunda análise do caso é maior, não necessariamente porque os juízes revisores são mais

---

18. "Muito mais fortes e legítimas que as objeções lançadas no passado são as razões que fundamentam o princípio. Delas, as mais importantes são de ordem político-institucional e consistem (a) na conveniência de evitar a dispersão de julgados e assim promover a relativa uniformização da jurisprudência quanto à interpretação da Constituição e da lei federal, o que não seria factível se cada um dos milhares de juízos de primeiro grau decidisse em caráter definitivo, e (b) na necessidade de pôr os juízes inferiores sob o controle dos superiores, como modo de evitar desmandos e legitimar a própria atuação do Poder Judiciário como um todo. Nesse contexto o princípio do duplo grau de jurisdição constitui elemento do desejável equilíbrio entre a segurança jurídica (que aconselha a outorga de tutela jurisdicional com a maior brevidade possível e repulsa à dispersão da interpretação do direito entre todos os juízes do país) e a ponderação nos julgamentos, responsável pela melhor qualidade e maior confiabilidades destes. Existe ainda a conveniência psicológica de oferecer às partes vencidas mais uma oportunidade de êxito, sabendo-se que ordinariamente há maior probabilidade de acerto nos julgados por juízes mais experientes e numerosos – especialmente no Brasil, em que os órgãos de primeiro grau são monocráticos e os tribunais julgam ordinariamente em colegiado. Confinar os julgamentos em um só grau de jurisdição teria o significado de conter litigiosidades e permitir que os estados de insatisfação e desconfiança se perpetuasse – provavelmente acrescidos de revoltas e possíveis agravamentos": DINAMARCO, Cândido Rangel. Instituições de direito processual civil: volume I. 10. ed., rev. e atual. São Paulo: Malheiros, 2020, p. 311-312.
19. "Para terminar este número, convirá deixar claro que o princípio do duplo grau de jurisdição tem vindo a ser criticado, de um ponto de vista ideológico, desde a Revolução Francesa. Tais críticas incidem normalmente sobre a manutenção dos tribunais de apelação ou de segunda instancia. Sobre esta matéria, convirá referir que o nosso processualista do século XIX, DUARTE NAZARETH, escrevia que "é sob o domínio das ideias democráticas que se tem combatido com mais ardor estes princípios (o da existência do duplo grau de jurisdição e o princípio do direito de apelação), e reclamado a supressão do tribunal de apelação, por constituir uma aristocracia judiciária, e representar uma superioridade hierárquica, repugnante às ideias egalitárias (sic.)": MENDES, Armindo Ribeiro. Recursos em processo civil. 2. ed. - Lisboa: Lex Edições Jurídicas, 1994, p. 98. Giovanni Serges pontua, em sentido contrário, que as críticas ao duplo grau de jurisdição, ao tempo da Revolução Francesa, foram voltadas à estrutura organizacional do Judiciário e à utilização indevida dos meios de impugnação, e não propriamente à recorribilidade das decisões, que persistiu sendo considerada um meio de garantia de decisão mais aproximada da correção e da justiça: Il principio del "doppio grado di giurisdizione" nel sistema constituzionale italiano. Milano: Dott. A. Giuffrè Editore, 1993, p. 21.
20. "Felizmente a rebeldia dos revolucionários, neste particular, ficou vencida pelo bom senso e pela Constituição francesa de 22.8.1975 (Constitution du 5 Fructidor an III) (arts. 211, 218, 219), que restabeleceu o duplo grau de jurisdição vigente até os dias de hoje, tanto em França quanto na maioria dos países ocidentais": NERY JUNIOR, Nelson. Teoria geral dos recursos. 8. ed. rev., atual. e ampl. São Paulo: Thomson Reuters Brasil, 2024, p. 60.

antigos ou capazes, mas principalmente porque "o controle exercido pelo juízo *ad quem* beneficia-se da presença, nos autos, de material já trabalhado, já submetido ao crivo do primeiro julgamento, e ao da crítica formulada pelas próprias partes, ao arrazoarem, num sentido e noutro, o recurso"[21].

Dizer, porém, que o duplo grau de jurisdição nada mais é que uma decorrência natural da inafastabilidade do controle jurisdicional ou que encontra expressa previsão constitucional[22], não significa afirmar que ele não possa sofrer restrições[23]. Especialmente porque, já há muito, está consolidada a possibilidade de ponderação de valores inclusive de direitos humanos que, se conflitantes, podem ter sua abrangência limitada, desde que mantido seu núcleo essencial[24-25].

---

21. BARBOSA MOREIRA, José Carlos. Comentários ao Código de Processo Civil. Vol. V. 10. ed. rev. e atual. Rio de Janeiro: Editora Forense, 2002, p. 233.

22. A controvérsia acerca da constitucionalidade, ou não, do duplo grau de jurisdição, embora permaneça relevante, não tem, para o presente trabalho, grandes implicações, uma vez que compreendemos que o direito ao recurso, como extensão do direito de ação, encontra sua previsão constitucional no princípio da inafastabilidade do controle jurisdicional. Sobre a problemática, vide: NERY JUNIOR. Nelson. Princípios do processo na Constituição Federal: (processo civil, penal e administrativo). 12. ed. rev., ampl. e atual. com as novas súmulas do STF (simples e vinculantes) e com o novo CPC (Lei 13.105/2015). São Paulo: Editora Revista dos Tribunais, 2016, p. 320-324; MARINONI, Luiz Guilherme; ARENHART, Sérgio Cruz; MITIDIERO, Daniel. Novo curso de processo civil: tutela dos direitos mediante procedimento comum, volume II. 2 ed. rev., atual. e ampl. São Paulo: Editora Revista dos Tribunais, 2016. p. 518; NUNES, Dierle. Direito constitucional ao recurso: da teoria geral dos recursos, das reformas processuais e da comparticipação nas decisões. Com comentários à Lei 11.187/2005, que alterou a sistemática do recurso de agravo. Rio de Janeiro: Editora Lumen Juris, 2006; e KUKINA, Sérgio Luiz. O princípio do duplo grau de jurisdição. Revista de Processo, v. 109. São Paulo: Revista dos Tribunais, jan-mar, 2003, p. 97-112.

23. LIEBMAN, Enrico Tullio. Appunti sulle impugnazioni. Milano: Cisalpino-Goliardica, 1961, p. 5.

24. "Minha compreensão da norma é compatível com a disciplina legal, infraconstitucional portanto, dos meios de recorrer e de pontuais limitações. O que me parece incabível é, não somente, suprimir a possibilidade de recorrer, ou restringi-la a termos inaceitáveis, como, também, criar obstáculos de difícil transposição, seja durante a marcha dos processos em primeiro grau, seja das decisões finais de juízes ou tribunais, até o órgão máximo, o Superior Tribunal de Justiça ou o Supremo Tribunal Federal, conforme o caso": MONIZ DE ARAGÃO, Egas Dirceu. Demasiados recursos? In: Meios de impugnação ao julgado civil. Estudos em homenagem a José Carlos Barbosa Moreira. Coord. FABRÍCIO, Adroaldo Furtado. Rio de Janeiro: Forense, 2008, p. 187. Calmon de Passos, no mesmo sentido, sustenta que "Afirmar o direito ao recurso como garantia constitucional não implica o reconhecimento do direito de recorrer de toda e qualquer decisão e em qualquer fase do procedimento que antecede a prestação da tutela jurídica reclamada. O que necessariamente deve ser constitucionalmente garantido é o que poderíamos denominar de 'núcleo resistente', aquele mínimo indispensável para assegurar a coerência entre o direito posto (expectativas compartilhadas socialmente) e o direito aplicado (concretização dessas expectativas). Garantia inerente a um Estado Democrático, portanto, é o controle interno das decisões judiciais mediante a técnica dos recursos": PASSOS, José Joaquim Calmon de. As razões da crise de nosso sistema recursal. *In*: FABRÍCIO, Adroaldo Furtado (Coord.). Meios de impugnação ao julgado civil. Estudos em homenagem a José Carlos Barbosa Moreira. Rio de Janeiro: Forense, 2008, p. 371.

25. "Da compreensão aqui sustentada de que o duplo grau de jurisdição é parte integrante do modelo constitucional do direito processual civil brasileiro derivam inúmeras considerações (...)

A necessidade de limitação de tal abrangência resta nítida frente à relação intrínseca entre efetividade da tutela jurisdicional e tempo, visto que o prolongamento excessivo do processo implicará igualmente a inutilidade, ainda que parcial, da entrega do bem da vida pretendido[26].

A demora na entrega da tutela jurisdicional é, em alguns casos, equivalente à ausência de tutela, razão pela qual é legítimo ponderar e restringir o direito ao recurso para que a demanda não se prolongue excessivamente no tempo, levando ao indesejado estado de insegurança jurídica[27]. Nesse sentido, vale reproduzir a lição de José Carlos Barbosa Moreira:

> À conveniência da rápida composição dos litígios, para o pronto restabelecimento da ordem social, contrapõe-se o anseio de garantir, na medida do possível, a conformidade da solução do direito. Entre essas duas solicitações, até certo ponto antagônicas, procuram os ordenamentos uma via média que não sacrifique, além do limite razoável, a segurança à justiça, ou esta àquela. Fazer inimpugnáveis quaisquer decisões, desde que proferidas, atenderia ao primeiro interesse, mas com insuportável detrimento do segundo; multiplicar *ad infinitum* os meios de impugnação produziria efeito diametralmente oposto e igualmente danoso. Ante a inafastável possibilidade

---

Para a solução delas, sempre será necessário levar em consideração o conflito entre princípios de que dá notícia bastante o n. 2.1., supra": BUENO, Cassio Scarpinella. Curso sistematizado de direito processual civil: teoria geral do direito processual civil – parte geral do Código de Processo Civil, vol. 1. 9. ed. São Paulo: Saraiva Educação, 2018 p. 141; Em sua vocação a conferir efetividade aos princípios e preceitos contidos na Constituição, o sistema processual dispõe de técnicas a serem utilizadas (não só mas também) com o empenho de preservar as próprias disposições constitucionais de tutela ao processo. Tal é o duplo sentido vetorial das relações entre Constituição e processo (supra, n.109), o qual, pelo perfil agora considerado, assume aspectos de uma interação de maior complexidade porque (a) a Constituição estabelece princípios e garantias destinados a proporcionar o processo équo, (b) o processo dispõe e atua técnicas que dão efetividade a esses princípios e garantias e ainda (c) a própria Constituição fornece alguns dos instrumentos processuais para essa atuação: trata-se dos remédios integrantes da jurisdição constitucional das liberdades, como, de modo particular, o recurso extraordinário, o mandado de segurança e a ação direta de inconstitucionalidade (...) Além desses meios específicos dá-se resguardo aos princípios e garantias de tutela ao processo mediante as técnicas processuais ordinárias e com emprego dos meios que a lei oferece (especialmente o CPC)": DINAMARCO, Cândido Rangel. Instituições de direito processual civil: volume I. 10. ed. rev. e atual. São Paulo: Malheiros, 2020, p. 326-327.

26. "Parece seguro que, em decorrência do duplo grau, sempre há um sacrifício, ora da rapidez, ora da segurança. O duplo grau concilia, em termos práticos, as necessidades simultâneas de restaurar a paz social perturbada pelo litígio e, malgrado a utopia, de fazer justiça": ASSIS, Araken de. Manual dos recursos. 10. ed. rev. e atual. São Paulo: Thomson Reuters Brasil, 2021, p. 80.

27. BUZAID, Alfredo. Estudos de direito. São Paulo: Saraiva, 1972, p. 103.

> do erro judicial, adotam as leis posição intermediária: propiciam remédios, mas limitam-lhes os casos e as oportunidades de uso.[28]

Não se trata, desse modo, de confrontar a importância e a constitucionalidade do duplo grau de jurisdição, mas sim de tratá-lo como uma garantia decorrente do direito de ação, limitada na medida em que tal direito é exercido e que colide com outros tantos direitos igualmente relevantes, voltados à efetividade da tutela jurisdicional[29-30].

2.2. DIREITO DE AÇÃO E DIREITO AO RECURSO

Em um primeiro momento, dizia-se que a ação constituía um direito confinado a provocar a prestação jurisdicional[31], como mera oportunidade de apresentar a demanda e pedir tutela[32]. Com o tempo, percebeu-se que de nada adianta outorgar aos indivíduos o direito de demandar, sem que, a este, seja agregado outras garantias capazes de impor a regularidade com a qual a queixa é recebida e avaliada. Garantias que assegurem ao jurisdicionado a confiança de que será submetido a um processo justo e, ao final, receberá uma de-

28. MOREIRA, José Carlos Barbosa. Comentários ao Código de Processo Civil, Lei nº 5.869, de 11 de janeiro de 1973, vol. V. 17. ed. rev. e atual. Rio de Janeiro: Editora Forense, 2013, p. 229.
29. "Tecnicamente, no sentido próprio e estrito, o princípio do duplo grau não consiste na possibilidade de reapreciação de todos os atos decisórios do órgão judiciário. Do contrário, o processo dificilmente alcançaria seu fecho, perturbado por recursos sem conta e freio": ASSIS, Araken de. Manual dos recursos. 10. ed. rev. e atual. São Paulo: Thomson Reuters Brasil, 2021, p. 86.
30. "O sistema recursal deve ser particularmente informado, em sua concepção, pela racionalidade, axioma este cujo significado e função expressam que o sistema deve proporcionar amplo e pleno debate sobre a lide e questões atinentes a ela, à ação e ao processo, havendo ensejar, todavia, no menor espaço de tempo possível, o término do litígio, ou seja, deve também ser, neste aspecto, funcional ou operativo. Aqui comparecem os princípios da celeridade e do contraditório. A lide deve ser julgada no menor espaço de tempo possível (no que depender do sistema processual positivo) e com respeito ao direito das partes": ARRUDA ALVIM NETTO, José Manoel de. Notas a respeito dos aspectos gerais e fundamentais da existência dos recursos – direito brasileiro. Revista de Processo, v. 48. São Paulo: Revista dos Tribunais, out-dez, 1987, p. 7-26.
31. Giuseppe Chiovenda, ao definir a ação, a tratou como "poder jurídico de dar vida à condição para a atuação da vontade da lei", atrelando-a, portanto, ao ato inicial que viabiliza a atuação do Estado: CHIOVENDA, Giuseppe. Instituições de direito processual civil. Volume I: Os conceitos fundamentais. A doutrina das ações. Tradução da 2ª edição italiana por J. Guimarães Menegale. São Paulo: Saraiva, 1942, p. 53. No Brasil, as lições foram acolhidas, dentre outros, por Moacyr Amaral dos Santos: Primeiras linhas de Direito Processual Civil. v. 1. 20 ed. rev. e atual. por Aricê Moacyr Amaral Santos. São Paulo: Saraiva, 1998, p. 157-159.
32. MARQUES, José Frederico. Manual de direito processual civil. V. 1. Teoria geral do processo civil. 7. ed. São Paulo: Saraiva, 1980, p. 164.

cisão correta, condizente com as provas produzidas nos autos e com o ordenamento jurídico[33].

Mais do que isso, é preciso que o indivíduo acredite também que, emanada a ordem, o Estado efetivamente terá condições de fazê-la cumprir, viabilizando que a crise levada ao seu conhecimento seja solucionada e deixe o campo das ideias para, finalmente, tomar o seu lugar no mundo real, com a realização do direito pretendido[34]. A crise concreta deve ser materialmente resolvida, não se admitindo que o dever do Estado de prestar jurisdição se esgote na decisão, sem que seus efeitos (re)adentrem o plano fático e promovam a real pacificação do conflito[35].

Com razão José Roberto dos Santos Bedaque, quando afirma que o "o direito de ação nada mais é do que o direito ao modelo processual estabelecido na Constituição Federal", uma vez que todas as garantias constitucionais voltadas ao processo são, a representação do método por meio do qual a tutela jurisdicional deverá ser entregue[36]. O fato, todavia, de constarem de forma autônoma no texto constitucional não as desqualifica enquanto inerentes ao direito de ação, nem como institutos que, por integrarem o mesmo feixe, possuem a mesma essência e se voltam ao mesmo fim[37].

---

33. SICA, Heitor Vitor Mendonça. O direito de defesa no processo civil brasileiro: um estudo sobre a posição do réu. São Paulo: Atlas, 2011, p. 21-39.

34. "Pelo princípio constitucional do direito de ação, além do direito ao processo justo, todos têm o direito de obter do Poder Judiciário a tutela jurisdicional adequada. Não é suficiente o direito à tutela jurisdicional. É preciso que essa tutela seja a adequada, sem o que estaria vazio de sentido o princípio": NERY JUNIOR. Nelson. Princípios do processo na Constituição Federal: (processo civil, penal e administrativo). 12. ed. rev., ampl. e atual. com as novas súmulas do STF (simples e vinculantes) e com o novo CPC (Lei 13.105/2015). São Paulo: Editora Revista dos Tribunais, 2016, p. 210.

35. "O art. 5º, XXXV, da CF, diz que "a lei não excluirá da apreciação do Poder Judiciário lesão ou ameaça a direito". Logo em seguida, o art. 5º, LIV, refere que "ninguém será privado da liberdade ou de seus bens sem o devido processo legal". A combinação desses dispositivos abre a oportunidade para que se afirme o direito de ação não mais como direito a uma sentença, como as teorias clássicas sobre a ação supunham, mas como direito à tutela jurisdicional adequada, efetiva e tempestiva mediante processo justo": MARINONI, Luiz Guilherme; ARENHART, Sérgio Cruz; MITIDIERO, Daniel. Curso de processo civil: teoria do processo civil, volume 1. 4. ed. São Paulo: Thomson Reuters Brasil, 2019, p. 279.

36. BEDAQUE, José Roberto dos Santos. Breves notas sobre jurisdição e ação. *In*: YARSHELL, Flávio Luiz; ZUFELATO, Camilo. (Org.). 40 anos da teoria geral do processo no Brasil. Passado, presente e futuro. São Paulo: Malheiros Editores, 2013, p. 552.

37. "Direito de ação é o direito fundamental (situação jurídica, portanto) composto por um conjunto de situações jurídicas, que garantem ao seu titular o poder de acessar os tribunais e exigir deles uma tutela jurisdicional adequada, tempestiva e efetiva. É direito fundamental que resulta da incidência de diversas normas constitucionais, como os princípios da inafastabilidade da jurisdição e do devido processo legal – ambos já examinados neste volume do Curso": DIDIER JR., Fredie.

Tal conclusão, como dito, torna desnecessária a discussão acerca da previsão constitucional do princípio do duplo grau de jurisdição, já que a sua faceta de garantia ao recurso nada mais é que um desdobramento da inafastabilidade do controle jurisdicional, em seu aspecto da entrega de uma tutela condizente com os fatos, a prova produzida nos autos e com o ordenamento jurídico.

Dessa forma a Constituição Federal garante a inafastabilidade do controle, bem como o devido processo legal e a utilização de todos os recursos a ele inerentes. Não basta que seja garantido o direito de demandar. É necessário que o acesso ao Judiciário se dê de forma legítima, respeitado o devido processo legal em sua acepção mais ampla, com seus meios para, se não exterminar completamente, evitar que a falibilidade humana sobressaia e leve a um resultado injusto[38].

No ponto, está correto Fredie Didier Jr. ao compreender o direito de ação como feixe de outros direitos que conduzem o indivíduo (que tem razão) à entrega da prestação jurisdicional efetiva[39]. Dele decorrem, consequentemente, todos os direitos e poderes que, se regularmente exercidos, confluem para uma decisão correta, assim como, para a efetiva entrega do bem da vida pretendido[40].

A palavra feixe é comumente utilizada na física para retratar um conjunto de raios luminosos que, partindo da fonte, podem convergir para o mesmo ponto ou divergir, ampliando o alcance da luz. En-

---

Curso de direito processual civil: introdução ao direito processual civil, parte geral e processo de conhecimento. 26. ed., rev., atual. e ampl. São Paulo: Editora Juspodivm, 2024, p. 381.

38. O STF, porém, apesar do que consta no art. 8.2.h da Convenção Americana de Direitos Humanos, tende a não considerar constitucional o direito ao recurso, apartando o duplo grau de jurisdição das demais garantias inerentes à inafastabilidade do controle jurisdicional. Em uma análise da jurisprudência do STF sobre o tema, vide: FONSÊCA, Vitor Moreira da. Processo civil e direitos humanos: o controle de convencionalidade no processo civil. Tese de doutorado apresentada à Pontifícia Universidade Católica de São Paulo, 2018, p. 161-164.

39. "O direito de ação é, como qualquer direito, uma situação jurídica. Sucede que o conteúdo desse direito é complexo: trata-se de direito composto por uma infinidade de situações jurídicas": DIDIER JR., Fredie. Curso de direito processual civil: introdução ao direito processual civil, parte geral e processo de conhecimento. 26. ed., rev., atual. e ampl. São Paulo: Editora Juspodivm, 2024, p. 383. No mesmo sentido: SICA, Heitor Vitor Mendonça. O direito de defesa no processo civil brasileiro: um estudo sobre a posição do réu. São Paulo: Atlas, 2011, p. 41.

40. "Direito de ação é o direito fundamental (situação jurídica, portanto) composto por um conjunto de situações jurídicas, que garantem ao seu titular o poder de acessar os tribunais e exigir deles uma tutela jurisdicional adequada, tempestiva e efetiva": DIDIER JR., Fredie. Curso de direito processual civil: introdução ao direito processual civil, parte geral e processo de conhecimento. 26. ed., rev., atual. e ampl. São Paulo: Editora Juspodivm, 2024, p. 381. No mesmo sentido: MARINONI, Luiz Guilherme; ARENHART, Sérgio Cruz; MITIDIERO, Daniel. Curso de processo civil: teoria do processo civil, volume 1. 4. ed. São Paulo: Thomson Reuters Brasil, 2019, p. 280.

quanto o feixe divergente leva a um afastamento dos raios luminosos entre si, o convergente os une diretamente a um ponto comum, ainda que, para isso, restrinja gradualmente o alcance dos raios no espaço.

Os raios de luz, ao atravessarem a lente convergente, não perdem suas características essenciais, não fogem à sua origem e permanecem idênticos aos lançados pela fonte. O que ocorre é uma limitação da sua expansão à medida em que se aproximam do ponto de conversão. Há um objetivo único e para que esse objetivo seja alcançado de forma eficaz, é necessário que gradualmente os raios que partem da fonte convirjam ao ponto de destino, o que, por consequência lógica, provoca a redução de seu espectro.

Considera-se, dessa forma, o direito de ação como o foco, de onde parte a luminosidade, em direção à tutela jurisdicional efetiva. Quanto mais se aproxima do objetivo final, do ponto para o qual todos os raios de luz convergem, mais restrito se torna o alcance dos direitos dele decorrentes, mais limitado será seu campo de atuação.

O direito de ação (a luz) permanece inalterado em sua essência; sem embargo, seus desdobramentos sofrem as limitações naturais que são necessárias para o alcance de um objetivo comum. Não fosse assim, ele se desenvolveria indefinidamente, desrespeitando, dessa maneira, o princípio lógico do processo[41].

É possível reconhecer ainda, para manter a analogia traçada, que a demanda constitui a lente convergente lançada sobre o foco luminoso, de tal forma que as limitações naturais do direito de ação iniciam tão logo delimitado o pedido, formulada a demanda e apresentada a pretensão. É a demanda que introduz o objetivo, que aponta para qual ponto as garantias inerentes ao direito de ação devem convergir.

Daí porque, muito embora o direito de defesa possa ser considerado um revérbero do direito de ação, ele surge após a inserção da lente convergente – a demanda – e por isso sofre as limitações dela

41. "a) A estruturação do processo tem de ser lógica, pois atende a uma finalidade, à qual se devem dirigir de forma racional todos os atos processuais. A sentença (atividade intelectiva e volitiva), que é resultado destes atos, se dá no momento em que o juiz formula uma norma concreta, geneticamente ligada aos textos normativos abstratos (lei, doutrina, jurisprudência). O processo, em outras palavras, segue uma sequência lógica que corresponde à atividade cognitiva do juiz": ALVIM, Arruda. Manual de direito processual civil. 20. ed. rev., atual. e ampl. São Paulo: Thomson Reuters Brasil, 2021, p. 37.

decorrentes, não sentidas inicialmente pelo autor. Ainda assim, todos os direitos e poderes decorrentes do direito de ação se espelham em favor do réu, sofrendo as mesmas restrições e voltando-se ao mesmo objetivo[42].

O direito ao recurso constitui desdobramento do direito de ação[43-44], levando consigo suas características que se reproduzem igualmente visando a efetividade da tutela jurisdicional[45]. Contudo, ele sofre as limitações naturais inerentes à convergência que impede que o exercício do direito de ação se torne eterno, desconstruindo as funções lógica e econômica do sistema[46].

Enquanto é possível admitir que o direito de defesa sofra as limitações decorrentes do exercício postergado da ação pelo réu[47], o direito ao recurso as tem pela própria conversão ao fim comum. Assim, conforme o direito de ação se desenvolve, a atuação da parte é "livre" em primeiro grau, relativamente limitada em segundo e, por

42. SICA, Heitor Vitor Mendonça. O direito de defesa no processo civil brasileiro. São Paulo: Atlas, 2011.

43. BUENO, Cassio Scarpinella. Manual de direito processual civil. 7. ed. São Paulo: Saraiva Educação, 2021, p. 855-856. No mesmo sentido: CRUZ, João Claudino de Oliveira e. Prática dos recursos (cíveis e criminais). Rio de Janeiro: Forense, 1957, p. 14. No mesmo sentido, atrelando tal característica especialmente à voluntariedade do recurso: WAMBIER, Luiz Rodrigues; TALAMINI, Eduardo. Curso avançado de processo civil: cognição jurisdicional (processo comum de conhecimento e tutela provisória), volume 2. 21. ed. rev., atual. e ampl. São Paulo: Thomson Reuters Brasil, 2022, p. 507. José Maria Rosa Tesheiner afirma que a distinção entre ação e recurso é "meramente formal: aquela implica a constituição de uma relação processual; este, a continuação de uma relação processual já constituída": TESHEINER, José Maria Rosa. Em tempo de reformas – o reexame de decisões judiciais. Revista de Processo, v. 147. São Paulo: Revista dos Tribunais, mai, 2007, p. 147-163.

44. Flávio Cheim Jorge fala em renovação do direito de ação: Teoria geral dos recursos cíveis. 8. ed. rev., atual. e ampl. São Paulo: Editora Revista dos Tribunais, 2017, p. 43. Em sentido semelhante, Alexandre Câmara, valendo-se da origem da palavra recurso, do latim recusare, que, "naquele idioma significa 'correr para trás ou correr para o lugar de onde se veio'", o observa como um meio para o tribunal percorrer "novamente o caminho trilhado até o provimento judicial recorrido": Requisitos de admissibilidade dos recursos civis. *In*: Escritos de direito processual. Segunda série. Rio de Janeiro: Editora Lumen Juris, 2005, p. 75. Muito embora acertado em essência, o verbo renovar, que tem o sentido de renascer, fazer ficar como novo, substituir, não parece ser acertado para identificar o fenômeno, que está mais atrelado à extensão e à continuação que, propriamente, a um ressurgimento.

45. "Os meios impugnativos são o remédio típico, através dos quais é possível controlar a validade e a justiça da sentença. Constituem um desenvolvimento do direito de ação e do direito de defesa, constitucionalmente garantidos pelos art. 24, 1º e 2º parágrafos." PROTO PISANI, Andrea. Lezioni di diritto processuale civile. Terza edizione. Napoli: Casa Editrice Jovene, 1999. p. 482. Tradução livre. Do original: "I mezzi d´impugnazione costituiscono il rimedio típico e pressoché único attraverso cui provocarei l controlo sulla validità e sulla giustizia dele sentenze. Essi costituiscono uno sviluppo del diritto di azione e del diritto di difesa costituzionalmente garantiti dall´art. 24, 1º e 2º comma Cost."

46. ALVIM, Arruda. Manual de direito processual civil. 20. ed. rev., atual. e ampl. São Paulo: Thomson Reuters Brasil, 2021, p. 37-45.

47. Como, por exemplo, a definição do procedimento.

fim, restrita nas instâncias superiores, sem que perca as características inicialmente refletidas. Sem que, por isso, sofra qualquer modificação em sua essência.

O que se afirma é que o direito ao recurso representa o direito de ação propriamente dito, uma vez que o compõe, o integra e carrega consigo, em que pese a limitação natural a ele imposta, todas as suas características[48]. O recurso é "aspecto, elemento, modalidade ou extensão do próprio direito de ação exercido no processo"[49] e o estudo de sua admissibilidade não escapa à analogia à do direito de ação, sendo necessário manter presente o diálogo entre ambos, considerando que aquele sempre sofrerá as consequências e interferências da evolução e do desenvolvimento desse.

Justamente por isso faz-se necessário delimitar as premissas do presente trabalho no tocante às condições da ação e ao interesse de agir. Como será demonstrado, mais do que possível, é imperativo que ação, recurso e suas respectivas condições sejam tratados de forma uniforme.

48. "Esse poder é uma emanação do direito de ação, ou uma parte deste. Também se diz que entre a ação e o recurso existe uma relação do todo com a parte": VESCOVI, Enrique. Los recursos judiciales y demás medios impugnativos en Iberoamérica. Buenos Aires: Ediciones Depalma, 1988, p. 13. Tradução livre. Do original: "Ese poder, se ha dicho, es uma emanación del derecho de acción, o una parte de éste. También se ha dicho que entre la accíon y el medio impugnativo (recurso) existe una relación del todo a la parte. (Ibánez Frocham).". Partindo de premissas distintas, Robson Renault Godinho compreende que o direito ao recurso integra o princípio do devido processo legal, diante das repercussões de uma "visão dinâmica e multifacetada do contraditório": GODINHO, Robson Renault. Direito constitucional ao recurso. Revista da Faculdade de Direito do Sul de Minas, Pouso Alegre, v. 24, n. 2: 269-310, jul/dez. 2009, p. 289. Como dito, compreende-se os princípios e garantias inerentes à tutela constitucional do processo como desdobramentos da própria inafastabilidade do controle jurisdicional). Esse também é o entendimento de Dierle Nunes, ao sugerir que "(...) o instituto do recurso não pode ser analisado de modo unitário com o princípio do duplo grau de jurisdição, que garante um duplo exame de todas as questões debatidas em juízo, mas sim deve ser visto como uma decorrência do princípio do contraditório e o da ampla defesa, possibilitando uma intervenção das partes e um diálogo destas com o juízo todas as vezes que a decisão recorrida não tenha levado em consideração o seu contributo crítico": Direito constitucional ao recurso: da teoria geral dos recursos, das reformas processuais e da comparticipação nas decisões. Com comentários à Lei 11.187/2005, que alterou a sistemática do recurso de agravo. Rio de Janeiro: Editora Lumen Juris, 2006, p. 163.

49. MOREIRA, José Carlos Barbosa. Comentários ao Código de Processo Civil, Lei nº 5.869, de 11 de janeiro de 1973, vol. V. 17. ed., rev. e atual. Rio de Janeiro: Editora Forense, 2013, p. 235-236. No mesmo sentido: VALITUTTI, Antonio; STEFANO, Franco de. Le impugnazioni nel processo civile. Vol. I. Padova: CEDAM, 1996, p. 38.

2.3. OBJETO DO RECURSO

O duplo grau de jurisdição, na perspectiva do direito ao recurso, justifica-se pela própria falibilidade humana[50]. Muito embora não seja possível afirmar que a justiça da decisão se mede pelo número de reexames a que foi submetida, fato é que a possibilidade de revisão das decisões judiciais atende amplamente ao devido processo legal e aos ideais de justiça[51-52].

Por esse motivo e, também, pela necessidade de se evitar um juiz déspota[53] – fruto da ausência de controle de suas decisões –, desde quando hierarquicamente estruturada a sociedade, identifica-se a possibilidade de revisão das decisões, em regra por órgão hierarquicamente superior[54].

É com esse escopo, de vacina e remédio contra a arbitrariedade e o erro, que surgiram os meios de impugnação das decisões judiciais, os quais são compostos por ações impugnativas autônomas (reclamação, mandado de segurança contra ato judicial, ação anulatória/

---

50. SANTOS, Moacyr Amaral. Primeiras linhas de direito processual civil. V. 3. 16 ed. rev. e atual. e ampl. por Aricê Moacyr Amaral Santos. São Paulo: Saraiva, 1997, p. 78.
51. NERY JUNIOR, Nelson. Teoria geral dos recursos. 8. ed. rev., atual. e ampl. e reform. São Paulo: Thomson Reuters Brasil, 2024, p. 61.
52. "Como diz Chiovenda, basta que o juiz saiba que a sua sentença pode ser reexaminada e modificada por um tribunal superior para que ela seja mais cuidadosa e mais justa. Os vários graus de jurisdição existem não apenas porque os superiores têm mais conhecimento ou sabedoria, pois, se assim não fosse, as ações deveriam ser julgadas todas diretamente por eles, mas porque, em cada grau, o órgão jurisdicional vê o caso concreto de maneira própria: o primeiro, mais próximo ao fato, pode apreciar todos os seus pormenores, inclusive os fatores de difícil transcrição para o papel, como, por exemplo, a sinceridade de uma testemunha; o segundo grau, exatamente porque está mais distante dos fatos, pode ter uma visão mais adequada do contexto dos acontecimentos e de outros casos análogos, bem como aperfeiçoa, em termos gerais, a interpretação do direito": GRECO FILHO, Vicente. Direito processual civil brasileiro. V. 2. 12ª edição, rev. e atual. São Paulo: Saraiva, 1997, p. 265.
53. NERY JUNIOR, Nelson. Teoria geral dos recursos. 8. ed. rev., atual. e ampl. São Paulo: Thomson Reuters Brasil, 2024, p. 60.
54. Sobre os aspectos históricos da impugnação a partir da antiguidade: MATEO, Juan de Dios Doval de. La revision civil. Barcelona: Libreria Bosch, 1979, p. 9-24; AZEVEDO, Luiz Carlos de. Origem e introdução da apelação no Direito Lusitano. São Paulo: FIEO, 1976; e LIMA, Alcides de Mendonça. Introdução aos recursos cíveis. 2. ed. rev. e atualizada. São Paulo: Editora Revista dos Tribunais, 1976, p. 1-71.

declaratória e ação ordinária para reversão de tutela antecipada estabilizada) e recursos[55-56-57].

No Brasil, o recurso é o protagonista na impugnação das decisões judiciais, concentrando a possibilidade de questionamento tanto dos vícios de julgamento quanto de forma[58]. Cabe a ele, de forma primária e preferencial aos demais métodos impugnativos, a função de corrigir as arbitrariedades e injustiças cometidas nas decisões.

---

55. A teoria geral da impugnação tem por objetivo o controle geral da regularidade dos atos processuais e, em especial, da atividade do tribunal, principalmente por meio de suas decisões. (...) Funciona, então, como um remédio contra uma atividade indevida (desviada, ilegítima...)": VESCOVI, Enrique. Los recursos judiciales y demás medios impugnativos en Iberoamérica. Buenos Aires: Ediciones Depalma, 1988, p. 1. Tradução livre. Do original: "La teoria general de la impugnación tiene por objetivo el control general de la regularidade de los actos procesales y, en especial, la actividad del tribunal, principalmente por medio de sus resoluciones. (...) Funciona, entonces, como in remédio a uma atividade indebida (desviada, ilegítima...)."

56. Araken de Assis inclui também, ao lado das ações impugnativas autônomas e os recursos, os sucedâneos recursais, dentre os quais estariam a remessa necessária, a correição parcial, o pedido de reconsideração, a suspensão da liminar, e o agravo regimental. Manual dos Recursos. 10. ed. rev. e atual. São Paulo: Thomson Reuters Brasil, 2021, p. 1.049/1.094.

57. "A fim de se reparar a falibilidade do julgamento humano e assegurar que a decisão do caso seja a melhor possível, isto é, a mais justa, todas as ordens processuais estabelecem a pluralidade de instâncias, isto é, uma hierarquia de órgãos judiciais, que permite que um órgão superior reveja e controle o julgamento emitido pelo órgão que decidiu a causa": LIEBMAN, Enrico Tullio. Appunti sulle impugnazioni. Milano: Cisalpino-Goliardica, 1961, p. 1. Tradução livre. Do original: "Allo scopo di riparare per quanto si può alla fallibilità del giudizio umano e di assicurare che la decisione della causa sia la migliore possibile, ossia la più giusta, tutti gli ordinamenti processuali stabiliscono la pluralità delle istanze, cioè una gerarchia di organi giudiziari, la quale permette che un organo più elevato riveda e controlli il giudizio emesso dall'organo che ha deciso la causa."

58. No que concerne aos errores in procedendo, não se pode esquivar de, remontando à origem dos métodos impugnativos, reconhecer que as sentenças assim viciadas eram, em regra, impugnáveis de forma diferente daquelas que continham apenas errores in iudicando. Para os errores in procedendo, destinavam-se as ações impugnativas autônomas, enquanto que para os errores in iudicando, a via impugnativa adequada era o recurso. Ocorre que há uma regular e inevitável interferência de errores in procedendo na justiça da decisão, sendo impraticável dissociar sua impugnação em institutos diversos, razão pela qual, ordenamentos como o italiano e o francês, tenderam para uma verdadeira absorção pelo recurso, da impugnação de vícios que seriam, via de regra, impugnáveis por ações autônomas: GIUDICEANDREA, Nicola. Le impugnazioni civili, volume primo, Sistema delle impugnazioni. Milano: Dott. A. Giuffrè Editore, 1952, p. 31. Neste sentido, esclareceu José Carlos Barbosa Moreira: "Voltando à contraposição básica entre recursos e ações impugnativas autônomas, convém assinalar que ela não exclui o reconhecimento do fenômeno, aliás antigo, da interferência, ou – como já se dizia na fundamental tentativa de sistematização da matéria – da "contaminação" recíproca entre essas duas classes de remédios. Assim é que mediante apelação, v.g., cabe alegar vícios de atividade, errores in procedendo, e pedir não a reforma, senão a anulação da sentença; e, inversamente, a ação rescisória pode servir de veículo à denúncia de vícios de juízo, errores in iudicando, como na hipótese do art. 485, nº V, do Código de 1973, correspondente à prevista no art. 798, n.º I, letra c, do estatuto de 1939. Não é exata, portanto, a correlação estabelecida por certos autores entre os termos do binômio recurso – ação impugnativa autônoma, de um lado, e os termos do binômio justiça – invalidade da sentença, de outro": MOREIRA, José Carlos Barbosa. Comentários ao Código de Processo Civil, Lei nº 5.869, de 11 de janeiro de 1973, vol. V. 10. ed., rev. e atual. Rio de Janeiro: Editora Forense, 2002, p. 103-104.

Isto quer dizer que, ainda que mantida a coexistência das ações impugnativas autônomas e dos recursos, o tipo de vício da decisão não é fundamental para a identificação do método impugnativo adequado. O traço marcante de diferenciação – principal, mas não único – entre recurso e as ações autônomas está na inexistência de recurso útil contra a decisão impugnada. Ou seja, o recurso será utilizado sempre que o processo ainda esteja vivo, fazendo-o prosseguir[59].

Por isso, ainda que voltadas à correção de vícios graves, as demais técnicas são utilizadas, via de regra, em caráter subsidiário, quando não for possível ou útil interpor recurso. A rescisória e a anulatória, por exemplo, exigem o trânsito em julgado – conforme o caso, a coisa julgada formal ou material. A ação autônoma para reversão da tutela antecipada estabilizada exige a sentença terminativa do processo, contra a qual, em regra, não é possível interpor recurso por ausência de interesse recursal[60]. O mandado de segurança contra ato judicial é apenas admissível quando não cabível recurso com efeito suspensivo. A reclamação, quando destinada aos tribunais superiores, exige o esgotamento das vias ordinárias. E, no tocante aos tribunais, muito embora possa ser utilizada antes do trânsito em julgado da decisão e simultaneamente ao recurso, justifica-se exclusivamente pela necessidade de uma medida imediata contra a violação à autoridade da decisão ou à competência do tribunal. Pressupõe-se, no caso, que a via recursal não será eficiente para sanar o prejuízo decorrente do ato impugnado[61]. Enfim, o recurso, ainda que não se possa falar em exclusividade, é a figura central no controle das decisões judiciais,

---

59. "O exercício do direito de impugnação pode atuar de dois modos diferentes. No comum dos casos, ele tem como consequência fazer prosseguir o processo que até então vinha correndo. Chamam-se recursos os meios de impugnação que assim atuam. Como, entretanto, o feito deve necessariamente terminar mais cedo ou mais tarde, são limitadas as possibilidades de impugnação por essa via. A lei trata de circunscrever o número de recursos utilizáveis, subordinando-os, ademais, a determinados requisitos de admissibilidade": MOREIRA, José Carlos Barbosa. O novo processo civil brasileiro. Vol I. Processo de conhecimento. Rio de Janeiro: Forense, 1975, p. 176.

60. Veja-se que, no caso, apenas é possível vislumbrar interesse recursal quando a sentença prolatada contenha vício de forma. Ela se presta exclusivamente a reconhecer a existência de um fato, qual seja, a estabilização da tutela antecipada, que se dá em virtude do transcurso do prazo para interposição do respectivo recurso, contra a decisão que defere a antecipação da tutela antecipada.

61. Conforme consta no julgamento da ADI 2.212/CE, Rel. Min. Ellen Gracie: "A reclamação constitui instrumento que, aplicado no âmbito dos Estados-membros, tem como objetivo evitar, no caso de ofensa à autoridade de um julgado, o caminho tortuoso e demorado dos recursos previstos na legislação processual, inegavelmente inconvenientes quando a parte já tem uma decisão definitiva. Visa, também, a preservação da competência dos Tribunais de justiça estaduais, diante de eventual usurpação por parte de juízo ou outro Tribunal local."

com a evidente preferência do legislador brasileiro pela impugnação das decisões no mesmo processo[62-63].

Trata-se da via primária para buscar o aperfeiçoamento do processo, viabilizando a obtenção da tutela jurisdicional efetiva e, por consequência, a consagração da sua finalidade pública. Isso faz com que, via de regra, a parte não tenha interesse de agir para a propor ação autônoma, quando possível a interposição de recurso[64].

---

62. Como leciona José Carlos Barbosa Moreira, o traço distintivo marcante entre os recursos e os demais métodos impugnativos está justamente no fato de este "se insere na própria linha processual a que pertence a decisão impugnada. Em outras palavras: com ela não se dá início a novo processo, mas apenas se provoca o prosseguimento daquele mesmo que até ali vinha correndo": O juízo de admissibilidade no sistema dos recursos civis. Rio de Janeiro, 1968, p. 12.

63. "Recurso é o meio de submeter uma decisão judicial, antes que adquira o caráter de coisa julgada, a um novo exame por uma instância superior, obstando, assim, a formação da coisa julgada. Esta suspensão de ingresso na coisa julgada (efeito suspensivo) e a aquisição da competência por um Tribunal superior (efeito devolutivo) é o que caracteriza os recursos": SCHÖNKE, Adolfo. Derecho procesal civil. Tradución de la quinta edición alemana. Barcelona: Bosch, Casa Editorial, 1950, p. 299. Tradução livre. Do original: "Recurso es el medio de someter una resolución judicial, antes de que adquiera el carácter de cosa juzgada, a un nuevo examen en una instancia superior, deteniendo así la formación de la cosa juzgada. Esta suspensión de la entrada en la cosa juzgada (efecto suspensivo) y la adquisición de la competencia por un Tribunal superior (efecto devolutivo) es lo que caracteriza a los recursos".

64. O entendimento não se aplica para o terceiro que poderá optar por utilizar o mandado de segurança e não o recurso de terceiro interessado. Isso porque, na perspectiva do terceiro, o writ pode ser considerado o meio menos oneroso para reverter a decisão, especialmente por ser isento de custas. Aqui, portanto, a escolha pelo método impugnativo é uma opção ofertada à parte, como, inclusive, já decidiu o STJ, nos autos do Recurso em Mandado de Segurança nº 20.871/SP, de relatoria do Ministro Humberto Gomes de Barros (Terceira Turma, julgado em 21/11/2006, DJ 01/08/2007): "RECURSO ORDINÁRIO EM MANDADO DE SEGURANÇA - SÚMULA 202/STJ - AÇÃO DE INTERDIÇÃO - DETERMINAÇÃO DE DEVOLUÇÃO DE SUPOSTA DOAÇÃO - TERCEIRO - INEFICÁCIA - CAUSA MADURA - ART. 515, § 3º, DO CPC - DEVIDO PROCESSO LEGAL - EFEITOS DO ATO JUDICIAL - AÇÃO DE COBRANÇA - SÚMULA 269/STF - INAPLICABILIDADE - FALTA DE CARÁTER CONDENATÓRIO DA ORDEM - PREJUDICIALIDADE DA IMPETRAÇÃO PELA EFETIVAÇÃO DO ATO COATOR - INOCORRÊNCIA. I - Ao permitir o recurso de terceiro prejudicado, o Art. 499 do CPC outorga direito potestativo, a ser exercido a critério do prejudicado, cuja inércia não gera preclusão. II - É lícito ao terceiro prejudicado requerer Mandado de Segurança contra ato judicial, em lugar de interpor, contra ele, o recurso cabível. III- Aplica-se o regime da Apelação ao Recurso Ordinário (CPC - Art. 540), permitindo ao Tribunal o julgamento imediato da causa madura, conforme o Art. 515, § 3º, do CPC. IV - Ninguém pode ser privado de seus bens sem o devido processo legal (CF - Art. 5º, LIX). V - As decisões judiciais não atingem terceiros alheios à relação processual (CPC - Art. 472). VI - Não é lícito ao juiz, em processo de interdição, determinar a terceiro - não integrante da relação processual - a devolução de bens que recebeu em doação. VII - Se o benefício patrimonial-financeiro decorre da anulação do ato coator, o Mandado de Segurança não se qualifica como ação de cobrança por ausência de cunho condenatório da Ordem pleiteada. VIII - A impetração de Mandado de Segurança não fica prejudicada pela concretização fática do ato coator ilegal". E no Recurso em Mandado de Segurança nº 10.209/SP, de relatoria do Min. Ricardo Villas Bôas Cueva (Terceira Turma, julgado em 08/05/2012, DJe 16/05/2012): "RECURSO ORDINÁRIO EM MANDADO DE SEGURANÇA. EXECUÇÃO. CARTAPRECATÓRIA. ATO JURISDICIONAL PASSÍVEL DE RECURSO. REGRA GERAL. NÃOCABIMENTO. SÚMULA Nº 267/STF. EXCEÇÃO. TERATOLOGIA. PRECEDENTES. TERCEIRO PREJUDICADO. POSSIBILIDADE. SÚMULA Nº 202/STJ.REDIRECIONAMENTO DA EXECUÇÃO CONTRA OS SÓCIOS. BLOQUEIO DEAPLICAÇÕES FINANCEIRAS. INCOMPETÊNCIA DO JUÍZO DEPRECADO. 1. A teor do artigo 5º, inciso II, da Lei nº 1.533/51 (reproduzido pela Lei nº

Tal característica faz com que o recurso, enquanto instrumento de revisão dentro do mesmo processo, tenha assumido, genérica e historicamente, um duplo objeto: obtenção da decisão válida e justa, tendo, em suas principais finalidades a cassação e a reforma de decisões maculadas por vícios de forma e de julgamento.

Em ambos os casos, de decisões inválidas ou injustas, observa-se que o recurso sempre decorreu da irresignação da parte e da vontade de revisão da decisão[65]. Isso porque falta utilidade na análise da causa por uma instância superior, quando as partes puderam obter tudo o que era possível e não estão irresignadas com a decisão prolatada.

Disso extrai-se que o recurso é extensão do direito de ação, sempre voluntário e voltado tradicionalmente à revisão das decisões judiciais (mas não exclusivamente, como se verá adiante), com a finalidade de aperfeiçoar a tutela jurisdicional, mediante a correção de vícios de forma e de julgamento.

Ocorre que, apesar de tão intimamente vinculado ao Estado de direito e ao direito de ação, o recurso não pode ser considerado um instituto lógico-jurídico, uma vez que sua existência, abrangência e objeto são delimitados pelo ordenamento jurídico[66]. Trata-se de conceito jurídico-positivo, que toma forma casuisticamente. Tal circunstância impõe que seja sempre observado a partir dos contornos que são dados pela legislação[67]. Se o ordenamento jurídico criar a utilida-

---

12.016/2009), a via mandamental se mostra incabível quando o ato judicial questionado for passível de impugnação por recurso adequado, visto que o writ não pode ser utilizado como sucedâneo de recurso próprio. Súmula nº 267/STF. 2. Exceção a tal regra apresenta-se nos casos em que a parte prejudicada não integrou a relação processual da qual emanou o ato judicial questionado. Incide, por consequência, a Súmula nº 202/STJ, a afastar a necessidade de esgotamento da via recursal pelo terceiro prejudicado. 3. Hipóteses excepcionais, em que evidenciado o caráter abusivo ou teratológico da medida impugnada, também abrem ensejo à via mandamental, na linha da jurisprudência desta Corte. 4. No caso em apreço, a teratologia está evidenciada pela manifesta incompetência do juízo deprecado para decidir acerca do redirecionamento da execução contra a pessoa física do sócio. 5. Recurso ordinário provido".

65. SANTOS, Moacy Amaral. Primeiras linhas de direito processual civil. v. 3. 16 ed. rev. e atual. e ampl. por Aricê Moacyr Amaral Santos. São Paulo: Saraiva, 1997.

66. TALAMINI, Eduardo; WLADECK, Felipe Scripes. Comentário ao artigo 994. *In*: BUENO, Cassio Scarpinella. (Coord.). Comentários ao código de processo civil – volume 4 (arts. 926 a 1.072). São Paulo: Saraiva, 2017, p. 259.

67. "Há a grande tentação de supor que a essência dos institutos seria imutável. Mas essa ideia é inaplicável aos institutos jurídico-positivos – como é o caso do ora em exame. Os mecanismos e instrumentos forjados pelo próprio orenamento jurídico têm sua natureza determinada por sua disciplina jurídica. Essa pode ser explícita ou extraível de princípios gerais, interpretações sistemáticas, analogias... Mas, em qualquer caso, é esse regime, expresso ou implícito, que constitui a natureza de um instituto jurídico-positivo": TALAMINI, Eduardo. Notas sobre a atual natureza jurídica da suspensão de decisões contrárias ao "Poder Público", à luz do seu regime de eficácia.

de de interposição de recurso, ainda que para a parte não exista a necessidade de revisão da decisão impugnada, a via será disponibilizada, como meio de garantir a máxima utilidade da tutela jurisdicional.

2.4. CONCEITO DE RECURSO

A doutrina adota quase à unanimidade o conceito cunhado por José Carlos Barbosa Moreira, que afirma ser o recurso, no direito brasileiro, "remédio tendente a provocar, dentro do mesmo processo, a reforma, a invalidação, o esclarecimento ou a integração de decisão judicial que se impugna."[68-69]. O clássico conceito foi elaborado a partir das ponderações do autor acerca da inserção dos embargos de declaração no rol de recursos pelo ordenamento pátrio e a necessidade de reafirmar sua distinção das ações impugnativas autônomas. Após, evoluiu para deixar claro que o recurso será sempre aquele remédio voluntário utilizado no mesmo processo[70].

Ao tempo de sua redação original, em 1968, contudo, algumas características atuais ainda não estavam desenvolvidas no processo civil brasileiro, o que faz com que, sobretudo diante das particularidades do CPC/2015, o conceito não seja suficiente.

A primeira diz respeito à correção de erro material, como requisito de cabimento dos embargos de declaração, o que se impõe pela inserção expressa da hipótese no art. 1.022, III. Também necessário incluir, diante das ponderações que serão feitas adiante e da possibilidade de interposição de recurso para declaração de inexistência do

In: DELFINO, Lúcio. Et al. (Coord.). Tendências do moderno processo civil brasileiro – Aspectos individuais e coletivos das tutelas preventivas e ressarcitórias. Belo Horizonte: Fórum, 2008, p. 279-293; p. 279.

68. MOREIRA, José Carlos Barbosa. O juízo de admissibilidade dos recursos civis. Rio de Janeiro, 1968, p. 25.

69. Sem grandes distinções, Luiz Guilherme Marinoni, Sérgio Cruz Arenhart e Daniel Mitidiero definem o recurso como "meio de impugnação de decisões judiciais, voluntário, interno ao processo em que se forma o ato judicial atacado, apto a obter sua reforma, anulação ou o seu aprimoramento. O direito ao recurso é uma posição jurídica que contém tanto direito a prestações – como o direito à tutela jurisdicional – como direitos potestativos – como o direito de desistir do próprio recurso": Novo curso de processo civil: tutela dos direitos mediante procedimento comum, volume II. 2 ed. rev., atual. e ampl. São Paulo: Editora Revista dos Tribunais, 2016, p. 512. Humberto Theodoro Júnior o trata como "meio ou remédio impugnativo apto para provocar, dentro da relação processual ainda em curso, o reexame de decisão judicial, pela mesma autoridade judiciária, ou por outra hierarquicamente superior, visando obter-lhe a reforma, invalidação, esclarecimento ou integração": Curso de direito processual civil:- vol. III. 51. ed. rev., atual. e ampl. Rio de Janeiro: Forense, 2018, p. 991.

70. MOREIRA, José Carlos Barbosa. Comentários ao Código de Processo Civil, Lei nº 5.869, de 11 de janeiro de 1973, vol. V. 17. ed. rev. e atual. Rio de Janeiro: Editora Forense, 2013, p. 233.

ato, que o recurso tem como escopo não apenas cassar e reformar, mas também, em se tratando de vício que atinja a existência da decisão, ver tal circunstância expressamente reconhecida.

Também não foram consideradas, na elaboração do conceito clássico, as alterações legislativas referentes à aplicação da teoria da causa madura e julgamento do mérito diretamente pelo tribunal, quando cassada a decisão ou reconhecida sua omissão.

Por fim, como será demonstrado a seguir, a inserção de um sistema de precedentes vinculantes no Brasil, medida que, frise-se, por inúmeras vezes foi frontalmente combatida por José Carlos Barbosa Moreira[71], também teve reflexos profundos no conceito de recurso. Agora, este terá também a finalidade de aperfeiçoar a decisão, tomando-se como parâmetro a tese nela fixada, com o escopo de criar norma geral, a ser aplicada obrigatoriamente por todos os juízes e tribunais.

Assim, sem prejuízo do brilhantismo do conceito clássico elaborado, é evidente que ao tempo do CPC/2015 faz-se imperativo redesenhá-lo, para incluir especialmente algumas das primordiais funções dos recursos, que nele estão omissas. Tem-se, agora, que, mesmo que a ideia central dos recursos permaneça sendo a "correção de atos decisórios viciados ou defeituosos, seja em sua forma, seja em seu conteúdo"[72], são eles aptos também a gerar a correção de erro material, o julgamento da causa (aqui tido como o primeiro julgamento) e a formação de precedente vinculante.

É possível definir o conceito de recurso, na esteira do que defendeu há meio século José Carlos Barbosa Moreira, com os acréscimos referenciados, como instrumento voluntário idôneo a ensejar, dentro

71. Especialmente nos artigos: A subserviência cultural. *In*: MOREIRA, José Carlos Barbosa. Temas de Direito Processual: sétima série. 2. ed. Rio de Janeiro: GZ, 2023, p. 417-426; O processo civil brasileiro entre dois mundos. *In*: MOREIRA, José Carlos Barbosa. Temas de Direito Processual: oitava série. Rio de Janeiro: GZ, 2023, p. 73-74; e Súmula, jurisprudência, precedente: uma escalada e seus riscos. *In*: MOREIRA, José Carlos Barbosa. Temas de Direito Processual: nona série. Rio de Janeiro: GZ, 2023, p. 360-372. Correta, porém, a ponderação feita por Teresa Arruda Alvim, durante a banca de avaliação do presente trabalho. Ressaltou a avaliadora que José Carlos Barbosa Moreira publicou os textos aqui referenciados em um tempo no qual "a segurança jurídica era a regra", o que não era o panorama da justiça brasileira quando da aprovação do CPC/15. Possivelmente, ao vislumbrar a postura dos tribunais diante das demandas repetitivas, sua opinião sobre a importação, em alguma medida, do sistema de decisões vinculantes seria outra.

72. ALVIM, Arruda. Novo contencioso cível no CPC/15. 2. ed. rev., atual. e ampl. São Paulo: Thomson Reuters Brasil, 2022, p. 761.

do mesmo processo, a correção de erro material, esclarecimento, integração, reforma, invalidação e reconhecimento de inexistência- da decisão judicial que se impugna –, o julgamento da causa diretamente pelo tribunal e a formação de precedente vinculante, nas hipóteses previstas em lei[73].

Veja-se que o julgamento da causa diretamente pelo tribunal, sobretudo nas hipóteses de omissão da decisão impugnada, e a formação de precedente vinculante fazem com que o histórico sentido de instituto, voltado exclusivamente à revisão da decisão, não se enquadre no contexto do ordenamento jurídico brasileiro. Isso não quer dizer que ele perca seu objetivo principal, que é qualificar e aperfeiçoar a tutela jurisdicional, entregando à parte tudo quanto for possível, em prol da justiça e da paz social.

2.5. CORREÇÃO DE ERRO MATERIAL, ESCLARECIMENTO E INTEGRAÇÃO

Para que se possa verificar se a decisão atende à validade e à justiça necessárias à correta aplicação do direito ao caso e à entrega da tutela jurisdicional efetiva, é preciso que seja possível compreender o seu conteúdo e que ele seja pleno, completo, traduzindo efetivamente a manifestação do Estado sobre o que foi levado pelas partes[74].

Se não é possível compreender aquilo que foi decidido ou se falta à decisão alguma característica ou informação essencial, a parte não é capaz sequer de identificar a existência de algum equívoco. De tal forma que, em um juízo prévio, o ordenamento permite que seja solicitado ao próprio prolator o esclarecimento e a integração da decisão. Não a reforma ou invalidação que leva à modificação do conteúdo, mas o ajuste que permita às partes aferir os limites e o correto teor da decisão. Ou seja, como leciona Teresa Arruda Alvim, "corri-

73. Marco Antonio Rodrigues, em atenção à taxatividade, acrescenta, em seu conceito de recurso, a previsão legal. Para ele "recursos podem ser definidos como remédios voluntários, criados por lei, por meio dos quais se pretende a anulação, a reforma ou a integração da decisão judicial, no âmbito do próprio processo em que foi proferida": Manual dos recursos, ação rescisória e reclamação. São Paulo: Atlas, 2017, p. 4.

74. "No caso, os embargos tutelam a clareza, a completeza e a inteligibilidade dos atos judiciais, a fim de que a solução dos litígios seja definitiva e se evite a criação de novas controvérsias, agora relacionadas com a interpretação ou extensão da decisão judicial, em situação que somente dificultaria a efetivação dos direitos e a pacificação social com justiça buscada pela jurisdição": BONDIOLI, Luis Guilherme Aidar. Embargos de declaração. São Paulo: Saraiva, 2005, p. 10.

gidas contradições, esclarecidas obscuridades e feitas as necessárias complementações, tem-se a decisão como deveria ter sido originariamente proferida"[75].

Tal correção, que não possui um caráter primário de revisão, foi prevista pelo legislador brasileiro como possível de ser feita por meio de recurso, instrumento que, embora não o seja em essência, por opção legislativa foi com ele equiparado[76]. E não há problema nisto. O recurso, como dito, encontrará, em cada ordenamento jurídico, conceitos, utilidades e características diferentes, de tal forma que "recurso, para o jurista brasileiro, há de ser tudo aquilo (e só aquilo) que o direito brasileiro considera recurso e como tal disciplina"[77].

Os embargos de declaração, previstos nos arts. 1.022 a 1.026 do CPC, buscam sanar eventuais omissões e entregar subsídios que permitam que as partes compreendam e avaliem adequadamente a existência de erro na decisão[78]. Opõem-se os embargos de declaração para que, mediante a correção de erro material, esclarecimento ou integração se tenha acesso ao conjunto amplo das razões e fundamentos da decisão. Viabilizando, desta forma, uma anamnese mais eficaz, inclusive, com a identificação do remédio mais adequado para o vício. Está, portanto, atrelado à garantia constitucional da fundamentação das decisões judiciais, o que justifica seja um recurso a ser usado contra todo e qualquer ato do juiz, inclusive aqueles sem conteúdo decisório.

---

75. Embargos de declaração. Como se motiva uma decisão judicial? 5. ed. rev., atual. e ampl. São Paulo: Thomson Reuters Brasil, 2020, p. 300.

76. Embora, no Brasil, os embargos de declaração nunca tenham tido um caráter efetivamente modificador das decisões, seu histórico no ordenamento português aponta que, na origem, tinham uma dupla função: a correção das decisões e propriamente a busca pela retratação do julgador. Os embargos de declaração tinham real efeito infringente. A característica não foi importada pelo legislador pátrio, que desde o Decreto 3.084, de 05.11.1898, afirma que os embargos apenas seriam cabíveis "quando houver nas sentenças alguma obscuridade, ambiguidade ou contradição, ou quando se tiver omitido algum ponto sobre que devia haver condenação" (artigo 683). Em todo caso, houve certa resistência do legislador brasileiro em nomear os embargos de declaração como recurso, o que apenas aconteceu no CPC de 1939: ASSIS, Araken de. Manual dos recursos. 10. ed. rev. e atual. São Paulo: Thomson Reuters Brasil, 2021, p. 710-712. Sobre a inserção dos embargos de declaração no rol de recursos pelo legislador, bem como as controvérsias surgidas a partir do artigo 862, do CPC/39: GUIMARÃES, Luiz Machado. A revisão do código de processo civil. In: Estudos de direito processual civil. Rio de Janeiro-São Paulo: Editora Jurídica e Universitária, 1969, p. 145-148.

77. MOREIRA, José Carlos Barbosa. O juízo de admissibilidade no sistema dos recursos civis. Rio de Janeiro, 1968, p. 10.

78. Sobre os embargos de declaração, vide: ALVIM, Teresa Arruda. Embargos de declaração. Como se motiva uma decisão judicial? 5. ed. rev., atual. e ampl. São Paulo: Thomson Reuters Brasil, 2020.

Os embargos de declaração, antes na praxe forense e agora expressamente previsto no CPC, representam método para viabilizar o pré-questionamento de matéria federal ou constitucional, permitindo que a parte afira exatamente em que ponto houve a violação ou negativa de vigência e, no caso, identifique qual o recurso excepcional cabível. Isso significa dizer que os embargos de declaração, em essência, não se prestam ao fim de prequestionar (no sentido de preencher o requisito de admissibilidade). Não é isso que a parte deve apresentar como pedido recursal. Os embargos se prestam a sanar a omissão, de forma que o tribunal efetivamente aborde a questão de direito suscitada pela parte.

O prequestionamento corresponde, portanto, a uma consequência da correção da omissão, pelo tribunal, quando do julgamento dos embargos de declaração. Nesse contexto, embargos de declaração interpostos com a exclusiva finalidade de prequestionar, sem que seja apontado algum dos vícios previstos no art. 1.022, são manifestamente incabíveis. Em síntese: "é certo que os embargos de declaração se prestam para viabilizar o pressuposto recursal específico do prequestionamento (Súmula 98/STJ). Todavia, mesmo os embargos declaratórios manifestados com tal desiderato devem estar adstritos aos lindes do art. 535 do CPC [atual art. 1022]. A questão nova suscitada pela parte, somente na ocasião dos embargos, não enseja o prequestionamento."[79]

Justamente por isso, o recurso especial/extraordinário também é inadmissível nos casos em que a questão de direito não fora abordada anteriormente pela parte que, diante do resultado desfavorável, identificou violações à lei federal ou à Constituição e interpôs os embargos, a fim de suscitar, pela primeira vez nos autos, a matéria (pós-questionamento).[80] Claro que a vedação ao pós-questionamento é aplicável nas hipóteses em que a questão de direito seja anterior à decisão impugnada. Caso a violação tenha ocorrido apenas no acórdão recorrido, é evidente que a parte pode usar os embargos de declaração para tentar corrigi-lo.

De tudo o que foi dito, extrai-se que o prequestionamento é configurado pela análise, na decisão recorrida, da lei federal ou do

79. REsp 208.468/BA, Rel. Ministro Demócrito Reinaldo, Primeira Turma, julgado em 17.6.1999.
80. REsp 1798849/SC, Rel. Ministra NANCY ANDRIGHI, TERCEIRA TURMA, julgado em 1º.9.2020.

dispositivo constitucional reputado violado. Quem realiza o prequestionamento é o tribunal e não a parte, embora caiba a esta o ônus de questionar a matéria. Sendo assim, é equivocado adjetivar embargos de declaração como prequestionadores ou afirmar que a matéria estaria prequestionada apenas pelo fato de o recurso ter sido interposto. A mera interposição de embargos de declaração não é suficiente para o preenchimento do requisito.

A afirmação pode ser feita, inclusive – e principalmente – à luz do art. 1.025 do CPC, que não criou hipótese própria (ou nova) de cabimento de embargos. O dispositivo legal apenas dispõe que "Consideram-se incluídos no acórdão os elementos que o embargante suscitou, para fins de pré-questionamento, ainda que os embargos de declaração sejam inadmitidos ou rejeitados, caso o tribunal superior considere existentes erro, omissão, contradição ou obscuridade".

O artigo merece um esclarecimento de ordem histórica. Como dito, quando a parte interpõe embargos de declaração a fim de viabilizar o prequestionamento, mas o recurso é rejeitado, considera-se que a matéria não foi prequestionada. O prequestionamento apenas ocorre quando o recurso é provido e o vício corrigido.[81] Caso os embargos de declaração sejam rejeitados, a parte deverá: i) no recurso especial, afirmar a violação ao art. 1022 do CPC, uma vez que o tribunal faltou com o seu dever de prolatar uma decisão válida, correta, completa e inteligível (sem vícios de omissão, contradição, obscuridade ou erro material);[82] ou ii) no recurso extraordinário, suscitar a omissão como questão em preliminar.

Ao tempo do CPC/73, nas hipóteses em que isso ocorria, a parte interpunha recurso especial por violação ao art. 535 do CPC/73; o STJ, então, reconhecia que o tribunal recorrido se omitira quanto ao dispositivo legal afirmado por violado e anulava o acórdão dos embargos de declaração, com remessa dos autos à origem para novo julgamento. O STJ não avançava, portanto, sobre os demais dispositivos legais que a parte afirmava violados, inicialmente, pelo acórdão. Afinal, para o STJ, prequestionamento apenas existia quando o tribunal recorrido se manifestava sobre a questão.

81. STJ. Súm. 211. Inadmissível recurso especial quanto à questão que, a despeito da oposição de embargos declaratórios, não foi apreciada pelo Tribunal a quo.

82. REsp 1.639.314/MG, Rel. Ministra Nancy Andrighi, Terceira Turma, julgado em 4.4.2017.

O art. 1025 do CPC/15, ao criar a figura do prequestionamento ficto, visa justamente a impedir esse retorno dos autos ao tribunal de origem. Entendendo o tribunal superior pela existência da omissão, deverá considerar que os elementos que o embargante suscitou integram o acórdão recorrido. O processo não retornará à origem, para novo julgamento dos embargos de declaração. O reconhecimento da existência de omissão, pelo tribunal superior, terá o mesmo efeito que teria o provimento dos embargos de declaração pelo tribunal recorrido: o preenchimento do requisito de admissibilidade do recurso.

Mesmo à luz do art. 1025 do CPC, a matéria constante nos embargos de declaração apenas será considerada incluída no acórdão na hipótese de provimento do recurso especial quanto à violação ao art. 1022 do CPC;[83] ou de reconhecimento da existência de omissão no acórdão, pelo STF, no julgamento da questão preliminar.[84]

Isso pressupõe que, na insistência do tribunal recorrido em não se manifestar sobre a questão suscitada em embargos, a parte deverá, necessariamente, afirmar a existência de omissão. Quando a questão sobre a qual o acórdão seja omisso for federal, interpor recurso especial por violação ao art. 1022 do CPC; quando a questão for constitucional, a parte deverá suscitar a omissão em preliminar de recurso extraordinário. Além disso, a matéria apenas estará efetivamente prequestionada caso o STJ ou o STF reconheçam a existência da referida violação. Sem isso, pouco importa o que a parte alegou em embargos.

---

83. "Isso porque, para que se configure o prequestionamento ficto é necessária a existência de vício na decisão atacada e o órgão somente verificará o vício – violação à decisão – se houver contrariedade à legislação federal consubstanciada no próprio diploma processual. Ainda, este vício deverá ser de tal monta que possua efetiva relevância para a solução da controvérsia posta, equivale a dizer, consubstancie-se na própria causa, pois do contrário não facultaria a abertura da via excepcional": ZAMPAR JÚNIOR, José Américo. O prequestionamento ficto e a admissibilidade recursal. Revista dos Tribunais, vol. 990/2018, abr/2018.

84. "AGRAVO INTERNO. RECURSO EXTRAORDINÁRIO COM AGRAVO. DIREITO ELEITORAL. AUSÊNCIA DE PREQUESTIONAMENTO. PROPAGANDA IRREGULAR. OFENSA CONSTITUCIONAL REFLEXA. 1. O Juízo de origem não analisou a questão constitucional veiculada, não tendo sido esgotados todos os mecanismos ordinários de discussão, INEXISTINDO, portanto, o NECESSÁRIO PREQUESTIONAMENTO EXPLÍCITO, que pressupõe o debate e a decisão prévios sobre o tema jurígeno constitucional versado no recurso. Incidência das Súmulas 282 e 356 do SUPREMO TRIBUNAL FEDERAL. 2. O prequestionamento de que trata o art. 1.025 do Código de Processo Civil de 2015 pressupõe a existência de erro, omissão, contradição ou obscuridade no acórdão atacado pelo recurso extraordinário. 3. As ofensas à Constituição indicadas no recurso extraordinário são meramente indiretas (ou mediatas), o que inviabiliza o conhecimento do referido apelo. 4. Agravo interno a que se nega provimento. Não se aplica o art. 85, § 11, do Código de Processo Civil de 2015, tendo em vista que não houve fixação de honorários advocatícios nas instâncias de origem": ARE 1071160 AgR, Relator Min. Alexandre de Moraes, Primeira Turma, julgado em 09/03/2018.

Por fim, o conteúdo dos embargos de declaração também é irrelevante para o juízo de admissibilidade do recurso especial e/ou extraordinário exercido pelo tribunal recorrido (art. 1.030 do CPC). Como não cabe ao presidente ou vice-presidente do tribunal recorrido o provimento (ou desprovimento) de recurso especial ou das preliminares suscitadas no recurso extraordinário, o juízo de admissibilidade deverá se ater ao que consta no acórdão. Daí que é possível que seja proferida decisão de inadmissibilidade por ausência de prequestionamento, mesmo que a matéria tenha sido suscitada em embargos. Trata-se de uma deficiência do sistema, que exigirá que a parte interponha novo recurso, agora, em face da decisão de inadmissibilidade (art. 1.042 do CPC).[85]

Sendo assim, o fato de os embargos de declaração serem aptos a gerar o chamado pré-questionamento ficto, ocorre mais em virtude da ordinária recusa dos órgãos em reverem suas próprias decisões que de um desvirtuamento da função do recurso[86].

2.6. INVALIDAÇÃO, DECLARAÇÃO DE INEXISTÊNCIA E REFORMA

Piero Calamandrei diferencia com muita precisão os vícios de atividade dos de julgamento, especialmente considerando que, diante das características da legislação vigente à época, na Itália, tal distinção fazia-se crucial para a identificação do remédio processual adequado para a sua correção[87-88].

Os vícios de atividade – *errores in procedendo* – que, em boa parte dos ordenamentos eram impugnáveis, se não exclusivamente,

85. Sobre o tema, vide: UZEDA, Carolina. Embargos de declaração com fim de pré-questionamento: art. 1.025 e os riscos para a advocacia. Disponível em: https://www.jusbrasil.com.br/artigos/embargos-de-declaracao-com-fim-de-pre-questionamento-art-1025-e-os-riscos-para-a-advocacia/1202340675. Acesso em 12/04/2024.

86. Vide a crítica feita por Araken de Assis em Manual dos recursos. 10. ed. rev. e atual. São Paulo: Thomson Reuters Brasil, 2021, p. 715-716.

87. PROVINCIALI, Renzo. Delle impugnazioni in generale. Napoli: Morano Editore, 1962, p. 12-15.

88. A situação foi posteriormente alterada, passando a ser possível, como já indicava Giudiceandrea, a impugnação de todos os vícios pelo mesmo meio impugnativo: VALITUTTI, Antonio; STEFANO, Franco de. Le impugnazioni nel processo civile. Vol. I. Padova: CEDAM, 1996, p. 43. A distinção, porém, permanece útil na Itália, para avaliação do cabimento do recurso de cassação. Sobre o tema, vide: GRADI, Marco. Vizi in procedendo e ingiutizia della decisione. In: Studi in onore di Carmine Punzi. Volume terzo. Diritto processuale. Impugnazione. Torino: G. Giappichelli Editore, 2008, p. 63-70.

preferencialmente por meio de ações impugnativas autônomas[89], no Brasil, têm seu controle primário pelo recurso, sem prejuízo, não sendo cabível a impugnação no mesmo processo, da utilização das vias autônomas.

Pode-se considerar um vício de atividade todo aquele que leva à invalidade da decisão[90]. No caso, o "objeto do juízo de mérito é o próprio conteúdo da impugnação à decisão recorrida"[91]. As decisões que contêm vício de atividade representam, independentemente do seu conteúdo, uma aberração jurídica que impede seja a tutela jurisdicional adequada entregue, já que essa pressupõe uma decisão existente, válida e passível de efetivação. Havendo vício de atividade, o que se tem, a bem da verdade, é a precariedade da tutela que poderá justificar que se busque sua invalidação, independentemente da teoria das nulidades processuais que se adote[92].

Com relação aos inexistentes, a impugnação poderá ocorrer por qualquer meio, inclusive mera petição, uma vez que, em princípio, poderiam ser considerados meros fatos, inaptos a produzirem efeitos no campo prático[93]. O recurso, quando interposto contra atos juridicamente inexistentes, não buscará a invalidação ou a reforma, mas a declaração da inexistência, em um efeito semelhante ao obtido com a respectiva ação impugnativa autônoma[94].

---

89 Sobre o sistema Argentino: COSTA, Agustín A. El recurso ordinário de apelacion en el proceso civil. Buenos Aires: Asociacion de Abogados de Buenos Aires, 1950, p. 27-28.

90. GIUDICEANDREA, Nicola. Le impugnazioni civili, volume primo, Sistema delle impugnazioni. Milano: Dott. A. Giuffrè Editore, 1952, p. 23.

91. MOREIRA, José Carlos Barbosa. Comentários ao Código de Processo Civil, Lei nº 5.869, de 11 de janeiro de 1973, vol. V: arts. 476 a 565. 17 ed. Rio de Janeiro: Forense, 2013, p. 267.

92. José Carlos Barbosa Moreira elaborou esquema prático para classificar, quanto aos efeitos, os vícios que podem atingir as decisões judiciais, agrupando-os em três classes: "a) a dos que não resistem à eficácia preclusiva da coisa julgada e, por isso, não alegados em recurso, se tornam irrelevantes; b) a dos que, após o trânsito em julgado, podem servir de fundamento á desconstituição, mediante ação rescisória, mas não impedem a decisão de produzir, nesse ínterim, todos os efeitos normais; c) a dos que, dispensando o exercício da rescisória, são alegáveis como óbices à execução, através dos embargos": MOREIRA, José Carlos Barbosa. Comentários ao Código de Processo Civil, Lei nº 5.869, de 11 de janeiro de 1973, vol. V: arts. 476 a 565. 17 ed. Rio de Janeiro: Forense, 2013, p. 294.

93. ALVIM, Teresa Arruda. Nulidades do processo e da sentença. 11. ed. rev., atual. e ampl. São Paulo: Thomson Reuters Brasil, 2021, p. 223-230.

94. Aderimos a Francisco Cavalcanti Pontes de Miranda, quando defende ser plenamente admissível o recurso que busque o reconhecimento de inexistência de ato processual. Vide: Comentários ao Código de Processo Civil, tomo VII: arts. 496 ao 538. Rio de Janeiro: Forense, 1975, p. 9-11. No mesmo sentido: ASSIS, Araken de. Condições de admissibilidade dos recursos cíveis. Aspectos polêmicos e atuais dos recursos cíveis de acordo com a Lei 9.756/98 / coordenação Teresa Arruda Alvim Wambier, Nelson Nery Junior. São Paulo: Editora Revista dos Tribunais, 1999; BADARÓ, Gustavo Henrique. Manual dos recursos penais. São Paulo: Editora Revista dos Tribunais, 2016, p. 87 e TALAMINI,

Já os vícios de julgamento são separados em três espécies[95]. O primeiro e mais grave deles diz respeito ao desconhecimento da existência da norma. O juiz deixa de aplicar o direito correto por ignorar sua existência ou por afirmar existente e válida uma norma já revogada. Esse tipo de vício de julgamento deve ser visto, no direito brasileiro, por uma perspectiva diferente. Isso porque a decisão que ignora a existência de precedente vinculante é nula, na forma do art. 489, §1º, VI. A mesma solução não se aplica, por exemplo, para lei, cujo desconhecimento pode ser considerado erro de julgamento, levando tão somente à reforma da decisão e não ao reconhecimento da sua invalidade.

A segunda espécie de vício de julgamento é a equivocada interpretação da lei. O julgador até conhece a existência da norma e reconhece sua validade e eficácia, mas a compreende de forma equivocada. A situação dá ensejo a uma decisão injusta, não porque o julgador não aplicou corretamente o direito ao caso concreto, mas porque este desconheceu o correto significado da norma, incidindo em uma interpretação errônea do seu sentido.

Por fim, há situações nas quais o juiz conhece tanto a existência quanto o sentido da norma, mas falha ao aplicá-la ao caso concreto. Poderá, aqui, deixar de aplicar a norma por entender -equivocamente- que não se aplica ou, ainda, interpretar de forma incorreta os fatos, as alegações e as provas apresentadas pelas partes, incidindo em um erro de fato.

Tais vícios são aptos a ensejar a reforma da decisão e representam um equívoco do magistrado na apreciação das provas contidas nos autos e/ou na aplicação do direito ao caso concreto[96]. Aqui, o julgador deixa de entregar às partes uma decisão justa, tida como aque-

---

Eduardo. Interesse recursal. *In*: ARENHART, Sérgio Cruz; MITIDIERO, Daniel. (Coord.). DOTTI, Rogéria. (Org.). O Processo civil entre a técnica processual e a tutela dos direitos: estudos em homenagem a Luiz Guilherme Marinoni.São Paulo: Editora Revista dos Tribunais, 2017.

95. CALAMANDREI, Piero. Opere giuridiche. Volume ottavo. Napoli: Morano Editore, 1979, p. 60-61.

96. "Tal inconformidade é consequência de erro de julgamento, que pode ser: a) um erro de fato, relativo à avaliação dos fatos da causa; b) um erro de direito, relativo à interpretação da lei objetiva e sua aplicação ao caso concreto": GIUDICEANDREA, Nicola. Le impugnazioni civili, volume primo, Sistema delle impugnazioni. Dott. A. Giuffrè Editore: Milano, 1952, p. 23. Tradução livre. Do original: "Tale non conformità è conseguenza di error in judicando, che può essere: a) un errore di fatto, cioè riguardante l'accertamento e la valutazione dei fatti della causa; b) un errore di diritto, cioè riguardante l'interpretazione del diritto obiettivo e la sua applicazione al caso concreto."

la que aplica exatamente o direito substancial ao caso concreto[97]. O equívoco não está na forma, mas no conteúdo[98].

Nicola Giudiceandrea ressalta que, em que pese as nítidas distinções entre vícios de atividade e de julgamento todos representam, de certo modo, alguma injustiça que pode, mesmo diante das restrições previstas à época no ordenamento italiano, ser corrigida por meio do recurso. O recurso será sempre um remédio contra a injustiça, em sentido amplo, seja ela qual for[99].

---

97. GIUDICEANDREA, Nicola. Le impugnazione civili. Volume primo. Sistema delle impugnazioni. Milano: Dott. A. Giuffrè Editore, 1952, p. 22.

98. "A função jurisdicional apresenta dois aspectos perfeitamente cindíveis. Um, que se refere à instrução do processo, cujo impulso fica ao cargo das partes – sitema dispositivo – mediante direção do juiz, que preside o debate. Nesta etapa, o juiz aplica as leis processuais que garantam o ataque e a defesa, de modo que cada parte possa expor livremente suas razões, dentro da ordem e forma que impõe a lei, sem perturbar a instrução do processo. O outro aspecto da função jurisdicional é a faculdade de julgar propriamente dita, com a qual o juiz, decidindo a lide, põe fim à sua atuação. Neste momento o direito substancial é que está em jogo e o que se decide são as pretensões das partes. O erro do juiz pode tocar um ou os dois aspectos. Quando viola as regras de instrução do processo, por desídia própria ou das partes, incorre em erro de procedimento. No outro caso, o desacerto da decisão em si mesma, por má aplicação ou interpretação do direito, ou desviada dos fatos, importa um erro de julgamento": COSTA, Agustín A. El recurso ordinário de apelacion en el proceso civil. Buenos Aires: Asociacion de Abogados de Buenos Aires, 1950, p. 27-28. Tradução livre. Do original: "La función jurisdicional muestra dos aspectos perfectamente separables. Uno, que se refiere a la instrucción del processo, cuyo impulso queda a cargo de las partes – sistema dispositivo – bajo la dirección del juez que preside el debate. En esta etapa, el juez aplica las leyes de procedimiento que garantiza el ataque y la defensa, de modo que cada parte pueda exponer libremente sus razones, dentro del orden y oportunidad que marca la ley, sin perturbar la instrucción del proceso. El otro aspecto de la función jurisdicional es la decisión o facultad de juzgar propriamente dicha, con la que el juez definiendo la contenda, pone punto final al juicio. En este momento es el derecho substancial el que está en juego y lo que se decide son las pretensiones que las partes han hecho valer. El error del juez puede tocar uno o los dos aspectos señalados. Cuando viola las reglas de instrucción del proceso, por desídia própria o de las partes, incurre en error in procedendo. En el outro caso, el desacierto en la decisión misma, por mala aplicación o interpretación del derecho o desviada apreciación de los hechos, importa un error in iudicando."

99. "O recurso, como meio de ataque contra uma decisão, pressupõe, logicamente, que esta exista e seja válida, porque, de outra forma, basta apontar a inexistência ou a ineficácia; neste caso, o recurso refere-se unicamente à natureza injusta da medida e tende a provocar outra medida para substituir a decisão anterior, em seu conteúdo. No entanto, sendo o vício de atividade um sintoma da injustiça, a lei estabeleceu a absorção da arguição dos vícios de atividade pelo recurso, de modo que o recurso termina também como um remédio para os vícios de atividade": GIUDICEANDREA, Nicola. Le impugnazione civili. Volume primo. Sistema delle impugnazioni. Milano: Dott. A. Giuffrè Editore, 1952, p. 26. Tradução livre. Do original: "L'a impugnazione, costituendo attacco contro um provvedimento, presuppone, logicamente, che questo esista e sai valido, perchè altrimenti basterebbe farne constatare l'inesistenza o l'inefficacia; quindi, in tesi, l'impugnazione riguarda unicamente l'ingiustizia dei provvedimenti e tende a provocare um altro provvedimento che sostituisca quello impugnato e che abbia um diverso contenuto sostanziale. Tuttavia, essendo i vizi del provvedimento sintomo d´ingiustizia, la legge stabilisce l'assorbimento dell'invalidazione nell'impugnazione o quanto meno la transformazione, di regola, dei motivi di nullità in motivi di gravame, di modo che l'impugnazione finisce com l'essere anche rimedio per i vizi dei provvedimenti." No mesmo sentido: PROVINCIALI, Renzo. Delle impugnazioni in generale. Napoli: Morano Editore, 1962, p. 83-89.

É importante ressaltar que a referida injustiça pode ser externa à própria decisão. Ou seja, é possível a existência de impugnação contra decisão que, por si, é considerada válida e está em total consonância com a prova dos autos e o ordenamento jurídico. Neste caso, não há nem vício de atividade, nem de julgamento, mas, ainda assim, a decisão se apresenta injusta e pode ser impugnada. É o que acontece, por exemplo, nas hipóteses nas quais há dolo ou colusão das partes, com a finalidade de fraudar a lei ou terceiros. O mesmo se dá com a descoberta de prova nova[100], alteração da lei ou com a sentença fundada em lei ou ato normativo tido por inconstitucional pelo STF, após a sua prolação.

2.7. JULGAMENTO

O CPC/15, dando tratamento equivalente ao mérito da causa e ao mérito recursal e na esteira da primazia do julgamento do mérito, trouxe algumas regras de sanabilidade[101] que determinam desde a intimação das partes para sanar o vício (art. 932, parágrafo único) à desconsideração deste diretamente pelo tribunal (art. 1.029, §3º)[102-103].

100. Os dois primeiros exemplos são mencionados por Flávio Cheim Jorge, para ressaltar que "mesmo sendo absolutamente válida, ainda assim, a decisão poderá ser reformada": JORGE, Flávio Cheim. Teoria geral dos recursos cíveis. 8. ed. rev., atual. e ampl. São Paulo: Editora Revista dos Tribunais, 2017, p. 89.

101. Vide: THEODORO JÚNIOR, Humberto. Curso de Direito Processual Civil: Teoria geral do direito processual civil, processo de conhecimento e procedimento comum. vol. I. 60. ed. Rio de janeiro: Forense, 2019, p. 150-153.

102. A novidade trazida pelo CPC/15 está na ampliação para os recursos da primazia da resolução de mérito, de forma expressa e com dispositivos voltados à correção de vícios em âmbito recursal. Ao incluir expressamente os recursos no campo da abrangência da primazia do julgamento de mérito, o CPC/15 estendeu para as fases subsequentes os mesmos critérios até então aplicáveis até a sentença, uniformizando o tratamento de toda fase cognitiva e deixando claro que os tribunais, a exemplo do que se exige em primeira instancia, também deverão apreciar o mérito (do recurso e do processo) como prioridade. De fato, em se tratando do recurso, o que se tinha, ao tempo do CPC anterior, era a construção, pela jurisprudência, de um conjunto de entendimentos defensivos que não buscavam solucionar o conflito levado pelas partes ao tribunal, mas sim, evitar, a todo custo, que ele fosse efetivamente apreciado. Essa inversão de valores rotineira em âmbito recursal mantinha os requisitos de admissibilidade como mais importantes do que a necessidade de se resolver o conflito entre as partes, ainda que a matéria a ser decidida fosse de grande relevância. Não importava, portanto, a justiça da decisão questionada ou a entrega de efetiva tutela jurisdicional, mas, sim, a diminuição da carga de trabalho dos tribunais, em uma evidente desatenção a tudo o que foi construído, em matéria de efetividade, com relação ao julgamento do mérito da causa.

103. "O CPC consagra o princípio da primazia da decisão de mérito. De acordo com esse princípio, deve o órgão julgador priorizar a decisão de mérito, tê-la como objetivo e fazer o possível para que ocorra. A demanda deve ser julgada – seja ela a demanda principal (veiculada pela petição inicial), seja um recurso, seja uma demanda incidental": DIDIER JR., Fredie. Curso de direito processual civil: introdução ao direito processual civil, parte geral e processo de conhecimento. 26. ed., rev., atual. e ampl. São Paulo: Editora Juspodivm, 2024, p. 188-189.

Além disso, ampliou a chamada teoria da causa madura para admitir, em hipóteses mais amplas que aquelas previstas pelo CPC/73, o julgamento diretamente pelo tribunal. O art. 1.013 permite que o tribunal profira imediato julgamento sempre que (a) reformar sentença de extinção sem resolução de mérito; (b) reconhecer a incongruência entre a sentença e o pedido ou causa de pedir; e (c) decretar nulidade de sentença por falta de fundamentação. O art. 515, §3º, do CPC/73, apenas previa a possibilidade de julgamento diretamente pelo tribunal nas hipóteses de apelação contra sentença de extinção do processo sem julgamento do mérito, se a causa versasse sobre questão exclusivamente de direito e estivesse em condições de imediato julgamento[104].

Agora, em atenção ao entendimento à jurisprudência consolidada do STJ[105], a legislação autoriza expressamente que o tribunal analise diretamente matéria fática, bem como amplia tal possibilidade a situações de decretação de nulidade ou reconhecimento de omissão na sentença[106].

Há de se ponderar que, deixando de remeter o processo ao juízo de origem para efetiva e válida análise e decidindo diretamente o mérito, o tribunal praticamente retira da parte o direito a uma dupla avaliação da matéria. Isso porque, após o julgamento da apelação, não há recurso ordinário previsto no sistema, restando à parte apenas os recursos excepcionais, de fundamentação vinculada e restrição à aná-

---

104. Frise-se que, no tocante ao artigo 515, §3º, do CPC/73, José Carlos Barbosa Moreira rechaçava veementemente que o rejulgamento ocorresse após a cassação de decisão. Para ele, apenas seria possível fazer uso da teoria da causa madura nas hipóteses em que fosse reformada a decisão terminativa do processo sem resolução do mérito. Assim, sempre que fosse o caso de anular a decisão impugnada, os autos deveriam ser restituídos ao juízo de origem para efetivo e primeiro julgamento. Nesse sentido: "Para que o tribunal possa exercer a competência nele prevista, isto é, julgar o mérito da causa, sob certas condições, ao decidir sobre apelação interposta contra sentença meramente terminativa (art. 267), é necessário que não exista na sentença vício que lhe comprometa a validade: se algum existir, o órgão ad quem terá de anular a sentença e restituir os autos do processo à instancia inferior, para que ali se profira outra": Comentários ao Código de Processo Civil, Lei nº 5.869, de 11 de janeiro de 1973, vol. V: arts. 476 a 565. 10 ed. Rio de Janeiro: Forense, 2002, p. 405.

105. O STJ, no julgamento dos Embargos de Divergência em REsp nº 874.507/SC, decidiu, sem ponderar acerca da restrição à recorribilidade, que "A regra do art. 515, §3º, do CPC deve ser interpretada em consonância com a preconizada pelo art. 330, I, do CPC, razão pela qual, ainda que a questão seja de direito e de fato, não havendo necessidade de produzir prova (causa madura), poderá o Tribunal julgar desde logo a lide, no exame da apelação interposta contra a sentença que julgara extinto o processo sem resolução de mérito".

106. O STJ, ao tempo do CPC/73, já autorizava a aplicação da Teoria da Causa Madura também para as hipóteses de decretação de nulidade de sentença por vício de fundamentação: REsp 1096908/AL, Rel. Min. Luiz Fux, Primeira Turma, julgado em 06/10/2009, DJe 19/10/2009.

lise de matéria fática[107]. Nestas hipóteses, ou seja, de salto de grau jurisdicional[108], há inegável ampliação do objeto recursal e consequente eliminação do duplo grau de jurisdição, o que se faz em atenção aos princípios da efetividade e da duração razoável do processo[109].

O art. 1.013, §3º constitui exceção ao duplo grau de jurisdição[110] que, apesar de não poder, pelo menos inicialmente, ser reputada inconstitucional[111-112], exige a ponderação acerca da circunstância de que a ampliação das possibilidades de aplicação da teoria da causa madura seja capaz de, dependendo do caso concreto, constituir grave afronta ao direito de ação e ao contraditório[113].

---

107. Apenas para ilustrar a irrecorribilidade da decisão, em termos práticos, veja-se o que decidiu o STJ no AgRg no AREsp 624.224/RJ, Rel. Ministra Assusete Magalhães, Segunda Turma, julgado em 17/03/2016, DJe 30/03/2016, cujo fundamento principal era a violação ao art. 515, §3º, do CPC/73: "(...) II. No caso, a Corte de origem, ao dar provimento à Apelação da contribuinte, reformou a sentença que extinguira o feito, sem julgamento do mérito, e, com fundamento na teoria da causa madura, julgou procedentes os Embargos à Execução, para julgar extinção a execução. Afirmou, ainda, que, sendo incontroversa a existência de depósito, nos autos da Ação Declaratória, não se evidenciaria afronta ao art. 515, § 3º, do CPC. III. Nesse contexto, os argumentos utilizados pela parte recorrente - relativos à violação ao art. 515, § 3º, do CPC, pelo fato de o depósito realizado nos autos não permitir a suspensão da exigibilidade do crédito tributário e, por conseguinte, obstar o julgamento, de imediato, dos Embargos à Execução, depois da reforma da sentença que havia extinto o feito, sem julgamento do mérito - somente poderiam ter sua procedência verificada mediante o necessário reexame de matéria fática, não cabendo a esta Corte, a fim de alcançar conclusão diversa, reavaliar o conjunto probatório dos autos, em conformidade com a Súmula 7/STJ. IV. Agravo Regimental improvido".

108. A expressão é de Cândido Rangel Dinamarco: A reforma da reforma. 3. ed. São Paulo: Malheiros Editores, 2002, p. 154.

109. Considerando que o artigo 1.013 é corolário do efeito devolutivo do recurso de apelação: WAMBIER, Luiz Rodrigues; TALAMINI, Eduardo. Curso avançado de processo civil: cognição jurisdicional (processo comum de conhecimento e tutela provisória), volume 2. 21. ed. rev., atual. e ampl. São Paulo: Thomson Reuters Brasil, 2022, p. 563-567; TUCCI, José Rogério Cruz e. Lineamentos da nova reforma do CPC: Lei 10.352, de 26.12.2001, Lei 10.358, de 27.12.2001, Lei 10.444, de 07.05.2002. 2. ed. rev. atual. e ampl. São Paulo: Editora Revista dos Tribunais, 2002, p. 98-100; e CÂMARA, Alexandre Freitas. O novo processo civil brasileiro. 4. ed. rev. e atual. São Paulo: Atlas, 2018, p. 525.

110. ALVIM, Arruda. Novo contencioso cível no CPC/15. 2. ed. rev., atual. e ampl. São Paulo: Thomson Reuters Brasil, 2022, p. 827.

111. BARIONI, Rodrigo. Efeito devolutivo da apelação civil. São Paulo: Editora Revista dos Tribunais, 2007, p. 165. No mesmo sentido: BUENO, Cassio Scarpinella. Manual de direito processual civil. 7. ed. São Paulo: Saraiva Educação, 2021, p. 872-873.

112. Afirmando que a causa madura, se aplicada às decisões citra petita para julgamento direto do pedido pelo tribunal, é de constitucionalidade questionável, Marco Antonio Rodrigues ressalta que a Constituição Federal estabelece a competência dos Tribunais Regionais Federais para causas decididas por juízes. Considerando que não há decisão sobre o pedido, tais tribunais não poderiam "julgar o pleito originariamente": Manual dos recursos, ação rescisória e reclamação. São Paulo: Atlas, 2017, p. 162.

113. Aqui, atual como nunca, a crítica feita por José Carlos Barbosa Moreira, ao pensamento ordenado à efetividade do processo: "Consiste o primeiro na tentação de arvorar a efetividade em valor absoluto: nada importaria senão tornar mais efetivo o processo, e nenhum preço seria excessivo para garantir o acesso a tal meta. É esquecer que no direito, como na vida, a suma sabedoria reside em conciliar, tanto quanto possível, solicitações contraditórias, inspiradas em interesses opostos

Justamente por isso que, entendendo o art. 515, §3º, do CPC/73 como pertinente à extensão do efeito devolutivo do recurso, José Carlos Barbosa Moreira estabeleceu pressupostos para que pudesse ser aplicado, exigindo, além daqueles previstos expressamente na lei: (a) que a apelação fosse admissível, (b) que a sentença apelada fosse válida, isto é, nas hipóteses de cassação os autos deveriam ser restituídos à origem para efetivo julgamento; e (c) não houvesse impedimento ao exame do mérito[114].

Não parece ser possível compreender o julgamento, amplo como está, como efeito do recurso[115]. Para que seja realizado este julgamento diretamente pelo tribunal, é necessário que exista pedido expresso principal ou cumulado do recorrente[116] que, ao incluir a questão não apreciada pelo órgão de origem no mérito do seu recurso, viabiliza o contraditório e a ampla discussão da matéria[117-118]. Caso, independente da ausência de pedido da parte, o tribunal adentre o julgamento do mérito, demonstrado o prejuízo, poderá ser declarada sua nulidade, pela violação à regra da congruência ou pela ofensa ao contraditório.

---

e igualmente valiosos, de forma que a satisfação de um deles não implique o sacrifício total de outro." Efetividade do processo e técnica processual. Revista de Processo, v. 77. São Paulo: Revista dos Tribunais, jan-mar, 1995, p. 168-176.

114. Comentários ao Código de Processo Civil, Lei nº 5.869, de 11 de janeiro de 1973, vol. V: arts. 476 a 565. 10 ed. Rio de Janeiro: Forense, 2002, p. 430.

115. Igualmente afirmando não se tratar de efeito devolutivo do recurso: DIDIER JR., Fredie; CUNHA, Leonardo Carneiro da. Curso de direito processual civil: Meios de impugnação às decisões judiciais e processo nos tribunais. 21. ed. rev., atual. e ampl. São Paulo: Juspodivm, 2024, p. 258-259. Em sentido contrário, acreditando se tratar de efeito devolutivo do recurso, aplicável à apelação e a outros recursos: CÔRTES, Estefânia Freitas. A teoria da causa madura no julgamento da apelação: análise do regime adotado pelo Código de Processo Civil de 2015. *In*: GALINDO, Beatriz Magalhães; KOHLBACH Marcela. (Coord.). Recursos no CPC/15: perspectivas, críticas e desafios. e Salvador: Editora Juspodivm, 2017, p. 70-73.

116. Sobre o tema e a cumulação de pedidos recursais, na vigência do CPC/73: LEONEL, Ricardo de Barros. Objeto litigioso do processo e o princípio do duplo grau de jurisdição. *In*: TUCCI, José Rogério Cruz e; BEDAQUE, José Roberto dos Santos. (Coord.). Causa de pedir e pedido no processo civil (questões polêmicas)., p. 385-391.

117. "Assim, ampliar o julgamento do recurso para questões não suscitadas e, por isso mesmo, não debatidas entre as partes na via recursal, resultaria em violação não apenas dos limites legais da jurisdição, mas sobretudo da garantia do contraditório. E o princípio do contraditório é consagrado pela ordem constitucional como direito fundamental, impondo-se à observância não só das partes como também do juiz. Mesmo nos casos em que o juiz pode apreciar, de ofício, certas questões, não lhe é dado fazê-lo sem antes submetê-las ao debate das partes (NCPC, art. 10). Dessa forma, o julgamento do mérito, a nosso ver, somente seria admitido quando pleiteado pelo recorrente, fosse em razão do princípio do dispositivo, fosse da garantia do contraditório": THEODORO JÚNIOR, Humberto. Curso de direito processual: vol. III. 51. ed. rev., atual. e ampl. Rio de Janeiro: Forense, 2018, p. 1.020. No mesmo sentido: DIDIER JR., Fredie; CUNHA, Leonardo Carneiro da. Curso de direito processual civil: Meios de impugnação às decisões judiciais e processo nos tribunais.

É necessário realizar ainda outra distinção. O art. 1.013 apresenta, nos incisos do § 3º, duas situações diversas, tratadas de forma equivalente. A primeira delas, prevista nos incisos I, II e IV, impõe que o pedido de julgamento seja cumulado, de forma sucessiva, ao de invalidação ou reforma da decisão. É oportuna a ponderação da doutrina no sentido de que nas hipóteses de pedido de invalidação da decisão por incongruência com os limites do pedido ou da causa de pedir, a depender do vício apontado e em atenção à regra contida no art. 282, implicarão não a anulação integral do *decisum*, mas apenas naquilo que exceder à delimitação feita pelas partes[119].

A segunda implica a interposição do recurso tendo o julgamento pelo tribunal como seu objeto principal. É a prevista no inciso III, que determina que quando houver omissão em um dos pedidos, este poderá ser julgado. Aqui não há o que se falar em cumulação de pedidos recursais, já que, diante da omissão, o tribunal não declarará nuli-

21. ed. rev., atual. e ampl. São Paulo: Juspodivm, 2024, p. 258-260 e APRIGLIANO, Ricardo de Carvalho. A apelação e seus efeitos. 2. ed. São Paulo: Atlas, 2007, p. 162-163. Em sentido contrário, pela desnecessidade de requerimento expresso da parte: BARIONI, Rodrigo. Efeito devolutivo da apelação civil. São Paulo: Editora Revista dos Tribunais, 2007, p. 171-174, BONDIOLI, Luis Guilherme Aidar. Comentários ao código de processo civil – volume XX (arts. 994-1.044). Coordenação de José Roberto Ferreira Gouvêa, Luis Guilherme Aidar Bondioli, João Francisco Naves da Fonseca. São Paulo: Saraiva, 2016, p. 113; BUENO, Cassio Scarpinella. Manual de direito processual civil. 7. ed. São Paulo: Saraiva Educação, 2021, p. 872-874; e FERREIRA, William Santos. Comentário ao artigo 1.013. In: Comentários ao código de processo civil – volume 4 (arts. 926 a 1.072). Cassio Scarpinella Bueno (coordenador). São Paulo: Saraiva, 2017, p. 444. Dinamarco adota posição moderada, afirmando que, em que pese a teoria da causa madura não esteja alheia ao princípio do dispositivo, casuisticamente, o tribunal "estará autorizado a valer-se do que o novo parágrafo permite, sendo seu dever explicitar as razões desse entendimento": DINAMARCO, Cândido Rangel. A reforma da reforma. 3. ed. São Paulo: Malheiros Editores, 2002, p. 160.

118. Luiz Rodrigues Wambier e Eduardo Talamini, tratando especificamente da hipótese de julgamento direto pelo tribunal, quando da anulação de decisão por deficiência de fundamentação, atentam para a necessidade de contraditório e estabelecem, como parâmetros para a realização do julgamento, que: "(1º) no procedimento recursal, tiver havido verdadeira oportunidade de debater sobre o mérito. Essa condição estará cumprida quando, desde logo, a apelação, em vez de apenas apontar a nulidade da sentença, já tiver discutido efetivamente o mérito da causa, e esse também for enfrentado nas contrarrazões, ou quando, embora isso não tenha acontecido, o próprio tribunal der tal oportunidade às partes, cumprindo o dever de diálogo (art. 10 do CPC/2015); (2º) o tribunal submeta ao contraditório, com as partes, toda e qualquer questão de ordem pública, requalificação jurídica dos fatos, consideração de incidência de outras normas jurídicas não consideradas pelas partes e que serão relevantes para o novo julgamento do mérito (art. 10 do CPC/15)": WAMBIER, Luiz Rodrigues; TALAMINI, Eduardo. Curso avançado de processo civil: cognição jurisdicional (processo comum de conhecimento e tutela provisória), volume 2. 21. ed. rev., atual. e ampl. São Paulo: Thomson Reuters Brasil, 2022, p. 565.

119. Nesse sentido, por todos: DIDIER JR., Fredie; CUNHA, Leonardo Carneiro da. Curso de direito processual civil: Meios de impugnação às decisões judiciais e processo nos tribunais. 21. ed. rev., atual. e ampl. São Paulo: Juspodivm, 2024, p. 230-231.

dade alguma, mas apenas se limitará a, quando possível, debruçar-se sobre o mérito para decidi-lo direta e inicialmente.

A existência de pedido expresso e a dissociação do julgamento diretamente pelo tribunal do efeito devolutivo, contudo, não é suficiente para que se afirme a possível incidência de vedação à *reformatio in peius*[120-121]. O tribunal permanece livre para, reconhecendo a inexistência da decisão ou a cassando, julgar a causa como melhor lhe aprouver, ainda que o resultado seja, no mérito, desfavorável ao recorrente.

Isso porque não se fala em reforma em prejuízo do recorrente, mas sim, em primeiro julgamento da matéria[122], primeira decisão de mérito válida sobre a lide[123]. Por exemplo, se o autor requer a invalidação da sentença de improcedência por deficiência na fundamentação e, na sequência, a procedência do pedido, não há o que se falar em *reformatio in peius* quando o tribunal, apesar de reconhecer a nulidade e dar provimento ao primeiro pedido recursal, julga improcedente a causa[124]. O tribunal, aqui, é o primeiro juízo a exercer cognição sobre

120. Nelson Nery Junior ressalta que a vedação da *reformatio in peius*, diferentemente de países como a Áustria e a Alemanha, não possui regra explícita no direito brasileiro e decorre "da conjugação do princípio dispositivo, da sucumbência como requisito de admissibilidade e, finalmente, do efeito devolutivo do recurso": Teoria geral dos recursos. 8. ed. rev., atual. e ampl. São Paulo: Thomson Reuters Brasil, 2024, p. 238.

121. Luis Guilherme Aidar Bondioli afirma que a hipótese se trata "de uma situação de reformatio in pejus legítima e permitida pelo sistema": Comentários ao código de processo civil – volume XX (arts. 994-1.044). Coordenação de José Roberto Ferreira Gouvêa, Luis Guilherme Aidar Bondioli, João Francisco Naves da Fonseca. São Paulo: Saraiva, 2016, p. 112.

122. "Com isso, a apelação deixa de ter natureza de revisio pioris instantiae e passa a ser concebida como um novum iudicium, no qual ao órgão jurisdicional superior é lícito o mais amplo reexame da causa, em todos os seus aspectos de fato e de direito, de modo a julgá-la ex novo: "tem-se, então, na consagrada expressão de Binding, uma Zweite Erstinstanz" (segunda primeira instancia)": TUCCI, José Rogério Cruz e. Lineamentos da nova reforma do CPC: Lei 10.352, de 26.12.2001, Lei 10.358, de 27.12.2001, Lei 10.444, de 07.05.2002. 2. ed. rev. atual. e ampl. São Paulo: Editora Revista dos Tribunais, 2002, p. 99.

123. Também negando a existência de reformatio in peius, mas mantendo coerência com a compreensão do 1.013, §3º como decorrência do efeito devolutivo da apelação: WAMBIER, Luiz Rodrigues; TALAMINI, Eduardo. Curso avançado de processo civil: cognição jurisdicional (processo comum de conhecimento e tutela provisória), volume 2. 21. ed. rev., atual. e ampl. São Paulo: Thomson Reuters Brasil, 2022, p. 566.

124. Araken de Assis nega expressamente a vedação à reformatio in peius nas hipóteses de cumulação sucessiva de pedidos recursais: "No que tange à cumulação sucessiva, na qual o juiz somente examinará o segundo pedido de acolher o primeiro, a hipótese de trabalho é a seguinte: o autor A pleiteia a resolução do contrato firmado com o réu B e a condenação do réu em perdas e danos. A sentença acolhe o pedido de resolução, rejeitando o pedido sucessivo de perdas e danos. Se o autor A apela, só a questão relativa às perdas e danos se encontra devolvida, sendo vedado ao órgão ad quem manter o contrato; ao invés, apelando o réu B, o contrato pode ser restabelecido, mas jamais o apelante condenado a prestar perdas e danos;

a lide e os eventuais prejuízos decorrentes desse atropelo do duplo grau de jurisdição, não podem ser confundidos com *reformatio in peius* que é intrinsecamente vinculada ao rejulgamento.

Em todo e qualquer caso, considerando as limitações ao duplo grau de jurisdição, é de bom tom adotar prudência na aplicação do §3º, do art. 1.015, sobretudo para as questões que não sejam exclusivamente de direito "de modo a garantir a preservação do devido processo legal e das garantias processuais das partes, pois o apreço à celeridade processual não pode se dar ao extremo de suprimir garantias constitucionais fundamentais"[125].

A referida prudência também deveria se espelhar na competência para o julgamento do recurso que, por se tratar de exceção, não deveria ser realizado monocraticamente pelo relator. Tal não foi a opção do legislador, que preferiu não trazer qualquer restrição ao julgamento monocrático quando a decisão recorrida seja abrangida pelas hipóteses previstas no art. 932, V[126].

2.8. JUÍZO DE MÉRITO

Da mesma forma que, na demanda, o autor delimita a atividade jurisdicional e a atuação do Estado, no recurso, a atuação do tribunal será igualmente limitada por aquilo que tenha sido expressamente re-

---

por fim, apelando as duas partes, qualquer resultado se mostra admissível: a manutenção da sentença, mediante o desprovimento de ambos os apelos; a concessão de perdas e danos, provendo o órgão *ad quem* o apelo do autor A e desprovendo o do réu B; ou a absolvição do réu B, provendo-se seu apelo, prejudicado o do autor. No caso de improcedência em primeiro grau, e apelando o autor A de modo total, o provimento do recurso quanto ao primeiro pedido (resolução) obriga o tribunal a examinar o segundo (perdas e danos), sem que se possa cogitar de *reformatio in pejus*": Manual dos recursos. 10. ed. rev. e atual. São Paulo: Thomson Reuters Brasil, 2021, p. 130.

125. NERY JUNIOR, Nelson. Teoria da causa madura e incorreta valoração da prova oral. *In*: Soluções Práticas de Direito - Nelson Nery Junior. vol. 8/2014. p. 711-743. Set / 2014.

126. Ao tempo do CPC/73, Fabiano Carvalho defendia a aplicação pelo relator do artigo 515, §3º: Julgamento unipessoal do mérito da causa por meio da apelação: interpretação dos arts. 557 e 515, §3º, do CPC. Revista de Processo, v. 144. São Paulo: Revista dos Tribunais, fev, 2007, p. 113-116. Após, parece ter alterado o entendimento, especialmente considerando que o CPC/15 não reproduziu a norma ora contida no art. 557 do código revogado. Em severa crítica à Súm. 568/STJ, afirmou que esta "cria uma nova forma de "jurisprudência defensiva", porque de forma ilegal e contrariamente à Constituição limita o acesso ao órgão colegiado. Em última análise, a Corte Especial do Superior Tribunal de Justiça, usurpando a atividade legislativa do Congresso Nacional, acrescentou uma hipótese para a ocorrência julgamento unipessoal. O termo "jurisprudência dominante" foi expulso pela porta do devido processo legal legislativo; entretanto, por meio da Súmula 568, o Superior Tribunal de Justiça fê-lo entrar pela janela da ilegalidade e da inconstitucionalidade": Súmula 568 do STJ: ilegalidades e inconstitucionalidades. Revista do Advogado. N. 136, dez, 2017, p. 44-47.

querido, i.e., por aquilo que venha a ser devolvido ao tribunal[127]. Nas palavras de José Carlos Barbosa Moreira, "pode o objeto do juízo de mérito, no recurso, coincidir com o objeto do juízo sobre o mérito da causa, em grau inferior de jurisdição (v.g. quando o tribunal conhece de apelação tendente à reforma da sentença definitiva)"[128]. O autor ponderou, no entanto, que, em determinados casos, ainda quanto ao recurso interposto contra decisão que julga o mérito da causa, o mérito recursal pode ser absolutamente diverso. Quando, por exemplo, o recurso seja voltado à anulação da decisão judicial, hipótese na qual identificou o mérito do recurso como sendo *a própria* decisão.

Note-se que o exemplo, absolutamente correto à época de sua construção, deve ser visto com reservas no sistema vigente que, na forma do art. 1.013, §§ 3º e 4º, ampliou sobremaneira as hipóteses nas quais o tribunal poderá conhecer diretamente do pedido. Aqui, muito embora questionando vícios de atividade ou de julgamento quanto à indevida prolação de sentença terminativa, caso a parte inclua sucessivamente o julgamento do mérito em seu pedido, em último grau, o mérito da causa será idêntico ao do recurso.

Apesar disso, há situações nas quais não ocorre a identidade entre o mérito da causa e o mérito do recurso. Como quando, por exemplo, o recurso é voltado a impugnar decisão que envolva questão eminentemente processual, secundária ou preliminar ao objeto litigioso. Nestes casos, a questão preliminar, com relação à causa, constituirá o mérito do recurso, pois é, *per se*, a pretensão deduzida pelo recorrente[129-130].

127. BARBOSA MOREIRA, José Carlos. O juízo de admissibilidade no sistema dos recursos cíveis. Rio de Janeiro, 1968, p. 30.

128. Comentários ao Código de Processo Civil, Lei nº 5.869, de 11 de janeiro de 1973, vol. V: arts. 476 a 565. 17 ed. Rio de Janeiro: Forense, 2013, p. 268.

129. Teresa Arruda Alvim, confirmando a analogia existente entre mérito da causa e do recurso, afirma que tem "o termo "mérito" dois sentidos diversos, quando se alude a juízo de mérito, com relação à ação, e com respeito a recurso. O mérito da ação é a lide, a pretensão, o pedido, o objeto litigioso, a pretensão, o *petitum* formulado pelo autor. No segundo caso, trata-se de mérito do recurso, que pode até, eventual e circunstancialmente, confundir-se com o mérito da causa. Determinada questão, como a legitimidade, por exemplo, "pode deslocar-se do terreno das preliminares, em que se inscrevia, para vir a constituir, num novo julgamento, o próprio mérito": ALVIM, Teresa Arruda. Os agravos no CPC de 2015. 5. ed. Curitiba: Editora Direito Contemporâneo, 2021, p. 187 *apud* BARBOSA MOREIRA, José Carlos. Comentários ao Código de Processo Civil. Vol. 5. 8. ed. Rio de Janeiro: Forense, 1999.

130. DINAMARCO, Cândido Rangel. Fundamentos do processo civil moderno. São Paulo: Editora Revista dos Tribunais, 1986, p. 208.

Outro exemplo de afastamento entre mérito da causa e do recurso, este mais moderno e afeito à nova remodelação dos recursos imposta pelo CPC/15, é a impugnação que busca rever exclusivamente a questão prejudicial apta a produzir coisa julgada. Apesar de a questão ser de mérito, não integrou a modulação original feita pelo autor na demanda, não pode ser considerada – pelo menos inicialmente – integrante do objeto litigioso.

A existência, entretanto, de tais situações, que fogem ao alcance do estudo que aqui se desenvolve, não impede que se proceda à analogia entre juízo de admissibilidade e de mérito da causa e do recurso, já que, em ambos os casos, o que se tem é o exercício do direito de ação, consubstanciado em pedido de pronunciamento jurisdicional[131].

2.9. JUÍZO DE ADMISSIBILIDADE

Sendo a efetivação da tutela jurisdicional o ponto para o qual convergem todas as garantias inerentes ao exercício do direito de ação, é salutar que este se desenvolva tomando-a como objetivo principal. A priorização da efetivação da tutela justificou a inserção de diversos dispositivos destinados a promover a primazia do julgamento de mérito, requisito indispensável à sua realização.

Desde o art. 4º, do CPC/15, inserto dentre as normas fundamentais, passando pelo art. 488 e culminando com o 1.013, apenas para exemplificar, o legislador brasileiro preencheu o código com regras que favorecem o julgamento do mérito, autorizando o julgador a desconsiderar determinados obstáculos que serviriam para impedir o conhecimento efetivo da pretensão[132-133].

131. MOREIRA, José Carlos Barbosa. O juízo de admissibilidade no sistema dos recursos cíveis. Rio de Janeiro, 1968, p. 31; p.43.

132. Sobre a primazia do julgamento do mérito recursal, ainda sob a égide do CPC/73, vide: JORGE, Flávio Cheim. Requisitos de admissibilidade dos recursos: entre a relativização e as restrições indevidas (jurisprudência defensiva). Revista de Processo, v. 217. São Paulo: Revista dos Tribunais, mar., 2013, p. 13-39.

133. Fredie Didier Jr. e Leonardo Carneiro da Cunha, atentando para o fato de que o juízo de admissibilidade será sempre e invariavelmente um juízo sobre a validade, ressaltam que "a ele deve ser aplicado todo o sistema das invalidades processuais, construído exatamente para que invalidades não sejam decretadas". Curso de direito processual civil: Meios de impugnação às decisões judiciais e processo nos tribunais. 21. ed. rev., atual. e ampl. São Paulo: Juspodivm, 2024, p. 148.

A existência, contudo, de mecanismos de apoio ao julgamento do mérito não se presta a evitar que, em determinados casos, seu conhecimento seja impedido pela ausência de requisitos mínimos, os quais se prestam a impedir que o resultado do processo seja maculado por vícios passíveis de levá-lo à invalidação.

Os requisitos para a admissibilidade do mérito compõem o conjunto de características necessárias à prolação de uma decisão o mais justa possível. Devendo esta ser fruto de um processo válido, que não viole direitos de terceiros e entregue às partes, de forma isonômica, todas as oportunidades de contribuir para a formação do convencimento do julgador[134]. Eles são a garantia de que, ao final, o processo poderá atingir "sua natural consumação" [135-136].

Assim, para que o julgador decida efetivamente sobre o mérito, tem de ultrapassar as barreiras dos requisitos para admissibilidade, que são avaliados, pelo menos inicialmente[137], em uma ordem lógica, distribuída em dois momentos distintos; primeiro pela verificação da regularidade procedimental e, em seguida, pela presença das condições da ação[138].

Da mesma forma que para as partes obterem uma sentença de mérito, é preciso que sejam preenchidos os pressupostos processuais e as condições da ação; para que ocorra o julgamento do mérito do recurso, devem estar preenchidos os requisitos de sua admissibilida-

134. "Penso que não se pode admitir que a tutela jurisdicional seja prestada de qualquer maneira, com desapego total à forma, deixando de lado a garantia de um processo justo apenas para obtê-la de forma célere. Muitas vezes "a pressa é inimiga da perfeição". Justiça efetiva não significa apenas justiça rápida". AURELLI, Arlete Inês. Função social da jurisdição e do processo. *In*: YARSHELL, Flávio Luiz; ZUFELATO, Camilo. (Org.). 40 anos da teoria geral do processo no Brasil. Passado, presente e futuro. São Paulo: Malheiros Editores, 2013, p. 132.

135. "Com o intuito de assegurar, na medida do possível, que o pronunciamento a ser emitido tenha conteúdo justo, preocupa-se a lei em regular o modo pelo qual ele há de surgir, e cerca de inúmeras cautelas o funcionamento do mecanismo destinado a produzi-lo": MOREIRA, José Carlos Barbosa. O juízo de admissibilidade no sistema dos recursos civis. Rio de Janeiro, 1968, p. 26.

136. Renata Ferrari define a admissibilidade como "o juízo que se exerce sobre a validade dos atos jurídicos processuais e, de modo geral, sobre a validade do procedimento". A natureza jurídica do juízo de admissibilidade recursal. *In*: GALINDO, Beatriz Magalhães; KOHLBACH, Marcela. (Coord.). Recursos no CPC/15: perspectivas, críticas e desafios. Salvador: Editora Juspodivm, 2017, p. 375.

137. A ordem pode, de acordo com o caso concreto, ser alterada, em atenção à primazia do julgamento do mérito.

138. MOREIRA, José Carlos Barbosa.O juízo de admissibilidade no sistema dos recursos civis. Rio de Janeiro, 1968, p. 28-29.

de[139] que, no que lhe concerne, igualmente desdobram-se na regularidade procedimental e condições para o recurso[140-141].

Não é diferente no cumprimento da sentença, que também pressupõe a análise de determinados requisitos que, ainda que seja discutível se servem à espécie de mérito executivo, viabilizam ou impedem a efetivação da tutela jurisdicional[142].

Como antecipado, o mérito e requisitos de admissibilidade do recurso nem sempre equivalerão integralmente ao mérito e aos requisitos de admissibilidade do processo. Não obstante, em ambos os casos há plena sintonia na natureza dos institutos que compreendem (a) requisitos formais; (b) condições da ação/recurso; e (c) julgamento do pedido formulado pela parte[143].

---

139. SCHÖNKE, Adolfo. Derecho procesal civil. Tradución de la quinta edición alemana. Barcelona: Bosch, Casa Editorial, 1950, p. 300.

140. "Assim, a atividade cognitiva do órgão judicial, com referência ao recurso, igualmente se vê solicitada em dois níveis distintos: um que situa a controvérsia de fundo – coincidente ou não com a agitada na instancia inferior -, e outro em que se apura a existência ou inexistência dos requisitos necessários para a apreciação da mencionada controvérsia": MOREIRA, José Carlos Barbosa. O juízo de admissibilidade no sistema dos recursos civis. Rio de Janeiro, 1968, p. 32.

141. José Maria Tesheiner, na contramão da doutrina majoritária, defende, como uma forma de melhoria do sistema recursal, um entrelaçamento entre o juízo de admissibilidade e de mérito: "Mais ainda: o exame da admissibilidade não deve ficar adstrito a questões formais, como o cabimento e tempestividade do recurso. Deve envolver algo do mérito, impondo-se ao recorrente o ônus de demonstrar a necessidade de nova decisão, questão sujeita a um exame algo subjetivo, por envolver juízo de probabilidade sobre a cassação ou reforma da decisão recorrida. Por outro lado, o decurso do prazo não deve ser óbice intransponível para o conhecimento do recurso. Se o juiz, por má apreciação da prova ou por ideologia malsã, decide manter criança sob a guarda de um pai que quotidianamente a submete a maus tratos, nada importa a intempestividade do recurso. Por essas razões, o direito a recorrer não deve ser concebido à semelhança dos direitos subjetivos do direito material, mas segundo os moldes do direito de petição. Em outras palavras, o direito de recorrer não deve envolver o de admissão do recurso e, por outro lado, o decurso do prazo não deve implicar decadência do direito. O entrelaçamento dos pressupostos de admissibilidade e do mérito do recurso terá certamente a oposição de Barbosa Moreira, que, com precisão insuperável, traçou a distinção, ao criticar decisões de tribunais superiores, que não conhecem de recursos extraordinários, por não configurada violação de lei": TESHEINER, José Maria Rosa. Em tempo de reformas – o reexame de decisões judiciais. Revista de Processo, v. 147. São Paulo: Revista dos Tribunais, mai, 2007, p. 147-163.

142. O raciocínio prevalece para todo e qualquer ato postulatório, como esclareceu José Carlos Barbosa Moreira: "Todo ato postulatório sujeita-se a exame por dois ângulos distintos: uma primeira operação destina-se a verificar se estão satisfeitas as condições impostas pela lei para que o órgão possa apreciar o conteúdo da postulação; outra, subsequente, a perscrutar-lhe o fundamento, para acolhê-la, se fundada, ou rejeitá-la, no caso contrário. Embora a segunda se revista, em perspectiva global, de maior importância, constituindo o alvo normal a que tende a atividade do órgão, a primeira tem prioridade lógica, pois tal atividade só se há de desenvolver plenamente se concorrerem os requisitos indispensáveis para tornar legítimo o seu exercício". Comentários ao Código de Processo Civil, Lei nº 5.869, de 11 de janeiro de 1973, vol. V: arts. 476 a 565. 17 ed. Rio de Janeiro: Forense, 2013, p. 261.

143. O mesmo entendimento pode ser aplicável à execução, se considerarmos a existência de mérito nesta fase. Sobre o tema, vide: SICA, Heitor Vitor Mendonça. Cognição do juiz na execução civil. São Paulo: Editora Revista dos Tribunais, 2017.

Do mesmo modo que o direito de ação se desdobra de forma equivalente em recurso e execução; os requisitos para seu exercício igualmente encontram pares em cada fase do processo. São limitações que, mais do que simplesmente servem de impedimento ao julgamento do mérito, permitem que, alcançado o objetivo, ele se mostre sem mácula e sem o risco de, no futuro, vir a ser impugnado[144].

Por certo, o desenvolvimento do direito de ação impõe que tais requisitos se apresentem, a cada momento, de forma diferenciada e, no que concerne à realização de um novo julgamento, "compreensivelmente mais rigorosa"[145-146]. Conquanto, em todos, há evidentes pontos de contato, que nos permitem tratar as condições para o recurso como, por exemplo, uma "projeção funcional-estrutural em fase impugnativa da *legitimatio ad causam* e do interesse de agir[147-148-149].

144. O paralelo é inúmeras vezes realizado por Barbosa Moreira, que, criticando o não conhecimento do recurso por infundado, afirma que, nesses casos, rende-se tributo à teoria da ação como direito concreto; enquanto, a plena adoção da teoria abstrata, implicaria não compreender o direito ao recurso como direito a pronunciamento favorável, mas sim, "no poder de obter um novo pronunciamento": MOREIRA, José Carlos Barbosa. O juízo de admissibilidade no sistema dos recursos civis. Rio de Janeiro, 1968, p. 40.

145. MOREIRA, José Carlos Barbosa. MOREIRA, José Carlos Barbosa. O juízo de admissibilidade no sistema dos recursos civis. Rio de Janeiro, 1968, p. 262. No mesmo sentido, afirmam Mandrioli e Carratta que "especificamente, as condições da ação aparecem no recurso de uma maneira particular, o que resulta do fato de que pelo menos uma fase anterior, de atuação jurisdicional, foi ultrapassada". MANDRIOLI, Crisanto; CARRATA, Antonio. Diritto processuale civile. XXV ed. Torino: Giappichelli, 2016, livro digital, item. 70. Tradução livre. Do original: "Più precisamente, le consuete condizioni dell'azione (v. vol. I, §12) si presentano, in sede di impugnazione, in un modo particolare, come conseguenza del fato che si è verificato lo svolgimento di almeno una precedente fase di giudizio".

146. Para Trícia Navarro Xavier Cabral os requisitos de admissibilidade dos recursos servem diretamente para desestimular a interposição de recursos protelatórios ou com poucas chances de êxito e, além disso, atendem ao "componente político relativo à necessidade de limitar o conhecimento dos recursos, para não comprometer a estrutura já deficiente dos tribunais". (CABRAL, Trícia Navarro Xavier. Ordem pública processual. Brasília: Gazeta Jurídica, 2015, p. 356).

147. MORAES, Mauricio Zanoide de. Interesse e legitimação para recorrer no processo penal brasileiro: análise doutrinária e jurisprudencial de suas estruturas. São Paulo: Editora Revista dos Tribunais, 2000, p. 42. No mesmo sentido: "Sendo o recurso um prolongamento do direito de ação e defesa, não há como deixar de reconhecer a correlação existente entre as condições da ação e os requisitos de admissibilidade dos recursos. No fundo, tudo se passa como se transportassem para a fase recursal as condições exigidas para o ajuizamento da ação. A analogia e o paralelismo existentes são absolutamente verdadeiros. Apesar de se saber que na ação os requisitos são verificados em relação a fatos exteriores e anteriores ao processo e nos recursos os requisitos de admissibilidade são aferidos tendo em vista o próprio processo já existente. Tal constatação de modo algum impede a analogia referida". JORGE, Flávio Cheim. Teoria geral dos recursos cíveis. 8. ed. rev., atual. e ampl. São Paulo: Editora Revista dos Tribunais, 2017, p. 75.

Frise-se que Araken de Assis afirma que a analogia que ora se faz, muito embora rotineiramente encontrada na doutrina, carece de coerência, uma vez que (a) as questões do processo podem inserir-se como objeto da pretensão recursal; e (b) a ausência dos pressupostos processuais e das condições da ação não impede a renovação da demanda, diferente dos requisitos de admissibilidade, que obstam definitivamente a via recursal[150].

Com relação ao primeiro ponto, como manifestado anteriormente, é plenamente possível que inexista identidade entre o objeto da causa e do recurso, podendo este pretender, por exemplo, apenas a correção de determinada questão processual. Na hipótese, o que é requisito de admissibilidade da causa, apresenta-se como mérito do recurso. Tal circunstância não é suficiente para impedir a analogia, já que, em todo e qualquer caso, tanto para a causa, quanto para o recurso, permanece a dicotomia entre mérito e requisitos para seu julgamento[151]. Situação semelhante se apresenta, por exemplo, no in-

---

148. Sobre o tema, Barbosa Moreira ponderou que em que pese, em regra, os requisitos de admissibilidade do julgamento de mérito persistam no recurso, é possível que justamente algum deles venha a ser o mérito recursal. Tal ocorreria, por exemplo, quando o juiz de primeiro grau reconhece a incapacidade da parte que impugna a decisão buscando que o tribunal se manifeste pela presença do pressuposto processual. No caso "não há como ter por preliminar do recurso tal questão: ela vai ser resolvida pelo órgão ad quem como questão principal, e, se se concluir pela incapacidade, não será caso de não conhecer do recurso, mas de negar-lhe provimento". MOREIRA, José Carlos Barbosa. O juízo de admissibilidade no sistema dos recursos civis. Rio de Janeiro, 1968, p. 43. Tal lição não faz romper a analogia aqui apresentada, que, desde o início, admitiu a existência de distinção entre os requisitos de admissibilidade, para cada fase, a qual decorre do próprio exercício do direito de ação e da tutela jurisdicional.

149. "Já dissemos que os requisitos de admissibilidade podem ser comparados às condições da ação, pois ambos são requisitos necessários para o exame do mérito, dos recursos e da ação, respectivamente. Assim, não se poderia, por exemplo, dizer que o pedido juridicamente impossível, condição da ação que corresponde ao requisito do cabimento do recurso, faria com que fosse nula a ação ou o processo. A falta de uma condição da ação acarreta o fenômeno da carência da ação (CPC 337 XI), fazendo com que, de consequência, o processo seja extinto sem o conhecimento do mérito (CPC 485 VI); a falta de um requisito de admissibilidade do recurso faz com que seja proferido um juízo negativo de admissibilidade, vale dizer, traz o não conhecimento do meio de impugnação. Nunca sua nulidade". NERY JUNIOR, Nelson. Teoria geral dos recursos. 8. ed. rev., atual. e ampl. São Paulo: Thomson Reuters Brasil, 2024, p. 327.

150. ASSIS, Araken de. Manual dos recursos. 10. ed. rev. e atual. São Paulo: Thomson Reuters Brasil, 2021, p. 137.

151. Sempre tratando com muita cautela das distinções entre admissibilidade e mérito da causa e do recurso, José Carlos Barbosa Moreira pontuou duas proposições, concluindo que "a) o mérito, no recurso, não coincide necessariamente com o mérito da causa, e pode consistir em questão relativa às "condições da ação" ou meramente processual; b) as preliminares do recurso não se identificam com as preliminares da causa, e conquanto se possa estabelecer entre estas e aquelas certa correspondência – à legitimação para agir corresponde, v. g., à legitimação para recorrer -, não se deve pensar que à pertinente indagação se tenha de responder, cá e lá, do mesmo modo: no processo da ação popular, por exemplo, o Ministério Público, que não tem legitimidade para propor a demanda, tem-na contudo para recorrer das decisões desfavoráveis ao autor popular

cidente de arguição de suspeição ou impedimento do juiz. A questão absolutamente reflexa e processual, voltada à garantia da isonomia do magistrado, torna-se o mérito do incidente, cujo julgamento, por sua vez, igualmente exige que sejam ultrapassadas questões preliminares, como a legitimidade do excipiente e o cumprimento do prazo previsto em lei. Quanto a isto, ninguém nega a sintonia entre pressupostos processuais, condições da ação e mérito, em que pese, no caso concreto, não ser possível falar da equivalência dos institutos.

Já quanto à segunda crítica, acerca da distinção entre os efeitos do reconhecimento da ausência de requisito de admissibilidade da causa e do recurso, sendo que, no primeiro caso, é possível propor nova demanda e, no segundo, esgota-se a via recursal, também não é suficiente para impedir a analogia.

Em primeiro lugar, porque a possibilidade irrestrita de repropor a demanda, quando reconhecida a ausência de requisito para admissibilidade do julgamento do mérito, parece encontrar limitação no art. 485, §1º, que impõe a regularização do vício para que a "parte proponha de novo a ação". Veja-se que, no caso, é imperativo o preenchimento do requisito outrora faltante, além do pagamento das custas e dos honorários advocatícios arbitrados na sentença que extinguiu a demanda anterior sem resolução do mérito.

Em segundo lugar, porque, como dito, sendo o processo voltado para um fim, é natural que se imponha, conforme se desenvolve, limitações que visem a impedir o prolongamento eterno da litispendência. Justamente por este motivo se afirma a constitucionalidade de determinadas restrições ao princípio do duplo grau de jurisdição. Ainda que assim não fosse, há séria dúvida na doutrina acerca da persistência, no ordenamento jurídico, do instituto da preclusão

(Lei n.º 4.717, de 29-6-1965, art. 19, §2º)". MOREIRA, José Carlos Barbosa. O juízo de admissibilidade no sistema dos recursos civis. Rio de Janeiro, 1968, p. 44-45. Em perspectiva mais moderna, pode-se pontuar, por exemplo, que o amicus curiae, embora não tenha interesse de agir para propor a demanda ou interesse jurídico para intervir no processo como assistente, possui, por expressa disposição legal, legitimidade para interpor o recurso contra decisão que julga incidente de resolução de demanda repetitiva. Tais considerações, é importante insistir, não impedem a analogia, porque, em essência, independentemente das circunstâncias concretas que os envolvem para cada e qual ato, os requisitos de admissibilidade se identificam plenamente por todo o processo, seja em sua fase inicial, seja no recurso.

consumativa, o que se dá pela interpretação conjunta dos arts. 223 e 225[152-153].

Com esse escopo surgem institutos de estabilização do processo e das relações nele discutidas e dele decorrentes, como a preclusão e a coisa julgada, sendo certo que, muito embora extensão do direito de ação, o recurso, por si, constitui também um ônus para a parte. Ônus este que existe em decorrência da própria litispendência e que impede que, buscada a tutela jurisdicional, as partes gerenciem o processo de forma a prorrogar demasiadamente seu fim, causando prejuízo ao Estado. É natural, portanto, que caminhando o processo para seu objetivo, quanto mais dele se aproxime, tornem-se limitadas as manifestações das partes, sendo plenamente viável que se obste definitivamente a via recursal, caso reconhecida a ausência de requisito para admissibilidade do julgamento do mérito.

Por fim, é relevante ponderar que os requisitos de admissibilidade do recurso, apesar de serem obstáculos ao julgamento do mérito, não esgotam as possibilidades de ele não ocorrer. Isso porque, salvo quando forem eles próprios o objeto do recurso, as condições da ação e os pressupostos processuais, enquanto requisitos genéricos para a causa, também poderão servir de óbice à análise do mérito recursal. Basta pensar na hipótese de o tribunal reconhecer, ao se deparar com o recurso, a falta de legitimidade de uma das partes e extinguir o processo sem resolução do mérito. Para essas hipóteses, de reconhecimento de ausência de requisito de admissibilidade da causa, entende Flávio Cheim Jorge que o recurso deverá ser conhecido e, posteriormente, anulada a sentença de ofício, julgando-se o recurso prejudicado[154].

152. SICA, Heitor Vitor Mendonça. Comentários aos artigos 223 a 225. In: Comentários ao código de processo civil – volume 1 (arts. 1º a 317). Cassio Scarpinella Bueno (coordenador). São Paulo: Saraiva, 2017, p. 809-814.

153. Sobre a admissibilidade, na Alemanha, de reiteração de recurso inadmitido, dentro do prazo legal: SCHÖNKE, Adolfo. Derecho procesal civil. Traducián de la quinta edición alemana. Barcelona: Bosch, Casa Editorial, 1950, p. 302 e JAUERNIG, Othmar. Direito processual civil. 25. edição, totalmente refundida, da obra criada por Friedrich Lent. Tradução de F. Silveira Ramos. Coimbra: Almedina, 2002, p. 363.

154. JORGE, Flávio Cheim. Teoria geral dos recursos cíveis. 8. ed. rev., atual. e ampl. São Paulo: Editora Revista dos Tribunais, 2017, p. 109-110.

2.10. PONTOS DE CONTATO ENTRE OS REQUISITOS DE ADMISSIBILIDADE DA CAUSA E DO RECURSO

Verifica-se a existência de sintonia entre os requisitos de admissibilidade da causa e do recurso, quando se percebe que em ambos os casos, é possível classificá-los e distingui-los em dois grandes grupos, destinados à aferição do modo de exercício do direito (externos) e à própria existência do poder de exercê-lo *ad extremum*[155-156-157].

Ao mesmo tempo em que os pressupostos processuais podem ser definidos como "elementos cuja presença é imprescindível para a existência e para a validade da relação processual e, de outra parte, cuja inexistência é imperativa para que a relação processual exista validamente, no caso dos pressupostos processuais negativos"[158], os requisitos extrínsecos de admissibilidade dos recursos são, em regra, definidos a partir de sua relação com o objeto do recurso, compreendendo o modo pelo qual o poder de recorrer será exercido[159].

Em todo caso, os conceitos se entrelaçam, uma vez que, ao "possibilitar que o processo seja efetivo instrumento de acesso à ordem ju-

155. Trata-se, aqui, apenas aos requisitos gerais de admissibilidade dos recursos.

156. Moacyr Amaral Santos, apesar de ter tratado separadamente da legitimação e do interesse, entende os requisitos de admissibilidade dos recursos todos como pressupostos do recurso, classificados em objetivos ou subjetivos, em nítido acolhimento à classificação estabelecida por Miguel Seabra Fagundes. Dos recursos ordinários em matéria civil. Rio de Janeiro: Revista Forense, 1946, p. 29. Os pressupostos objetivos do recurso são a recorribilidade do ato decisório, a tempestividade, a singularidade, a adequação e o preparo. Os pressupostos subjetivos dizem respeito à legitimação para a prática do ato. Veja-se que, para Moacyr Amaral Santos a sucumbência é inerente à legitimidade recursal e não ao interesse. Também junto à legitimação, como forma de caracterização de sua perda, foram incluídos (a) a renúncia ao direito de recorrer; e (b) a aceitação expressa ou tácita da decisão. (Primeiras linhas de direito processual civil. V. 3. 16 ed. rev. e atual. e ampl. por Aricê Moacyr Amaral Santos. São Paulo: Saraiva, 1997, pp. 82/92). Igualmente acolhendo a classificação dos requisitos de admissibilidade recursal em objetivos e subjetivos: GRECO, Leonardo. Instituições de processo civil: recursos e processos da competência originária dos tribunais, volume III. Rio de Janeiro: Forense, 2015, p. 67.

157. Por outra perspectiva e sem classificá-los entre requisitos extrínsecos e intrínsecos, Alexandre Freitas Câmara correlaciona, na mesma linha do que aqui se defende: (a) as condições da ação (legitimidade e interesse) com as condições do recurso (legitimidade recursal e interesse recursal; (b) os pressupostos processuais e os pressupostos para o recurso (requisitos extrínsecos); e (c) a inexistência de impedimento processual, "assim compreendidos os fatos cuja existência é impeditiva da admissibilidade da resolução do mérito". Neste último grupo, Câmara aloca os pressupostos processuais negativos e a inexistência de fato impeditivo ou extintivo do direito de recorrer: CÂMARA, Alexandre Freitas. O novo processo civil brasileiro. 4. ed. rev. e atual. São Paulo: Atlas, 2018, p. 500-507.

158. ALVIM, Teresa Arruda. Nulidades do processo e da sentença. 11. ed. rev., atual. e ampl. São Paulo: Thomson Reuters Brasil, 2021, p. 42.

159. NERY JUNIOR, Nelson. Teoria geral dos recursos. 8. ed. rev., atual. e ampl. São Paulo: Thomson Reuters Brasil, 2024, p. 324-325.

rídica"[160], vinculam-se estritamente à forma, ou seja, relação externa ao seu objeto, dotada, portanto, de plena autonomia do mérito. Não foi por outro motivo que aderindo parcialmente às lições de Donaldo Armelin, os chamados pressupostos processuais negativos são, neste trabalho, tratados como requisitos intrínsecos de admissibilidade.

Na qualidade de requisitos de admissibilidade, os pressupostos processuais (*positivos*) e os requisitos extrínsecos de admissibilidade dos recursos configuram meios de garantir a regularidade do procedimento. Externos, portanto, ao mérito e destinados a promover uma decisão final válida, que decorra de um processo justo, isonômico e com amplo respeito ao contraditório.

No tocante à inexistência de fato impeditivo ou extintivo do poder de recorrer, José Carlos Barbosa Moreira cataloga como requisito intrínseco de admissibilidade, ao passo que Nelson Nery Junior o reconhece como extrínseco, tendo em vista ser fator externo à decisão judicial impugnada[161]. Veja-se que Nelson Nery Junior, não obstante tenha afirmado adotar a classificação de José Carlos Barbosa Moreira, optou por reformulá-la, sob os fundamentos que merecem reprodução:

> A nós pareceu a classificação de Barbosa Moreira a melhor. Ao formulá-la, entretanto, preferimos levar em conta a decisão judicial, que é o objeto do recurso, para nominar os pressupostos de intrínsecos e extrínsecos. Para o ilustre processualista, a divisão em intrínsecos se refere ao poder de recorrer, e em extrínsecos ao modo de exercer o recurso (consultar Barbosa Moreira, Comentários CPC, n. 145, p. 263). A divisão já era assim feita em Juízo de admissibilidade, n. 30, p. 46, sem que, contudo, houvesse nessa obra explicação do autor sobre o ponto de referência daqueles adjetivos[162].

160. BEDAQUE, José Roberto dos Santos. Efetividade do processo e técnica processual. 4. ed. Curitiba: Editora Direito Contemporâneo, 2024. p. 189.
161. No mesmo sentido: ALVIM, Teresa Arruda. Os agravos no CPC de 2015. 5. ed. Curitiba: Editora Direito Contemporâneo, 2021, e SHIMURA, Sérgio Seiji; ALVAREZ, Anselmo Prieto; SILVA, Nelson Finotti. Curso de direito processual civil. 3. ed. rev., atual. e ampl. Rio de Janeiro: Forense; São Paulo: Método, 2013, p. 294.
162. NERY JUNIOR, Nelson. Teoria geral dos recursos. 8. ed. rev., atual. e ampl. São Paulo: Thomson Reuters Brasil, 2024, p. 324.

O entendimento parece ser o mais acertado, na medida em que é mais correto vincular a classificação dos requisitos de admissibilidade a partir do recurso propriamente dito e não da decisão judicial. Além disso, tal classificação leva à plena identidade entre pressupostos processuais-requisitos extrínsecos e pressupostos processuais negativos e condições da ação-requisitos intrínsecos[163].

Não é outra a solução, em que pese, no ponto, contrária à classificação formulada por José Carlos Barbosa Moreira, no que toca à tempestividade. Para além de ser um requisito meramente formal, por outra perspectiva, trata propriamente da existência de preclusão, da perda do direito de praticar o ato processual[164]. E mais. A ocorrência do trânsito em julgado, da estabilização da tutela antecipada ou da coisa julgada, formal ou material.

A situação, conquanto tenha sido reiteradamente tratada pela doutrina de forma diversa, é exatamente aquela verificada quando da análise dos pressupostos processuais negativos. A questão, aqui, não é a perda do prazo, mas a existência de uma estabilidade prévia, que impede seja o recurso conhecido. Justamente por esta razão o recurso intempestivo não é apto a gerar qualquer efeito sobre a decisão impugnada. A decisão já está segura e estável, em decorrência do decurso do prazo para trânsito em julgado. Assim, opta-se, para fins didáticos, encartar a tempestividade junto aos requisitos intrínsecos de admissibilidade do recurso, em sintonia com as conclusões alcançadas quando do tratamento dos pressupostos processuais negativos[165-166].

---

163. Aderem à classificação adotada por José Carlos Barbosa Moreira: THEODORO JUNIOR, Humberto. Curso de direito processual: vol. III. 51. ed. rev., atual. e ampl. Rio de Janeiro: Forense, 2018, p. 1.024-1.025, DIDIER JR., Fredie; CUNHA, Leonardo José Carneiro da. Curso de direito processual civil: Meios de impugnação às decisões judiciais e processo nos tribunais. 21. ed. rev., atual. e ampl. São Paulo: Juspodivm, 2024, p. 150.

164. Sobre o tema vide: SICA, Heitor Vitor Mendonça. Preclusão processual civil. 2. ed. São Paulo: Atlas, 2008.

165. No mesmo sentido, pela inserção da tempestividade como requisito intrínseco de admissibilidade do recurso, uma vez inerente ao próprio direito de recorrer: DIDIER JR., Fredie; CUNHA, Leonardo Carneiro da. Curso de direito processual civil: Meios de impugnação às decisões judiciais e processo nos tribunais. 21. ed. rev., atual. e ampl. São Paulo: Juspodivm, 2024, p. 150-151.

166. Ada Pellegrini Grinover e João Ferreira Braga, atentando para a relação entre a tempestividade e a preclusão, optaram por dar àquela um duplo aspecto, tratando-a como "pressuposto recursal positivo, como requisito inerente à regularidade formal da interposição dos recursos; e, ao mesmo tempo, em seu aspecto negativo – a intempestividade-, acarreta a preclusão temporal, enquadrando-se, sob esse ângulo, em outro pressuposto processual, qual seja a existência de fato impeditivo". Um estudo de teoria geral do processo: admissibilidade e mérito no julgamento

A tempestividade, em si, é requisito intrínseco de admissibilidade do recurso. O mesmo não se pode falar da comprovação da tempestividade. A juntada de documento que comprove a existência de feriado local, viabilizando o controle, pela instância superior, do protocolo do recurso no prazo preclusivo, constitui requisito extrínseco de admissibilidade, passível de sanabilidade posterior, como, inclusive, orienta o enunciado nº 66, do CJF: "Admite-se a correção da falta de comprovação do feriado local ou da suspensão do expediente forense, posteriormente à interposição do recurso, com fundamento no art. 932, parágrafo único, do CPC.".

Tal entendimento, porém, não foi acolhido pela Corte Especial do STJ que, nos autos do AgInt no AREsp 957821/MS, de relatoria da Ministra Nancy Andrigui, decidiu que "A intempestividade é tida pelo Código atual como vício grave e, portanto, insanável. Daí porque não se aplica à espécie o disposto no parágrafo único do art. 932 do CPC/15, reservado às hipóteses de vícios sanáveis."[167].

Também para manter a coesão, muito embora, pelos motivos já expostos, seja possível relacionar os pressupostos processuais negativos com as condições da ação – mais propriamente, com o interesse de agir –, não foi acolhida a sugestão de Teresa Arruda Alvim, no sentido da possível subsunção da existência de fato impeditivo do recurso à categoria do interesse recursal[168].

---

dos recursos. Revista de Processo, v. 227. São Paulo: Revista dos Tribunais, jan, 2014, p. 171-196. Entendemos que a tempestividade, em si, é requisito intrínseco de admissibilidade do recurso. O mesmo não se pode falar da comprovação da tempestividade. A juntada de documento que comprove a existência de feriado local, viabilizando o controle, pela instância superior, do protocolo do recurso no prazo preclusivo, constitui requisito extrínseco de admissibilidade, passível de sanabilidade posterior, como, inclusive, é o entendimento constante no enunciado nº 66, do CJF: "Admite-se a correção da falta de comprovação do feriado local ou da suspensão do expediente forense, posteriormente à interposição do recurso, com fundamento no art. 932, parágrafo único, do CPC". Tal entendimento, porém, não foi acolhido pela Corte Especial do STJ que, nos autos do AgInt no AREsp 957821/MS, de relatoria da Ministra Nancy Andrigui, decidiu que "A intempestividade é tida pelo Código atual como vício grave e, portanto, insanável. Daí porque não se aplica à espécie o disposto no parágrafo único do art. 932 do CPC/15, reservado às hipóteses de vícios sanáveis". (Julg. 20.11.2017, DJ 19.12.2017).

167. Julg. 20.11.2017, DJ 19.12.2017.

168. Teresa Arruda Alvim, apesar de ter aderido à Nelson Nery Junior, quanto à catalogação da existência de fato impeditivo ou extintivo do poder de recorrer como requisito extrínseco de admissibilidade, ressalta que, em todo caso, este poderia ser encartado no interesse recursal. ALVIM, Teresa Arruda. Os agravos no CPC de 2015. 5. ed. Curitiba: Editora Direito Contemporâneo, 2021, p. 187-189. No mesmo sentido: PINTO, Nelson Luiz. Manual dos recursos cíveis. 3. ed., ampl e atual. São Paulo: Malheiros Editores, 2002, p. 70.

Assim, são considerados requisitos extrínsecos do recurso, seus *pressupostos recursais*, como, por exemplo, o preparo e as cópias obrigatórias para o agravo de instrumento. Já os requisitos intrínsecos são os chamados pressupostos negativos[169], a tempestividade e as condições do recurso[170], quais sejam: legitimidade[171] e o interesse recursal, que abrange o cabimento[172-173].

Ada Pellegrini Grinover e João Ferreira Braga sugerem sistematização similar, na qual diferenciam os requisitos de admissibilidade do recurso em condições para o recurso e pressupostos recursais. No primeiro grupo, estariam a possibilidade jurídica, a legitimação e o interesse (adequação-utilidade). No segundo, "(a) a investidura do juiz; (b) a capacidade de quem formula o recurso; (c) a regularidade formal da interposição do recurso. E, numa visão mais abrangente, (d) a inexistência de fatos impeditivos ou extintivos" [174].

169. Uma análise profunda e histórica dos pressupostos negativos dos recursos e da tempestividade é feita por Pateri Giovanni, que aborda casuisticamente as hipóteses de fatos impeditivos e extintivos do direito de recorrer: Dei mezzi per impugnar ele sentenze. Torino: Unione Tipografico, 1888.

170. "Ora, se recorrer é uma forma de exercício do direito de ação, então o exame do mérito pressupõe a presença das "condições da ação", requisitos do legítimo exercício do direito de ação. Em outros termos, só será considerado admissível o recurso se estiverem presentes a legitimidade e o interesse". CÂMARA, Alexandre Freitas. O novo processo civil brasileiro 4. ed. rev. e atual. São Paulo: Atlas, 2018, p. 500.

171. Neste sentido: "Assim como a legitimação para agir é condição do exercício regular do direito de ação, e portanto da possibilidade de julgar-se o mérito da causa, analogamente a legitimação para recorrer é requisito de admissibilidade do recurso, que precisa estar satisfeito para que o órgão ad quem dele conheça, isto é, julgue o mérito". MOREIRA, José Carlos Barbosa. Comentários ao Código de Processo Civil, Lei nº 5.869, de 11 de janeiro de 1973, vol. V: arts. 476 a 565. 17 ed. Rio de Janeiro: Forense, 2013, p. 290.

172. "As semelhanças entre as condições da ação e os requisitos de admissibilidade dos recursos são vistas aqui de forma nítida. A possibilidade jurídica do pedido aparece como cabimento; o interesse processual como interesse em recorrer, e a legitimidade para a causa como legitimidade para recorrer".JORGE, Flávio Cheim. Teoria geral dos recursos cíveis. 8. ed. rev., atual. e ampl. São Paulo: Editora Revista dos Tribunais, 2017, p. 113. No mesmo sentido, tratando exclusivamente de interesse recursal e legitimação para recorrer: MORAES, Mauricio Zanoide de. Interesse e legitimação para recorrer no processo penal brasileiro: análise doutrinária e jurisprudencial de suas estruturas. São Paulo: Editora Revista dos Tribunais, 2000, p. 41.

173. Giudiceandrea também equipara os requisitos do recurso aos pressupostos processuais e às condições da ação, ressaltando a existência de uma ordem lógica na avaliação do seu preenchimento e incluindo a legitimidade, o interesse e a inexistência de fato impeditivo ou extintivo do direito de recorrer, no rol das condições subjetivas, cuja ausência levaria à "improponibilità processuale subiettiva". GIUDICEANDREA, Nicola. Le impugnazioni civili, volume primo, Sistema delle impugnazioni. Milano: Dott. A. Giuffrè Editore, 1952, p. 153-177.

174. Um estudo de teoria geral do processo: admissibilidade e mérito no julgamento dos recursos. Revista de Processo, v. 227. São Paulo: Revista dos Tribunais, jan, 2014, p. 171-196. No mesmo sentido: PINTO, Nelson Luiz. Manual dos recursos cíveis. 3. ed. ampl. e atual. São Paulo: Malheiros Editores, 2002, p. 64.

Alexandre Freitas Câmara, no mesmo sentido, também opta por distinguir os requisitos de admissibilidade recursal em condições para o recurso e pressupostos recursais[175]. Resta, porém, a ressalva da necessidade de se estabelecer que a ausência de fato impeditivo ou extintivo do poder de recorrer e tempestividade permanecem como requisitos intrínsecos, alheios tanto à categoria das condições do recurso, quanto dos pressupostos recursais. Tal perspectiva, ainda que não iniba a analogia entre condições da ação e condições do recurso, impõe que se mantenha a fidelidade à categorização proposta por José Carlos Barbosa Moreira, com a ressalva já feita, no tocante à tempestividade.

Requisitos intrínsecos de admissibilidade do julgamento do mérito da causa	Requisitos intrínsecos de admissibilidade do julgamento do mérito do recurso
Interesse de agir	Interesse recursal
Legitimidade	Legitimidade recursal
Ausência de coisa julgada, estabilização da tutela antecipada, litispendência ou perempção	Ausência de fato impeditivo ou extintivo do poder de recorrer e tempestividade (ausência de preclusão, estabilização da tutela antecipada ou coisa julgada, formal ou material)

2.11. CONDIÇÕES DO RECURSO COMO FENÔMENO AFIRMADO

Considerando que a comunicação entre as condições da ação e as condições do recurso, enquanto requisitos de admissibilidade, é plena, merece mais profunda análise a afirmação feita por Crisanto Mandrioli e Antonio Carrata, no sentido de haver relevante diferença na cognição que é exercida sobre elas. Isso porque para os autores diferente das condições da ação, as condições do recurso devem se

175. Requisitos de admissibilidade dos recursos civis. In: Escritos de direito processual. Segunda série. Rio de Janeiro: Editora Lumen Juris, 2005.

apresentar como fenômenos reais e não meramente afirmados[176-177]. A parte precisa demonstrar que, de fato, é legitimada à interposição do recurso e que houve a sucumbência.

No mesmo sentido, Laura Salvaneschi ressalta que tal característica é marcante para diferenciar o interesse de agir do interesse recursal, uma vez que, em se tratando de condição da ação, o interesse de agir apenas exige a mera afirmação do direito. O interesse recursal, porém, pressupõe a efetiva demonstração da existência da sucumbência – formal ou material –, para que o julgador possa avançar sobre o mérito recursal[178].

Tal entendimento e a falta de perspectiva acerca da análise das condições do recurso como fenômenos meramente afirmados, leva à rotineira confusão entre os juízos de mérito e de admissibilidade, especialmente quanto aos recursos de fundamentação vinculada.

Veja-se que, para que se sejam admitidos os recursos de embargos de declaração, especial e extraordinário a parte precisa demonstrar a existência de requisitos específicos que, via de regra, se confundem com seu mérito. Os embargos de declaração, pela disciplina do art. 1.022, são cabíveis quando houver omissão, contradição, obscuridade ou erro material. Os recursos extraordinário e especial exigem, na forma dos arts. 102 e 105, da Constituição Federal, por exemplo, a contrariedade –ou negativa de vigência- a dispositivo da Constituição, lei federal ou tratado ou dissídio jurisprudencial[179].

A situação é bem analisada por Teresa Arruda Alvim e Bruno Dantas, que entendem pela existência de uma sobreposição, especialmente nos tribunais superiores, acerca dos juízos de admissibilidade e mérito desses recursos, o que levaria à sua admissibilidade a partir

176. MANDRIOLI, Crisanto; CARRATA, Antonio. Diritto processuale civile. XXV ed. Torino: Giappichelli, 2016, livro digital, Vol. II. Capitolo VIII. Sezione prima, § 70.

177. No mesmo sentido: NERY JUNIOR, Nelson. Teoria geral dos recursos. 8. ed. rev., atual. e ampl. São Paulo: Thomson Reuters Brasil, 2024, p. 367.

178. SALVANESCHI, Laura. L'interesse ad impugnare. Milano: Dott. A. Giuffrè Editore, 1990, p. 45-46.

179. São, igualmente, recursos de fundamentação vinculada, os embargos de divergência (art. 1.043) e o agravo interno, quando interposto contra decisão que inadmite recursos especial ou extraordinário, com fundamento no art. 1.030, inciso I. Neste último caso, é necessário que a parte fundamente seu recurso na existência de distinção ou superação do precedente.

da viabilidade do recurso e não da afirmação do direito do recorrente[180].

Com a devida vênia, o conceito de viabilidade parece estar vinculado ao de probabilidade do recurso, que dá margem ao deferimento de tutela provisória, na forma do art. 1.026, §1º, no tocante aos embargos de declaração e 995, para os recursos excepcionais. Sua aceitação como causa para a admissibilidade dos recursos de fundamentação vinculada implicaria dizer, em última análise, que o recurso, uma vez admitido, preenche um dos requisitos legais para a concessão de tutela provisória recursal e, havendo igualmente *periculum in mora*, está apto a produzir o efeito suspensivo decorrente da probabilidade de seu provimento.

Discordando da existência de sobreposição e em forte crítica, José Carlos Barbosa Moreira afirma categoricamente que quando o órgão *ad quem* realiza juízo de admissibilidade "ele o faz para verificar não se o recorrente tem ou não tem razão, mas, exclusivamente, se lhe é lícito (a ele, órgão *ad quem*) chegar a verificar se o recorrente a tem ou não a tem"[181]. Ou seja, exerce juízo sobre o direito afirmado

180. ALVIM, Teresa Arruda. Embargos de declaração. Como se motiva uma decisão judicial? 5. ed. rev., atual. e ampl. São Paulo: Thomson Reuters Brasil, 2020, pp. 40-43. No mesmo sentido, em lição que merece ser reproduzida na íntegra: "O que ocorre, de rigor, a nosso ver, como observamos antes, é que o juízo de admissibilidade de recursos de fundamentação vinculada é um juízo de viabilidade: não é impossível que haja omissão na decisão impugnada. Ou, ainda, é possível ou, até mesmo, provável. Então, evidentemente, quem admite um recurso de fundamentação vinculada examina, ainda que muito superficialmente, o mérito. Não para dar ou não provimento, mas para dizer que é possível que o direito esteja do lado do recorrente. No juízo de mérito, há cognição plena, e ao recurso se dá, ou não se dá, provimento". ALVIM, Teresa Arruda; DANTAS, Bruno. Precedentes, recurso especial e recurso extraordinário. 7. ed. rev., atual. e ampl. São Paulo: Thomson Reuters Brasil, 2023, p. 772. No mesmo sentido: AURELLI, Arlete Inês; CIMARDI, Claudia Aparecida. O juízo de admissibilidade dos recursos excepcionais no Código de Processo Civil de 2015. Texto inédito gentilmente cedido pelas autoras.

181. MOREIRA, José Carlos Barbosa. Juízo de admissibilidade e juízo de mérito no julgamento do recurso especial. Revista de Processo, v. 59. São Paulo: Revista dos Tribunais, jul-set, 1990, p. 7-13. Crítica similar foi feita anos após, já considerando a consolidação da jurisprudência do STJ, no mesmo sentido daquela do STF, ou seja, pela sobreposição dos juízos de admissibilidade e mérito: "Outro exemplo: ao julgar recurso especial, interposto com fundamento no inc. III, letra "a", do art. 105 da Constituição da República, e verificando que falta 'razão ao recorrente em dizer violada a lei federal, conclui o Superior Tribunal de Justiça por negar conhecimento ao recurso. Com a devida vênia, o engano, de todos os dias, é mais que evidente – e, de resto, herdado em má hora de inveterada prática do Supremo Tribunal Federal, com relação ao recurso extraordinário do regime constitucional anterior. Examinado que fora o mérito, impunha-se, em semelhante hipótese, desprover o recurso". MOREIRA, José Carlos Barbosa. Efetividade do processo e da técnica processual. Revista de Processo, v. 77. São Paulo: Revista dos Tribunais, jan-mar, 1995, p. 168-176. Também no tocante aos embargos de declaração: MOREIRA, José Carlos Barbosa. Questões de técnica de julgamento nos tribunais. In: Temas de direito processual: nona série. 2. ed. Rio de Janeiro: GZ, 2023, p. 343-348.

pela parte, sobre a alegação da existência, por exemplo, da violação à lei federal[182]:

> Todo recurso especial em que o recorrente alegue que o acórdão recorrido contrariou tratado ou lei federal é, por esse aspecto, admissível; e, se não lhe faltar outro requisito de admissibilidade, dele deve conhecer o Superior Tribunal de Justiça, para, em seguida, examinar-lhe o mérito, provendo-o ou desprovendo-o conforme entenda, respectivamente, que o acórdão recorrido na verdade contrariou ou não o tratado ou a lei federal[183].

O entendimento de José Carlos Barbosa Moreira[184], acolhido no presente trabalho, parece não ter sido aplicado pelas cortes superiores e nem pelos juízos competentes para, na origem, exercer juízo de admissibilidade dos recursos excepcionais, que aferem -indevidamente- a existência ou não das alegadas violações, adentrando no julgamento do mérito do recurso.

A situação não é diferente no tocante ao conhecimento/julgamento dos embargos de declaração, de tal forma que a sobreposição entre os juízos de admissibilidade e mérito parece-nos fenômeno próprio dos recursos de fundamentação vinculada[185]. Melhor seria

182. No mesmo sentido: MARINONI, Luiz Guilherme; MITIDIERO, Daniel. Comentários ao Código de Processo Civil: artigos 976 ao 1.044. v. XVI. Dir. Luiz Guilherme Marinoni. Coord. Sérgio Cruz Arenhart e Daniel Mitidiero. São Paulo: Thomson Reuters Brasil, 2021, p. 271-272 ; e CAMBI, Eduardo; DOTTI, Rogéria; PINHEIRO, Paulo Eduardo d'Arce; MARTINS, Sandro Gilbert; KOZIKOSKI, Sandro Marcelo. Curso de processo civil completo. 3. ed. rev., atual. e ampl. São Paulo: Thomson Reuters Brasil, 2022, p. 1.806.

183. MOREIRA, José Carlos Barbosa. Juízo de admissibilidade e juízo de mérito no julgamento do recurso especial. Revista de Processo, v. 59. São Paulo: Revista dos Tribunais, jul-set, 1990, p. 7-13. No mesmo sentido: ALVIM, Arruda. Novo contencioso cível no CPC/15. 2. ed. rev., atual. e ampl. São Paulo: Thomson Reuters Brasil, 2022, p. 796-799.

184. No mesmo sentido, Fredie Didier Jr. e Leonardo Carneiro da Cunha afirmam que "Nos recursos de fundamentação vinculada, o recorrente deve "alegar" um dos vícios típicos para que o seu recurso seja admissível. Essa alegação é indispensável para que o recurso preencha o requisito da regularidade formal (abaixo examinado). Afirmado pelo recorrente um dos vícios que permitem a sua interposição, o recurso, por esse aspecto, deve ser conhecido; a verificação da procedência ou improcedência das alegações é um problema atinente ao juízo de mérito recursal". Curso de direito processual civil: Meios de impugnação às decisões judiciais e processo nos tribunais. 21. ed. rev., atual. e ampl. São Paulo: Juspodivm, 2024, p. 137.

185. "Importante salientar o que nem sempre é dito expressamente na doutrina: o juízo de inadmissibilidade é, quando se trata de recursos de fundamentação vinculada, muito frequentemente um juízo de não provimento do recurso, proferido como resultado de cognição exauriente (certeza) quanto à inexistência do fundamento invocado na decisão. O juízo de inadmissibilidade é um juízo definitivo, de certeza quanto à inviabilidade do provimento do

se fosse aplicada, na íntegra, a regra atinente ao interesse de agir, demonstrado a partir da afirmação do direito e não da sua existência. Tal assunção, para o âmbito do interesse recursal, pouparia as partes da dificuldade que surge para o ajuizamento da ação rescisória, quando do não conhecimento de recursos excepcionais, pela ausência da alegada violação.

2.12. LEGITIMIDADE RECURSAL

Como dito, há perfeita a sintonia entre as condições da ação – legitimidade e interesse de agir – e as condições para o recurso – legitimidade recursal e interesse recursal.

Não é possível, contudo, iniciar o estudo do interesse recursal, de seus elementos e características, sem apontar o que representa a distinção entre interesse e legitimidade. Especialmente porque os conceitos já foram, por diversas vezes, entrelaçados pela doutrina e jurisprudência, especialmente no tocante à sucumbência e à existência de gravame ou prejuízo[186].

O tratamento indistinto dado à legitimação e ao interesse recursal se deve, em parte, pelo próprio texto legal ao afirmar que o "recurso pode ser interposto pela parte vencida, pelo terceiro prejudicado e pelo Ministério Público, como parte ou como fiscal da ordem jurídica" (art. 996)[187]. O termo 'vencida' inserido no art. 996 para qualificar a parte apta a interpor o recurso[188], como será demonstrado adiante, além de inapropriado, está mais ligado à noção de interesse

---

recurso, muitas vezes por razões de mérito; já o juízo de admissibilidade envolve sempre um juízo de viabilidade – possibilidade, não em tese, mas diante do caso – de que àquele recurso se dê provimento". ALVIM, Teresa Arruda. Embargos de declaração. Como se motiva uma decisão judicial? 5. ed. rev., atual. e ampl. São Paulo: Thomson Reuters Brasil, 2020, p. 41.

186. SANTOS, Moacyr Amaral. Primeiras linhas de direito processual civil. V. 3. 16. ed. rev. e atual. e ampl. por Aricê Moacyr Amaral Santos. São Paulo: Saraiva, 1997.

187. Não se trata, contudo, de um fenômeno estritamente brasileiro. Vide, por exemplo, Calamandrei, que compreende o interesse e a legitimidade como conceitos indissociáveis, já que, para ele, a sucumbência, tanto é vinculada à ideia de interesse recursal quanto é uma qualidade integrativa do conceito de legitimidade: CALAMANDREI, Piero. Opere giuridiche. Volume ottavo. Napoli: Morano Editore, 1979, p. 44. No mesmo sentido: PISANI, Andrea Proto. Lezioni di diritto processuale civile. Terza edizione. Napoli: Casa Editrice Dott. Eugenio Jovene, 1999, p. 482. Em sentido contrário, diferenciando interesse recursal de legitimidade: SALVANESCHI, Laura. L'interesse ad impugnare. Milano: Dott. A. Giuffrè Editore, 1990, p. 3;p. 38-45.

188. O CPC/39 não cometia o mesmo equívoco. O artigo 814 afirmava que "o direito de recorrer da sentença competirá a quem for parte na causa", sem fazer qualquer restrição com relação à parte vencedora. SANTOS, Ulderico Pires dos. Dos prazos e dos recursos no processo civil. Rio de Janeiro: Forense, p. 79-83. A discussão sobre o tema constou expressamente na Exposição de Motivos do

recursal que propriamente à legitimidade. Isso porque as condições do recurso, a exemplo do que ocorre com as condições da ação[189], são institutos que não se confundem[190-191].

José Carlos Barbosa Moreira acentua que a legitimidade recursal se desdobra em duas situações diferentes: a primeira, daqueles que, por já integrarem a relação jurídica processual, são "possíveis titulares de um interesse na impugnação"; a segunda, dos que por possuírem interesse recursal, passam a ser considerados "como possíveis participantes do processo, em que não figuravam"[192].

Veja-se que, no caso, há uma inversão da ordem de aferição do interesse recursal e da legitimidade. As partes do processo e todo aquele que a lei autoriza recorrer, como o Ministério Público e o *amicus curiae*, são formalmente legitimados e possuem uma presunção de que tenham interesse recursal[193]. O interesse recursal aqui é potencial e valorado pelo legislador.

CPC/73, na qual foi ressaltada a importância de inserção do "sucumbimento", como essencial ao exercício do direito de recorrer.

189. "Só se cogita do interesse num segundo momento lógico em relação àquele em que se verificou existir a legitimidade. A legitimidade liga-se à titularidade, e o interesse, à necessidade e à utilidade de que se lance mão da atividade do Poder Judiciário, por meio do exercício do direito de ação ou do direito de recorrer. A legitimação é expressão da posição de um sujeito com relação ao direito objeto do processo e, acrescentamos, com respeito àquele que esteja no outro pólo da relação jurídica em questão, um outro sujeito. O interesse, por sua vez, liga-se a uma afirmação relativa ao modo de ser do direito subjetivo, ao momento do estado de fato do direito envolvido com o processo". ALVIM, Teresa Arruda. Os agravos no CPC de 2015. 5. ed. Curitiba: Editora Direito Contemporâneo, 2021, p. 215-216.

190. Neste sentido: JORGE, Flávio Cheim. Teoria geral dos recursos cíveis. 8. ed. rev., atual. e ampl. São Paulo: Editora Revista dos Tribunais, 2017. No direito espanhol: MATEO, Juan de Dios Doval de. La revisión civil. Barcelona: Libreria Bosch, 1979, p. 74.

191. Em sentido semelhante, afirmando que "Tem legitimidade quem tem interesse": MARINONI, Luiz Guilherme; MITIDIERO, Daniel. Comentários ao Código de Processo Civil: artigos 976 ao 1.044. v. XVI. Dir. Luiz Guilherme Marinoni. Coord. Sérgio Cruz Arenhart e Daniel Mitidiero. São Paulo: Thomson Reuters Brasil, 2021, p. 177.

192. BARBOSA MOREIRA, José Carlos. O juízo de admissibilidade no sistema dos recursos civis. Rio de Janeiro, 1968, p. 53.

193. Especificamente no tocante ao artigo 996, considera-se parte a partir do conceito traçado por Enrico Tullio Liebman, como todo aquele que participa do processo em contraditório. LIEBMAN, Enrico Tullio. Manual de direito processual civil. 3. ed. Tradução e notas de Cândido Rangel Dinamarco. São Paulo: Malheiros, 2005. Vol. 1, p. 123. Incluem-se como legitimados a recorrer, dotados de interesse potencial, além das partes da demanda (autor, réu, denunciado e chamado), o assistente e todo aquele que eventualmente, pelas circunstâncias, seja levado à posição de parcialidade no processo, como, por exemplo, o perito contra a decisão que arbitra honorários, os auxiliares da justiça, em geral, contra decisões que reconhecem sua suspeição ou impedimento, o juiz, no incidente de suspeição ou impedimento e o terceiro desobediente, contra a decisão que lhe impõe muita (p. ex., a multa arbitrada contra o terceiro que deixa de exibir documento ou coisa, na forma do artigo 403).

Assim, a parte do processo, potencialmente dotada de interesse, poderá interpor recurso, que estará posteriormente sujeito à avaliação, pelo julgador, da presença do interesse recursal[194]. O mesmo se aplica para o Ministério Público e o *amicus curiae* que deverão demonstrar, a exemplo da parte, a existência de necessidade e utilidade na interposição. Isto é, o art. 996, ao relacionar a parte, o Ministério Público e o *amicus curiae* como legitimados a recorrer, não os desincumbe de demonstrar a existência de interesse recursal, sendo plenamente possível que, reconhecida a falta do requisito de admissibilidade, o recurso não seja conhecido[195]. O fato de constar o termo *vencida* apenas relacionado à parte resulta em uma obviedade, pois nem o Ministério Público, enquanto fiscal da ordem jurídica, nem o *amicus curiae* poderão perder ou sofrer prejuízo direto, salvo nas hipóteses de aplicação de sanções processuais.

Já o terceiro recorrente, prejudicado pela decisão, deverá primeiro demonstrar a existência de seu interesse, para que, após, possa vir a ser considerado legitimado. É a existência de prejuízo ou gravame, que outorga ao terceiro a legitimação para o recurso[196-197].

194. Miguel Seabra Fagundes trata o interesse recursal da parte vencida como presumido, em decorrência da sua posição no processo: Dos recursos ordinários em matéria civil. Rio de Janeiro: Revista Forense, 1946, p. 39.

195. "Dessa forma, é por isso que se diz que a legitimidade para recorrer "cogita-se num momento lógico anterior àquele em que se cogita do interesse". Somente após a lei ter atribuído legitimidade é que será possível saber se o recorrente teve prejuízo com aquela decisão, e se com a interposição do recurso a sua situação poderá ser melhorada". JORGE, Flávio Cheim. Teoria geral dos recursos cíveis. 8. ed. rev., atual. e ampl. São Paulo: Editora Revista dos Tribunais, 2017, p. 117.

196. "No primeiro caso, a valoração do interesse potencial compete ao legislador, e o seu resultado incorpora-se à norma atributiva de legitimidade, de tal sorte que, para o juiz, ele se torna irrelevante; o que se terá de apurar, em casa espécie, é o interesse atual, que assim se insere como requisito autônomo e complementar em face da legitimação. Aí, portanto, do ponto-de-vista lógico, primeiro se há de verificar se o recorrente é legítimo – isto é, se a lei o arrola entre as pessoas habilitadas a recorrer-, para depois aferir-se o seu interesse em fazê-lo. Já no segundo caso, será inversa a marcha do raciocínio: primeiramente se indagará do interesse, para em seguida examinar-se a legitimação, da qual ele é pressuposto, mas que pode reclamar um plus para aperfeiçoar-se". MOREIRA, José Carlos Barbosa. O juízo de admissibilidade no sistema dos recursos civis. Rio de Janeiro, 1968, p. 53. Grasso, em sentido semelhante, trata da interação entre a legitimidade e o interesse recursal, sem confundir os institutos, ao afirmar que a qualificação processual do sujeito serve, apenas inicialmente, para identificação da existência do prejuízo jurídico: GRASSO, Eduardo. L'interesse ad impugnare. Milano: Dott. A. Giuffrè Editore, 1967, p. 59. No mesmo sentido: VALITUTTI, Antonio; STEFANO, Franco de. Le impugnazioni nel processo civile. Vol. I. Padova: CEDAM, 1996, p. 56-57.

197. Sobre o recurso de terceiro prejudicado, vide: DIDIER JR., Fredie. Recurso de terceiro. 2. ed. São Paulo: Revista dos Tribunais, 2005 e PINTO, Teresa Arruda Pinto. O terceiro recorrente. Revista de Processo, v. 59. São Paulo: Revista dos Tribunais, jul, 1990, p. 27.

Veja-se que, no caso, apesar de a qualidade de sujeito legitimado não poder ser *ab initio* um critério para a aferição da existência do interesse recursal, a posição que ele ocupa serve como parâmetro para a avaliação do prejuízo sofrido ou do benefício a ser obtido com o recurso. As partes, em regra, estarão submetidas ao critério da sucumbência. O terceiro deverá demonstrar a existência de prejuízo. Para Ministério Público, enquanto *custos legis*, e o *amicus* bastará a demonstração, pelos critérios a seguir expostos, do justificável benefício ao interesse público[198].

198. GRASSO, Eduardo. L'interesse ad impugnare. Milano: Dott. A. Giuffrè Editore, 1967, p. 58-59.

CAPÍTULO 3

INTERESSE RECURSAL

3.1. CONSIDERAÇÕES INICIAIS

Muito embora se reconheça que o direito ao recurso possui como fundamentos tanto o inconformismo do recorrente com a decisão judicial, quanto o interesse do Estado na prolação de decisões corretas e a necessidade de uniformização na interpretação e aplicação da lei[1], as discussões acerca do interesse recursal persistem na avaliação da sucumbência, prejuízo ou gravame, limitando sua análise exclusivamente ao viés privado.

Tal ótica restrita justifica, por exemplo, o entendimento de parte da doutrina no sentido de ser desnecessária a demonstração do interesse recursal nas hipóteses de recurso interposto pelo Ministério Público, enquanto *custos legis*[2], como se a legitimidade atribuída por lei fosse o único fator determinante para aferição do interesse.

É importante, porém, não se afastar da premissa de que o interesse recursal, a exemplo do que ocorre com o interesse de agir, extrai-se do sopesamento entre o entre o interesse privado das partes, de obter a melhora da sua situação e o interesse público que, no caso, diferente daquele que se apresenta no interesse de agir, surge de forma ainda mais ampla.

---

1. MEDINA, José Miguel Garcia; WAMBIER, Teresa Arruda Alvim. Recursos e ações autônomas de impugnação: teoria geral e princípios fundamentais dos recursos. 3. ed. rev. e atual. São Paulo: Editora Revista dos Tribunais, 2013, p. 34.
2. MEDINA, José Miguel Garcia; WAMBIER, Teresa Arruda Alvim. Recursos e ações autônomas de impugnação: teoria geral e princípios fundamentais dos recursos. 3. ed. rev. e atual. São Paulo: Editora Revista dos Tribunais, 2013, p. 99-100.

O interesse do Estado, no recurso, decorre não apenas da necessidade de resolver o conflito e promover a pacificação social. A tais fatores agrega-se outro, de igual, quiçá maior, relevância: que o Direito seja corretamente interpretado e aplicado, de forma a garantir tanto a segurança jurídica aos indivíduos, quanto o respeito à hierarquia institucional e aos tribunais de cúpula[3-4].

Tal característica, ainda que tenha sido anotada pela doutrina, não parece ter influenciado diretamente no tratamento prático dado ao recurso[5]. Da mesma forma, o interesse recursal, diferente do que ocorreu com o interesse de agir, não apresentou, ao longo dos anos, evolução de relevo, o que se dá, inclusive, como um reflexo da percepção do recurso exclusivamente como uma forma de buscar a modificação da decisão judicial. Como será demonstrado, tal perspectiva, tomada predominantemente por uma ótica privatística, não se presta a garantir integralmente que a parte obtenha todo o benefício possível, a partir da tutela jurisdicional.

Afirmar que a evolução no campo do interesse recursal não foi de relevo, não implica, em hipótese alguma, desconsiderar a grande contribuição dada ao tema por José Carlos Barbosa Moreira, que tratou a questão sob uma perspectiva prospectiva.

Muito pela influência da doutrina italiana que, de forma contundente, buscou distanciar o interesse recursal do interesse de agir[6],

3. Para Lucas Buril de Macêdo, "O interesse recursal é a aplicação do interesse de agir ao recurso". MACÊDO, Lucas Buril de. Influência do sistema brasileiro de precedentes no interesse recursal. Aspectos polêmicos e atuais dos recursos cíveis e assuntos afins, v. 13. Coordenação Nelson Nery Junior, Teresa Arruda Alvim. São Paulo: Editora Revista dos Tribunais, 2017, p. 351.

4. PROVINCIALI, Renzo. Delle impugnazioni in generale. Napoli: Morano Editore, 1962, p. 144-145. No mesmo sentido: CRUZ, João Claudino de Oliveira e. Dos recursos no Código de Processo Civil (Lei-Doutrina-Jurisprudência). Rio de Janeiro: Forense, 1954, p. 18-21 e MIRANDA, Francisco Cavalcanti Pontes de. Comentários ao Código de Processo Civil, tomo VII: arts. 496 ao 538. Rio de Janeiro: Forense, 1975, p. 4-5.

5. Calamandrei é pontual ao afirmar que o exercício da jurisdição é atividade estatal exercida de forma subsequente à legislativa, como seu prosseguimento. É nele que o Estado controla o cumprimento da legislação e das normas impostas aos particulares, isto é, exerce, de forma ainda mais ampla, sua autoridade. No tocante à Corte de Cassação, cujo modelo podemos tomar para o tratamento do STJ e do STF, sua função é ainda mais relevante, já que representa o controle do controle, voltado a verficar se a atividade do juiz está de acordo com a legalidade. Opere giuridiche. Volume settimo. Napoli: Morano Editore, 1979, p. 25-26.

6. Nesse sentido, vide: GRASSO, Eduardo. L'interesse ad impugnare. Milano: Dott. A. Giuffrè Editore, 1967, ATTARDI, Aldo. L'interesse ad agire. Padova: Cedam, 1958, LANCELLOTTI, Franco. La soccombenza: requisito di legittimazione alle impugnazioni. Milano: Dott. A. Giuffrè Editore, 1996 e CONSOLO, Claudio. Spiegazioni di diritto processuale civile, X ed. Torino: Giappichelli, 2015, livro digital. Nicola Giudiceandrea é mais temperado, afirmando que o princípio do interesse se aplica na impugnação, porém, enquanto o interesse, para ação, é condição vinculada ao interesse de

somada à inserção realizada pelo legislador dos termos 'vencido' e 'prejudicado' no texto legal – para qualificar aquele que seria apto a interpor o recurso –, tinha-se que o interesse recursal estava intrínseca e exclusivamente ligado à noção de sucumbência para as partes ou prejuízo para os terceiros.

Em que pese Miguel Seabra Fagundes, antes mesmo da defesa da tese de José Carlos Barbosa Moreira, afirmar que o interesse recursal se caracterizava pela utilidade e que estaria presente sempre que o recurso viabilizasse "a possibilidade de uma nova decisão, menos desfavorável ou inteiramente vantajosa ao recorrente, do que a anterior"[7], mantinha-se a necessidade da sucumbência, em sua acepção clássica, vinculada ao pedido. Não se cogitava, por exemplo, que o réu interpusesse recurso contra a decisão que extinguia o processo sem resolução de mérito.

O mesmo raciocínio era aplicado ainda quando se defendia a possibilidade de recorrer por interesse meramente moral, justificado historicamente pela opção do legislador de 1939 de incluí-lo como apto a gerar o interesse de agir[8]. Na defesa do interesse recursal moral, Miguel Seabra Fagundes cita o exemplo de ação de sonegados, proposta perante a Justiça do Rio Grande do Norte, em face de herdeiro e da inventariante, meeira, que teria sido conivente com o ato ilícito. A ação foi julgada procedente, tendo a inventariante recorrido para demonstrar que não possuía qualquer conivência com a sonegação. Foi arguida a ausência de interesse recursal, especialmente considerando que a procedência da ação gerou acréscimo no patrimônio da meeira-ré – em decorrência da restituição dos valores ao monte. Isto é, ela não teria sofrido qualquer gravame econômico em decorrência da decisão judicial. Muito pelo contrário, o *decisum* acabou por lhe proporcionar benefício financeiro. Ainda assim foi reconhecida a presença do interesse em recorrer pois havia o interesse moral

caráter substancial, na impugnação este possui caráter processual, relacionado com o gravame decorrente da decisão, passível de atingir tanto o autor quanto o réu: GIUDICEANDREA, Nicola. Le impugnazioni civili, volume primo, Sistema delle impugnazioni. Dott. A. Giuffrè Editore: Milano, 1952, p. 166. Em sentido contrário, entendendo pela sintonia entre interesse de agir e interesse recursal: MANDRIOLI, Crisanto; CARRATA, Antonio. Diritto processuale civile, XXV ed. Torino: Giappichelli, 2016, livro digital, Vol. II, Sezione prima, §70.

7. SEABRA FAGUNDES, Miguel. Dos recursos ordinários em matéria civil. Rio de Janeiro: Revista Forense, 1946, p. 31.

8. CRUZ, João Claudino de Oliveira e. Dos recursos no Código de Processo Civil (Lei-Doutrina-Jurisprudência). Rio de Janeiro: Forense, 1954, p. 63.

da inventariante "em demonstrar a lisura do seu procedimento"[9]. Em todo caso, também aqui, a inventariante era sucumbente, já que a sentença da ação de sonegados foi de procedência do pedido.

A doutrina, como será demonstrado adiante, até caminhou amplamente para a dissociação da sucumbência do critério exclusivamente formal, estabelecendo que também é considerado sucumbente o indivíduo que fosse colocado em posição de desvantagem, com relação à situação anterior à decisão judicial, porém, manteve uma visão voltada ao passado, considerando o que já ocorreu e não o que poderia vir a ser alcançado pela parte[10].

Isso porque, para o recurso, era identificada a existência de dois interesses distintos: um mediato e outro imediato. Ainda que o interesse imediato pudesse ser adequado à melhora da situação da parte, ele estaria sempre vinculado ao interesse mediato, decorrente da necessidade de extirpar do ordenamento a decisão que tenha provocado prejuízo[11]. Não se pressupunha a existência de interesse recursal sem que houvesse a conjugação desses dois interesses.

Essa visão retrospectiva do interesse recursal, voltada necessariamente ao que a parte perdeu ou deixou de ganhar, era decorrente do desnecessário distanciamento entre os conceitos de interesse de agir e interesse recursal[12]. Isto é, punha-se como premissa o gravame, quando, a bem da verdade, toda a questão é possível de ser resolvida pela utilização da necessidade, utilidade e adequação[13].

9. SEABRA FAGUNDES, Miguel. Dos recursos ordinários em matéria civil. Rio de Janeiro: Revista Forense, 1946, p. 31-32.

10. FERREIRA FILHO, Manoel Caetano. Comentário ao artigo 499. *In*: SILVA, Ovídio Araújo Baptista da. (Coord.). Comentários ao código de processo civil, v. 7: do processo de conhecimento, arts. 496 a 564. São Paulo: Editora Revista dos Tribunais, 2001, p. 40-41.

11. SALVANESCHI, Laura. L'interesse ad impugnare. Milano: Dott. A. Giuffrè Editore, 1990, p. 9-10.

12. "L'interesse che ne scaturisce è quello di ristabilire lo status quo ante, ossia di ricostituire la situazione nella quale há iniziato il giudizio". GRASSO, Eduardo. L'interesse ad impugnare. Milano: Dott. A. Giuffrè Editore, 1967, p. 67. No mesmo sentido: GIUDICEANDREA, Nicola. Le impugnazioni civili, volume primo, Sistema delle impugnazioni. Milano: Dott. A. Giuffrè Editore, 1952, p. 167.

13. Para Cassio Scarpinella Bueno, as visões retrospectiva e prospectiva são complementares na aferição do interesse recursal. Em suas palavras: "O interesse recursal precisa ser analisado a partir de uma visão restrospectiva (a sua posição processual antes do proferimento da decisão) e prospectiva (a posição processual que poderá alcançar com a modificação da decisão que lhe causa algum gravame). É da vantagem processual resultante da comparação destes dois momentos processuais que decorre o interesse recursal": Curso sistematizado de direito processual civil, vol. 5: recursos, processos e incidentes nos tribunais, sucedâneos recursais: técnicas de controle das decisões jurisdicionais. 5 ed. rev. e atual. São Paulo: Saraiva, 2014, p. 77.

O resultado de tal construção gerou graves problemas. Tais como a necessidade de dar tratamento diferenciado ao interesse recursal da parte, do terceiro e do Ministério Público[14-15] e a não solução a questões práticas relevantes, como situações nas quais, embora ausente prejuízo, a parte tem condições de, com o manejo do recurso, alcançar "uma situação jurídica objetivamente melhor" do que aquela que tenha com a decisão recorrida[16].

Veja-se que tal circunstância – de dissociação do interesse com a existência de gravame – já podia ser encontrada no interesse de agir para as ações declaratórias e, até mesmo, para as constitutivas, nas quais a parte busca a tutela jurisdicional, não pela existência de lesão propriamente dita, mas pela impossibilidade de fruir o seu direito, sem a presença de uma decisão judicial que o garanta[17].

José Carlos Barbosa Moreira, reconhecendo a presença, também para o interesse recursal, do binômio necessidade-utilidade, tratou de equiparar os institutos, estabelecendo a noção de interesse recursal a partir da necessidade de interposição do recurso, conjugada à possibilidade de o recorrente obter um resultado que o leve a situação mais vantajosa do ponto de vista prático[18].

Assim, para ele, é desnecessária a demonstração da presença de sucumbência, prejuízo ou gravame, sempre que o recurso possa levar

14. GRASSO, Eduardo. L'interesse ad impugnare. Milano: Dott. A. Giuffrè Editore, 1967, p. 44.

15. Araken de Assis notou o problema, afirmando que a utilização da ótica prospectiva, voltada exclusivamente à obtenção de vantagem não fornecida pela decisão impugnada, leva à uniformização "do tratamento da parte, do Ministério Público e do terceiro prejudicado": ASSIS, Araken de. Manual dos Recursos. 10. ed. rev. e atual. São Paulo: Thomson Reuters Brasil, 2021, p. 191.

16. TALAMINI, Eduardo. Interesse recursal. *In*: ARENHART, Sérgio Cruz; MITIDIERO, Daniel. (Coord.). DOTTI, Rogéria. (Org.). O Processo civil entre a técnica processual e a tutela dos direitos: estudos em homenagem a Luiz Guilherme Marinoni. São Paulo: Editora Revista dos Tribunais, 2017.

17. Eduardo Grasso, tratando especificamente do recurso do terceiro e traçando uma adequada equiparação entre este e a ação declaratória negativa, afirma que, no caso, a identidade é absoluta, podendo ser considerada perfeita a coincidência entre o interesse de agir e o interesse recursal. Isso porque, da mesma forma que o sujeito busca a tutela declaratória negativa para se proteger de eventuais efeitos lesivos decorrentes de um contrato, ou ato da administração pública, é dado ao terceiro recorrente a via impugnativa, para proteção contra os eventuais efeitos negativos decorrentes do ato judicial. Tais efeitos prejudiciais ingressam diretamente em sua esfera jurídica, constituindo um interesse de caráter substancial – e não processual: GRASSO, Eduardo. L'interesse ad impugnare. Milano: Dott. A. Giuffrè Editore, 1967, p. 60-61.

18. MOREIRA, José Carlos Barbosa. Comentários ao Código de Processo Civil, Lei nº 5.869, de 11 de janeiro de 1973, vol. V: arts. 476 a 565. 17 ed. Rio de Janeiro: Forense, 2013, p. 298. No mesmo sentido: JORGE, Flávio Cheim. Teoria geral dos recursos cíveis. 8. ed. rev., atual. e ampl. São Paulo: Editora Revista dos Tribunais, 2017, p. 138; e DIDIER JR., Fredie; CUNHA, Leonardo José Carneiro da. Curso de direito processual civil: Meios de impugnação às decisões judiciais e processo nos tribunais. 21. ed.rev., atual. e ampl. São Paulo: Juspodivm, 2024, p. 159-160.

a uma situação melhor, inclusive àquela em que a parte se encontrava anteriormente à decisão. Pelo que se extrai das lições de José Carlos Barbosa Moreira, existirá interesse recursal sempre que a parte demonstrar que a interposição do recurso é apta a lhe beneficiar de algum modo, ou seja, que a utilização da via impugnativa, independentemente do teor da decisão impugnada, poderá lhe proporcionar alguma vantagem prática[19].

As lições foram acolhidas majoritariamente pela doutrina brasileira que, com algumas ponderações acerca da necessidade de atribuição de outro sentido ao conceito de prejuízo[20], mantém firme a ideia de que "se a situação do recorrente puder, em tese, 'melhorar', terá interesse"[21]. É importante ressaltar que o CPC/2015 se presta a dar ampla aplicação à tese de José Carlos Barbosa Moreira, trazendo para o sistema a possibilidade de o recurso melhorar a situação da parte, mesmo que a decisão recorrida não possua qualquer mácula.

Outro ponto que merece ser ressaltado é o fato de que, apesar dessa aproximação entre os institutos, a doutrina – o que inclui José Carlos Barbosa Moreira – optou por cindir os conceitos de cabimento e de interesse recursal. Tal separação não se justifica, diante da compreensão deste como faceta do interesse de agir. Veja-se que, como será demonstrado adiante, o requisito do cabimento é composto pela

---

19. "Se a decisão proferida, nos termos em que o foi, não lhe proporcionou esse optimum, e à luz da lei ainda lhe é possível tentar atingi-lo por meio do recurso, ele tem, incontestavelmente, interesse em recorrer; irrelevante, em tais condições, o fato de ter sido parte vencedora". MOREIRA, José Carlos Barbosa. O juízo de admissibilidade no sistema dos recursos civis. Rio de Janeiro, 1968, p. 75. No mesmo sentido, apresentando sua tese em Bogotá, quase quinze anos após, José Carlos Barbosa Moreira afirmou que "Há interesse para recorrer se o recorrente puder esperar da decisão do juízo ad quem uma situação mais favorável e necessita do recurso para obter tal vantagem". La revisión de las decisiones judiciales en el proceso civil brasileño. *In*: MOREIRA, José Carlos Barbosa. Temas de Direito Processual: terceira Série. 2. ed. Rio de Janeiro: GZ, 2023, p. 155. Tradução livre. Do original: "Hay interés para recurrir si el recurrente puede esperar de la decisión del iudex ad quem una situación prácticamente más favorable y necesita utilizar el recurso para conseguir esa ventaja".

20. Teresa Arruda Alvim afirma a necessidade de uma decisão prejudicial ao recorrente, mas insiste que se dê à palavra prejuízo sentido latíssimo. Compreendendo, por exemplo, como decisões prejudiciais ao réu, o reconhecimento de legitimidade do autor e a extinção do processo por carência de ação. Os agravos no CPC de 2015. 5. ed. Curitiba: Editora Direito Contemporâneo, 2021, p. 213.

21. ALVIM, Teresa Arruda. Os agravos no CPC de 2015. 5. ed. Curitiba: Editora Direito Contemporâneo, 2021, p. 216. No mesmo sentido: TALAMINI, Eduardo. Interesse recursal. In: ARENHART, Sérgio Cruz; MITIDIERO, Daniel. (Coord.). DOTTI, Rogéria. (Org.). O Processo civil entre a técnica processual e a tutela dos direitos: estudos em homenagem a Luiz Guilherme Marinoni... São Paulo: Editora Revista dos Tribunais, 2017 e ASSIS, Araken de. Condições de admissibilidade dos recursos cíveis. Aspectos polêmicos e atuais dos recursos cíveis de acordo com a Lei 9.756/98 / Teresa Arruda Alvim Wambier, Nelson Nery Junior (Coord.). São Paulo: Editora Revista dos Tribunais, 1999, p. 28.

necessidade de existência de recurso cabível e adequação do recurso interposto ao previsto em lei. Tais elementos, se observados com os olhos voltados para o interesse de agir, nada mais são que a possibilidade jurídica do pedido e o interesse-adequação.

Diante disto, por uma melhor sistematização das condições da ação e do recurso, acata-se as lições de Ada Pellegrini Grinover e João Ferreira Braga, para compreender o cabimento, a exemplo do que acontece com a possibilidade jurídica e com o interesse-adequação, como elemento do interesse recursal[22]. Obviamente, sintonia, não significa identidade casuística. Não se está dizendo que a crise que faz surgir o interesse de agir é a mesma daquela que nutre o interesse recursal. O interesse recursal sempre terá a decisão como ato gerador, a qual delimita a causa de pedir e o pedido recursal[23].

Por fim, no tocante ao interesse em responder o recurso, a doutrina italiana, com frequência, o trata de forma equivalente ao interesse em contestar. Assim, a posição do recorrido seria semelhante à do réu. O recorrido pode, inclusive, a exemplo da reconvenção, propor – interpor, no caso – o respectivo recurso adesivo. Não nos parece que a analogia possa ser bem aplicada ao direito brasileiro. Enquanto o réu busca, com sua defesa, a declaração da inexistência do direito alegado pelo autor, o que implica necessariamente uma mudança da sua situação jurídica, o recorrido pretende apenas a manutenção do *status quo*, ou seja, que a decisão recorrida seja mantida[24].

Não é por outro motivo que as regras referentes à inércia do réu não se aplicam indistintamente ao recurso, ainda que se possa cogitar que este apresente alegação de fato novo ou que o recorrido tenha

22. GRINOVER, Ada Pellegrini; BRAGA, João Ferreira. Um estudo de teoria geral do processo: admissibilidade e mérito no julgamento dos recursos. Revista de Processo, v. 227. São Paulo: Revista dos Tribunais, jan, 2014, p. 171-196. Em sentido semelhante, Daniel Amorim Assumpção Neves afirma que é "Sendo possível uma comparação com o interesse de agir, a doutrina aponta para a exigência de verificação de dois elementos que tradicionalmente compõem tal condição da ação: a necessidade e a adequação. A necessidade do recurso demonstrar-se-á no caso concreto por ser esse o único meio da parte obter a melhora fática em sua posição dentro do processo, por meio da reforma ou anulação da decisão impugnada. A adequação diz respeito à efetiva aptidão do recurso em gerar no caso concreto a melhora pretendida pelo recorrente". Interesse recursal eventual e o recurso adesivo condicionado ao julgamento do recurso principal. Revista Dialética de Direito Processual, n. 32, novembro, 2005, p. 33.

23. Pontuando a existência desta distinção entre interesse de agir, de contestar e interesse recursal: LANCELLOTTI, Franco. La soccombenza: requisito di legittimazione alle impugnazioni. Milano: Dott. A. Giuffrè Editore, 1996, p. 32-33.

24. GRASSO, Eduardo. L'interesse ad impugnare. Milano: Dott. A. Giuffrè Editore, 1967, p. 70-75.

sido citado exclusivamente para apresentar contrarrazões, nas hipóteses previstas nos arts. 331, §1º e 332, §4º[25]. Não há o que se falar em efeito da revelia. Da mesma forma, o recorrente poderá desistir, a qualquer tempo, do seu recurso, sem que, para isso, necessite de anuência do recorrido[26].

3.2. NECESSIDADE

Como um dos elementos do interesse de agir, a necessidade também deverá ser demonstrada para o reconhecimento da existência de interesse em recorrer[27]. Melhor dizendo, da mesma forma que para que se viabilize o julgamento do mérito da causa, o autor deve demonstrar que o ajuizamento da demanda é o único meio possível para alcançar o resultado pedido, o recorrente também deverá demonstrar se tratar, o recurso, da melhor e menos onerosa forma de obtenção do proveito esperado[28].

Para tal análise, deve se ter em mente que, em se tratando de ato processual, via de regra, sua utilização sempre será o meio mais eficaz para obtenção do resultado prático pretendido. O processo já está instaurado, já se tem a segurança oriunda da tutela jurisdicional. É um ambiente público, rigorosamente fiscalizado e que é naturalmente priorizado pelas partes. Há, em virtude disso, uma presunção de necessidade do recurso, sendo poucas as hipóteses nas quais ele pode ser considerado desnecessário.

---

25. Artigo 331. Indeferida a petição inicial, o autor poderá apelar, facultado ao juiz, no prazo de 5 (cinco) dias, retratar-se. §1º Se não houver retratação, o juiz mandará citar o réu para responder ao recurso. Artigo 332. Nas causas que dispensem a fase instrutória, o juiz, independentemente da citação do réu, julgará liminarmente improcedente o pedido que contraria: (...) §4º. Se houver retratação, o juiz determinará o prosseguimento do processo, com a citação do réu, e, se não houver retratação, determinará a citação do réu para apresentar contrarrazões, no prazo de 15 (quinze) dias.

26. Art. 998. O recorrente poderá, a qualquer tempo, sem a anuência do recorrido ou dos litisconsortes, desistir do recurso.

27. "Pode-se fazer uma analogia bastante expressiva entre a necessidade do recurso e a necessidade de se ingressar em juízo, como elementos caracterizadores, respectivamente, do interesse em recorrer e do interesse em ingressar em juízo". ALVIM, Teresa Arruda. Os agravos no CPC de 2015. 5. ed. Curitiba: Editora Direito Contemporâneo, 2021, p. 217.

28. "Do mesmo modo que o interesse em agir, como condição de legítimo exercício da ação, se liga à ocorrência de uma situação em que para alguém se torna necessário ingressar em juízo, por não haver outro remédio eficaz para a (suposta) lesão ao seu (alegado) direito, assim também o interesse me recorrer, como requisito de admissibilidade do recurso, pressupõe a necessidade deste para o atingimento do resultado prático que o recorrente tem em vista". MOREIRA, José Carlos Barbosa. O juízo de admissibilidade no sistema dos recursos civis. Rio de Janeiro, 1968, p. 79.

O primeiro exemplo de recurso desnecessário, citado pela doutrina, é o caso do sujeito que ajuíza ação de cobrança e tem seu pedido julgado improcedente. Antes da interposição do recurso, porém, o réu realiza espontaneamente o pagamento integral da dívida, não restando qualquer valor a ser cobrado pelo autor. Aqui, para José Carlos Barbosa Moreira, não haveria necessidade na interposição do recurso para reverter a sentença de improcedência, já que o proveito prático foi obtido.

Com a devida vênia, não parece que se trate, no caso, de recurso desnecessário. Isto porque é muito nítida a necessidade da interposição do recurso para obtenção de sentença favorável e reversão da sucumbência, com a respectiva formação da coisa julgada material. Ainda que fosse possível supor que o réu vencedor tenha não apenas pago a integralidade do débito, mas também, apesar da ausência de condenação, restituído o autor pelos custos com o processo e realizado o pagamento dos possíveis e eventuais honorários advocatícios, subsistiria invariavelmente a condenação deste aos ônus da sucumbência. Restará pendente, portanto, tanto o reconhecimento da inexistência do direito quanto a condenação do autor que poderá vir a ser executada a qualquer momento.

O segundo exemplo é o do recurso que impugna decisão inexistente (pelo vício do ato ou pela contaminação decorrente da inexistência do processo em si). Para José Carlos Barbosa Moreira, não haveria o que se falar em recurso interposto contra ato inexistente, porque a correção do vício seria possível de ser realizada através de mera petição. O ato inexistente não seria apto sequer a viabilizar o recurso, uma vez que não transita em julgado e o defeito pode ser reconhecido de ofício e a qualquer tempo[29].

29. "Do mero enunciado das premissas já emerge, bem nítida, a solução que nos parece correta para o caso das decisões inexistentes. A inexistência, com efeito, se é da decisão final, faz que o processo continue a fluir no mesmo grau, não se podendo dizer que o julgador functus est munere suo; se de alguma interlocutória, não gera qualquer preclusão, continuando em aberto todas as questões "resolvidas". Não há, juridicamente, decisão, e o fato pode ser declarado a todo tempo, ex officio ou por provocação do interessado". Comentários ao Código de Processo Civil, Lei nº 5.869, de 11 de janeiro de 1973, vol. V: arts. 476 a 565. 17 ed. Rio de Janeiro: Forense, 2013, p. 304-305. No mesmo sentido PROVINCIALI, Renzo. Delle impugnazioni in generale. Napoli: Morano Editore, 1962, nota 61, p. 21.

Como antecipado, também não é possível concordar que, aqui, o recurso seja obstaculizado. Por mais que se reconheça que o ato inexistente é um não-ato, que não gerará qualquer efeito jurídico e pode ser revisto pelo juízo prolator a qualquer tempo, fato é que a insegurança jurídica da pendência de vício tão grave, bem como a forte relutância dos julgadores em rever suas próprias decisões faz surgir para a parte a necessidade de utilização da via recursal, a fim de sanar seu estado atual de dúvida[30-31].

Veja-se que não há justificativa para a não atração para o campo do interesse recursal os mesmos critérios já largamente aplicados para o interesse de agir para as ações declaratórias. Ou seja, há interesse-necessidade sempre que a pretensão do autor-recorrente se fundar em incerteza jurídica.

Além disso, a inadmissão do recurso por falta de necessidade, em decorrência de o ato ser reconhecidamente inexistente, por si, já considerará um avanço no julgamento do mérito do recurso. Para que o tribunal afira a ausência de necessidade deverá, invariavelmente, avaliar a natureza do vício, especialmente porque tanto a inexistência, quanto os demais vícios de atividade em geral devem ser conhecidos de ofício. Para inadmitir o recurso por considerá-lo desnecessário, o tribunal deverá observar o vício e declarar, ainda que apenas na fundamentação, sua natureza. Reconhecerá, portanto, de qualquer forma, a inexistência. Nesses casos, não faz sentido que o

---

30. O mesmo raciocínio é aplicado por Teresa Arruda Alvim, ao tratar especificamente do ajuizamento de ação autônoma: "Realmente, pensamos que, para se impugnar uma sentença juridicamente inexistente, não há necessidade de que se intente ação própria, mas haverá sempre utilidade, portanto, sempre também interesse jurídico, pois o bem que se obtém com uma declaração incidenter tantum, ou, simplesmente, com a aceitação (extraprocessual), por parte dos réus que participaram do processo, de que a sentença é juridicamente inexistente e ficará privada de efeitos, significa ou representa garantia jurídica bastante precária. Ao passo que a ação autônoma torna a matéria, em si mesma, indiscutível". Nulidades do processo e da sentença. 11. ed. rev., atual. e ampl. São Paulo: Thomson Reuters Brasil, 2021, p. 232-235.

31. "Mas também aqui se deve responder que: (i) se a todo tempo e em qualquer via cabe o reconhecimento da inexistência jurídica da sentença, isso também pode e deve ser feito no próprio recurso; (ii) a parte tem o interesse recursal inclusive para evitar o risco de, se não o fizer, ouvir depois que o defeito em questão não é caso de inexistência jurídica e precisaria ter sido oportunamente atacado por recurso; e (iii) o emprego do recurso é útil também para evitar maiores delongas e sacrifícios para a parte prejudicada (p. ex., por que ela teria de deixar para alegar a inexistência apenas na fase de cumprimento, se pode fazê-lo desde já, impedindo futura constrição executiva de bens?). A interposição do recurso poderá inclusive ser necessária para impedir ou fazer cessar a prática de atos prejudiciais decorrentes do arremedo de decisão". TALAMINI, Eduardo. Interesse recursal. In: O Processo civil entre a técnica processual e a tutela dos direitos: estudos em homenagem a Luiz Guilherme Marinoni. Sérgio Cruz Arenhart, Daniel Mitidiero, coordenadores; Rogéria Dotti, organizadora. São Paulo: Editora Revista dos Tribunais, 2017.

recurso não seja conhecido, diante do reconhecimento expresso da existência do defeito. A situação não atenderia aos mínimos critérios de efetividade e ainda geraria, para o recorrente, o risco de o juízo de origem não considerar a existência do vício e, por isso, levar à interposição de um novo recurso[32].

Correto o posicionamento de Francisco Cavalcanti Pontes de Miranda que, expressamente, reconhece a possibilidade de interposição de recurso contra atos tidos por inexistentes[33]. A análise da necessidade do recurso deve ser feita tomando como ponto de partida razões de ordem prática[34-35]. A medida atenta para a lógica e, em certa medida, nos remete à teoria da asserção. Na hipótese, para avaliação da condição do recurso é impreterível que o julgador adentre na análise do mérito, impondo seu julgamento. Não se pode usar, a exemplo do que foi defendido acerca das condições da ação, o juízo de admissibilidade para alcançar resultado contrário ao seu próprio fundamento, provocando o dispêndio desnecessário de energia e recursos, tanto das partes, quanto da estrutura Judiciária[36].

32. "O não atendimento a uma exigência expressamente prevista em lei não pode ser visto como razão a impedir o prosseguimento do debate recursal nos casos em que a finalidade associada ao requisito de admissibilidade já houver sido preenchida". REICHELT, Luis Alberto. Sistemática recursal, direito ao processo justo e o novo Código de Processo Civil: os desafios deixados pelo legislador ao intérprete. Revista de Processo, v. 244. São Paulo: Revista dos Tribunais, jun, 2015, p. 15-30.

33. Comentários ao Código de Processo Civil, tomo VII: arts. 496 ao 538. Rio de Janeiro: Forense, 1975, p. 9-11.

34. ALVIM, Teresa Arruda. Os agravos no CPC de 2015. 5. ed. Curitiba: Editora Direito Contemporâneo, 2021, p. 217.

35. Ada Pellegrini Grinover e João Ferreira Braga entendem que o recurso contra decisão inexistente é admissível como uma "mitigação do princípio do interesse-necessidade, para atender ao resultado prático que também se poderia atingir por outras vias processuais". Um estudo de teoria geral do processo: admissibilidade e mérito no julgamento dos recursos. Revista de Processo, v. 227. São Paulo: Revista dos Tribunais, jan, 2014, p. 171-196.

36. Eduardo Talamini e Felipe Scripes Wladeck sintetizam outros argumentos favoráveis à impugnação para reconhecimento de inexistência do ato: "(i) se a todo tempo e em qualquer via cabe o reconhecimento da inexistência jurídica da sentença, isso também deve ser feito no próprio recurso; (ii) a parte tem o interesse recursal inclusive para evitar o risco de, se não o fizer, ouvir depois que o defeito em questão não é caso de inexistência jurídica e precisaria ter sido oportunamente atacado por recurso; e (iii) o emprego do recurso é útil também para evitar maiores delongas e sacrifícios para a parte impugnada (p. ex., por que ela teria de deixar para alegar a inexistência apenas na fase de cumprimento, se pode fazê-lo desde já, impedindo futura constrição executiva de bens?)". TALAMINI, Eduardo; WLADECK, Felipe Scripes. Comentário ao artigo 994. *In*: BUENO, Cassio Scarpinella (Coord.). Comentários ao código de processo civil – volume 4 (arts. 926 a 1.072). São Paulo: Saraiva, 2017, p. 287-288.

A desconstrução dos dois exemplos mencionados por José Carlos Barbosa Moreira não exclui, porém, a necessidade enquanto elemento do interesse recursal. Já que há situações nas quais a utilização do recurso é realmente desnecessária, especialmente para aqueles que não são partes da demanda.

Pode-se pensar, por exemplo, no Ministério Público, enquanto *custos legis*. Como dito, o fato de ser dotado de legitimidade recursal, não o exime do preenchimento dos demais requisitos de admissibilidade do recurso, sobretudo do interesse. Imagine-se hipótese na qual, em que pese a sentença prolatada ao arrepio do interesse público, o Ministério Público tenha, junto com a parte, elaborado um termo de ajustamento de conduta, no qual esta se compromete a não repetir a conduta lesiva, sob pena de determinadas sanções. No caso, faltará ao Ministério Público interesse recursal para impugnar a decisão e eventualmente buscar a proibição da prática, através de decisão judicial.

No tocante às partes, é preciso o exemplo dado por Fredie Didier Jr. e Leonardo Carneiro da Cunha do recurso interposto pelo réu contra a decisão que determina a expedição do mandado monitório[37]. Também correto o exemplo de Eduardo Arruda Alvim, ao tratar da desnecessidade do recurso contra a decisão do juízo *a quo* que admite recurso inadmissível. Isto porque basta que a matéria seja alegada em contrarrazões, uma vez que o órgão *ad quem* exercerá, necessariamente, novo juízo de admissibilidade[38].

O fato é que, embora sua condição de protagonista na impugnação das decisões judiciais leve à raridade das hipóteses nas quais seu uso seja desnecessário, não se deve admitir recurso quando seja possível ao legitimado obter a proteção ou efeito pretendido por via mais simples e sem qualquer gravame[39].

---

37. Curso de direito processual civil: Meios de impugnação às decisões judiciais e processo nos tribunais. 21. ed. rev., atual. e ampl. São Paulo: Juspodivm, 2024., p. 160.

38. Direito processual civil. 2. ed. reform., atual. e ampl. São Paulo: Editora Revista dos Tribunais, 2008, p. 759. Renato Montans de Sá, sob os mesmos fundamentos, afirma igualmente irrecorrível decisão que julga a alegação de suspeição ou impedimento do juiz: Manual de direito processual civil. 2. ed. São Paulo: Saraiva, 2017, p. 1.048.

39. MOREIRA, José Carlos Barbosa. O juízo de admissibilidade no sistema dos recursos civis. Rio de Janeiro, 1968, p. 80.

Diferente é a situação da perda superveniente da necessidade, sempre que, por algum motivo, o fundamento que deu ensejo à interposição do recurso deixe de existir. É o que ocorre quando se considera um recurso *prejudicado*.[40]

3.3. UTILIDADE

Como dito, a utilidade do recurso, em regra, vinha sendo tratada como sinônimo de sucumbência ou prejuízo. José Carlos Barbosa Moreira demonstrou que o critério não é suficiente, devendo-se voltar os olhos – em uma visão prospectiva – ao benefício prático a ser obtido com o recurso, ou seja, à melhora na situação do recorrente.

Em todo caso, apesar de reconhecidamente – e isto será demonstrado ao longo do trabalho – o critério da sucumbência não ser suficiente para abranger todas as hipóteses nas quais a parte estará dotada de interesse recursal[41], ele é um ponto de partida. Um contexto que permite, de uma forma simples e sem grande esforço argumentativo ou cognitivo, identificar que parte pode recorrer.

---

40. "PROCESSUAL CIVIL. REPRESENTAÇÃO POR INCONSTITUCIONALIDADE. COBRANÇA EM ESTACIONAMENTO. PERDA SUPERVENIENTE DE OBJETO. DECLARAÇÃO DE INCONSTITUCIONALIDADE DA LEI ESTADUAL 5.862/2011 (RJ) EM OUTRA AÇÃO. NÃO CONHECIMENTO. 1. Na origem, trata-se de Representação por Inconstitucionalidade ajuizada contra a Lei Estadual 5.862/2011, do Estado do Rio de Janeiro, que pretendeu disciplinar a forma de cobrança para estacionamento de veículos automotores aos fornecedores de serviços que disponibilizem áreas próprias ou de terceiros ao consumidor. O Tribunal a quo extinguiu a ação sem julgamento do mérito, pronunciando-se a litispendência, diante da existência de outra, no mesmo sentido, ajuizada por outro legitimado. 2. Após o voto do Relator conhecendo parcialmente do Recurso Especial e, nesta parte, negando-lhe provimento, no que foi acompanhado pelo eminente Min. Og Fernandes, foram proferidos Votos-Vistas pelos eminentes Ministros Mauro Campbell Marques e Assusete Magalhães. Ambos afastaram a incidência da Súmula 7/STJ, mas divergiram na conclusão - o Ministro Cambpell negava provimento ao Recurso, e a Ministra Assusete dava-lhe provimento -, pelo que o Relator pediu vista regimental. 3. Neste ínterim, sobreveio notícia (fls. 967-970, e-STJ) de que o Tribunal de Justiça do Estado do Rio de Janeiro julgou procedente a Representação de Inconstitucionalidade n. 0000798-73.2011.8.19.0000, ajuizada pelo Sindicato das Atividades de Garagens, Estacionamentos e Serviços do Estado do Rio de Janeiro ("Sindicato"), declarando inconstitucional a Lei 5.862/2011, do Estado do Rio de Janeiro, objeto também deste recurso. Tal pronunciamento foi ratificado pelo Supremo Tribunal Federal (RE 1.075.411/RJ, Rel. Min. Marco Aurélio), tendo transitado em julgado em 29.8.2018. 4. Por conseguinte, já se tendo declarada inconstitucional a Lei Estadual objeto da Representação de Inconstitucionalidade cujo acórdão extintivo é atacado neste Recurso Especial, tem-se que houve perda superveniente do interesse recursal, sendo o caso, portanto, de não conhecimento da irresignação. 5. Recurso prejudicado": REsp n. 1.517.836/RJ, relator Ministro Herman Benjamin, Segunda Turma, julgado em 17/8/2021, DJe de 19/11/2021.

41. Sobre as diferenças entre os conceitos de sucumbência e de interesse recursal, vide: RUSCIANO, Silvia. Interesse ad impugnare (dir. proc. civ.) [aggiornamento-2010], in Digesto civ., Utet, Torino, 772.

Conclui-se, portanto, que nem sempre o recorrente será o sucumbente ou o sujeito que sofreu prejuízo com a decisão, mas, aquele que sucumbiu ou sofreu prejuízo será, pelo menos inicialmente, dotado de interesse recursal[42-43]. Nas palavras de Flávio Cheim Jorge, a sucumbência é sintoma da existência do interesse recursal[44]. Diz-se inicialmente porque em todo e qualquer caso, o recurso estará sujeito à aferição dos demais elementos, inclusive da própria utilidade. É possível imaginar situações nas quais, apesar da existência de sucumbência, que ela não seja suficiente para tornar o recurso útil e levar à sua admissibilidade. O raciocínio é o mesmo utilizado para aferição do interesse de agir que, independentemente da existência da lesão e da necessidade, impõe que o proveito a ser obtido pelo autor seja útil ao ponto de justificar a atuação do Estado[45].

Devem ser inadmitidos, por exemplo, recursos interpostos contra condenações irrisórias e cujo equívoco da fundamentação não seja apto a provocar qualquer prejuízo prático para a parte, ou seja, que ela não obterá qualquer situação de vantagem a partir da sua interposição[46-47]. É o caso do recurso que afirma a nulidade de deter-

---

42. "O recurso será útil diante de uma decisão que: (i) piorar a situação processual ou material de determinado sujeito, (ii) negar-lhe melhora em sua situação ou, ainda, (iii) simplesmente produzir resultado que fique aquém, do ponto de vista prático, do que o sujeito podia esperar do pronunciamento judicial (MOREIRA, 2009, p. 300). Nessas hipóteses, o recurso poderá viabilizar situação mais proveitosa para o sujeito, com (i) o afastamento de um prejuízo por ele sofrido, (ii) a obtenção um ganho antes não atingido ou, então, (iii) a elevação do grau da vantagem prática já resultante da decisão proferida": TALAMINI, Eduardo. Interesse recursal. In: ARENHART, Sérgio Cruz; MITIDIERO, Daniel. (Coord.). DOTTI, Rogéria. (Org.). O Processo civil entre a técnica processual e a tutela dos direitos: estudos em homenagem a Luiz Guilherme Marinoni. São Paulo: Editora Revista dos Tribunais, 2017.
43. "Nesta ótica, a sucumbência representa um forte indício da existência do interesse recursal": RUSCIANO, Silvia. Interesse ad impugnare (dir. proc. civ.) [aggiornamento-2010], in Digesto civ., Utet, Torino, 772. Tradução livre. Do original: "In quest'ottica, la soccombenza rappresenta un forte indizio della sussistenza dell'interesse ad impugnare".
44. JORGE, Flávio Cheim. Apelação cível: teoria geral e admissibilidade. São Paulo: Editora Revista dos Tribunais, 1999, p. 125.
45. JORGE, Flávio Cheim. Teoria geral dos recursos cíveis. 8. ed. rev., atual. e ampl. São Paulo: Editora Revista dos Tribunais, 2017, p. 142-143.
46. "A razão de ser do processo não consiste em proporcionar ocasião para o debate de teses, ainda que relevantíssimas do ponto-de-vista teórico, mas sem consequências concretas para a disciplina do caso levado à apreciação do juiz. Nem pode a atividade do aparelho judiciário do Estado servir de mero instrumento para a solução de questões acadêmicas. Por isso, não entra em linha de conta a veleidade, que alguma das partes tenha, de obter satisfação psicológica com o acolhimento in totum, pelo órgão ad quem, da argumentação utilizada na defesa do seu direito, se a decisão já assegura a este a tutela eficaz". MOREIRA, José Carlos Barbosa. O juízo de admissibilidade no sistema dos recursos civis. Rio de Janeiro, 1968, p. 76-77.
47. Alexandre Freitas Câmara apresenta outro exemplo de recurso inútil. O autor requer o julgamento antecipado da lide, porém, o juiz, entendendo ser necessário o prosseguimento da instrução,

minada prova, sem que esta tenha interferido no julgamento. Ou seja, ainda que reconhecida a nulidade, não haverá qualquer modificação no conteúdo da decisão, já que a prova não é útil à formação do convencimento do julgador[48].

Também podem ser considerados inadmissíveis, por falta de interesse recursal, os recursos interpostos em prática de *venire contra factum proprium*, quando reste demonstrada conduta contraditória da parte, ainda que extraprocessual. Por exemplo, a hipótese de a União impugnar determinado benefício concedido a servidor na sentença, quando a própria administração reconhece a validade de tal benefício por ato administrativo. O tema foi objeto de julgamento pelo STJ no regime dos recursos repetitivos, tendo sido consignado pela Corte que "a União é carecedora de interesse recursal no que toca à pretensão de rediscutir a legalidade da incorporação dos quintos, pois esse direito foi reconhecido pela própria Administração por meio de processo que tramitou no CJF, já tendo sido a parcela, inclusive, incorporada aos vencimentos do autor"[49].

---

determina a produção de prova oral. Irresignada, a parte interpõe agravo retido. Em suas palavras "não há qualquer utilidade em um recurso em que se pretende obter a imediata prolação da sentença e que só será apreciado quando do julgamento da apelação (ou seja, pede-se a imediata prolação de sentença em um recurso que só será apreciado depois da prolação da sentença...)". Requisitos de admissibilidade dos recursos civis. In: Escritos de direito processual. Segunda série. Rio de Janeiro: Editora Lumen Juris, 2005, p. 84. Vinicius Lemos ressalta que, no que toca aos recursos aos Tribunais Superiores [sic] o interesse recursal não se resume à sucumbência. Em suas palavras, "O acesso à jurisdição superior nasce da necessidade de defesa do direito, teoricamente ofendido na demanda, proporcionando aos Tribunais Superiores a realizarem essa análise, para, se for o caso, julgarem a decisão prolatada em única ou última instância e, ainda que seja fora da órbita da interpretação jurídica, realizando a manutenção da jurisprudência e a aplicabilidade do direito de maneira eficaz e uniforme, garantindo uma igualdade para os jurisdicionados daquele processo, tanto quanto para os cidadãos de forma ampla". Algumas novidades na tramitação dos recurso excepcionais no CPC/2015. Revista Jurídica da Seção Judiciária de Pernambuco. Disponível em https://www.academia.edu/35369867/ALGUMAS_NOVIDADES_NA_TRAMITA%C3%87%C3%83O_DOS_RECURSOS_EXCEPCIONAIS_NO_CPC_2015_SOME_NEWS_ON_THE_PROCESSING_OF_EXCEPTIONAL_RESOURCES_AT_CPC_2015. Acesso em 30.03.2024. Embora, aparentemente, a acepção de interesse recursal do autor seja diferente da do presente trabalho, adere-se às suas conclusões, com a ressalva de que tais funções dos referidos recursos são garantidas pelos requisitos de cabimento, previstos de forma expressa pela Constituição Federal. Não há, aqui, campo para subjetividade no que toca à admissibilidade do recurso, sob tais fundamentos.

48. GRADI, Marco. Vizi in procedendo e ingiutizia della decisione. In: Studi in onore di Carmine Punzi. Volume terzo. Diritto processuale. Impugnazione. Torino: G. Giappichelli Editore, 2008, p. 85.

49. REsp 1270439/PR, Rel. Ministro Castro Meira, Primeira Seção, julgado em 26/06/2013, DJe 02/08/2013.

O exemplo deixa claro ser realmente tênue a linha que separa o interesse recursal da exigência de atuar de acordo com a boa-fé objetiva, o que foi objeto de estudo próprio.[50]

3.3.1. Sucumbência

É importante ressaltar que o termo sucumbência contém, em direito processual, dois enfoques marcantes. O principal está relacionado com a responsabilidade da parte pelo uso da máquina judiciária. Aquele que der causa ao uso do aparato público arcará com os ônus decorrentes de sua sucumbência, que compreenderão as custas e despesas judiciais, além dos honorários advocatícios. A sucumbência também pode ser tratada como a situação apta a fazer surgir o direito ao recurso para a parte[51]. É este contorno, como elemento do interesse recursal-utilidade, que é relevante para o presente trabalho.

A chamada sucumbência formal, especialmente na doutrina italiana[52], sempre foi considerada um requisito para impugnação[53] e identificada majoritariamente como a diferença entre aquilo que é buscado quando do exercício do direito de ação e o resultado entregue pelo Estado[54]. A sucumbência surgiria, portanto, para a doutrina

50. UZEDA, Carolina. Boa-fé processual. São Paulo: Thomson Reuters Brasil, 2024.

51. Francisco Cavalcanti Pontes de Miranda fala em princípio da lesividade da resolução, consubstanciado no prejuízo sofrido em decorrência da decisão, "ainda que se trate de lesividade por se não ter concedido tudo o que se pediu fosse reconhecido pela instância do recurso": Comentários ao Código de Processo Civil, tomo VII: arts. 496 ao 538. Rio de Janeiro: Forense, 1975, p. 8.

52. Liebman, embora tenha afirmado que a sucumbência se verifica a partir do efeito prático, ao exemplificar seu entendimento, tratou exclusivamente da sucumbência parcial que, a bem da verdade, implica discordância entre o pedido e o resultado: LIEBMAN, Enrico Tullio. Appunti sulle impugnazioni. Milano: Cisalpino-Goliardica, 1961, p. 13-14. Sobre o tema, vide: SALVANESCHI, Laura. L'interesse ad impugnare. Milano: Dott. A. Giuffrè Editore, 1990, p. 34-46.

53. "O nosso Código, certamente influenciado por essa corrente, acabou por prever no art. 996, *caput*, expressão que indica o acolhimento da sucumbência nesses exatos termos. Ao mencionar "parte vencida", o Código de Processo Civil pode conduzir à conclusão, numa primeira e superficial análise, de que o interesse em recorrer estaria ligado diretamente ao fato da parte ter sucumbido formalmente. Isto é, seria uma apuração entre aquilo que as partes teriam pedido e aquilo que foi efetivamente concedido pela sentença". JORGE, Flávio Cheim. Teoria geral dos recursos cíveis. 8. ed. rev., atual. e ampl. São Paulo: Editora Revista dos Tribunais, 2017, p. 139.

54. "O autor que perde a demanda, sucumbe porque jamais tivera o direito (pretensão) que imaginara ter; assim como o réu sucumbente resistira a ação do autor, sem nunca ter o direito alegado na contestação": SILVA, Ovídio A. Baptista. Tempo do processo e regulação da sucumbência. Revista Dialética de Direito Processual. Outubro-2003. Vol. 7, p. 69.

clássica, como "o confronto entre o teor da decisão e aquilo que haviam pleiteado as partes"[55-56].

Essa tentativa de conceituação da sucumbência, vinculando-a ao pedido e, em certo ponto, à causa de pedir, em que pese permita tratá-la de forma uniforme, demonstra-se insuficiente, já que não serviria para autorizar a impugnação em inúmeros exemplos apontados, sem grande esforço, pela doutrina[57].

O primeiro exemplo que se pode suscitar é o da impugnação de sentenças que estipulam o *quantum* indenizatório dos danos morais, quando a parte não tenha o delimitado, prática comum no dia a dia forense. Chegou-se a afirmar que a utilização do pedido genérico retiraria da parte o interesse recursal para buscar a majoração da indenização[58], o que não prosperou na jurisprudência do STJ, que terminou por reconhecer a existência de sucumbência e de interesse recursal, uma vez que, nesses casos, há evidentes prejuízos ao recorrente[59-60].

Outro exemplo é o da sucumbência que dá ensejo à impugnação de decisões interlocutórias, sem conteúdo de mérito ou extintivo, nas quais a parte sofre alguma sanção ou a derrota é exclusivamente pro-

---

55. MOREIRA, José Carlos Barbosa. O juízo de admissibilidade no sistema dos recursos civis. Rio de Janeiro, 1968, p. 73.
56. GRASSO, Eduardo. Le impugnazioni incidentali. Milano: Dott. A. Giuffrè Editore, 1973, p. 39. No mesmo sentido: SCHÖNKE, Adolfo. Derecho procesal civil. Tradución de la quinta edición alemana. Barcelona: Bosch, Casa Editorial, 1950, p. 301. Também no direito argentino e, em geral, latino-americano, sempre se exigiu a existência de prejuízo (agravio), definido por Augustin Costa como "um prejuízo que deriva da falta de satisfação da pretensão principal, subsidiária ou acessória, incluídas na lide, quando o juiz as rejeite de forma total ou parcial": COSTA, Agustin A. El recurso ordinario de apelación en el proceso civil. Buenos Aires: Asociacion de Abogados de Buenos Aires, 1950, p. 42. Tradução livre. Do original: "un perjuicio que se deriva de la falta de satisfacción de la pretensión o peticiones principales, subsidiarias o accesorias, incluídas en la litis, sea que el juez las rechace totalmente o en forma parcial".
57. RUSCIANO, Silvia. Interesse ad impugnare (dir. proc. civ.) [aggiornamento-2010], in Digesto civ., Utet, Torino, p. 772.
58. "Portanto, ao pedir indenização danos morais, remetendo ao juízo o arbitramento da pretensão indenizatória, para depois neste recurso buscar bem quantificável, sendo que na pretensão inicial não se individualizou gênero e quantidade, postulou-se em equívoco, de modo que, não resta legítimo interesse recursal para revisão do julgado": Voto do Relator, nos autos do recurso de apelação nº 991.04.046988-3, da 11ª Câmara de Direito Privado do Tribunal de Justiça do Estado de São Paulo, Rel. Rodrigo César Müller Valente, data do julgamento: 12.03.2010.
59. Por todos, vide: REsp 1347233/RJ, Rel. Min. Nancy Andrighi, Terceira Turma, julgado em 21/02/2013, DJe 27/02/2013 e REsp 1102479/RJ, Rel. Min. Marco Buzzi, Corte Especial, julgado sob o regime de recursos repetitivos em 04/03/2015, DJe 25/05/2015.
60. Este é justamente um dos exemplos citados por Schönke, na delimitação que faz do prejuízo apto a gerar o interesse recursal: SCHÖNKE, Adolfo. Derecho procesal civil. Tradución de la quinta edición alemana. Barcelona: Bosch, Casa Editorial, 1950, p. 301.

cessual, aqui tida como aquela que não tem qualquer efeito direto no mérito[61-62]. Veja-se que, nesses casos, de *derrota* processual, considerando que, apesar de dotado de inequívocas diferenças casuísticas, da mesma forma que o recurso é extensão do direito de ação, o interesse recursal funciona como *longa manus* do interesse primário (de agir ou de impugnar)[63]. Ou seja, sempre que a consecução do interesse primário for obstaculizada ou prejudicada em alguma medida pela decisão, ainda que de forma meramente lateral, haverá sucumbência, que dá ensejo, na absoluta maioria dos casos, à utilidade na interposição do recurso. Por exemplo, nas hipóteses em que o juiz redistribui o ônus da prova. Muito embora tal ato diga respeito exclusivamente a ônus processuais, o que se tem é, em certa medida, a criação de obstáculos à finalidade pretendida pela parte que, no caso, terá recaído sobre si ônus não inicialmente previsto.

A vinculação entre pedido e sucumbência também é insuficiente para abranger as hipóteses de extinção do processo sem resolução de mérito[64], quando, a bem da verdade, em alguns casos, nem autor, nem réu – como será melhor analisado adiante – podem considerar o acolhimento de seus pedidos[65], ainda que o réu tenha arguido a ausência de algum requisito de admissibilidade para o julgamento do mérito[66].

61. Franco Lancellotti defende a distanciação entre os conceitos de interesse de agir e interesse recursal, afirmando que, neste, o interesse surgiria a partir de um prejuízo processual, dissociado do estado de crise substancial: La soccombenza: requisito di legittimazione alle impugnazioni. Milano: Dott. A. Giuffrè Editore, 1996, p. 13 e 32-45.

62. Schönke embora tenha, inicialmente, atrelado a ideia de prejuízo à diferença entre o pedido e a sentença, utiliza o mesmo termo para identificar os gravames que levariam à interposição de recurso contra decisões interlocutórias (Beschwerde), ressaltando que este será cabível sempre que a decisão impugnada contenha uma sanção ou medidas coercitivas: SCHÖNKE, Adolfo. Derecho procesal civil. Tradución de la quinta edición alemana. Barcelona: Bosch, Casa Editorial, 1950, p. 325.

63. LANCELLOTTI, Franco. La soccombenza: requisito di legittimazione alle impugnazioni. Milano: Dott. A. Giuffrè Editore, 1996, p. 39.

64. RUSCIANO, Silvia. Interesse ad impugnare (dir. proc. civ.) [aggiornamento-2010], in Digesto civ., Utet, Torino,772.

65. LANCELLOTTI, Franco. La soccombenza: requisito di legittimazione alle impugnazioni. Milano: Dott. A. Giuffrè Editore, 1996, p. 16.

66. Flávio Cheim Jorge compreende que o recurso contra a sentença que extingue o processo sem resolução de mérito é, em verdade, uma hipótese excepcional de recurso admissível contra a fundamentação: "No entanto, não podemos negar que existem casos excepcionais, que a nosso ver possibilitam a interposição do recurso em razão da fundamentação da decisão e não de sua parte dispositiva. Um deles, muito citado na doutrina, e que demonstra a insuficiência do critério formal para aferição do interesse em recorrer, é a possibilidade de o réu recorrer da sentença que

A conceituação histórica de sucumbência formal igualmente não alcança – de forma ampla – as invalidades existentes na decisão impugnada, ainda que possam aparentemente vir a favorecer uma das partes, que representam, para todas, a ausência de tutela jurisdicional adequada[67]. Assim, tendo autor e réu pleiteado tutela, quando o Estado a fornece de forma inválida – inexistente ou nula, equivale a não a fornecer, de sorte que todas as partes podem, em certa medida, ser consideradas sucumbentes, por não terem recebido a resposta pedida ao Judiciário. Veja-se que o objetivo da tutela jurisdicional, como dito, é a alteração do estado de crise para a paz, com a sanação definitiva do conflito. Tal é impossível de ser alcançado quando a decisão é nula, inexistente e passível de sofrer *a posteriori* sua desconstituição (ou declaração de inexistência) mediante alguma ação impugnativa autônoma[68-69]. O mesmo raciocínio se aplica para as decisões rescindíveis que, em que pese nem sempre sejam consideradas inválidas, trazem para a parte a sensação de insegurança jurídica, decorrente da rescindibilidade[70].

---

extingue o processo sem resolução de mérito": JORGE, Flávio Cheim. Teoria geral dos recursos cíveis. 8. ed. rev., atual. e ampl. São Paulo: Editora Revista dos Tribunais, 2017, p. 146.

67. Tratando do interesse recursal para impugnação de decisões interlocutórias que versem sobre matéria cognoscível de ofício: "Não desaparece o interesse recursal, porquanto a parte não deve ser obrigada a sofrer um processo que tem por defeituoso (= inválido), v. g., como nos casos de falta de pressuposto processual positivo ou falta de uma condição da ação, de que no seu entender careça o autor e, a respeito do que diferentemente tenha decidido o juiz": ARRUDA ALVIM, José Manoel de. Notas a respeito dos aspectos gerais e fundamentais da existência dos recursos – direito brasileiro. Revista de Processo, v. 48. São Paulo: Revista dos Tribunais, out-dez, 1987, p. 7-26.

68. Para Franco Lancellotti é possível a interposição do recurso pela parte aparentemente vencedora, sempre que a sentença se apresente formalmente favorável, mas incapaz de produzir o efeito jurídico esperado, seja porque inexistente, seja porque viciada com nulidade insanável: La soccombenza: requisito di legittimazione alle impugnazioni. Milano: Dott. A. Giuffrè Editore, 1996, p. 21.

69. Laura Salvaneschi, tratando do ordenamento italiano, acrescenta, ainda, o problema decorrente das decisões que não respeitam a regra da congruência. Para ela, a sentença omissa e extra petita sempre será passível de impugnação, pelo vencido e pelo 'vencedor'. No caso das sentenças ultra petita, a questão esbarrará no proveito prático possível de ser obtido pelo vencedor: L'interesse ad impugnare. Milano: Dott. A. Giuffrè Editore, 1990, p. 189-199. Como será demonstrado adiante, todas as hipóteses de violação à regra da congruência levam ao surgimento do interesse recursal, de todas as partes.

70. "Pelo princípio constitucional do direito de ação, além do direito ao processo justo, todos têm o direito de obter do Poder Judiciário a tutela jurisdicional adequada. Não é suficiente o direito à tutela jurisdicional. É preciso que essa tutela seja a adequada, sem o que estaria vazio de sentido o princípio": NERY JUNIOR, Nelson. Princípios do processo na Constituição Federal: (processo civil, penal e administrativo). 12. ed. rev., ampl. e atual. com as novas súmulas do STF (simples e vinculantes) e com o novo CPC (Lei 13.105/2015). São Paulo: Editora Revista dos Tribunais, 2016, p. 210.

Franco Lancellotti cita o exemplo da sentença inapta a produzir qualquer efeito, por ter conteúdo indeterminável ou de cumprimento impossível. Para ele, caso não tenham dado causa ao vício, ambas as partes seriam sucumbentes e teriam interesse recursal.[71] Tal é exatamente o exemplo das hipóteses de cabimento de embargos de declaração, em que a decisão apresenta contradição, omissão, obscuridade ou erro material. Ainda que a doutrina reconheça que "ambas as partes, indistintamente, têm direito a uma decisão clara, precisa e completa"[72], tende a excepcionar os embargos de declaração das regras gerais de admissibilidade, afirmando que a lei, nesses casos, dispensa a sucumbência[73]. Veja-se que não é o caso, porque aqui, verdadeiramente, há sucumbência recíproca, de tal forma que todas as partes podem recorrer.

Ressaltada a extensão do conceito de sucumbência, também é assaz relevante verificar seus limites objetivos, isto é, considerando a decisão judicial, em quais pontos ou aspectos pode a parte sucumbir.

O dispositivo é o principal determinante da sucumbência, porque, em regra, é nele que está contida a norma apta a produzir prejuízo. Tal circunstância, somada à limitação objetiva da coisa julgada, fez com que José Carlos Barbosa Moreira compreendesse, na esteira do entendimento dominante na doutrina, que a justificativa para a interposição do recurso deveria ser encontrada exclusivamente no dispositivo. O conceito de sucumbência seria, portanto, limitado ao que fosse apto a ser coberto pela coisa julgada[74].

---

71. LANCELLOTTI, Franco. La soccombenza: requisito di legittimazione alle impugnazioni. Milano: Dott. A. Giuffrè Editore, 1996, p. 20.

72. THEODORO JUNIOR, Humberto. Curso de direito processual civil*:* vol. III. 51. ed. rev., atual. e ampl. Rio de Janeiro: Forense, 2018, p. 1.036.

73. Neste sentido, por todos: ALVIM, Teresa Arruda. Embargos de declaração. Como se motiva uma decisão judicial? 5. ed. rev., atual. e ampl. São Paulo: Thomson Reuters Brasil, 2020, p. 48-49; DIDIER JR., Fredie; CUNHA, Leonardo Carneiro da. Curso de direito processual civil: Meios de impugnação às decisões judiciais e processo nos tribunais. 21. ed. rev., atual. e ampl. São Paulo: Juspodivm, 2024,p. 160 e TALAMINI, Eduardo. Interesse recursal. *In*: ARENHART, Sérgio Cruz; MITIDIERO, Daniel. (Coord.). DOTTI, Rogéria. (Org.). O Processo civil entre a técnica processual e a tutela dos direitos: estudos em homenagem a Luiz Guilherme Marinoni. São Paulo: Editora Revista dos Tribunais, 2017.

74. GIUDICEANDREA, Nicola. Le impugnazioni civili, volume primo, Sistema delle impugnazioni. Milano: Dott. A. Giuffrè Editore, 1952, p. 167. No mesmo sentido: COSTA, Agustin A. El recurso ordinario de apelación en el proceso civil. Buenos Aires: Asociacion de Abogados de Buenos Aires, 1950, p. 43

Tal perspectiva por certo não é capaz de solucionar a questão da sucumbência para questões formais resolvidas no curso do processo, meramente processuais, sobretudo aquelas passíveis de serem conhecidas de ofício e não sujeitas à preclusão para o juiz.

Como também será demonstrado adiante, não resolve a questão da parte que, conquanto vitoriosa no dispositivo, o é em decorrência de fundamento que reputa equivocado, o que, a depender da situação, poderá provocar sério prejuízo jurídico e econômico[75]. O exemplo já foi aventado inclusive pelo próprio José Carlos Barbosa Moreira, ao defender a possibilidade de impugnação contra a decisão que julga improcedente a ação popular por falta de provas. Muito embora mantendo a coerência de seu raciocínio e vinculando o gravame apto a autorizar a interposição de recurso aos limites da coisa julgada, o que se tem, na prática, é o recurso contra o fundamento, para que, atribuindo-lhe um novo – que não seja a ausência de provas – o tribunal viabilize que a sentença de improcedência seja atingida pela coisa julgada[76-77].

Não se está defendendo, aqui, que a parte sempre poderá recorrer da fundamentação, usando o recurso como um meio para discussões exclusivamente teóricas. Isso seria abuso do direito. Mas o fato é que há situações nas quais a fundamentação pode, sozinha, provocar prejuízo à parte, nas hipóteses de (a) formação de coisa julgada *secundum eventum probationis*; (b) formação da coisa julgada sobre questão prejudicial (item 3.3.1.1); (c) extinção pelo art. 485, por inciso sujeito a "estabilidade fraca" (item 3.3.1.2); e (d) em decorrência

75. GRASSO, Eduardo. L'interesse ad impugnare. Milano: Dott. A. Giuffrè Editore, 1967, p. 62.

76. "Assim, diante da sentença que rejeite a demanda por falta de prova bastante, não há como negar a qualquer dos réus interesse em recorrer, para tentar conseguir, na instancia superior, a declaração da legitimidade do ato. Note-se que estes, réus, foram vencedores; que a decisão não lhes acarretou, propriamente, prejuízo algum; e que a desconformidade muito melhor se caracterizaria aí, entre o teor dela e o do pedido do autor. O exemplo ilustra com ofuscante nitidez a insuficiência dos critérios acima criticados para a pesquisa do interesse em recorrer": MOREIRA, José Carlos Barbosa. O juízo de admissibilidade no sistema dos recursos civis. Rio de Janeiro, 1968, p. 76.

77. É possível se cogitar, ainda que excepcionalmente, situações nas quais o vício contido no próprio relatório seja apto a causar prejuízo à parte, podendo levar, inclusive, à nulidade da decisão. Sobre o tema, vide: CARVALHO, Fabiano. A função do relatório no julgamento colegiado. Manifestação do princípio do contraditório. Revista de Processo, v. 198. São Paulo: Revista dos Tribunais, ago, 2011, p. 445-454. No mesmo sentido, pelo cabimento de embargos de declaração para impugnar relatório: ALVIM, Teresa Arruda. Os novos embargos de declaração. *In*: GALINDO, Beatriz Magalhães; KOHLBACH, Marcela. (Coord.). Recursos no CPC/15: perspectivas, críticas e desafios. Salvador: Editora Juspodivm, 2017, p. 493.

da formação de precedente vinculante (item 4.3.2)[78]. Nestes casos, demonstrada a utilidade do recurso, deverá ser aberta a via recursal[79-80].

Percebendo, igualmente, a insuficiência do conceito de sucumbência formal para abranger todas as hipóteses comuns nas quais o recurso é necessário e útil para a parte; a doutrina tratou de estabelecer outro critério: o da sucumbência material[81-82]. Sobre o qual se pode dizer que "não se liga propriamente ao prejuízo perpetrado com a decisão proferida, no seu aspecto formal, mas sim, e, principalmente, aos *efeitos prejudiciais* da decisão e à possibilidade de se obter uma decisão diversa e mais *favorável* do que aquela proferida."[83-84].

Ocorre que, aparentemente, duas situações díspares estão sendo tratadas da mesma forma, provavelmente para a adequação à expressão "parte vencida" prevista no art. 996, que impede a admissão

---

78. Eduardo Talamini e Felipe Scripes Wladeck citam, ainda, o exemplo dos recursos excepcionais. Em suas palavras "Como eles são de fundamentação vinculada e devolução estrita (i.e., neles o tribunal não pode examinar outros fundamentos da decisão senão aqueles que tenham sido impugnados, sob a perspectiva de ofensa à Constituição ou a normas federais, conforme o caso), o recurso é inútil – e falta o interesse recursal – caso se impugne apenas um dos múltiplos fundamentos da decisão, quando outro(s) seja(m) bastante(s) para mantê-la (STF, Súmula 283)". TALAMINI, Eduardo; WLADECK, Felipe Scripes. Comentário ao artigo 994. *In*: BUENO, Cassio Scarpinella. (Coord.). Comentários ao código de processo civil – volume 4 (arts. 926 a 1.072).. São Paulo: Saraiva, 2017, p. 284.

79. "Também em sede impugnativa, ad instar do supra exposto sobre o direito de ação, a fase de prelibação serve aos mais lídimos desígnios técnico-jurídicos de economia e ética processuais, pois consiste em garantir o exercício recursal apenas quando houver ao menos a probabilidade de o impugnante obter um ganho prático-jurídico caso o seu recurso venha a ser provido": MORAES, Mauricio Zanoide de. Interesse e legitimação para recorrer no processo penal brasileiro: análise doutrinária e jurisprudencial de suas estruturas. São Paulo: Editora Revista dos Tribunais, 2000, p. 49.

80. A doutrina apresentou divergência acerca da possibilidade de utilização dos embargos de declaração, também contra a fundamentação da decisão ou do próprio relatório. Esse tratamento diferenciado da admissibilidade dos embargos de declaração nos parece desnecessário diante da amplitude que deve ser atribuída ao conceito de sucumbência.

81. SALVANESCHI, Laura. L'interesse ad impugnare. Milano: Dott. A. Giuffrè Editore, 1990 e VALITUTTI, Antonio e STEFANO, Franco de. Le impugnazioni nel processo civile. Vol. I. Padova: CEDAM, 1996, p. 64.

82. NEVES, Daniel Amorim Assumpção. Interesse recursal e sucumbência. Revista Dialética de Direito Processual, n. 45, dezembro, 2006, p. 9-20.

83. JORGE, Flávio Cheim. Teoria geral dos recursos cíveis. 8. ed. rev., atual. e ampl. São Paulo: Editora Revista dos Tribunais, 2017, p. 140-141. No mesmo sentido, entendendo a sucumbência como "a não obtenção, pelo recorrente, de tudo o que poderia ter obtido com o processo, mas não obteve": NERY JUNIOR, Nelson. Coisa julgada e interesse recursal. In: Soluções Práticas de Direito, vol. 10. São Paulo: Editora Revista dos Tribunais, 2014, p. 431-450.

84. A distinção entre sucumbência formal e material também existe na Alemanha. Como ressalta Stefan Leible, a jurisprudência dominante tende a autorizar que apenas o demandado interponha recurso fundado em sucumbência material, já que este não está obrigado a contestar a demanda. A doutrina, porém, ressalta, permanece dominante no sentido de permitir o recurso, tanto pelo autor quanto pelo réu, sempre que exista materielle Beschwer, ou seja, quando a decisão expressa algum efeito prático que lhe seja prejudicial. Processo civil alemán. Medellín: Biblioteca Jurídica Diké, 1999, p. 386-387.

ampla da ótica prospectiva, sem que se defenda um entendimento de *lege ferenda*[85]. Por isto, o conceito de sucumbência material foi atrelado tanto aos efeitos prejudiciais, quanto à possibilidade de obtenção de posição mais favorável.

Tal conexão leva à invariável conclusão de que o proveito do ponto de vista prático será buscado sempre que a decisão provoque "efeitos prejudiciais" sobre a esfera de direitos do recorrente e sempre que este deseje, em alguma medida, sua revisão. Não é o caso e tal interpretação não se adequa ao CPC/15. É plenamente possível que a parte busque uma posição favorável, pelo raciocínio da ótica prospectiva do interesse recursal, sem que tenha sofrido qualquer efeito prejudicial em decorrência da decisão e sem que deseje diretamente sua reforma ou invalidação. Nesses casos, até para que não se fuja demasiadamente da etimologia do termo, não é possível afirmar existir sucumbência[86].

Assim, há três distintas situações, que não podem ser confundidas. A primeira delas é a sucumbência formal, relacionada ao pedido e à causa de pedir. A segunda, sucumbência material, ainda sob uma ótica retrospectiva, trata dos prejuízos sofridos pela parte, independente da aparência de vitória. A terceira, enumerada por José Carlos Barbosa Moreira, diz respeito não à existência de sucumbência formal ou material, mas à possibilidade de a parte, com o recurso, obter proveito prático maior do que aquele que a decisão recorrida é apta a entregar.

---

85. Vide, por exemplo, a lição de Manoel Caetano Ferreira Filho: "Por isso se diz que, para além da formal e da substancial, há também sucumbência e, portanto, "parte vencida", toda vez que a decisão não tenha concedido à parte, do ponto de vista prático, tudo que poderia dela esperar". FERREIRA FILHO, Manoel Caetano. Comentário ao artigo 499. *In*: SILVA, Ovídio Araújo Baptista da. (Coord.). Comentários ao código de processo civil, v. 7: do processo de conhecimento, arts. 496 a 564. São Paulo: Editora Revista dos Tribunais, 2001, p. 41. No mesmo sentido: ALVIM, Arruda. Novo contencioso cível no CPC/15. 2. ed. rev., atual. e ampl. São Paulo: Thomson Reuters Brasil, 2022, p. 802-803.

86. José Carlos Barbosa Moreira, defendendo a ótica prospectiva do interesse recursal, buscou desvinculá-lo da ideia de sucumbência e não adequar nela o possível benefício prático a ser obtido pelo recorrente. Por certo, em algumas passagens chegou a considerar "vencida a parte quando a decisão não lhe tenha proporcionado, pelo prisma prático, tudo o que ela poderia esperar, pressuposta a existência do feito". Comentários ao Código de Processo Civil, Lei nº 5.869, de 11 de janeiro de 1973, vol. V: arts. 476 a 565. 17 ed. Rio de Janeiro: Forense, 2002, p. 300, mas reforçou a todo tempo que o critério essencial para aferição do interesse em recorrer é o binômio necessidade-utilidade, o que possibilitaria a "construção de um conceito unitário", que abrangesse tanto o recurso das partes quanto do Ministério Público e do terceiro prejudicado.

Conclui-se que é possível considerar sucumbentes, para efeito de viabilizar a interposição de recurso, as partes que recebam do Estado uma decisão inexistente, nula, rescindível ou inapta a produzir os efeitos inicialmente almejados[87]. Da mesma forma, pode se considerar sucumbente aquele sujeito que, em decorrência da decisão, ainda que apenas quanto seus fundamentos, sofra atual prejuízo ou gravame: (a) decorrente de uma sanção processual; (b) exclusivamente processual; (c) decorrente da existência de omissão, contradição, obscuridade ou erro material; (d) decorrente da inadequação entre a decisão e o que foi pedido; o que inclui, em certos casos, a extinção do processo sem resolução do mérito[88]; (e) decorrente da inadequação entre a fundamentação da decisão e aquele – pela parte – apontado.

Cinde-se, portanto, a chamada sucumbência material, para que dela se desvincule a melhora prática da situação do recorrente, passível de ser obtida pela interposição do recurso[89]. Ou seja, não será necessária, para a presença do interesse recursal, a conjugação de dois interesses – mediato e imediato – ou da existência de decisão desfavorável. Basta, ainda que excepcionalmente, que o recurso seja apto a entregar à parte situação melhor do que aquela decorrente da decisão recorrida. São de situações distintas, cuja separação é necessária para que se afira a possibilidade de interposição de recurso pelo vencedor, tido exclusivamente como o sujeito que tenha obtido da decisão tudo que dela esperava.

---

87. Em sentido contrário, defendendo a possibilidade de o vencedor poder apenas propor ação impugnativa autônoma: GIUDICEANDREA, Nicola. Le impugnazioni civili, volume primo, Sistema delle impugnazioni. Milano: Dott. A. Giuffrè Editore, 1952, p. 168.

88. Inclui-se, aqui, a hipótese do exemplo rotineiramente dado pela doutrina como recurso de vencedor, quando, em que pese acolhido o pedido subsidiário, o autor tenha preferência na obtenção do pedido principal. THEODORO JUNIOR, Humberto. Curso de direito processual civil: vol. III. 51. ed. rev., atual. e ampl. Rio de Janeiro: Forense, 2018, p. 1.037. Não há o que se falar em vitória, quando do acolhimento do pedido meramente subsidiário ou eventual. A parte é sucumbente, da mesma forma que é sucumbente o réu, quando prolatada sentença terminativa do processo sem resolução do mérito. Há que se ter em mente, para avaliar a dissonância entre pedido em sentença, o que efetivamente a parte desejava *prima facie*.

89. Nas palavras de Vicente Greco Filho, tratando de sucumbência, o interesse recursal surge a partir "do desatendimento de uma expectativa juridicamente possível". GRECO FILHO, Vicente. Direito processual civil brasileiro. V. 2. 12ª edição, rev. e atual. São Paulo: Saraiva, 1997, p. 279. Veja-se que, em nosso entendimento, essa expectativa juridicamente possível volta-se não apenas à decisão, mas a tudo que a parte pode esperar do processo.

3.3.1.1. Interesse recursal para recorrer apenas de questão prejudicial[90]

O CPC/15 trouxe significativa alteração no tratamento dado aos limites objetivos da coisa julgada, autorizando, na forma do art. 503, §1º, que esta atinja também as questões prejudiciais decididas expressa e incidentemente no processo[91-92].

As premissas adotadas no presente trabalho são as de José Carlos Barbosa Moreira[93], para quem as questões prejudiciais são aquelas fundamentais para a forma como o mérito será resolvido. Elas interferem diretamente no julgamento, não para obstá-lo, mas para alterá-lo, conforme seja seu resultado[94]. Thereza Arruda Alvim define como prejudicial "aquela questão que predeterminar, em sua solução, a outra que lhe está condicionada"[95], não olvidando que o grau de influência pode variar, conforme o caso. Desse modo, uma questão prejudicial pode ser mais ou menos decisiva para o julgamento da causa, mas sempre, de alguma forma, será capaz de atingi-lo[96].

Mas nem toda questão prejudicial será coberta pela coisa julgada. O parágrafo 1º do art. 503 aponta para a necessidade de preenchimento de alguns requisitos, sem os quais a coisa julgada não incidirá.

---

90. Sobre o tema, vide: LIBARDONI, Carolina Uzeda. Coisa julgada sob perspectiva comparatística: o que o sistema norte-americano pode nos ensinar sobre a extensão dos limites objetivos e subjetivos da coisa julgada. Revista de Processo, v. 258. São Paulo: Revista dos Tribunais, ago, 2016.
91. No CPC/73 não havia previsão para que as questões prejudiciais fossem atingidas para coisa julgada, salvo se proposta a ação declaratória incidental, prevista nos artigos 5º e 325. Para um panorama sobre os limites da coisa julgada no CPC/73 vide: LOPES, Bruno Vasconcelos Carrilho. Limites objetivos e eficácia preclusiva da coisa julgada. São Paulo: Saraiva, 2012, p.13-95 e CABRAL, Antonio do Passo. Coisa julgada e preclusões dinâmicas. Entre continuidade, mudança e transição de posições processuais estáveis. 4. ed. rev., atual. e ampl. Salvador: Editora Juspodivm, 2021. p. 100-133.
92. Sobre o tema vide: MACÊDO, Lucas Buril de. Coisa julgada sobre fato? Análise comparativa com o colateral estoppel de sua possibilidade de lege lata ou de lege federenda. Revista de Processo, v. 260. São Paulo: Revista dos Tribunais, out, 2016, p. 355-412.
93. MOREIRA, José Carlos Barbosa. Questões prejudiciais e coisa julgada. Tese de concurso para livre docência de Direito Judiciário Civil apresentada à Congregação da Faculdade de Direito da Universidade Federal do Rio de Janeiro, 1967.
94. GIUDICEANDREA, Nicola. Le impugnazioni civili, volume primo, Sistema delle impugnazioni. Milano: Dott. A. Giuffrè Editore, 1952, p. 100.
95. ALVIM, Thereza Arruda. Questões prévias e os limites objetivos da coisa julgada. São Paulo: Revista dos Tribunais, 1977, p. 11.
96. Por exemplo, A propõe uma ação de cobrança em face de B, alegando o inadimplemento contratual e afirmando ser devida determinada multa. B, por sua vez, contesta afirmando que o contrato é inválido, logo, não pode ser cobrado pela multa. A questão da validade do contrato é prejudicial ao julgamento do mérito, porque, a depender do que for decido pelo juiz -se válido ou inválido- o pedido de A será, ou não, julgado procedente.

O primeiro dos requisitos é que a questão seja decidida expressamente e por juiz competente (para decidir a questão, se fosse principal). Isto é, que o órgão jurisdicional tenha efetivamente se manifestado sobre a discussão trazida pelas partes. Caso, por não entender relevante para o conhecimento do mérito, o juiz se omita no conhecimento da prejudicial, não há o que se falar em coisa julgada. Assim, por exemplo, se A propõe ação de cobrança em face de B e apesar deste suscitar a questão da validade do contrato, o juiz julgar improcedente o pedido em decorrência da prescrição, não há o que se falar em incidência da coisa julgada sobre a prejudicial. O mero debate, portanto, não será suficiente à estabilização, pela ausência de decisão judicial sobre o tema apta a se tornar estável.

O segundo diz respeito à necessidade de a questão ser determinante para o julgamento do mérito. Antonio do Passo Cabral[97] afirma, com muita propriedade, que "Aqui, deve-se considerar não uma dependência típica (...), mas sim a dependência lógica: a questão prejudicial deve ser um passo não só relevante, mas necessário para a construção do raciocínio do juízo para concluir a respeito do pedido. " Ora, fosse a mera dependência típica, a coisa julgada se estenderia a toda e qualquer questão expressamente decidida. Não nos parece o caso. Aqui se busca o grau de interferência da prejudicial sobre o mérito. Apenas nas hipóteses em que o mérito não poderia ser julgado da forma como se deu, se o resultado da prejudicial fosse diferente. José Manoel de Arruda Alvim Netto limita o requisito, ao afirmar que este "explicita a necessidade de que se trate, realmente, de questão prejudicial a algum dos pedidos"[98].

O terceiro requisito é a existência de contraditório prévio e efetivo. Não basta aqui apenas a exclusão nas hipóteses de revelia - feita pela própria lei. O contraditório necessário para a incidência de coisa julgada sobre questões prejudiciais diz respeito ao amplo debate e possibilidades probatórias. Daí por que, havendo qualquer tipo de restrição probatória (inclusive por negócio jurídico processual),

97. CABRAL, Antonio do Passo. Seção V: Da coisa julgada. Comentários ao art. 504. *In*: WAMBIER, Teresa Arruda Alvim. et al. (Coord). Breves comentários ao Novo Código de Processo Civil. 3. ed. rev. e atual. São Paulo: Editora Revista dos Tribunais, 2016, p. 1.433.

98. Novo contencioso cível no CPC/15. 2. ed. rev., atual. e ampl. São Paulo: Thomson Reuters Brasil, 2022, p. 554.

não é possível estender a coisa julgada além dos limites traçados pelo caput do art. 503[99].

Veja-se que a lei não exige, para incidência da coisa julgada, que exista requerimento expresso da parte[100] ou que esta conste no dispositivo da sentença – ou da decisão interlocutória de mérito. Ou seja, o juiz permanecerá decidindo a questão prejudicial na fundamentação que, agora, nesses casos, passa a ser atingida pela estabilidade[101]. A questão reverte o entendimento vigente na doutrina, ao tempo do CPC/73, que não reputava a existência de prejuízo – e, por consequência, de interesse recursal para impugnar exclusivamente os fundamentos apresentados pelo julgador[102-103]. Agora, havendo a possibilidade de incidência da coisa julgada e, portanto, dos inescusáveis prejuízos que podem dela advir, não se nega mais a possibilidade de interposição do respectivo recurso[104].

---

99. Sobre o tema, vide: LUCON, Paulo Henrique dos Santos. Tutela ao contraditório: vedação à decisão-surpresa; requisito para extensão dos limites objetivos da coisa julgada; identificação das decisões imotivadas. *In*: LUCON, Paulo Henrique dos Santos; OLIVEIRA, Pedro Miranda de. (Coord.). Panorama atual do novo CPC 2. Florianópolis: Empório do Direito, 2017, p. 373-396.

100. DIDIER JR., Fredie. Extensão da coisa julgada à resolução da questão prejudicial incidental no novo Código de Processo Civil brasileiro. Civil Procedure Review, v.6, n.1: 81-94, jan-apr., 2015.

101. Eduardo Talamini compreende que, apesar da inexistência de pedido, "a resolução da questão prejudicial deixa de fazer-se como simples fundamento e se torna objeto de decisum". TALAMINI, Eduardo. Interesse recursal. *In*: ARENHART, Sérgio Cruz; MITIDIERO, Daniel. (Coord.). DOTTI, Rogéria (Org.). O Processo civil entre a técnica processual e a tutela dos direitos: estudos em homenagem a Luiz Guilherme Marinoni. São Paulo: Editora Revista dos Tribunais, 2017. No mesmo sentido, José Rogério Cruz e Tucci ressalta que "o dispositivo desta decisão não estará, do ponto de vista formal, na parte final da sentença. Localizar-se-á, em regra, entremeado na motivação do ato decisório": TUCCI, José Rogério Cruz e. Comentários ao Código de Processo Civil: artigos 485 ao 538. São Paulo: Thomson Reuters Brasil, 2021, p. 204.

102. "A interposição do recurso visa imediatamente a evitar que se cristalize a disciplina dada ao caso concreto pela decisão impugnada, através da formação da res iudicata. Ora, segundo o entendimento mais exato, válido inclusive para o nosso direito positivo, só o decisum se põe, com a exaustão dos recursos cabíveis, sob aquela cobertura; quanto aos antecedentes da conclusão, às razões de decidir – entre elas as que resultam da solução de questões prejudiciais-, nenhum impedimento se cria a que sejam objeto de nova discussão e, porventura, de apreciação divergente em qualquer outro processo. Por isso é que unicamente do dispositivo pode advir para qualquer das partes aquele interesse pratico na provocação de segundo pronunciamento dentro do mesmo feito": MOREIRA, José Carlos Barbosa. O juízo de admissibilidade no sistema dos recursos civis. Rio de Janeiro, 1968, p. 78.

103. PROVINCIALI, Renzo. Delle impugnazioni in generale. Napoli: Morano Editore, 1962, p. 81-83.

104. "Como se nota, há estreito vínculo entre a noção de interesse, empregada nesses precedentes, e os limites objetivos da coisa julgada. Inexistindo indiscutibilidade acerca dos motivos (art. 469, III), exceto no caso de declaração incidente (art. 325), fulmina-se a utilidade do novo pronunciamento". ASSIS, Araken. Condições de admissibilidade dos recursos cíveis. *In*: WAMBIER, Teresa Arruda Alvim; NERY JUNIOR, Nelson. (Coord.). Aspectos polêmicos e atuais dos recursos cíveis de acordo com a Lei 9.756/98 , . São Paulo: Editora Revista dos Tribunais, 1999, p. 29.

Para melhor compreender a interferência da ampliação dos limites objetivos da coisa julgada no interesse recursal, pense no exemplo de uma demanda proposta pelo plano de saúde, em face do consumidor, para exercício de direito de regresso pelo pagamento realizado, a hospital, por serviço não coberto pelo contrato. O consumidor, em contestação, alega a nulidade do contrato e requer, em decorrência disto, que seja reconhecido que não tem o dever de ressarcir o autor. Pede, ainda, eventualmente, que seja a cláusula contratual interpretada da forma que lhe for mais favorável, em atenção ao sistema protetivo implementado pela Lei 8.078/90.

Supondo que o magistrado reconheça a validade do contrato e julgue procedente o pedido, condenando o consumidor, este terá sucumbido tanto na prejudicial, quanto no pedido propriamente dito e terá interesse recursal para recorrer de ambos, mesmo porque um é consequência lógica do outro. Poderá, também, o consumidor, recorrer apenas quanto à necessidade de interpretação mais favorável das cláusulas contratuais, ou seja, conforme-se com a questão da validade do contrato que, no caso, será coberta pela coisa julgada[105].

É possível também que deixando de acolher o argumento acerca da invalidade do contrato, o juízo julgue improcedente o pedido, aplicando a interpretação mais favorável ao consumidor. Aqui, considerando que há evidente subsidiariedade nas defesas apresentadas, sendo prioritária aquela que levou à apresentação da questão prejudicial, tanto o plano de saúde poderá impugnar do dispositivo da sentença, quanto o réu poderá se insurgir contra a questão prejudicial, quer dizer, exclusivamente para ver acolhido o argumento de invalidade do contrato e ter a coisa julgada incidindo sobre ele. Caso o consumidor não impugne a prejudicial, esta será coberta pela coisa julgada e não poderá, depois, questionar a validade do contrato em um novo processo. Disto extrai-se sua evidente sucumbência, a exemplo do que ocorreria na cumulação de pedidos,

105. "Cabe ao recorrente impugnar a resolução da questão prejudicial incidental; se não o fizer, haverá coisa julgada. Embora se trate de questão resolvida na fundamentação, o interesse recursal existe, na medida em que essa decisão pode tornar-se indiscutível pela coisa julgada. Questão prejudicial incidental decidida, mas não impugnada, é questão preclusa – não poderá o tribunal, no julgamento do recurso, que porventura tenha outro objeto, reexaminá-la". DIDIER JR., Fredie; CUNHA, Leonardo Carneiro da. Curso de direito processual civil: Meios de impugnação às decisões judiciais e processo nos tribunais. 21. ed. rev., atual. e ampl. São Paulo: Juspodivm, 2024, p. 162.

quando do acolhimento apenas do pedido subsidiário. Não se trata, portanto, de recurso do vencedor[106].

Por fim, pode-se supor que a prejudicial de invalidade seja acolhida e, em razão dela, o pedido julgado improcedente. Nesse caso, o autor – logicamente – ao impugnar o resultado, se voltará também contra a fundamentação. Pode-se cogitar, ainda, que o autor se resigne com o dispositivo, isto é, concorde que não deva ser reembolsado pelo consumidor. Isto não excluirá, porém, seu interesse recursal de impugnar a prejudicial exclusivamente, para ver considerado válido o contrato. A insurgência, aqui, será específica contra o fundamento e a coisa julgada incidirá imediatamente sobre o dispositivo.

Como dito anteriormente, o conceito de sucumbência deve se prestar para alcançar também a fundamentação, seja quando for ausente, contraditória, omissa, obscura, contenha erro material ou *error in procedendo*, seja quando, ainda que se trate de *error in iudicando*, for apta a causar prejuízo à parte[107]. Tal se estende para outras situações nas quais os fundamentos possam causar prejuízo à parte, como nas ações populares julgadas improcedentes por insuficiência de provas e, ainda, nas hipóteses, a serem melhor desenvolvidas adiante, em que a fundamentação seja apta a formar precedente vinculante.

3.3.1.2. Interesse recursal para recorrer de decisão que extingue o processo sem resolução do mérito

A doutrina já há muito tempo admite a possibilidade de o réu impugnar a decisão que extingue o processo sem resolução do mérito, para buscar o julgamento de improcedência do pedido, com a estabilização da decisão pela coisa julgada material[108-109-110]. O raciocínio, aqui, muito embora inverso, é equivalente ao da recorribilidade das questões prejudiciais. O que se busca com a impugnação é a gestão sobre a definitividade da decisão, sobre a segurança jurídica que entrega, quando coberta pela coisa julgada[111].

106. Afirmando ser recurso do vencedor: RODRIGUES, Marco Antonio. Manual dos recursos, ação rescisória e reclamação. São Paulo: Atlas, 2017, p. 78.

107. Sobre recurso interposto exclusivamente contra a fundamentação, vide: MACÊDO, Lucas Buril de. Influência do sistema brasileiro de precedentes no interesse recursal. *In*: NERY JUNIOR, Nelson; ALVIM, Teresa Arruda. (Coord.). Aspectos polêmicos e atuais dos recursos cíveis e assuntos afins, v. 13. São Paulo: Editora Revista dos Tribunais, 2017, p. 337-378.

Alguns pontos, contudo, merecem especial atenção. O primeiro deles é o rotineiro posicionamento da doutrina, no sentido de que o réu, no caso, seria vencedor e que, ainda assim, apesar da ausência de sucumbência, teria interesse recursal para impugnar a decisão[112]. Não parece que seja sempre este o caso. Quando o indivíduo pede tutela jurisdicional ele espera obter do Estado decisão de caráter definitivo, que efetivamente reconheça seu direito e ponha uma pá de cal sobre a lide[113]. É evidente que a decisão inapta a fazer coisa julgada material não pode ser considerada entrega plena da tutela jurisdicional, visto

108. "Entendemos que em tal situação, o réu, mesmo tendo saído "vencedor" na demanda, terá interesse em recorrer da sentença. Seu interesse existirá justamente em função da vantagem prática que terá com a reforma da decisão e a obtenção de uma sentença de improcedência, com trânsito em julgado. Permanecendo a sentença de carência, o autor poderá novamente ajuizar a mesma demanda em face do réu, devido à inexistência de coisa julgada. No entanto, se a sentença é reformada e, posteriormente, o juiz conhecendo do mérito, profere uma sentença de improcedência, essa decisão será acobertada pela coisa julgada, não podendo essa demanda ser mais reproposta. Exatamente nesse ponto é que reside o proveito (ou a vantagem) do ponto de vista prático, que caracteriza o interesse em recorrer ". JORGE, Flávio Cheim. Teoria geral dos recursos cíveis. 8. ed. rev., atual. e ampl. São Paulo: Editora Revista dos Tribunais, 2017, p. 146-147. No mesmo sentido: ALVIM, Eduardo Arruda. Direito processual civil. 2. ed. reform., atual. e ampl. São Paulo: Editora Revista dos Tribunais, 2008, p. 760-761, APRIGLIANO, Ricardo de Carvalho. A apelação e seus efeitos. 2. ed. São Paulo: Atlas, 2007, p. 22-23 e GRECO, Leonardo. Instituições de processo civil: recursos e processos da competência originária dos tribunais, volume III. Rio de Janeiro: Forense, 2015, p. 75. Em sentido contrário, mas, por questões exclusivamente cronológicas, prévias à inserção do §3º no artigo 515 do CPC/73, diante da compreensão da impossibilidade de o tribunal, quando do julgamento de recurso contra decisão terminativa, adentrar no exame do mérito: FERREIRA FILHO, Manoel Caetano. Comentário ao artigo 499. *In*: SILVA, Ovídio Araújo Baptista da. (Coord.). Comentários ao código de processo civil, v. 7: do processo de conhecimento, arts. 496 a 564. . São Paulo: Editora Revista dos Tribunais, 2001, p. 44-47.

109. O STJ, apesar de já ter manifestado entendimento no sentido da possibilidade de interposição do recurso (REsp 656.119/ES, Rel. Min. Nancy Andrighi, Terceira Turma, julgado em 29/11/2005, DJ 06/11/2006, p. 314 e REsp 836.392/RS, Rel. Min. Luiz Fux, Primeira Turma, julgado em 14/11/2006, DJ 14/12/2006, p. 294), recentemente decidiu no sentido diametralmente oposto, afirmando que não há interesse do réu em recorrer "contra acórdão que decretou a extinção do processo sem exame do mérito, visando a obter decisão de improcedência do pedido": REsp 1547777/PR, Rel. Min. Luis Felipe Salomão, Rel. para o Acórdão Ministra Maria Isabel Gallotti, Quarta Turma, julgado em 03/12/2015, DJe 01/02/2016. Também inexiste, para o STJ, interesse recursal do réu que tenha obtido sentença de improcedência do pedido, para buscar a extinção do processo sem resolução do mérito, mediante o reconhecimento da ausência de uma das condições da ação (EDcl no REsp 753.159/MT, Rel. Min. Luis Felipe Salomão, Quarta Turma, julgado em 17/05/2011, DJe 20/05/2011).

110. Genericamente, Consolo compreende que "una erronea dichiarazione di estinzione del processo può vedere soccombenti entrambe le parti": CONSOLO, Claudio. Spiegazioni di diritto processuale civile, X ed.. Torino: Giappichelli, 2015, livro digital, Vol. II, Sezione VII, Capitolo 1, item 2. No mesmo sentido: VALITUTTI, Antonio; STEFANO, Franco de. Le impugnazioni nel processo civile. Vol. I. Padova: CEDAM, 1996, p. 65.

111. SALVANESCHI, Laura. L'interesse ad impugnare. Milano: Dott. A. Giuffrè Editore, 1990, p. 171.

112. THEODORO JUNIOR, Humberto. Curso de direito processual civil: vol. III. 51. ed. rev., atual. e ampl. Rio de Janeiro: Forense, 2018, p. 1.042-1.043.

113. Parte-se da premissa que o réu, igualmente, pede tutela jurisdicional, o que faz quando apresenta defesa e exerce seu direito de ação. Neste sentido, vide: SICA, Heitor Vitor Mendonça. O direito de defesa no processo civil brasileiro: um estudo sobre a posição do réu. São Paulo: Atlas, 2011, p. 205-280.

que mantém o réu no estado de incerteza que decorre da possibilidade de o autor repropor a demanda[114]. Dessa maneira, não parece correto afirmar que o réu que obtém, em seu favor, uma sentença terminativa, seja sempre considerado vencedor.

A situação não se distingue no tocante ao segundo ponto sensível aventado pela doutrina. José Carlos Barbosa Moreira, apesar de reconhecer que a sentença de extinção sem resolução do mérito é apta a ensejar a interposição do recurso pelo réu, excepciona as hipóteses nas quais este requer, em preliminar de contestação, a extinção do processo sem resolução de mérito. Para o autor, requerer a extinção e, após, impugnar a decisão que defere o quanto requerido seria uma atitude contraditória e, no caso, haveria vitória integral do réu[115-116].

Isso porque o requerimento de julgamento de improcedência formulado pelo réu após o pleito de extinção sem resolução de mérito seria realizado apenas em atenção à eventualidade, sendo certo que, no seu entendimento, "O que ele quis não foi em absoluto – e, aliás, no particular seria irrelevante tal vontade – oferecer ao órgão judicial

114. Neste sentido, é brilhante a lição de Luiz Machado Guimarães: "Qualquer que seja a finalidade que se prefira atribuir ao processo – a proteção dos direitos subjetivos quando ameaçados ou violados, ou a restauração da ordem jurídica objetiva, ou a justa composição da lide, ou ainda a aplicação das sanções legais aos casos concretos – o certo é que essa finalidade é atingida normalmente mediante a formação da coisa julgada. Pode-se, portanto, afirmar que o processo (rectius: o processo contencioso de coginição) visa sempre à obtenção deste resultado: - a coisa julgada". Efeito devolutivo da apelação. In: Estudos de direito processual civil. Rio de Janeiro-São Paulo: Editora Jurídica e Universitária, 1969, p. 216.

115. MOREIRA, José Carlos Barbosa. O juízo de admissibilidade no sistema dos recursos civis. Rio de Janeiro, 1968, p. 84-85.

116. Cândido Rangel Dinamarco, embora reconheça a existência de um direito do réu à sentença de mérito, parece acolher o mesmo entendimento de José Carlos Barbosa Moreira, no sentido de o pedido de julgamento em definitivo, quando cumulado com pedido de extinção do processo sem resolução de mérito, ser meramente eventual. Ou seja, atribui, igualmente, uma preferência à preliminar apresentada pelo réu, em detrimento do pedido de tutela final: "A lei deixa claro que também o réu tem direito ao julgamento do mérito, ao conceder-lhe o poder de impedir a extinção do processo por desistência da ação. Ainda que o autor revogue a demanda inicial, desistindo (art. 485, inc. VIII), o réu que houver oferecido contestação sem pedir também a extinção processual poderá opor-se a isso e exigir que o feito prossiga para que sua demanda de improcedência venha a ser julgada (art. 485, §4º - supra, nn. 531 e 535). Constituiria denegação de justiça a extinção do processo sem o julgamento do mérito – ou seja, sem julgamento das demandas antagônicas – se pudesse uma só das partes, o autor, impedir unilateralmente que o julga julgasse". Instituições de direito processual civil: volume II. 9. ed. rev. e atual. São Paulo: Editora JusPodivm, 2023, p. 350. No mesmo sentido, no direito português: MENDES, Armindo Ribeiro. Recursos em processo civil. 2. ed. Lisboa: Lex Edições Jurídicas, 1994, p. 163.

uma opção entre acolher a preliminar e declarar improcedente a demanda, senão inibi-lo de tocar no *meritum causae*."[117-118]

Eduardo Talamini, no mesmo sentido, excepciona duas situações nas quais, em que pese a alegação da preliminar, o réu teria interesse em recorrer da sentença terminativa. A primeira delas seria o surgimento de fato superveniente à apresentação da defesa, que autorizaria o julgamento de mérito. Por exemplo, a correção *a posteriori* do vício, como a parte que adquire capacidade no curso do processo.

O segundo exemplo aventado é quando o réu, apesar da apresentação da preliminar, recorre para defender a incidência do art. 488. Ou seja, sustente que é possível o julgamento do mérito em seu favor, independentemente da persistência da causa passível de levar o processo à extinção, na forma do art. 485.[119]

Com relação à norma prevista no art. 488, que impõe que o juiz decida o mérito sempre que a "decisão for favorável à parte a quem aproveitaria eventual pronunciamento nos termos do art. 485", deve-se ter em mente que se trata de regra de julgamento, isto é, prescinde de requerimento da parte. O juiz deverá, quando possível, julgar o mérito. Para deixar de fazê-lo, necessariamente, precisa demonstrar os motivos pelos quais entende pela impossibilidade.

117. MOREIRA, José Carlos Barbosa. O juízo de admissibilidade no sistema dos recursos civis. Rio de Janeiro, 1968, p. 85. No mesmo sentido: JORGE, Flávio Cheim. Teoria geral dos recursos cíveis. 8. ed. rev., atual. e ampl. São Paulo: Editora Revista dos Tribunais, 2017, p. 154-155.

118. "Em resumo, pode-se concluir que o interesse em recorrer, no que diz respeito ao aspecto utilidade, deve ser compreendido da conjugação da sucumbência formal com a sucumbência material. Com base nesse raciocínio é possível verificar que a decisão que concede o que a parte requer não pode ser atacada pela total ausência de interesse em recorrer": JORGE, Flávio Cheim. Teoria geral dos recursos cíveis. 8. ed. rev., atual. e ampl. São Paulo: Editora Revista dos Tribunais, 2017, p. 153. No mesmo sentido, ao tempo do CPC/39, afirmava Pedro Batista Martins que o direito de impugnar decisão extintiva cabia "igualmente ao réu, que não haja pedido absolvição da instância, porque é direito seu obter provimento sobre a questão de mérito". MARTINS, Pedro Batista. Recursos e processos da competência originária dos tribunais. Atualizado pelo Prof. Alfredo Buzaid. Rio de Janeiro: Forense, 1957, p. 145.

119. Interesse recursal. In: O Processo civil entre a técnica processual e a tutela dos direitos: estudos em homenagem a Luiz Guilherme Marinoni. ARENHART, Sérgio Cruz; MITIDIERO, Daniel. (Coord.). DOTTI, Rogéria (Org.).. São Paulo: Editora Revista dos Tribunais, 2017. No mesmo sentido: MARINONI, Luiz Guilherme; MITIDIERO, Daniel. Comentários ao Código de Processo Civil: artigos 976 ao 1.044. v. XVI. Dir. Luiz Guilherme Marinoni. Coord. Sérgio Cruz Arenhart e Daniel Mitidiero. São Paulo: Thomson Reuters Brasil, 2021, p. 161.

Dessa forma, sempre que for possível a aplicação da norma prevista no art. 488[120-121], o réu terá interesse recursal para ver a reversão do julgamento sem resolução de mérito em julgamento definitivo. O erro da decisão não está, propriamente, no reconhecimento do defeito, mas na omissão e/ou no equívoco na aplicação do art. 488, isto é, no não julgamento do mérito em favor da parte a quem aproveitaria a extinção nos termos do art. 485. Para tanto, considerando ser dever imposto pelo sistema ao juiz, decorrente da primazia da resolução do mérito, não é necessário que o réu o tenha requerido expressamente na contestação. Basta que (a) a preliminar suscitada e acolhida decorra de situação que vise à sua exclusiva proteção; e (b) demonstre ser possível o julgamento do mérito.

O réu também poderá recorrer sempre que, em que pese tenha apresentado preliminar, o processo seja extinto por motivo alheio ao por ele apontado. Por exemplo, quando argui a incapacidade da parte autora e o magistrado, não obstante reconhecendo a capacidade e não acolhendo a preliminar, extinga o processo sem resolução do mérito por fundamento diverso.

Aqui, no caso, trata-se de recurso contra o fundamento que pode ter sérios impactos quanto à estabilidade da decisão. Isso porque o art. 486 estabelece que, a despeito de estar decidida sem julgamento do mérito, quando a sentença indeferir a petição inicial, reconhecer a existência de litispendência, a ausência de pressupostos processuais ou de condições da ação ou, ainda, que a competência é do juízo arbitral; o autor apenas poderá ajuizar nova demanda após a correção do vício. Sem prejuízo – por motivos óbvios –, não se cogita da correção do vício para dar azo ao ajuizamento de nova ação, apesar da sentença terminativa, nas hipóteses de extinção do processo em decorrência da coisa julgada e da perempção. Assim, natural que para o réu prevaleça o desejo de extinção pelas causas cuja estabilidade é mais forte, daquelas que impedem ou obstaculizam nova propositura da demanda.

---

120. MARINONI, Luiz Guilherme; MITIDIERO, Daniel. Comentários ao Código de Processo Civil: artigos 976 ao 1.044. v. XVI. Dir. Luiz Guilherme Marinoni. Coord. Sérgio Cruz Arenhart e Daniel Mitidiero. São Paulo: Thomson Reuters Brasil, 2021, p. 160.

121. José Rogério Cruz e Tucci cita a incompetência do juízo como hipótese de impossibilidade de aplicação da regra prevista no artigo 488. Comentários ao Código de Processo Civil: artigos 485 ao 538. São Paulo: Thomson Reuters Brasil, 2021, p. 99.

Por fim, em todo e qualquer caso, ainda nas hipóteses em que a extinção do processo ocorra por acolhimento da preliminar arguida pelo réu e aparentemente não seja possível o julgamento do processo na forma do art. 488, a presença do interesse recursal deverá ser avaliada casuisticamente e levando em consideração a boa-fé e a interpretação dos atos postulatórios, a partir de seus corolários, na forma do art. 322, §2º[122-123]. Muito embora o requerimento de extinção do processo sem resolução de mérito seja feito de forma preliminar, ele não é a melhor resposta possível a ser obtida pelo réu no processo. Se o réu o faz inicialmente, isto se dá apenas porque a ordem lógica do conhecimento das matérias deste modo o impõe[124]. A própria lei determina que assim o faça, ou seja, ao afirmar que "incumbe ao réu, antes de discutir o mérito" alegar as preliminares, faz com que este que pretira, em seu pedido o julgamento do mérito, em favor da extinção anômala[125].

Tal circunstância não retira o fato de que tanto o autor quanto o réu possuem direito de ação. O que não é outra coisa, naquilo que concerne ao processo judicial, além de o direito de obter do Estado a tutela efetiva, representada, quando exercida *ad extremum*, na decisão que julga o mérito, devidamente efetivada[126-127-128].

122. Art. 322. O pedido deve ser certo. § 2o A interpretação do pedido considerará o conjunto da postulação e observará o princípio da boa-fé.

123. Enunciado 286, do Fórum Permanente de Processualistas Civis: "Aplica-se o §2º do art. 322 à interpretação de todos os atos postulatórios, inclusive da contestação e do recurso."

124. "A contestação do réu é portadora de sua demanda, ou demandas cumuladas. Ele demanda a improcedência da inicial, a extinção do processo ou a remessa ao juiz competente etc. O princípio da eventualidade, inerente à faculdade de defender-se (infra, n. 650), autoriza-o a cumular essas demandas em ordem sucessiva e eventual, para o juiz conheça da ulterior quando não acolher a anterior": DINAMARCO, Cândido Rangel. Instituições de direito processual civil: volume II. 9. ed., rev. e atual. São Paulo: Editora JusPodivm, 2023, p. 159.

125. "Acompanhando Nelson Nery Junior, entendemos que nem mesmo o fato de o réu ter alegado carência na contestação tem o condão de influir em seu interesse em recorrer da decisão que considere haver carência de ação, já que, pelo princípio da eventualidade, não poderia mesmo o réu ter deixado de arguir esta defesa, sob pena de preclusão (arts. 336 e 337 do CPC). Ademais, trata-se de matéria de ordem pública": ALVIM, Teresa Arruda. Os agravos no CPC de 2015. 5. ed. Curitiba: Editora Direito Contemporâneo, 2021, p. 214.

126. Tanto assim o é que o próprio legislador estabeleceu, no artigo 488, que "Desde que possível, o juiz resolverá o mérito sempre que a decisão for favorável à parte a quem aproveitaria eventual pronunciamento nos termos do art. 485".

127. Direito de ação como direito ao processo (inafastabilidade do Poder Judiciário), à tutela jurisdicional, consubstanciada na sentença de mérito, à tutela jurisdicional efetiva outorgada por

Fosse possível ao réu requerer inicialmente a improcedência, provavelmente o faria, já que esta faz surgir para ele a segurança jurídica outorgada pela coisa julgada material. Se não o faz, não é necessariamente porque prefere a extinção sem mérito, mas sim, porque a lei lhe impõe. Não pode, portanto, ser prejudicado pelo cumprimento de um ônus legal que, para lá da eventualidade, determina onde e como as defesas serão apresentadas. Tal circunstância retira da conduta do réu a pecha de comportamento contraditório[129].

Veja-se que admitir, de plano, a irrecorribilidade da decisão, apenas porque o réu apontou, em cumprimento do seu ônus e na forma do que determina a lei, vícios processuais aptos a levar à extinção do processo, poderia levar à curiosa situação na qual este, em detrimento da eventualidade, abstenha-se de formular defesas processuais, para que, diante de sua omissão, seja garantido seu direito ao recurso[130]. O conceito de ônus implica a obtenção de determinada vantagem diante de sua desincumbência. Nunca na perda de um direito, sobretudo, de obter a decisão de mérito favorável, que é o objetivo de todo e qualquer litigante[131].

O mesmo raciocínio se aplica no tocante à ordem de arguição das preliminares. O art. 337 impõe uma sequência lógica, na qual o réu fará a arguição das questões que podem levar à extinção do pro-

---

meio do devido processo legal e à efetiva satisfação do direito. SICA, Heitor Vitor Mendonça. O direito de defesa no processo civil brasileiro. São Paulo: Atlas, 2011, p. 23-39). No mesmo sentido, sob a égide do CPC/39, Pedro Batista Martins afirma que "abstendo-se do julgamento do mérito, o juiz teria prejudicado (fundada ou infundadamente, pouco importa) o direito à decisão de mérito, que é comum a autor e réu". Recursos e processos da competência originária dos tribunais. Atualizado pelo Prof. Alfredo Buzaid. Rio de Janeiro: Forense, 1957, p. 145.

128. SALVANESCHI, Laura. L'interesse ad impugnare. Milano: Dott. A. Giuffrè Editore, 1990, p. 164-165.

129. No mesmo sentido: ASSIS, Araken de. Manual dos Recursos. 10. ed. rev. e atual. São Paulo: Thomson Reuters Brasil, 2021, p. 192-193.

130. Eduardo Talamini se posiciona em sentido contrário, afirmando que "O caráter de ordem pública de determinada questão justifica sua cognoscibilidade de ofício – e, portanto, permite sua alegação a todo tempo, por qualquer das partes (mesmo a que antes adotou conduta incompatível com tal alegação), enquanto um juiz estiver investido de competência para conhecê-la. Mas não é suficiente para autorizar a interposição de um recurso (o que implicaria a instauração de nova competência judicial, até então inexistente) por aquele que antes defendeu a posição oposta. Quando muito, o caráter de ordem pública da questão permite que, havendo recurso do adversário, o réu defenda, em suas contrarrazões, posição oposta à que adotou antes". Interesse recursal. *In*: ARENHART, Sérgio Cruz; MITIDIERO, Daniel. (Coord.). DOTTI, Rogéria (Org.). O Processo civil entre a técnica processual e a tutela dos direitos: estudos em homenagem a Luiz Guilherme Marinoni São Paulo: Editora Revista dos Tribunais, 2017.

131. Admitindo, em qualquer caso, o recurso do réu contra a decisão que extingue o processo sem resolução de mérito: NERY JUNIOR, Nelson. Teoria geral dos recursos. 8. ed, rev., atual. e ampl. São Paulo: Thomson Reuters Brasil, 2024, p. 366-367.

cesso sem resolução do mérito. A referida ordem, contudo, não dialoga com a estabilidade que incidirá sobre a respectiva decisão. Ou seja, enquanto, pelo art. 337, o réu deve alegar, por exemplo, a existência de inépcia da petição inicial antes da litispendência, fato é que, apesar de ambas levarem à extinção, esta última impede a repropositura da demanda, isto é, a sentença prolatada por tal fundamento é evidentemente mais favorável ao réu que aquela outra.

Pela perspectiva inversa, é lícito ao autor, que tenha sua demanda julgada improcedente, recorrer para buscar a extinção do processo sem resolução do mérito, nas hipóteses de inaplicabilidade do art. 488. No caso, o que o autor busca é reduzir o *grau* de estabilidade do julgamento que lhe foi desfavorável, em que pese reconheça não ser apto a receber, no momento, a tutela jurisdicional inicialmente pedida[132]. É o que pode acontecer na hipótese de improcedência do pedido, diante do reconhecimento de ilegitimidade passiva. Caso o juiz aplique o art. 488 e julgue improcedente a demanda, ainda que corrija o vício, o autor não poderá propô-la novamente. Evidentemente, a situação de extinção sem resolução do mérito será resultado mais favorável ou, no caso, menos prejudicial, apto a ser buscado pelo recurso[133].

Vincular, portanto, o interesse recursal exclusivamente à ordem em que apresentadas as defesas, parece equivocado e não atende de forma ampla aos corolários da ampla defesa, do contraditório e da boa-fé, de sorte que, pode-se concluir com segurança que tanto em um quanto em outro caso, independentemente de existir requeri-

132. Admitindo expressamente o recurso do autor que busque a reversão da sentença de improcedência em extinção do processo sem resolução do mérito: CONSOLO, Claudio. Spiegazioni di diritto processuale civile, X ed. Torino: Giappichelli, 2015, livro digital, Vol. II, Sezione VII, Capitolo 1, item 2. No mesmo sentido: MANDRIOLI, Crisanto; CARRATA, Antonio. Diritto processuale civile. XXV ed. Torino: Giappichelli, 2016, livro digital, Vol. II. Capitolo VIII. Sezione prima. § 70 e VALITUTTI, Antonio; STEFANO, Franco de. Le impugnazioni nel processo civile. Vol. I. Padova: CEDAM, 1996, p. 67.

133. A partir de debates valiosos realizados no grupo de discussões da coluna Processualistas, bem como, em privado, com os professores Marcelo Mazzola e Marcela Kohlbach, concluiu-se que é possível a interposição de recurso pelo réu vitorioso no mérito, quando tenha arguido a existência de convenção de arbitragem na contestação, exemplo aventado anteriormente. Isso porque, sendo o Brasil signatário da Convenção de Nova Iorque, ratificada pelo Decreto 4.311/02, a existência de uma sentença arbitral, a depender do caso concreto, poderá tornar a execução de eventuais honorários advocatícios arbitrados muito mais eficaz, sobretudo quando o executado (o autor, no caso) não possuir bens em território nacional. Em todo caso, o exemplo é remotíssimo, já que pressupõe a utilidade do recurso, na reversão da decisão de improcedência para uma mera sentença extintiva, apenas na possível facilidade na execução dos honorários advocatícios arbitrados.

mento do réu pela extinção do processo sem resolução do mérito, sempre que ele, igualmente, requerer a improcedência do pedido[134], tal situação deve ser considerada para efeitos de sucumbência[135]. Da mesma forma que, ainda que haja preliminar previamente arguida, este poderá recorrer para obter tutela cuja estabilidade lhe seja mais favorável, como, por exemplo, aquela que exige a correção do vício antes do ajuizamento de nova demanda.

3.3.1.3. Interesse recursal para recorrer da decisão inexistente, rescindível ou inexigível

Sucumbir significa estar sob alguém, subjugado por uma pessoa, o vencedor. Essa dualidade presente etimologicamente no termo faz com que se tenha a concepção equivocada de que não é possível que ambas as partes sucumbam de forma plena. Espera-se que o processo sempre tenha um vencedor, tido como aquele que viu reconhecida a procedência do seu pedido. Em uma corrida, é sucumbente aquele que chegou em último lugar[136].

Acontece que também sucumbe aquele que, apesar de ter alcançado a linha de chegada primeiro, não recebe o prêmio merecido. Se o organizador da competição se negar a entregar o troféu, o indivíduo terá vencido apenas na teoria. Sua vitória será aparente, exclusivamente pelo *status* que possa dela advir. Na prática, ele permanece igual ao perdedor, sem obter qualquer proveito em decorrência do seu esforço. Ambos sucumbem porque nenhum dos competidores conseguiu obter a vantagem almejada.

Pensando no processo e tendo o exercício do direito de ação como direito à tutela jurisdicional efetiva, apenas é considerado vencedor aquele que obtenha decisão favorável apta a produzir todos os efeitos práticos que dela se esperam, inclusive – e principalmente – a

---

134. O raciocínio não pode ser o mesmo nas hipóteses em que o réu deixe de requerer a improcedência do pedido e se limite a buscar a extinção do processo sem resolução do mérito.

135. Eduardo Talamini defende a possibilidade de o autor recorrer para buscar a reversão da decisão de improcedência para a extinção do processo sem resolução de mérito, sempre que "(a) o fato acarretador da inadmissibilidade do julgamento de mérito for posterior à propositura da demanda e não foi causado pelo autor; ou (b) mesmo sendo anterior, tal fato não tinha como objetivamente ser conhecido pelo autor". TALAMINI, Eduardo. Interesse recursal. *In*: ARENHART, Sérgio Cruz; MITIDIERO, Daniel. (Coord.). DOTTI, Rogéria (Org.). O Processo civil entre a técnica processual e a tutela dos direitos: estudos em homenagem a Luiz Guilherme Marinoni. São Paulo: Editora Revista dos Tribunais, 2017.

136. SALVANESCHI, Laura. L'interesse ad impugnare. Milano: Dott. A. Giuffrè Editore, 1990, p. 42.

segurança de que a questão foi decidida de forma definitiva. Se o indivíduo não obtém tal certeza, não é possível afirmar que seu direito de ação foi plenamente exercido[137].

Apesar de a maioria dos vícios do processo serem sanáveis e, em último caso, convalescerem com a coisa julgada, o que se impõe até mesmo pela disciplina do art. 282[138], não se nega que há situações nas quais ou a estabilidade não incide, ou é sujeita ao possível ajuizamento de ação rescisória[139-140]. E mais, nos termos do art. 525, §§12 e 14, é possível que o título judicial já se constitua inexigível, sempre que seja "fundado em lei ou ato normativo considerado inconstitucional pelo Supremo Tribunal Federal, ou fundado em aplicação ou interpretação da lei ou do ato normativo tido pelo Supremo Tribunal Federal como incompatível com a Constituição Federal, em controle de constitucionalidade concentrado ou difuso."[141-142]. Tais situações geram na parte estado de incerteza jurídica que, a exemplo do que ocorre com as ações declaratórias, é apto a autorizar a interposição do recurso, independentemente da posição de pseudovencedor que lhe seja conferida pelo dispositivo[143].

---

137. É premissa fundamental que a sentença justa é aquela prolatada em estrito respeito ao direito objetivo, por isso espera-se que a sentença seja ato decisivo e definitivo do conflito. PROVINCIALI, Renzo. Delle impugnazioni in generale. Napoli: Morano Editore, 1962, p. 11 e 17.

138. GRINOVER, Ada Pellegrini. A Constituição e a invalidade dos atos processuais. Revista de Direito Constitucional e Internacional, vol. 1/1992, p. 227-236.

139. Trata-se especificamente das hipóteses de rescindibilidade verificável anteriormente ao trânsito em julgado da decisão. Excluídas as hipóteses de surgimento do defeito a posteriori.

140. Sobre o efeito sanatório da coisa julgada sobre questões de ordem pública: APRIGLIANO, Ricardo de Carvalho. Ordem pública e processo: o tratamento das questões de ordem pública no direito processual civil. São Paulo: Atlas, 2011, p. 189-192.

141. Sobre o tema vide: ARAÚJO, José Henrique Mouta. Os títulos executivos inconstitucionais e o Novo CPC: reflexões necessárias. Revista de Direito da ADVOCEF. Porto Alegre, ADVOCEF, v. 1, n. 24, 2017, p. 13-31.

142. Especificamente defendendo a existência de interesse recursal do vencedor para impugnar sentença inconstitucional: MONTORO, Marcos André Franco. Interesse em recorrer contra a fundamentação da sentença, com objetivo de evitar eventual aplicação do §1º do art. 475-L ou do parágrafo único do art. 741, ambos do CPC. *In*: CARMONA, Carlos Alberto. (Coord.). Reflexões sobre a reforma do código de processo civil: estudos em homenagem a Ada Pellegrini Grinover, Cândido R. Dinamarco e Kazuo Watanabe.. São Paulo: Atlas, 2007, p. 241-267.

143. No mesmo sentido, esclarece Eduardo Arruda Alvim: "Pelo simples fato de se tratar de sentença rescindível, mesmo no caso da ultra petita, em que o autor, aparentemente, ganhou além do que pediu, há interesse em recorrer, pois do contrário o autor ficará sujeito, por dois anos após o trânsito em julgado, à rescisão da sentença que lhe foi favorável, onde será, ademais, condenado em custas e honorários". Direito processual civil. 2. ed. reform., atual. e ampl. São Paulo: Editora Revista dos Tribunais, 2008, p. 761. Em sentido contrário, exigindo a presença de utilidade prática e rechaçando a possibilidade de a parte vencedora impugnar decisão viciada: PROVINCIALI, Renzo. Delle impugnazioni in generale. Napoli: Morano Editore, 1962, p. 150 e La Corte Suprema di Cassazione, ao decidir por inadmissível o recurso do autor que impugna a decisão de improcedência do pedido

Não há nulidade sem prejuízo[144], mas, não é possível negar que, no tocante aos vícios que, após o trânsito em julgado, podem servir de fundamento à desconstituição, mediante ação rescisória ou qualquer outro meio previsto pelo ordenamento jurídico, a decisão é sujeita a recurso, uma vez que o prejuízo, como já concluiu Ada Pellegrini Grinover, é presumido[145-146].

Laura Salvaneschi, no mesmo sentido, ressalta que o recurso interposto em face de decisão inexistente busca sua substituição por outra válida, ainda que de igual conteúdo, que forneça ao recorrente a segurança de que poderá efetivá-la. Isto porque a decisão inexistente nunca será apta a alcançar imutabilidade[147]. Não há problema em abranger, em tal entendimento, as demais decisões passíveis de impugnação por ações impugnativas autônomas. Independentemente de, em alguns casos, poderem alcançar a definitividade oriunda da coisa julgada, fato é que a relativização do instituto prevista pelo próprio sistema gera na parte o estado de incerteza que autoriza a interposição do recurso.

Tal também é a posição de Leonard Ziesemer Schmitz, quando trata de decisão com vício de fundamentação. Para o autor, nesses casos, mediante o reconhecimento da existência de interesse recursal da parte vencedora – na realidade, apenas pseudovencedora –, "o ganho qualitativo (...) é consideravelmente maior do que a suposta perda de agilidade ou de celeridade no julgamento"[148].

---

alegando a necessidade da extinção do processo, ressaltou que apenas há interesse recursal eventual para o vencedor prático impugnar decisão viciada. (Cass., Se. U., 20/10/2016, n. 21260 (rv. 641347). Ansaloni e altri c. Provincia Autonoma Bolzano e altri).

144. O tema das nulidades processuais é lateral ao presente trabalho e será tratado em estudo próprio. Sobre o assunto vide, dentre outros: ALVIM, Teresa Arruda. Nulidades do processo e da sentença. 11. ed. rev., atual. e ampl. São Paulo: Thomson Reuters Brasil, 2021 e PASSOS, José Joaquim Calmon de. Esboço de uma teoria das nulidades aplicada às nulidades processuais. Rio de Janeiro: Forense, 2009.

145. Como esclareceu: "A nulidade absoluta, em virtude do vício maior que afeta o interesse público, dispensa a constatação do prejuízo. Presume-se o prejuízo na nulidade absoluta, enquanto, na nulidade relativa, existe a necessidade da aferição do prejuízo." Na seqüencia, apesar de reconhecer a existência de diferenças entre os atos nulos e os inexistentes, ressalta que estes "também são atingidos pela sanção de ineficácia. Têm, pelo menos quanto à sanção, alguma aproximação com o ato nulo". A Constituição e a invalidade dos atos processuais. Revista de Direito Constitucional e Internacional. vol. 1/1992, p. 227-236, Out-Dez/1992.

146. No mesmo sentido: NERY JUNIOR, Nelson. Teoria geral dos recursos. 8. ed, rev., atual. e ampl. São Paulo: Thomson Reuters Brasil, 2024, p. 375.

147. SALVANESCHI, Laura. L'interesse ad impugnare. Milano: Dott. A. Giuffrè Editore, 1990, p. 185-186.

148. O autor sustenta a posição com o seguinte exemplo: "Se uma parte alega três fundamentos (A, B e C) para embasar sua pretensão, e tanto em primeira quanto em segunda instâncias analisa-se apenas

O interesse recursal decorre, aqui, da incerteza jurídica advinda da decisão viciada e inapta a produzir os efeitos que dela se espera, do fato de as partes não estarem seguramente diante de uma decisão definitiva e, portanto, verem-se sujeitas, sobretudo o vencedor, ao ajuizamento de uma ação impugnativa autônoma ou ao oferecimento de impugnação que avente a invalidade ou a inexigibilidade do título executivo judicial[149-150]. Neste sentido, é o entendimento de Araken de Assis:

> E, caracterizado vício de qualquer natureza no provimento, nasce o interesse de o vencedor recorrer, sobremodo interessado num provimento isento de nulidades, e, assim, apto a lhe assegurar a vitória duradouramente - e, principalmente,

---

um deles (A), os outros dois, não obstante requerimento da parte, não foram apreciados. Digamos que justamente o fundamento analisado é pacificamente decidido em sentido contrário pelos tribunais superiores. A parte é, até a segunda instância, vencedora, e não obstante é muito provável que em recurso especial o STJ reverta a decisão": Fundamentação das decisões judiciais: a crise na construção de respostas no processo civil. São Paulo: Editora Revista dos Tribunais, 2015, p. 293.

149. Neste sentido, embora tratando especificamente do interesse recursal do Ministério Público, em processo penal, Ada Pellegrini Grinover e João Ferreira Braga ressaltam muito corretamente que "o MP tem interesse na constituição de um título válido, e nem sempre poderá discernir claramente, a priori, se se trata de nulidade absoluta ou relativa. Assim, não estando o MP convencido tratar-se de nulidade relativa, sanada pela falta de alegação do interessado, pode e deve o promotor postular o reconhecimento de vícios que impliquem ofensa ao direito de defesa". Um estudo de teoria geral do processo: admissibilidade e mérito no julgamento dos recursos. Revista de Processo, v. 227. São Paulo: Revista dos Tribunais, jan, 2014, p. 171-196. A lição pode ser tranquilamente extraída para o processo civil, para as situações nas quais a nulidade ou defeito não são sanados pela coisa julgada, ou seja, podem ensejar medida impugnativa autônoma. Bondioli, tratando especificamente dos embargos de declaração, ensaia entendimento semelhante, ao afirmar que "Mesmo para o vencedor é útil a sanação de imperfeições da decisão judicial, quer para dificultar sua reforma em outra instância ou evitar ulteriores ataques via ação rescisória, quer para não deparar com obstáculos por ocasião da execução ou efetivação do julgado": BONDIOLI, Luis Guilherme Aidar. Embargos de declaração. São Paulo: Saraiva, 2005, p. 159-160.

150. Montoro entende que haverá interesse recursal "Somente quando existem elementos que demonstram a existência de dúvida sobre a constitucionalidade do texto legal (utilizado pela sentença para acolher o pedido) é que, então, o litigante integralmente vencedor tem interesse em recorrer contra a sentença que lhe rejeitou (ou não aplicou) outro fundamento jurídico diferente daquele cuja inconstitucionalidade poderá ser decretada". MONTORO, Marcos André Franco. Interesse em recorrer contra a fundamentação da sentença, com objetivo de evitar eventual aplicação do §1º do art. 475-L ou do parágrafo único do art. 741, ambos do CPC. *In*: CARMONA, Carlos Alberto. (Coord.). Reflexões sobre a reforma do código de processo civil: estudos em homenagem a Ada Pellegrini Grinover, Cândido R. Dinamarco e Kazuo Watanabe. . São Paulo: Atlas, 2007, p. 263. Não entendemos, porém, que tal argumento justifique a existência do interesse recursal. Veja-se que a mera dúvida sobre uma eventual declaração futura de inconstitucionalidade não é suficiente à formação do interesse recursal. É necessário que já exista certeza sobre o vício. O debate ainda pendente nas cortes retira a atualidade do prejuízo, ainda que se cogite decorrer este da incerteza vivida pela parte.

> esgotados os recursos, protegido contra o ulterior ataque do provimento por via de rescisória (art. 966).[151]

O prejuízo oriundo da inexistência, da rescindibilidade e da inexigibilidade decorrente da inconstitucionalidade do título executivo decorre do estado de incerteza gerado pela decisão, que não se presta a cumprir seu escopo de trazer para as partes paz social[152-153]. A tutela jurisdicional que não produz na parte a segurança que dela se espera é tutela inefetiva, uma vez que não permite que o processo entregue à parte vitoriosa "o gozo pleno da específica utilidade a que faz jus segundo o ordenamento"[154].

---

151. ASSIS, Araken de. Manual dos Recursos. 10. ed. rev. e atual. São Paulo: Thomson Reuters Brasil, 2021, p. 196.

152. "Ambas as partes podem recorrer nos casos de omissão da sentença, equivocada extinção sem julgamento de mérito e de sentença juridicamente inexistente". CONSOLO, Claudio. Spiegazioni di diritto processuale civile, X ed.. Torino: Giappichelli, 2015, livro digital, Vol. II, Sezione VII, Capitolo 1, item 2. Tradução livre. Do original: "Se tenga pure presente che entrambe le parti potranno legittimamente impugnare nel caso di omissione di pronuncia sulla domanda, di erronea declaratoria di estinzione e di sentenza giuridicamente inesistente".

153. "Mais ainda: há interesse jurídico até mesmo daquele que foi "vitorioso" no arremedo de decisão, que a todo tempo poderá ser desconsiderado. Pense-se na "sentença" de procedência proferida por um não-juiz (v.g., um juiz já aposentado). O próprio "vencedor", e não apenas o "sucumbente", tem interesse para dela apelar ao tribunal, a fim de que esse prontamente determine o retorno do processo ao primeiro grau, para que seja sentenciado por um agente investido de jurisdição ou para que, observadas as condições do art. 1.013, § 3º, o próprio tribunal resolva o mérito da causa." TALAMINI, Eduardo. Interesse recursal. In: O Processo civil entre a técnica processual e a tutela dos direitos: estudos em homenagem a Luiz Guilherme Marinoni. Sérgio Cruz Arenhart, Daniel Mitidiero, coordenadores; Rogéria Dotti, organizadora. São Paulo: Editora Revista dos Tribunais, 2017. No mesmo sentido: LIMA, Patrícia Carla de Deus. Sobre a possibilidade de interposição de recurso pela parte vencedora que sofreu cerceamento de defesa: algumas reflexões. In: NERY JÚNIOR, Nelson; WAMBIER, Teresa Arruda Alvim (coords.). Aspectos polêmicos e atuais dos recursos cíveis e assuntos afins. São Paulo: Editora Revista dos Tribunais, 2006; e FERREIRA FILHO, Manoel Caetano. Comentário ao artigo 499. *In*: SILVA, Ovídio Araújo Baptista da. (Coord.). Comentários ao código de processo civil, v. 7: do processo de conhecimento, arts. 496 a 564. São Paulo: Editora Revista dos Tribunais, 2001, p. 43.

154. Tal é um dos parâmetros do "programa básico" em prol da efetividade traçado por José Carlos Barbosa Moreira e que como descrito exige que "a) o processo deve dispor de instrumentos de tutela adequados, na medida do possível, a todos os direitos (e outras posições jurídicas de vantagem) contemplados no ordenamento, quer resultem de expressa previsão normativa, quer se possam inferir do sistema; b) esses instrumentos devem ser praticamente utilizáveis, ou menos em princípio, sejam quais forem os supostos titulares dos direitos (e das outras posições jurídicas de vantagem) de cuja preservação ou reintegração se cogita, inclusive quando indeterminado ou indeterminável o círculo dos eventuais sujeitos; c) impende assegurar condições propícias à exata e completa reconstituição dos fatos relevantes, a fim de que o convencimento do julgador corresponda, tanto quanto puder, à realidade; d) em toda a extensão da possibilidade prática, o resultado do processo há de ser tal que assegure à parte vitoriosa o gozo pleno da específica utilidade a que faz jus segundo o ordenamento; e) cumpre que se possa atingir semelhante resultado com o mínimo dispêndio de tempo e energias": MOREIRA, José Carlos Barbosa. Efetividade do processo e da técnica processual. Revista de Processo, v. 77. São Paulo: Revista dos Tribunais, jan-mar, 1995, p. 168-176.

A defesa da possibilidade de tanto o autor quanto o réu impugnarem a decisão inexistente, rescindível ou inexigível, aparentemente confronta com a disciplina da Súmula 318, do STJ, que afirma que "formulado pedido certo e determinado, somente o autor tem interesse recursal em arguir o vício da sentença ilíquida". O referido enunciado, datado de 2005, indica que a existência de nulidade apenas poderia ser arguida, em sede recursal, pela parte formalmente sucumbente, desconsiderando os possíveis prejuízos materiais sofridos pelo réu, contra quem é proferida sentença ilíquida. Não cogita, portanto, que possa o réu desejar realizar o pagamento espontâneo da obrigação e que a ausência de liquidez na sentença obstaculiza o cumprimento de tal dever e, por consequência, provoca a incidência de correção e juros legais por lapso temporal, que não pode ser a ele imputado.

O fato de o próprio STJ, por inúmeras vezes, ter reconhecido a existência da sucumbência material e o interesse recursal dela decorrente, impõe a investigação dos motivos que levaram a corte de cúpula a editar o referido enunciado, teoricamente expostos em seus 'precedentes'[155]. Tal análise, porém, não foi capaz trazer maior luz à compreensão da Súmula 318, já que a maior parte dos acórdãos referenciados pelo STJ como 'precedentes' que levaram à elaboração do enunciado, a questão sobre o interesse recursal e sua relação com a sucumbência formal e material foi tratada de forma rasa. A bem da verdade, em sua maioria, os acórdãos buscaram confirmar a possibilidade de o juiz, apesar do pedido certo e determinado, proferir sentença ilíquida, deixando a apuração do *quantum* para momento posterior. Em todos os acórdãos foi possível perceber que a questão de fundo era, a bem da verdade, a interpretação do artigo 459, parágrafo único e sua observação como apto a gerar apenas nulidade relativa[156]. Assim, pode-se concluir que a Súmula 318, do STJ, se interpretada a partir dos julgados que levaram à sua edição, não é apta a obstar a aplicação daquilo que aqui é defendido. Especialmente porque as

---

155. AgRg no Ag 587873/PR, REsp 32258/RJ, REsp 32835/SP, REsp 50536/MG, REsp 56566/MG, REsp 73932/RJ, REsp 113700/RJ, REsp 145246/SP, 149763/SC, REsp 162194/SP e REsp 330175/PR.

156. É o que se extrai, por exemplo, da ementa do REsp 145.246-SP, da lavra do Min. Sálvio de Figueiredo Teixeira: "II – Construção afinada com os fins teleológicos do processo, e com a instrumentalidade deste, tem entendido que não se deve decretar a nulidade da sentença na hipótese contemplada no parágrafo único do art. 459, do CPC, uma vez que a mesma retardaria a prestação jurisdicional, contrariando o princípio da celeridade, principal objetivo da norma".

nulidades aptas a ensejar o recurso do vencedor são aquelas passíveis de serem conhecidas em ação rescisória.

3.3.1.3.1. Interesse recursal para recorrer de sentença resultante em dolo, coação, simulação ou colusão

O raciocínio exposto no item precedente não se altera nas hipóteses de a sentença ter resultado de dolo, coação, simulação ou colusão entre as partes. Nesses casos, da mesma forma que a todas as partes é outorgado o direito ao ajuizamento de ação rescisória (art. 966, III), tanto o prejudicado pelo ilícito, quanto aquele que o praticou, independente de se tratar de aparente vencedor, poderá interpor o recurso, com a finalidade de ver a decisão cassada e o vício corrigido pelo tribunal.

Isso porque, aqui, com mais razão, não há que se cogitar a aplicação do "princípio da não alegação da própria torpeza em benefício de si mesmo"[157]. Ainda que tenha dado causa à rescindibilidade da decisão, a parte pseudovencedora poderá suscitar a nulidade e buscar a regularização do julgamento. Veja-se que estão presentes todos os elementos do interesse recursal, sendo certo que a conduta ilícita não tem como efeito legal a perda do direito ao recurso ou a limitação do direito de ação. A perda do direito ao recurso por ato abusivo apenas é possível quando a conduta ilegítima ocorra no âmbito da interposição do próprio recurso.

No caso, se está diante de ato abusivo anterior, relacionado a outros atos do processo. Assim, a parte que deu causa ao vício poderá ser punida nos estritos limites do que autoriza a legislação, não havendo, ainda que se tome por premissa a boa-fé objetiva e os institutos de abuso do direito, meio de afirmar a perda direito ao recurso. Especialmente porque, ao interpô-lo buscando uma decisão judicial válida e atenta ao direito objetivo, a parte contribui para a correta aplicação do direito e para que o processo atinja seu fim público.

Laura Salvaneschi, tratando da recorribilidade da decisão resultante de colusão entre as partes, ressalta o caráter público existente no

157. Tratando especificamente do ajuizamento da rescisória, na hipótese prevista no artigo 966, III: WAMBIER, Teresa Arruda Alvim; CONCEIÇÃO, Maria Lúcia Lins; RIBEIRO, Leonardo Ferres da Silva; MELLO, Rogerio Licastro Torres de. Primeiros comentários ao novo Código de Processo Civil: artigo por artigo. 3. ed. São Paulo: Thomson Reuters Brasil, 2020, p. 1.468.

interesse recursal, para afirmar que o interesse da parte é considerado um meio, não um fim, razão pela qual não é possível privá-la da impugnação, como um castigo por ter participado da fraude. No caso, ressalta, se assim fosse feito, não apenas a parte estaria sendo castigada, mas toda a sociedade, que seria prejudicada pela má prestação jurisdicional e pelos efeitos lesivos dela decorrentes[158].

Veja-se que, na hipótese de decisão rescindível, independentemente do motivo da rescindibilidade, salvo a exceção apresentada no próximo item, caberá a interposição de recurso por todas as partes, uma vez que, sendo possível o ajuizamento de ação rescisória, é muito mais econômico, útil e coerente com o interesse público que se obste o trânsito em julgado, impedindo a incidência da coisa julgada sobre decisão em desacordo com o ordenamento.

3.3.2. Utilidade sem sucumbência

Como dito, a doutrina, adotando a cisão do conceito de sucumbência em formal e material e, em regra, utilizando esta última para autorizar a impugnação para obtenção de vantagem não outorgada pela decisão e passível de ser obtida pelo recurso, tende a admitir a interposição de recurso pelo vencedor[159]. A maior parte dos exemplos utilizados para justificar tal possibilidade compreende, no nosso entendimento, em verdadeira sucumbência, ou seja, o recurso é interposto por parte vencida, ainda que, aparentemente, possa ser considerada vencedora.

Há situações, porém, nas quais o indivíduo é, de fato, vencedor e, ainda assim, pode ser considerado dotado de interesse recursal. O provimento do recurso poderá "trazer alguma utilidade jurídica prática para o recorrente, ou seja, uma situação jurídica objetivamente melhor do que a que ele tinha com a decisão recorrida"[160]. A utilidade do recurso, pela ótica prospectiva, será extraída não da relação entre a

---

158. SALVANESCHI, Laura. L'interesse ad impugnare. - Milano: Dott. A. Giuffrè Editore, 1990, p. 234.

159. "Embora a condição de vencido sempre legitime o recurso, reconhece a boa doutrina que, mesmo vencedor, o litigante pode excepcionalmente ter interesse na revisão da decisão que o favoreceu. É o caso em que a possível solução da causa tenha condições de proporcionar-lhe "melhor situação" do que aquela adotada no julgamento". THEODORO JR., Humberto. Curso de direito processual: vol. III. 51. ed. rev., atual. e ampl. Rio de Janeiro: Forense, 2018, p. 1.037.

160. TALAMINI, Eduardo; WLADECK, Felipe Scripes. Comentário ao artigo 994. *In*: BUENO, Cassio Scarpinella. (Coord.). Comentários ao código de processo civil – volume 4 (arts. 926 a 1.072). São Paulo: Saraiva, 2017, p. 282.

decisão e tudo aquilo que a parte poderia dela esperar, mas do cotejo entre ela e o benefício possível de ser obtido com o julgamento do recurso. Nas palavras de Araken de Assis, caberá recurso para alcançar "o melhor resultado concebível no processo"[161]. Se a situação do recorrente puder objetivamente melhorar diante do conhecimento e julgamento do recurso, será aberta a via recursal[162].

Nelson Nery Junior, ainda que adotando premissas diferentes das nossas, ao tratar da noção de sucumbência, para fins de autorizar a interposição do recurso, ressalta que esta se divide em três hipóteses distintas. A primeira delas, sucumbência formal, implica a divergência entre o que foi requerido pela parte no processo e o que foi entregue pela decisão; a segunda, sucumbência material, é aquela que, independente do que foi requerido, leve à parte ou a terceiro a uma situação pior do que a anterior ao processo; e, por fim, em suas palavras, afirma que será sucumbente a parte que "não obteve do processo tudo aquilo que poderia ter dele obtido" [163].

Juan de Dios Doval de Mateo, na mesma linha, ressalta que a diferenciação entre o interesse recursal e a legitimidade são fundamentais para observar o fenômeno sob uma ótica prospectiva. Ao afirmar que o termo "vencida" é exclusivamente vinculado à existência do interesse recursal – e não da legitimidade – seria possível, atrelando-o ao interesse de agir e à evolução por ele experimentada, dar nova interpretação ao sentido da norma, desvinculando-o da sucumbência e permitindo, nos exemplos por ele dados, a interposição de recurso fundado em interesse moral e na exclusiva reparação de injustiça[164].

Os exemplos são distintos. O primeiro deles, na esteira do item precedente, é encontrado nas hipóteses nas quais, apesar de prolatada sem qualquer defeito e aplicando corretamente o direito ao caso concreto, a decisão se torna precária por fato superveniente à sua prola-

161. ASSIS, Araken de. Manual dos Recursos. 10. ed. rev. e atual. São Paulo: Thomson Reuters Brasil, 2021, p. 195.

162. MANDRIOLI, Crisanto; CARRATA, Antonio. Diritto processuale civile. XXV ed. Torino: Giappichelli, 2016, livro digital, Vol. II. Capitolo VIII. Sezione prima. § 70. No mesmo sentido: LUISO, Francesco P. Diritto processuale civile. II. Il processo di cognizione. Terza edizione. Milano: Dott. A. Giuffrè Editore, 2000, p. 285.

163. NERY JUNIOR, Nelson. Teoria geral dos recursos. 8. ed, rev., atual. e ampl. São Paulo: Thomson Reuters Brasil, 2024, p. 364.

164. MATEO, Juan de Dios Doval de. La revisión civil. - Barcelona: Libreria Bosch, 1979, p. 76.

ção, isto é, quando a causa de rescindibilidade ou de inexigibilidade surja entre a publicação do *decisum* e o trânsito em julgado.

Nesses casos, igualmente, tanto o vencedor, quanto o vencido, poderão interpor o respectivo recurso, já que o comando se tornou supervenientemente precário. É o que pode acontecer, por exemplo, no caso de reconhecimento de inconstitucionalidade da lei ou ato normativo sobre o qual se fundou a decisão, em julgamento ocorrido no período de trânsito.

Questão interessante é a da descoberta de prova nova, que apenas autoriza a ação rescisória quando ocorrida "posteriormente ao trânsito em julgado". Veja-se, por consequência, que se a prova for identificada anteriormente ao trânsito, é possível a interposição do recurso. Neste caso em particular não será admitido o recurso pelo vencedor, já que, ultrapassado o trânsito, não será possível o ajuizamento de ação rescisória pelo vencido. A decisão não gera na parte vencedora qualquer estado de incerteza.

A solução não será a mesma se o vencedor, diante da descoberta de fato novo ou prova nova, reconheça por infundada a sua pretensão anteriormente apresentada. Nestes casos, é possível cogitar que tenha interesse recursal, desde que não seja possível, por outro meio, impedir os efeitos práticos da sentença, ou seja, desde que preenchido o requisito da necessidade. Tal situação pode se apresentar em demandas constitutivas, como a anulação de casamento e a usucapião. Considerando que a parte está impedida de desistir da demanda pelo art. 485, §5º e não pode ser constrangida a renunciar o direito material, é possível que se admita seu recurso, para que a sentença de mérito seja revertida em terminativa, pela perda superveniente do interesse de agir[165].

A terceira hipótese de utilidade do recurso sem sucumbência, para obtenção de todo proveito prático possível de ser outorgado pelo processo, será tratada adiante, no capítulo referente aos influxos do sistema de precedentes vinculantes no interesse recursal.

165. GRASSO, Eduardo. L'interesse ad impugnare. - Milano: Dott. A. Giuffrè Editore, 1967, nota 39, p. 65.

3.3.3. Atualidade, interesse recursal eventual e recursos prejudicados

A utilidade do recurso é aferida também se tomando como ponto de partida a atualidade da situação de fato ou de direito que o torna útil. Ou seja, da mesma forma que, para o interesse de agir, é necessário que a parte demonstre que a necessidade e utilidade da tutela jurisdicional decorrem de um estado de crise recente, o recorrente apenas poderá manejar o respectivo recurso se apontar que a utilidade do mesmo é atual. O recurso deverá trazer o benefício pretendido, independentemente da ótica adotada – retrospectiva ou prospectiva, de forma imediata, tão logo seja julgado e surta seus efeitos.

Justamente por isso, como será desenvolvido no capítulo sobre influxos do sistema de precedentes no interesse recursal, que não se pode admitir que a parte impugne os fundamentos de decisão apta a formar precedente vinculante, sem demonstrar que os efeitos desta atingirão imediatamente sua esfera de direitos.

A situação, porém, não obsta a existência de hipóteses nas quais a mera interposição do recurso da parte contrária faz surgir, naquele que não pretendera inicialmente recorrer, a insegurança decorrente da eventualidade da reforma da decisão que lhe favorece.

Tais situações, excepcionais, apresentam-se apenas quando não for possível obter, através da resposta ou da via comum do recurso adesivo, a solução possível de ser alcançada com a interposição do recurso próprio. Isto é, sempre que provido o recurso da parte contrária, as matérias aptas a favorecerem o recorrido e que poderiam ser impugnadas por recurso por ele interposto, estarão sujeitas à preclusão.

É a hipótese aventada pela doutrina para tratar do recurso especial/extraordinário adesivo eventual. Considerando que os recursos excepcionais são de fundamentação vinculada, devolução estrita e interposição simultânea, é possível imaginar situações nas quais cada uma das partes, reciprocamente sucumbentes, identifique fundamentos aptos a ensejar recurso especial e extraordinário. Supondo que apenas uma delas interponha recurso especial, a outra poderá, além de interpor o mesmo recurso pela via adesiva, interpor também recurso extraordinário, partindo da possibilidade de provimento do recurso especial da parte contrária.

Assim, provido o recurso especial principal interposto e revista a decisão impugnada, o recurso especial extraordinário adesivo do recorrido, deverá ser remetido ao STF para apreciação e julgamento[166]. Veja-se que isto apenas é possível quando há sucumbência recíproca, uma vez que o recurso interposto em decorrência do risco gerado pela possível alteração da decisão pelo STJ, submete-se ao regime dos recursos adesivos e, portanto, subordinados.

O CPC/15 fez surgir nova hipótese de recurso eventual, a qual, de aplicação muito mais ampla e rotineira, como será demonstrado, alcança tanto as hipóteses de sucumbência recíproca e de subordinação do recurso, quanto àquelas em que a parte é integralmente vencedora na causa[167].

Por fim, também decorre da atualidade, a necessidade de o interesse recursal persistir até o momento do julgamento do recurso. Qualquer fato superveniente que gere a perda do interesse, ainda que ocorra após o juízo inicial de admissibilidade, levará ao não conhecimento do recurso[168-169]. Na hipótese, tem-se o que a doutrina e a praxe forense denominam por recursos prejudicados, isto é, aqueles que, em decorrência de fato superveniente, têm afetado o interesse recursal.

No ponto, verifica-se a íntima relação entre o interesse recursal e os fatos extintivos ou impeditivos do direito de recorrer. Nelson Nery Junior, muito embora encarte os fatos extintivos ou impeditivos como requisitos extrínsecos de admissibilidade, distanciando-os do interesse recursal, ao tratar dos recursos prejudicados, em parecer

---

166. TALAMINI, Eduardo. Interesse recursal. *In*: ARENHART, Sérgio Cruz; MITIDIERO, Daniel. (Coord.). DOTTI, Rogéria. (Org.). O Processo civil entre a técnica processual e a tutela dos direitos: estudos em homenagem a Luiz Guilherme Marinoni. São Paulo: Editora Revista dos Tribunais, 2017.

167. Veja-se que, ao referendar o recurso eventual, o ordenamento jurídico brasileiro se afasta do sistema latino-americano que, em regra, não admite o recurso eventual. Neste sentido: COSTA, Agustin A. El recurso ordinario de apelación en el proceso civil. - Buenos Aires: Asociacion de Abogados de Buenos Aires, 1950, p. 45 e TAWIL, Guido Santiago. Recurso ordinario de apelación ante la Corte Suprema de Justicia. Buenos Aires: Ediciones Depalma, 1990, p. 79. O recurso eventual é, porém, relativamente comum na Itália, que admite a interposição da chamada impugnazione incidentale, cuja apreciação pode ser condicionada ao provimento do recurso principal. Sobre o tema, vide especialmente as obras de Eduardo Grasso: L'interesse ad impugnare. Milano: Dott. A. Giuffrè Editore, 1967 e Le impugnazioni incidentali. - Milano: Dott. A. Giuffrè Editore, 1973.

168. TAWIL, Guido Santiago. Recurso ordinario de apelación ante la Corte Suprema de Justicia. - Buenos Aires: Ediciones Depalma, 1990, p. 80.

169. Além dos critérios particulares de cada caso, como, por exemplo, o surgimento superveniente de fato impeditivo ou extintivo do direito de recorrer, é possível a perda do interesse recursal também por alteração no ordenamento jurídico.

sobre o tema, afirmou que estes o são "por falta de interesse recursal [ausência de requisito de admissibilidade do recurso], em razão da prática de ato incompatível com a vontade de recorrer".[170]

3.4. INTERESSE-CABIMENTO[171]

O interesse-cabimento, condição do recurso, está intimamente atrelado a outras duas características do interesse de agir[172]: a possibilidade jurídica e a adequação. Isto quer dizer que o recurso deve estar previsto no ordenamento jurídico e que a parte precisa manejar a via impugnativa correta, voltada ao ato que pretende impugnar[173].

No tocante à primeira faceta do cabimento, o art. 994 delimita quais são os recursos cabíveis, enquanto o art. 1.001, ao afirmar que dos despachos não cabe recurso, indica quais decisões são, de acordo com o sistema processual brasileiro, em regra, impugnáveis. Pelo que se extrai do texto legal, o ordenamento jurídico brasileiro permanece autorizando a ampla recorribilidade das decisões prolatadas no pro-

170. . Reconhecimento jurídico do pedido e perda de interesse processual recursal. In: Soluções Práticas de Direito – Nelson Nery Junior. Vol. 10. São Paulo: Editora Revista dos Tribunais, 2014.

171. Apenas para fins didáticos, opta-se por manter a referência ao termo cabimento.

172. "Para o exercício do direito de ação, adequação é a relação existente entre a situação lamentada pelo autor ao vir a juízo e o provimento jurisdicional concretamente solicitado, que deve ser apto a corrigir o mal de que o autor se queixa sob pena de não ter razão de ser. Analogamente, com relação ao direito de recorrer, o recurso interposto deve ser adequado e assegurar a utilidade visada pelo recorrente. Isso importa em que o recorrente lance mão do recurso adequado às hipóteses de cabimento, pois a cada tipo de decisão cabe um tipo de recurso, embora a regra seja mitigada pelo princípio da fungibilidade. É por isso que a classificação tradicional dos requisitos recursais coloca a adequação ao lado do cabimento, como pressupostos objetivos dos recursos. Vê-se daí que, com relação aos recursos, o interesse-adequação se confunde com o cabimento". GRINOVER, Ada Pellegrini; BRAGA, João Ferreira. Um estudo de teoria geral do processo: admissibilidade e mérito no julgamento dos recursos. Revista de Processo, v. 227. São Paulo: Revista dos Tribunais, jan, 2014, p. 171-196.

173. "Esse requisito apresenta duas facetas: uma relacionada com a existência de previsão legal da figura recursal e a outra atrelada a uma relação de pertinência entre o recurso e o pronunciamento judicial contra o qual ele se volta". BONDIOLI, Luis Guilherme Aidar. Comentários ao código de processo civil – volume XX (arts. 994-1.044). Coordenação de José Roberto Ferreira Gouvêa, Luis Guilherme Aidar Bondioli, João Francisco Naves da Fonseca. – São Paulo:Saraiva, 2016, p. 27. No mesmo sentido: OLIVEIRA, Bruno Silveira de. O formalismo do sistema recursal à luz da instrumentalidade do processo. Revista de Processo, v. 160. São Paulo: Revista dos Tribunais, jun, 2008, p. 32-60; LEMOS, Vinicius Silva. Recursos e processos nos tribunais no novo CPC. São Paulo: Lexia, 2015, p. 92-93; NUNES, Dierle José Coelho. Alguns elementos do sistema recursal: da sua importância na alta modernidade brasileira, do juízo de admissibilidade e de seus requisitos. Revista IOB de Direito Civil e Processual Civil. Ano VIII, n. 47, mai-jun, 2007, p. 112-114; e TALAMINI, Eduardo; WLADECK, Felipe Scripes. Comentário ao artigo 994. *In*: BUENO, Cassio Scarpinella. (Coord.). Comentários ao código de processo civil – volume 4 (arts. 926 a 1.072). São Paulo: Saraiva, 2017, p. 279.

cesso, ainda que a impugnação se dê de forma diferida, como é o caso das decisões interlocutórias não agraváveis.

Há, porém, decisões irrecorríveis por expressa previsão legal, seja por não conterem qualquer conteúdo decisório, seja pelo sopesamento entre o interesse público e o privado, que impõe a presunção de inexistência de interesse recursal[174].

No que se refere à irrecorribilidade dos despachos, prevista no art. 1.001, percebe-se que o legislador aparentemente presumiu a inexistência de interesse recursal, já que, em regra, estes não possuem conteúdo decisório relevante[175], logo, não são capazes de gerar qualquer prejuízo para as partes[176]. Quando excepcionalmente o despacho provoca prejuízo, a doutrina e o STJ já reconheceram que é possível admitir o recurso, uma vez que não se pode cogitar da existência de decisões aptas a causarem gravame à parte, sem que contra elas seja outorgado o respectivo remédio[177-178].

---

174. "A técnica legislativa, ao seu turno, poderá discriminar o que é significativo para fins de despertar interesse recursal, seja por meio de um critério de exclusão, fixando de antemão aquilo que é irrelevante, seja pelo emprego da enumeração taxativa das decisões que comportam recurso". CAMBI, Eduardo; DOTTI, Rogéria; PINHEIRO, Paulo Eduardo d'Arce; MARTINS, Sandro Gilbert; KOZIKOSKI, Sandro Marcelo. Curso de processo civil completo. 3. ed. rev., atual. e ampl. São Paulo: Thomson Reuters Brasil, 2022, p. 1.634.

175. Sobre a distinção entre despachos e decisões interlocutórias: ALVIM, Teresa Arruda. Os agravos no CPC de 2015. 5. ed. Curitiba: Editora Direito Contemporâneo, 2021, p. 100-108; 121-123.

176. CUNHA, Leonardo José Carneiro da. Comentário ao artigo 203. *In*: CABRAL, Antonio do Passo; CRAMER, Ronaldo. Comentários ao novo Código de Processo Civil.. 2. ed. rev., atual. e ampl. Rio de Janeiro: Forense, 2016, p. 344. No mesmo sentido: ALVIM, Eduardo Arruda. Direito processual civil. 2. ed. reform., atual. e ampl. São Paulo: Editora Revista dos Tribunais, 2008, p. 711.

177. Pontual é o entendimento de Sérgio Bermudes, ao afirmar que "Os despachos que o artigo menciona não admitem recurso porque, pela sua própria natureza, não são suscetíveis de ofender direitos processuais das partes ou de terceiros. Não causam gravame. Não causam gravame porque não dispõem sobre pretensão das partes, ou de terceiros. Ou se trata de despachos irrelevantes, que não põem em causa interesses das partes, dignos de proteção, ou se trata de despachos que exprimem o exercício de livre poder jurisdicional". BERMUDES, Sérgio. Comentários ao código de processo civil. 2. ed. São Paulo: Editora Revista dos Tribunais, 1977, v. 7, p. 92. No mesmo sentido: ALVIM, Teresa Arruda. Os agravos no CPC de 2015. 5. ed. Curitiba: Editora Direito Contemporâneo, 2021, p. 101-107.

178. Teresa Arruda Alvim ressalta que a irrecorribilidade imediata de decisões interlocutórias teria tornado a discussão acerca da distinção entre despachos e decisões interlocutórias irrelevante. Em suas palavras: "Não haverá recurso inadmitido por se tratar de despacho e não de interlocutória. Já que aquelas que a lei não menciona serão atacadas no recurso que impugna as sentenças ou as contrarrazões": WAMBIER, Teresa Arruda Alvim. Comentário ao artigo 1.001. *In*: CABRAL, Antonio do Passo; CRAMER, Ronaldo. Comentários ao novo Código de Processo Civil. 2ª ed. rev., atual. e ampl. Rio de Janeiro: Forense, 2016, p. 1497. Discorda-se do referido entendimento, uma vez que, muito embora a discussão não venha a ocorrer em sede de agravo de instrumento, ela ainda poderá surgir quando do conhecimento do recurso interposto em preliminar de razões ou contrarrazões de apelação. É possível que o tribunal, ao conhecer do recurso da parte, entenda que o mesmo é inadmissível tendo em vista a decisão impugnada – de forma diferida – ser despacho e não uma decisão interlocutória.

A mesma solução se apresenta para as demais decisões irrecorríveis previstas no CPC, que não são aptas a, em um primeiro momento, gerar qualquer prejuízo[179]. Por exemplo, a decisão que admite o *amicus curiae* que, por sua finalidade e diante do juízo de necessidade de sua participação feito pelo magistrado, não é capaz de gerar qualquer gravame (art. 138).[180] O mesmo para a decisão prevista no art. 950, §3º, quando o relator do recurso admite a intervenção de órgãos e entidades, no incidente de arguição de inconstitucionalidade. Também não se pode cogitar que se recorra da decisão que autoriza a correção de vícios processuais, sobretudo no tocante aos recursos, pela ausência de necessidade, já que o proveito prático a ser obtido com o recurso, poderá, igualmente, ser alcançado com a respectiva alegação em preliminar de contrarrazões[181-182].

Com relação ao *amicus curiae*, vale mencionar que o STF, na questão de ordem no Tema 881, considerou que o terceiro não teria legitimidade para interpor embargos de declaração. A decisão é equivocada, na medida em que, além da expressa previsão legal autorizando a interposição do recurso (art. 138, §1º), a legitimidade democrática dos precedentes depende da possibilidade de controle, pelos *amici curiae*, das decisões – especialmente com relação às omissões, obscuridades, contradições e erros materiais.[183]

Já quanto à irrecorribilidade prevista para as decisões prolatadas pelas cortes de cúpula, como, por exemplo, da que deixa de conhecer o recurso por falta de repercussão geral (art. 1.035) ou a do relator do STF, que remete os autos ao STJ, por entender que o recurso interposto, em verdade, trata-se de recurso especial – aplicando, assim,

179. A recorribilidade das decisões está intimamente atrelada à possibilidade destas gerarem prejuízo para a parte. Quando a lei presume que não haverá prejuízo, torna a decisão irrecorrível, evitando, assim, o dispêndio inútil de tempo e recursos em sua apreciação e julgamento. Nesse sentido, no direito argentino: COSTA, Agustin A. El recurso ordinario de apelación en el proceso civil. Buenos Aires: Asociacion de Abogados de Buenos Aires, 1950, p. 43.

180. A decisão que inadmite a participação do *amicus curiae* é recorrível. Sobre o tema, vide: MUNHOZ, Manoela Virmond. A participação do *amicus curiae*: interesse, funções, regime jurídico e classificação. São Paulo: Thomson Reuters Brasil, 2024.

181. DINAMARCO, Cândido Rangel. A reforma do Código de Processo Civil. 5. ed. rev., ampl. e atual. São Paulo: Malheiros Editores, 2001, p. 169.

182. A questão, aqui, é mais de ausência de interesse recursal-necessidade que, propriamente, de cabimento. NERY JUNIOR, Nelson. Teoria geral dos recursos. 8. ed, rev., atual. e ampl. São Paulo: Thomson Reuters Brasil, 2024, p. 364.

183. MUNHOZ, Manoela Virmond. Questão de ordem no Tema 881 do STF: a indevida restrição da interposição de embargos de declaração pelo amicus curiae na repercussão geral. Disponível em: https://www.jota.info/opiniao-e-analise/artigos/questao-de-ordem-no-tema-881-do-stf-2104 2024. Acesso em: 9.5.2024.

a fungibilidade recursal – há evidente sobreposição do interesse público sobre o privado, em atenção à finalidade das referidas cortes. A questão seria facilmente resolvida pela ausência de interesse recursal-utilidade, decorrente do sopesamento entre o interesse público e o privado, contudo, optou o legislador por, desde logo e expressamente, torná-las irrecorríveis, facilitando a interrupção pronta do recurso.

Veja-se que a irrecorribilidade da decisão, por expressa determinação legal, parte da premissa da inexistência do interesse recursal. Isto é, o próprio sistema compreende que a impugnação é desnecessária ou inútil e impede, desde logo, através de um critério mais simples de aferição, que a parte se valha do recurso de forma abusiva. O cabimento do recurso – ou, melhor, o seu não cabimento - é efeito da presunção legal da falta de interesse recursal, o que confirma este se tratar de um de seus elementos, da mesma forma que a impossibilidade jurídica do pedido integra o interesse de agir[184-185].

Isto, porém, não se aplica à hipótese de vício de fundamentação, deficiência que afronta diretamente a garantia constitucional prevista no art. 93, IX, da Constituição Federal e faz com que o interesse recursal surja, independentemente da irrecorribilidade anunciada pelo legislador. Justamente por isso, será possível, em qualquer caso, o manejo de embargos de declaração[186].

Questão interessante é a do processo de produção antecipada de provas que, na forma do art. 382, §4º, não admite nem defesa, nem recurso, "salvo contra decisão que indeferir totalmente a produção

---

184. Por exemplo, tanto José Carlos Barbosa Moreira quanto Athos Gusmão Carneiro ressaltaram que a decisão sobre o cabimento de agravo de instrumento ou retido, partia necessariamente da utilidade de interposição do recurso pela via autônoma. A questão se resolvia no interesse recursal e na (in)útil impugnação imediata na decisão interlocutória. Vide: MOREIRA, José Carlos Barbosa. Comentários ao Código de Processo Civil, Lei nº 5.869, de 11 de janeiro de 1973, vol. V. 10. ed., rev. e atual. Rio de Janeiro: Editora Forense, 2002, p. 492-293 e CARNEIRO, Athos Gusmão. O novo recurso de agravo e outros estudos. Rio de Janeiro: Forense, 1996, p. 21-24.

185. Nelson Luiz Pinto, embora perceba a confusão entre o interesse recursal e o cabimento, ressalta que a questão apenas possui implicações teóricas, não possuindo qualquer consequência relevante, uma vez que "quer se considere o recurso como incabível, quer se considere a parte como não tendo interesse em recorrer" os efeitos serão os mesmos: Manual dos recursos cíveis. 3. ed., ampl e atual. São Paulo: Malheiros Editores, 2002, p. 71. Entendemos, porém, que a correta sistematização contribui para a compreensão e aplicação adequada dos institutos, em que pese o efeito prática seja a inadmissibilidade do recurso.

186. MOREIRA, José Carlos Barbosa. Comentários ao Código de Processo Civil, Lei nº 5.869, de 11 de janeiro de 1973, vol. V. 10. ed., rev. e atual. Rio de Janeiro: Editora Forense, 2002, p. 542-543 e TALAMINI, Eduardo; WLADECK, Felipe Scripes. Comentário ao artigo 994. *In:* BUENO, Cassio Scarpinella. (Coord.). Comentários ao código de processo civil – volume 4 (arts. 926 a 1.072). São Paulo: Saraiva, 2017, p. 279.

da prova pleiteada pelo requerente originário". A restrição vem sendo vista com temperamento pela doutrina, especialmente porque, no tocante ao recurso, é possível que surjam falhas no procedimento, aptas a, no processo futuro, invalidar a prova[187]. É o caso, por exemplo, da exclusão indevida de litisconsorte e de questões como a incompetência do juízo, a ilegitimidade de parte ou, até mesmo, a forma pela qual a prova é produzida. Daí porque, além, obviamente, dos embargos de declaração, será cabível recurso sempre que este versar sobre questões processuais, eliminando vícios de atividade que possam vir a macular a prova e tornar sua produção autônoma inútil[188].

Definido que a decisão é recorrível, cumpre a parte eleger o adequado, ou seja, realizar a análise de qual recurso é previsto na lei para impugnar a respectiva decisão[189]. O CPC traz normas esparsas, deixando claro que para cada decisão haverá única e exclusivamente um recurso cabível. A parte não tem, portanto, qualquer liberdade na eleição de qual recurso utilizar para impugnar a decisão. Deverá necessariamente seguir os parâmetros legais, respeitando os requisitos de admissibilidade gerais e específicos[190].

Há, porém, exceções. A principal delas são os recursos de fundamentação vinculada – embargos de declaração, embargos de divergência e recurso especial e recurso extraordinário[191-192]. Os embargos

187. Vide: LOPES, Maria Elizabeth de Castro. Comentário ao artigo 382. *In*: BUENO, Cassio Scarpinella. (Coord.). Comentários ao código de processo civil – volume 2 (arts. 318 a 538). São Paulo: Saraiva, 2017, p. 371-372 e DIDIER Jr., Fredie; BRAGA, Paula Sarno; OLIVEIRA, Rafael Alexandria de. Curso de direito processual civil: teoria da prova, direito probatório, decisão, precedente, coisa julgada, processo estrutural e tutela provisória. 19. ed. rev., atual. e ampl. São Paulo: Editora JusPodivm, 2024., p. 188-191.

188. No tocante à restrição à defesa, há o enunciado 32, do CJF, que afirma que "A vedação à apresentação de defesa prevista no art. 382, §4º, do CPC/2015, não impede a alegação pelo réu de matérias defensivas conhecíveis de ofício". O mesmo raciocínio pode e deve ser aplicado à recorribilidade, admitindo-se o recurso sempre que seja demonstrada efetiva necessidade-utilidade em sua interposição.

189. MOREIRA, José Carlos Barbosa. O juízo de admissibilidade no sistema dos recursos civis. Rio de Janeiro, 1968, p. 48.

190. LIMA, Alcides de Mendonça. Introdução aos recursos cíveis. 2. ed. rev. e atualizada. São Paulo: Editora Revista dos Tribunais, 1976, p. 240.

191. Questionando a utilidade da regrada da unirrecorribilidade: TALAMINI, Eduardo; WLADECK, Felipe Scripes. Comentário ao artigo 994. *In*: BUENO, Cassio Scarpinella. (Coord.). Comentários ao código de processo civil – volume 4 (arts. 926 a 1.072). São Paulo: Saraiva, 2017, p. 280-281.

192. Leonardo Greco ressalta algumas outras exceções à singularidade, dentre as quais, (a) ao tempo do CPC/73, prévio à Lei 1.352/2001, a interposição de embargos infringentes e recurso especial ou extraordinário; e (b), já sob a vigência do CPC/15, "a possibilidade de complementação ou de alteração das razões de recurso já interposto se, depois da sua interposição, tiverem sido providos embargos declaratórios com efeito modificativo em relação à decisão recorrida (art. 1.024, §4º)".

de declaração, porque cabíveis contra toda e qualquer decisão; os embargos de divergência e os recursos excepcionais, porque possível sua interposição simultânea. Ou seja, nas hipóteses nas quais é admitida a recorribilidade da decisão por dois recursos distintos, tal se dá porque sua finalidade, "assim compreendida a submissão de uma mesma decisão ao órgão *ad quem*"[193], é distinta. Não há identidade de objeto e fundamentos jurídicos entre os remédios, como esclarecem Luiz Guilherme Marinoni e Daniel Mitidiero:

> É verdade que tais casos permitem a interposição, contra uma mesma decisão judicial de mais de uma espécie recursal. Todavia, não se deve esquecer que cada um dos recursos cabíveis contra tais decisões tem função específica, que não se confunde com a finalidade prevista para a outra espécie recursal. Assim, contra determinado ato judicial e para certa finalidade específica – não abrangida pela finalidade de outro meio recursal – deve ser cabível um único recurso[194].

Tal é o corolário do princípio da singularidade, que estabelece que "Cada recurso, por assim dizer, tem aptidão de viabilizar o controle de determinadas decisões jurisdicionais com exclusão dos demais, sendo vedada – é este o ponto nodal do princípio – a interposição *concomitante* de mais de um recurso para o atingimento de uma mesma finalidade"[195]. Ou seja, ressalvadas as exceções legais,

---

Instituições de processo civil: recursos e processos da competência originária dos tribunais, volume III. Rio de Janeiro: Forense, 2015, p. 33 e 70-71.

193. BUENO, Cassio Scarpinella. Curso sistematizado de direito processual civil, vol. 5: recursos, processos e incidentes nos tribunais, sucedâneos recursais: técnicas de controle das decisões jurisdicionais. 5 ed. rev. e atual. São Paulo: Saraiva, 2014, p. 56.

194. Frise-se que os autores, diferente das nossas premissas, compreendem como exceção à regra, por eles próprios anunciada, a interposição de embargos de declaração que possuiria a mesma finalidade dos recursos sem fundamentação vinculada, como a apelação e o agravo. Entendemos, como já demonstrado anteriormente, que não é possível equiparar a finalidade dos embargos de declaração com a daqueles que buscam a reforma, a invalidação da decisão judicial ou a declaração de inexistência da decisão judicial. MARINONI, Luiz Guilherme; MITIDIERO, Daniel. Comentários ao Código de Processo Civil: artigos 976 ao 1.044. v. XVI. Dir. Luiz Guilherme Marinoni. Coord. Sérgio Cruz Arenhart e Daniel Mitidiero. São Paulo: Thomson Reuters Brasil, 2021, p. 154.

195. BUENO, Cassio Scarpinella. Manual de direito processual civil. 7. ed. São Paulo: Saraiva Educação, 2021,, p. 852-853. No mesmo sentido: PINTO, Nelson Luiz. Manual dos recursos cíveis. 3. ed., ampl e atual. São Paulo: Malheiros Editores, 2002, p. 66-67.

para cada decisão haverá sempre um recurso cabível, não podendo o recorrente optar por usar aquele que melhor lhe aprouver[196].

O critério a ser utilizado é eminentemente formal[197] e sem qualquer relação com outros atos do processo. Leia-se formal enquanto a acepção finalística de seu conteúdo e não o nome ou a forma pela qual o juiz tenha decidido[198]. Assim, a lei determina que se avalie se a decisão é uma sentença, uma decisão interlocutória, decisão monocrática ou acórdão, na forma do que é disciplinado pelo art. 203, do CPC/15[199]. A utilização do critério substancial, considerando o fundamento da decisão ou seus efeitos, é ambiente que favorece o erro. Por isso, para que se exima do critério formal, em atenção à substância do ato, é necessário expressa previsão legal, não existindo margem, no cabimento, para discussões acerca da possibilidade de interposição de dois recursos distintos, a critério da parte ou a partir de dados subjetivos da decisão[200].

---

196. Ao tempo do CPC/39, era possível que a parte variasse de recurso, desde que optasse por interpor apenas um daqueles cabíveis. É o que se extrai do artigo 809: "A parte poderá variar de recurso dentro do prazo legal, não podendo, todavia, usar, ao mesmo tempo, mais de um recurso.". A interposição sucessiva de recursos, porém, não acarretava a inadmissibilidade do segundo, mas à desistência tácita do primeiro. Como explica Pedro Batista Martins, "Se o vencido interpõe sucessivamente dois recursos, sem desistir expressamente do primeiro, entende-se que é tácita a sua desistência, isto é, entende-se que ele usou da faculdade, que lei lhe concede, de variar de recurso". MARTINS, Pedro Batista. Recursos e processos da competência originária dos tribunais. Atualizado pelo Prof. Alfredo Buzaid. Rio de Janeiro: Forense, 1957, p. 164. No mesmo sentido: CRUZ, João Claudino de Oliveira e. Dos recursos no Código de Processo Civil (Lei-Doutrina-Jurisprudência). Rio de Janeiro: Forense, 1954, p. 22-23. Após a aprovação do CPC/15, o STJ ressaltou que, interpostos dois recursos, a preclusão consumativa impede que o segundo seja conhecido: AgRg no AREsp 654.962/SC, Rel. Min. Luis Felipe Salomão, Quarta Turma, julgado em 19/03/2015, DJe 25/03/2015.

197. THEODORO JÚNIOR, Humberto. Curso de direito processual civil: vol. III. 51. ed. rev., atual. e ampl. Rio de Janeiro: Forense, 2018, p. 1.013-1.014.

198. NERY JUNIOR, Nelson. Teoria geral dos recursos. 8. ed, rev., atual. e ampl. São Paulo: Thomson Reuters Brasil, 2024, p. 171-172 e 332.

199. Partindo de premissas diversas sobre o conceito de sentença, Luciano Vianna afirma, em sentido contrário, que "nem o conteúdo da decisão (decisão interlocutória ou sentença) define o recurso competente (agravo de instrumento ou apelação) nem o recurso (agravo de instrumento ou apelação) aponta o conteúdo da decisão (decisão interlocutória ou sentença). A bem da verdade, tem-se uma distinção procedimental caso o recurso seja interposto da última decisão proferida no procedimento em primeiro grau (apelação) ou caso seja interposto de uma decisão – imediatamente recorrível – prolatada no curso do procedimento em primeiro grau (agravo de instrumento), sendo irrelevante para isso o conteúdo da decisão (decisão interlocutória ou sentença). Apelação cível no Código de Processo Civil de 2015. Revista de Processo, v. 261. São Paulo: Editora Revista dos Tribunais, nov/2016.

200. MANDRIOLI, Crisanto; CARRATA, Antonio. Diritto processuale civile. XXV ed. - Torino: Giappichelli, 2016, livro digital, Vol. II, Capitolo VIII. Sezione prima. §70.

No ponto, merece ser ressaltada a lição de Nelson Luiz Pinto que, mesmo nas hipóteses de recursos de fundamentação vinculada, afirma não existir qualquer exceção à singularidade. Para o autor, o que se tem, nesses casos, é um recurso interposto para cada 'parte' da decisão. Em suas palavras, "cada recurso será interposto contra uma determinada decisão *stricto sensu*, ou, rigorosamente, contra um *thema decidendum*"[201]. Não é possível aderir a tal entendimento. Ainda que se possa aplicar, de forma ampla, a teoria dos capítulos da sentença, como ressaltou Cândido Rangel Dinamarco, "A divisão da motivação da sentença ou acórdão em itens relativamente autônomos pode ter influência na dimensão da admissibilidade do recurso extraordinário ou do especial, mas essa é uma influência indireta, que não chega a erigi-los em autênticos capítulos"[202].

Assim, melhor admitir certa relativização da singularidade, especialmente considerando que o sistema vigente apresenta, além daquelas hipóteses de interposição simultânea de dois recursos, outras duas exceções à utilização do critério formal, em prol da substância do ato. A primeira delas é a decisão que inadmite o recurso especial ou extraordinário. A depender do seu fundamento, caberá agravo interno ou agravo em recurso especial ou extraordinário, na forma do art. 1.030, §§1º e 2º, sendo possível a interposição simultânea de ambos. A segunda exceção, no tocante à irrecorribilidade imediata de decisões interlocutórias não previstas no art. 1.015, leva à possibilidade de tais decisões serem recorríveis tanto por agravo de instrumento, quanto por apelação.

Gabriel Araújo Gonzalez vai além. Afirma que o artigo 1.015 traz hipóteses nas quais o cabimento do recurso se extrai tanto da questão decidida, quanto do sentido da decisão[203]. Parece, porém, que o critério, embora excepcionalmente substancial, não admite tal distinção. O que definirá se a decisão interlocutória é ou não agravável é a adstrição do seu conteúdo às hipóteses previstas no artigo 1.015. Afirmar que a questão decidida é o critério para aferição do cabi-

201. PINTO, Nelson Luiz. Manual dos recursos cíveis. 3. ed., ampl. e atual. São Paulo: Malheiros Editores, 2002, p. 66. Acolhem o mesmo entendimento: MIRANDA, Gilson Delgado; PIZZOL, Patrícia Miranda. Recursos no processo civil. 6. ed. atual. com as Leis n. 11.417/06, 11.418/06, 11.419/06, 11.636/07 e 11.672/08. São Paulo: Atlas, 2009, p. 10.

202. Capítulos de sentença. 7. ed. São Paulo: Malheiros, 2021, p. 100-101.

203. A recorribilidade das decisões interlocutórias no Código de Processo Civil de 2015. Salvador: Editora Juspodivm, 2017, p. 225.

mento, significa exigir que o requisito de admissibilidade do recurso seja aferido a partir de algo anterior à própria decisão impugnada, o que não nos parece razoável. Especialmente se considerarmos que independente do critério adotado -se de José Carlos Barbosa Moreira ou de Nelson Nery Junior – sempre a admissibilidade do recurso será aferida a partir da decisão judicial ou do recurso em si mesmo. Ambas as questões serão melhor desenvolvidas em tópicos próprios[204-205].

3.4.1. Fungibilidade

Relacionado com a primazia do julgamento do mérito, o princípio da fungibilidade que, muito embora tenha perdido sua positivação no CPC/73[206], manteve-se amplamente difundido e aplicável, tendo em vista o complexo sistema recursal que se formou após as primeiras reformas da legislação revogada, especialmente com relação ao uso do agravo[207-208].

Ele se presta à correção de defeito no cabimento-adequação do recurso, quer dizer, tem lugar sempre que a parte maneje o recurso equivocado, em virtude da falta de clareza no texto legal ou dúvida séria na doutrina ou jurisprudência acerca de qual recurso será cabí-

---

204. Outro princípio atrelado ao cabimento é a correspondência recursal, que correlaciona a natureza da decisão ao recurso cabível. Entendemos que a correspondência não encontra mais espaço no ordenamento brasileiro, uma vez que seu paradigma foi quebrado em duas oportunidades. A primeira, já mencionada, diz respeito às decisões interlocutórias e à decisão que inadmite o recurso especial ou extraordinário. Sobre princípio da correspondência, defendendo sua permanência no CPC/15: JORGE, Flávio Cheim. Teoria geral dos recursos cíveis. 8. ed. rev., atual. e ampl. São Paulo: Editora Revista dos Tribunais, 2017, p. 114.

205. A doutrina prévia ao CPC/15 se dedicou intensamente à questão do cabimento dos recursos quando a decisão impugnada era complexa, o que poderia levar à interposição simultânea de agravo de instrumento e de apelação, cada qual impugnando um dos capítulos. A questão, a nosso ver, perdeu a relevância no ordenamento vigente, já que o artigo 1.009, §3º é expresso ao afirmar que caberá apelação "mesmo quando as questões mencionadas no art. 1.015 integrarem capítulo da sentença". Sobre a controvérsia existente ao tempo do CPC/73, vide: NERY JUNIOR, Nelson. Teoria geral dos recursos. 8. ed, rev., atual. e ampl. São Paulo: Thomson Reuters Brasil, 2024, p. 170-192.

206. O princípio da fungibilidade era expressamente previsto no CPC/39, em seu artigo 810: "Salvo a hipótese de má-fé ou erro grosseiro, a parte não será prejudicada pela interposição de um recurso por outro, devendo os autos ser enviados à Câmara ou turma, a que competir o julgamento."

207. Alfredo Buzaid defendeu, na exposição de motivos, que o sistema recursal estava suficientemente organizado, o que dispensou a reprodução do art. 820 do CPC/39 no novo texto legal. BUZAID, Alfredo. Exposição de motivos do Código de Processo Civil. Lei nº 5.869, de 11 de janeiro de 1973, item 31.

208. Sobre princípio da fungibilidade, vide: ALVIM, Teresa Arruda. Os agravos no CPC de 2015. 5. ed. Curitiba: Editora Direito Contemporâneo, 2021, p. 205-211.

vel para impugnar certa decisão[209]. Fosse nosso sistema perfeito, sem tais desvios, não haveria campo para seu uso[210].

Para que se dê aplicação ao princípio, a doutrina a jurisprudência se consolidaram no sentido da aplicação dos mesmos requisitos previstos no CPC/39. O erro não pode ser grosseiro, ou seja, a dúvida deve ser legítima e fundada, o que é indicativo de que este se comporta de boa-fé[211-212]. A demonstração de boa-fé tanto à época do CPC/39 quanto sob a vigência do CPC/73 era imprescindível, já que, considerando a distinção entre os prazos e a amplitude do efeito devolutivo entre os recursos, sobretudo agravo e apelação, era possível cogitar que o recorrente utilizasse a via equivocada de propósito[213]. Tal preocupação não parece legítima sob a ótica do CPC/15, sendo certo que, em regra, a utilização do recurso inadequado pode ser considerada decorrente de equívoco e não de deliberada má-fé.

Outra questão amplamente debatida, ao tempo do CPC/73, era aquela relacionada à competência para julgamento do recurso e eventual equívoco na interposição. As confusões eram frequentes no tocante aos recursos de agravo de instrumento e de apelação que, devem ser interpostos, o primeiro, perante o juiz prolator da decisão e o segundo, já perante o tribunal. A melhor doutrina assentou no

209. ARRUDA ALVIM NETTO, José Manoel de. Anotações sobre a teoria geral dos recursos. *In*: WAMBIER, Teresa Arruda Alvim; NERY JUNIOR, Nelson. (Coord.). Aspectos polêmicos e atuais dos recursos cíveis de acordo com a Lei 9.756/98.– São Paulo: Editora Revista dos Tribunais, 1999, p. 58-59.

210. BUENO, Cassio Scarpinella. Manual de direito processual civil. 7. ed. São Paulo: Saraiva Educação, 2021, p. 852-853.

211. Ao tempo do CPC/73 a jurisprudência massiva compreendia que para aplicação do princípio da fungibilidade, o recorrente deveria interpor, no prazo do recurso considerado correto/adequado. Dispensando o referido requisito: LIMA, Alcides de Mendonça. Introdução aos recursos cíveis. 2. ed. rev. e atualizada. São Paulo: Editora Revista dos Tribunais, 1976, p. 254-255, e NERY JUNIOR, Nelson. Teoria geral dos recursos. 8. ed, rev., atual. e ampl. São Paulo: Thomson Reuters Brasil, 2024. Na égide do CPC/15 a questão parece perder relevância, tendo em vista a unificação dos prazos recursais em 15 dias, salvo os embargos de declaração.

212. "A interposição de um recurso, porém, deve ser apreciada mais no conteúdo da declaração da vontade do vencido do que na sua exterioridade. Normalmente, aquele que recorre tem a intenção honesta de provocar o reexame da decisão impugnada, para obter a sua reforma, ainda que parcial, a fim de satisfazer à sua pretensão." Salvo se for excedido o prazo do recurso utilizado (e não do que deveria ter sido utilizado, segundo o ponto-de-vista dos órgãos judiciários que atuem no processo), o direito de recorrer deve ser sempre assegurado, porque o mesmo reflete um impulso humano inato, que somente deverá ser cerceado ou obstado quando motivo muito sério, forte, incontroverso, ocorrer nos autos, não propiciando qualquer dúvida ou divergência a respeito de sua admissibilidade". LIMA, Alcides de Mendonça. Introdução aos recursos cíveis. 2. ed. rev. e atualizada. São Paulo: Editora Revista dos Tribunais, 1976, p. 268.

213. A referência é feita por Miguel Seabra Fagundes: Dos recursos ordinários em matéria civil. Rio de Janeiro: Revista Forense, 1946, p. 164.

sentido do recebimento do recurso e remessa ao juízo competente para sua admissibilidade, sem prejuízo da adequação do recurso, seja com a juntada das peças obrigatórias previstas para o agravo de instrumento, seja para a complementação do preparo[214].

No CPC/15, é possível identificar a necessidade de aplicação da fungibilidade, considerando a existência de controvérsia séria na doutrina, entre os recursos interpostos contra a decisão que julga agravo interno interposto contra decisão de inadmissibilidade de recurso especial ou extraordinário, prolatada na forma do art. 1.030, I, *a*. A questão será melhor analisada no tópico referente aos influxos do referido artigo no interesse recursal.

Também com relação aos recursos excepcionais persiste a dúvida objetiva acerca de seu cabimento, a qual decorre mais em virtude da analiticidade da nossa Constituição do que, propriamente, de deficiência da legislação processual. Para tais situações e com o escopo de evitar a reiterada jurisprudência defensiva formada no STF e no STJ acerca do cabimento dos recursos, o CPC/15, muito embora não tenha referendado o princípio da fungibilidade como corolário da teoria geral dos recursos, o fez expressamente, quanto aos recursos excepcionais, quando autorizou que o relator, do STF, ao "considerar como reflexa a ofensa à Constituição afirmada no recurso extraordinário, por pressupor a revisão da interpretação de lei federal ou de tratado", envie o recurso ao STJ, para julgamento como recurso especial (art. 1.033).

Aqui, há clara aplicação do princípio da fungibilidade, já que o recurso inadequado será decidido como se o adequado fosse, independentemente de qualquer correção ou ajuste, salvo a remessa ao tribunal competente[215]. Tal característica marcante deve ser ressaltada, inclusive, para que se possa evitar qualquer confusão, no tocante ao art. 1.032, que trata da hipótese de conversão do recurso especial

214. FERNANDES, Luis Eduardo Simardi. O princípio da fungibilidade recursal. *In*: WAMBIER, Teresa Arruda Alvim; NERY, Nelson. Aspectos polêmicos e atuais dos recursos cíveis de acordo com a Lei 9.756/98 Junior – São Paulo: Editora Revista dos Tribunais, 1999, p. 441-443.

215. Em sentido diverso, enunciado 80, do CJF: "Quando o Supremo Tribunal Federal considerar como reflexa a ofensa à Constituição afirmada no recurso extraordinário, deverá, antes de remetê-lo ao Superior Tribunal de Justiça para julgamento como recurso especial, conceder prazo de quinze dias para que as partes complementem suas razões e contrarrazões de recurso."

em extraordinário e não de aplicação do princípio da fungibilidade, como será melhor desenvolvido adiante[216].

Na aplicação do princípio da fungibilidade, o que se faz é conhecer o recurso incabível e julgá-lo, como se o cabível fosse, sem que se imponha que a parte realize qualquer alteração no ato praticado[217].

Há, no entanto, uma diferença fundamental no regime jurídico do CPC/15. Como afirma Felipe Barreto Marçal:

> (...) não se pode trabalhar a fungibilidade recursal da mesma forma que ela surgiu em 1939, sob pena de reconhecermos que 80 anos de desenvolvimento da dogmática processual, pautada em grande parte a partir da instrumentalidade das formas, e a criação de novos princípios (além da primazia de resolução do mérito, pouco se falava acerca da economia e da eficiência processual em 1939). A partir disso, deve-se mudar os paradigmas de análise da fungibilidade recursal para que se abandone os revogados pressupostos do art. 810 do CPC/1939 (erro grosseiro e má-fé), obsoletos e contrários aos princípios do Código, e se utilizem os parâmetros supracitados, previstos no CPC/15 e compatíveis com os princípios que o regem.[218]

Não se chega ao extremo, como faz o autor, de afirmar que a existência de má-fé na interposição do recurso seja irrelevante. Porém, deve-se considerar que em todo sistema de sanabilidade dos atos processuais, relacionado à primazia da resolução do mérito, não há sequer um dispositivo que exija da parte – para que possa corrigir

216. No mesmo sentido: VASCONCELOS, Rita de Cássia Corrêa de. Princípio da fungibilidade: hipóteses de incidência no CPC de 2015. In: Panorama atual do novo CPC 2. Coordenação: Paulo Henrique dos Santos Lucon, Pedro Miranda de Oliveira. Florianópolis: Empório do Direito, 2017, p. 481-494. Entendendo que a conversão realizada na forma do artigo 1.032 integra o princípio da fungibilidade: OLIVEIRA, Pedro Miranda. Seção II: Do recurso extraordinário e do recurso especial. Comentários ao art. 1.032. *In*: WAMBIER, Teresa Arruda Alvim. Et al. (Coord). Breves comentários ao Novo Código de Processo Civil. 3. ed. rev. e atual. São Paulo: Editora Revista dos Tribunais, 2016, p. 2.566, LEMOS, Vinicius. Algumas novidades na tramitação dos recursos excepcionais no CPC/2015. Revista Jurídica da Seção Judiciária de Pernambuco. Disponível em https://www.academia.edu/35369867/ALGUMAS_NOVIDADES_NA_TRAMITA%C3%87%C3%83O_DOS_RECURSOS_EXCEPCIONAIS_NO_CPC_2015_SOME_NEWS_ON_THE_PROCESSING_OF_EXCEPTIONAL_RESOURCES_AT_CPC_2015. Acesso em 30.03.2024 e PANTALEÃO, Izabel Cristina Pinheiro Cardoso. Fungibilidade recursal como um modelo obrigatório no CPC/15. In: Recursos no CPC/15: perspectivas, críticas e desafios. Coordenadoras Beatriz Magalhães Galindo e Marcela Kohlbach. Salvador: Editora Juspodivm, 2017, p. 138-139.

217. Sobre princípio da fungibilidade, vide: ALVIM, Teresa Arruda. Os agravos no CPC de 2015. 5. ed. Curitiba: Editora Direito Contemporâneo, 2021, p. 205-211.

218. MARÇAL, Felipe Barreto. Levando a fungibilidade recursal a sério: pelo fim da "dúvida objetiva", do "erro grosseiro" e da "má-fé" como requisitos para aplicação da fungibilidade e por sua integração com o CPC/15. *Revista de Processo, vol. 292/2019*. São Paulo: Thomson Reuters, 2019, p. 199-214.

o ato defeituoso –, a inexistência de erro grosseiro. O requisito é, portanto, incompatível com o regime vigente.

3.4.2. Convertibilidade

Na esteira do art. 1.033, o art. 1.032, previu que, concluindo o relator que o recurso especial versa sobre questão constitucional, deixará de inadmiti-lo, intimando o recorrente para – no prazo de quinze dias – adaptar o seu recurso, com a demonstração de repercussão geral e manifestação expressa acerca da questão constitucional. Ambos os dispositivos formam o que Luiz Guilherme Marinoni e Daniel Mitidiero chamam de livre trânsito entre as Cortes Supremas[219].

Ainda que não se trate de aplicação do princípio da fungibilidade propriamente dito, no que tange à questão da ofensa reflexa à Constituição Federal, a regra da conversibilidade decorre da grande dificuldade – dúvida séria, portanto – de identificação da competência para julgar recursos excepcionais. Ou seja, ela se presta também a sanar um vício de cabimento-adequação e a ensejar se autorize à parte converter seu recurso, preenchendo os requisitos específicos de admissibilidade do recurso extraordinário, agregada à remessa dos autos ao juízo efetivamente competente.

Frise-se que, no caso, não há inserção na análise do mérito, porque o recurso especial efetivamente versa sobre questão constitucional e não sobre aplicação da lei federal, o que, ao do CPC/73 levaria, invariavelmente, à sua inadmissibilidade[220].

Outra questão relevante é a que diz respeito ao ato que converte o recurso especial em recurso extraordinário. Isso porque o art. 1.032 determina que o relator, ao identificar que o recurso especial versa sobre questão constitucional, intime o recorrente para que, em quinze dias, "demonstre a existência de repercussão geral e se manifeste sobre a questão constitucional".

---

219. MARINONI, Luiz Guilherme; MITIDIERO, Daniel. Comentários ao Código de Processo Civil: artigos 976 ao 1.044. v. XVI. Dir. Luiz Guilherme Marinoni. Coord. Sérgio Cruz Arenhart e Daniel Mitidiero. São Paulo: Thomson Reuters Brasil, 2021, p. 275-277.

220. Alexandre Freire pondera, com razão, que, apesar da omissão do artigo 1.032 acerca da intimação do recorrido para se manifestar sobre a demonstração de existência de repercussão geral e sobre a questão constitucional, tal se impõe por força do modelo cooperativo instituído pelo CPC. FREIRE, Alexandre. Comentário ao artigo 1.032. *In*: CABRAL, Antonio do Passo; CRAMER, Ronaldo. Comentários ao novo Código de Processo Civil.– 2. ed. rev., atual. e ampl. Rio de Janeiro: Forense, 2016, p. 1.550.

Ao assim fazê-lo, a bem da verdade, o relator do recurso especial não converte o recurso em extraordinário, mas única e exclusivamente aponta à parte a existência de vício referente ao cabimento-adequação e oportuniza sua correção[221]. Não cabe, portanto, ao STJ realizar a conversão do recurso – por falta, inclusive, de competência para tanto – mas apenas permitir que a parte o converta[222], o que ocorrerá quando esta se desincumbir do ônus que lhe foi imposto.

Partir dessa premissa significa afirmar, por consequência, que a decisão monocrática que determina a adequação do recurso e respectiva conversão é irrecorrível, da mesma forma que são irrecorríveis, em regra, todas as decisões que indicam a existência de vício e abrem para a parte o respectivo prazo para correção.

Caso o recorrente deixe de converter o seu recurso, caberá ao relator inadmitir o recurso especial pela sua inadequação[223]. Da decisão de inadmissão, aí sim, caberá agravo interno, oportunidade em que a parte poderá discutir não ser caso de conversão do recurso em extraordinário e estarem preenchidos os requisitos de admissibilidade do recurso especial.

---

221. No mesmo sentido: MITIDIERO, Daniel. Comentários ao Código de Processo Civil: artigos 976 ao 1.044. v. XVI. Dir. Luiz Guilherme Marinoni. Coord. Sérgio Cruz Arenhart e Daniel Mitidiero. São Paulo: Thomson Reuters Brasil, 2021, p. 276.

222. "Caso o relator, designado para julgar o recurso especial, considere que questão jurídica sobre a qual versa o recurso é constitucional, deverá, antes de remeter o recurso ao STF, determinar a intimação da parte para que esta transforme o recurso especial em recurso extraordinário, acrescentando a preliminar de demonstração de repercussão geral e abordando a questão sob o viés ou sob o ângulo constitucional". ALVIM, Teresa Arruda; DANTAS, Bruno. Precedentes, recurso especial e recurso extraordinário. 7. ed. rev., atual. e ampl. São Paulo: Thomson Reuters Brasil, 2023, p. 822.

223. Em sentido diametralmente oposto, entendendo que a conversão é realizada pelo relator do STJ e não pela parte, Luis Guilherme Aidar Bondioli afirma que contra a decisão prolatada na forma do artigo 1.032, caberá agravo interno e ainda que "A inércia do recorrente diante do comando de conversão não inviabiliza necessariamente seu recurso, desde que presentes na peça recursal original elementos para o seu conhecimento da pretensão recursal como recurso extraordinário. O silêncio do recorrente também é irrelevante quando interposto previamente recurso extraordinário, veiculando tudo o que poderia ser dito por ocasião da conversão". Comentários ao código de processo civil – volume XX (arts. 994-1.044). Coordenação de José Roberto Ferreira Gouvêa, Luis Guilherme Aidar Bondioli, João Francisco Naves da Fonseca. São Paulo: Saraiva, 2016, p. 227. Igualmente entendendo que a conversão é feita pelo órgão jurisdicional: MEDINA, José Miguel Garcia. Novo Código de Processo Civil Comentado: com remissões e notas comparativas ao CPC/1973. São Paulo: Editora Revista dos Tribunais, 2015, p. 1.441; SICA, Heitor Vitor Mendonça. Comentário ao artigo 1.032. *In*: TUCCI, José Rogério Cruz e. Et al. (Coord.). Código de processo civil anotado. Rio de Janeiro: LMJ Mundo Jurídico, 2016, p. 1.423; e MANCUSO, Rodolfo de Camargo. Comentário ao artigo 1.032. *In*: BUENO, Cassio Scarpinella. Comentários ao código de processo civil – volume 4 (arts. 926 a 1.072). São Paulo: Saraiva, 2017, p. 520.

Realizando o recorrente a conversão, em atenção ao princípio do contraditório, deverá intimar o recorrido para complementar suas contrarrazões e, após, remeter os autos para o STF, independentemente de juízo de admissibilidade, na forma do que determina o parágrafo único do art. 1.032[224].

3.5. INTERESSE RECURSAL DO TERCEIRO PREJUDICADO

O interesse do terceiro para interpor recurso será sempre critério fundamental para que seja reconhecida sua legitimidade. Isto é, a partir da análise preliminar da existência de prejuízo, o sujeito estará legitimado a interpor o recurso. Assim, enquanto a parte possui legitimidade conferida por lei, o terceiro, para que possa intervir no processo, deverá afirmar ter sofrido algum prejuízo em decorrência da decisão. Tal afirmação o outorgará a legitimidade.

Fredie Didier Jr., sem esquecer que o recurso do terceiro prejudicado é uma espécie típica de intervenção de terceiro, sustenta que para justificar o ingresso no processo, que se dá através do recurso, é preciso que o sujeito demonstre a existência de interesse jurídico. Afirma que a aferição da legitimidade recursal estaria *entremeada* entre o reconhecimento deste e o do interesse recursal. Então, em uma ordem lógica, primeiro seria preciso avaliar se o indivíduo tem condições de intervir no processo. Para o autor, o interesse recursal do terceiro recorrente está, portanto, umbilicalmente ligado à possibilidade de utilização da intervenção de terceiros, genericamente falando. Reconhecido o interesse jurídico, que autorizaria o ingresso por outro meio que não propriamente o recurso, estaria presente a legitimidade para recorrer. Após tal constatação, aí sim, seria feita a análise da existência de interesse recursal[225-226].

---

224. Enunciado 79, do CJF: "Na hipótese do art. 1.032 do CPC/2015, cabe ao relator, após possibilitar que o recorrente adite o seu recurso para inclusão de preliminar sustentando a existência de repercussão geral, oportunizar ao recorrido que, igualmente, adite suas contrarrazões para sustentar a inexistência da repercussão."

225. DIDIER JR., Fredie. Recurso de terceiro: juízo de admissibilidade. 2. ed. rev. atual. e ampl. – São Paulo: Editora Revista dos Tribunais, 2005, p. 119.

226. No mesmo sentido, analisando o tema sob a perspectiva do direito português e ressalvando a existência de casos-limite: MENDES, Armindo Ribeiro. Recursos em processo civil. 2. ed. Lisboa: Lex Edições Jurídicas, 1994, p. 165.

Apesar de se reconhecer que existem três passos diferentes na avaliação da admissibilidade do recurso do terceiro prejudicado, é preciso se manter fiel à lição de José Carlos Barbosa Moreira que afirma que a legitimidade do terceiro será avaliada em apenas dois momentos lógicos.

Conquanto ordinariamente vinculado ao interesse jurídico e tratado como todo aquele que poderia ter ingressado no processo por uma das modalidades típicas de intervenção de terceiros – sobretudo assistência –, o interesse do terceiro prejudicado para interpor recurso não se limita a tais constatações.

É possível identificar hipóteses nas quais o sujeito não teria interesse para intervir no processo como assistente simples e, prejudicado pela decisão, é dotado de interesse recursal. É o caso do terceiro que pede reserva de bens em inventário, para garantia de seus créditos. Veja-se que este sujeito não poderia ingressar nos autos do inventário como assistente, todavia, prejudicado pela decisão, foi-lhe aberta a via recursal. O exemplo, trazido por Teresa Arruda Alvim, deixa claro, na esteira do que foi por ela concluído, que "o interesse do terceiro recorrente, embora, como regra, seja do mesmo tipo de interesse do assistente, não se limita ou não se identifica totalmente com o do assistente, mas abrange o desta categoria"[227]. O que se percebe também em virtude do fato de o interesse do assistente ligar-se à ideia da obtenção de uma vantagem, a ser alcançada a partir de sua intervenção; enquanto o do terceiro recorrente está atrelado ao desfazimento de um prejuízo ou gravame provocado pela decisão judicial[228].

Em sentido parecido, Eduardo Grasso traça um parâmetro interessante para diferenciar o interesse recursal do terceiro e das partes. O gravame sofrido em decorrência da decisão, para o terceiro, consiste na invasão primária da sua esfera de direitos. Isto quer dizer que o que o terceiro pretende com o seu recurso será sempre um juízo negativo, de eliminação da decisão que lhe foi prejudicial, em medida plenamente equivalente à ação declaratória negativa. Para ele, no caso, é possível observar plena identidade entre o interesse de agir e o interesse recursal, o que rechaça com relação ao interesse recursal

227. O terceiro recorrente. Revista de Processo, v. 59. São Paulo: Revista dos Tribunais, jul, 1990, p. 27.

228. ALVIM, Teresa Arruda. Os agravos no CPC de 2015. 5. ed. Curitiba: Editora Direito Contemporâneo, 2021, p. 221-254.

das partes. Assim, não há para o terceiro recorrente necessariamente qualquer relação com a lide das partes, sendo certo que seu objetivo será retirar o ato lesivo do ordenamento e não levar ao rejulgamento da causa de forma favorável a uma delas[229].

O recurso de terceiro se justifica, portanto, pelo prejuízo primário que a decisão eventualmente lhe tenha causado, o que autoriza seja reconhecida sua legitimação. A aferição seguinte será, por consequência, se o recurso é necessário e útil. Isto é, se, a exemplo do que acontece no interesse de agir, o gravame sofrido pelo terceiro e o benefício que pretende obter com a interposição do recurso são aptos a justificar a utilização do recurso[230].

Tal é o terceiro momento na aferição da admissibilidade do recurso do terceiro prejudicado. Verifica-se o prejuízo, outorga-se a legitimidade e, após, nos exatos termos das lições de José Carlos Barbosa Moreira, parte-se para avaliação dos critérios de necessidade e utilidade, isto é, o terceiro prejudicado "terá interesse em recorrer sempre que puder esperar, de acordo com a lei, o advento de situação praticamente mais vantajosa, e lhe for preciso interpor o recurso para assegurar-se tal possibilidade"[231].

Pode-se afirmar que há uma bipartição da análise da utilidade do recurso. Primeiro, constata-se o prejuízo, como um meio para reconhecer a legitimidade do terceiro. Após, afere-se se o recurso é necessário e útil, ou seja, se o benefício pretendido pela parte é suficiente para justificar a intervenção. Por fim, observa-se se o meio empregado é o adequado, apto a entregar ao terceiro recorrente o que ele espera mediante a interposição da impugnação.

A ressalva é relevante para demonstrar que não é possível que qualquer indivíduo, que tenha seu processo sobrestado, recorra da decisão que julga o IRDR. Ainda que se possa cogitar que ele sofra algum *remoto* prejuízo pela fixação da tese contrária à que defende, este apenas ocorrerá quando esta for aplicada em seu processo e a partir

229. GRASSO, Eduardo. L'interesse ad impugnare. Milano: Dott. A. Giuffrè Editore, 1967, p. 59-61.

230. Donaldo Armelin, anotando a existência da controvérsia acerca da relação entre o terceiro recorrente e o assistente, opta por não tomar posição, ressaltando, porém, que a forte relação entre o legitimado ao recurso e à oposição dos embargos de terceiro leva, se feita a referência, à dissociação daquele da figura da intervenção ad adjuvandum. ARMELIN, Donaldo. Embargos de terceiro. Atualizações de João Paulo Hecker da Silva.[et. al.]. São Paulo: Saraiva, 2017, p. 48-50.

231. MOREIRA, José Carlos Barbosa. O juízo de admissibilidade no sistema dos recursos civis. Rio de Janeiro, 1968, p. 86.

da decisão que o faça[232]. Ou seja, ele não é prejudicado propriamente pela decisão prolatada no incidente formador do precedente, o que lhe retira, por consequência, a legitimidade recursal[233-234].

Antonio do Passo Cabral também admite que o recurso seja interposto tanto pelas partes dos processos sobrestados, como "dos litigantes que são partes em processos nos quais a tese deverá ser aplicada". O posicionamento do autor deve ser interpretado à luz daquilo que defende acerca da impossibilidade de interposição de recurso especial ou extraordinário quando o incidente tiver natureza objetiva. Para ele, "não havendo julgamento da causa (porque houve desistência desta), mas apenas resolução da questão comum nos moldes de uma jurisdição "objetiva", não são cabíveis os recursos especial ou extraordinário"[235]. Na mesma linha, Nelson Nery Junior e Rosa Maria de Andrade Nery defendem a interposição de recurso por sujeitos que tenham seus processos sobrestados, em que pese rejeitarem a interposição de RE e REsp para impugnar exclusivamente a "decisão que fixa a tese jurídica em abstrato"[236].

Disso extrai-se que, em que pese a possível vontade das partes de encerrar o conflito, estaria outorgada ao terceiro, somente por ter seu processo sobrestado, a legitimidade para impugnar, inclusive a

232. Lucas Buril de Macêdo, embora afirmando que tais indivíduos tenham legitimidade e, em alguns casos, interesse em recorrer como terceiros prejudicados, reconhece que: "Os recursos ou processos de primeiro grau que são suspensos não têm situações jurídicas diretamente solucionadas pelo incidente de resolução de demandas repetitivas. O incidente de resolução de demandas repetitivas certamente é importantíssimo para a solução dos processos suspensos, mas ele, o incidente, não resolve as várias situações jurídicas constantes destes processos, apenas define a questão jurídica neles versadas, o que é analiticamente muito diferente". Influência do sistema brasileiro de precedentes no interesse recursal. *In*: NERY JUNIOR, Nelson; ALVIM, Teresa Arruda. (Coord.). Aspectos polêmicos e atuais dos recursos cíveis e assuntos afins, v. 13.. São Paulo: Editora Revista dos Tribunais, 2017, p. 337-378.

233. Em sentido contrário, Enunciado 94, do FPPC: (art. 982, §4º; art. 987): "A parte que tiver o seu processo suspenso nos termos do inciso I do art. 982 poderá interpor recurso especial ou extraordinário contra o acórdão que julgar o incidente de resolução de demandas repetitivas."

234. Pela legitimidade recursal da parte do processo sobrestado, vide: TEMER, Sofia. Incidente de resolução de demandas repetitivas. Salvador: Editora Juspodivm, 2016, p. 245-248 e MENDES, Aluisio Gonçalves de Castro. Incidente de resolução de demandas repetitivas: sistematização, análise e interpretação do novo instituto processual. Rio de Janeiro: Forense, 2017, p. 228. Os autores apresentaram, ainda, o mesmo entendimento em coautoria: MENDES, Aluisio Gonçalves de Castro; TEMER, Sofia. Comentário ao artigo 987 *In*: BUENO, Cassio Scarpinella. (Coord.). Comentários ao código de processo civil – volume 4 (arts. 926 a 1.072).). São Paulo: Saraiva, 2017, p. 237.

235. Comentário ao artigo 987. *In*: CABRAL, Antonio do Passo; CRAMER, Ronaldo. Comentários ao novo Código de Processo Civil. – 2. ed. rev., atual. e ampl. Rio de Janeiro: Forense, 2016, p. 1.471-1.472.

236. Código de processo civil comentado. 18. ed. rev., atual. e ampl. São Paulo: Thomson Reuters Brasil, 2019, p. 2.099-2.101.

norma individual constante na decisão. O mesmo direito seria concedido ao Ministério Público, à Defensoria Pública e ao *amicus curiae*. Tal entendimento constitui posição extrema que pode atingir direitos fundamentais das partes, impedindo que tenham acesso à tutela jurisdicional efetiva.

Ainda que assim não fosse, por possuir recurso próprio, a ser interposto em seu próprio processo, a interposição do recurso excepcional, no processo alheio, torna-se desnecessária. Além disso, o cotejo com o interesse público, considerando que o recurso buscará a reversão do precedente vinculante fixado, torna, igualmente, o recurso inútil. Falta, a esse indivíduo, portanto, tanto legitimidade, quanto interesse recursal, razão pela qual, apenas as partes e os legitimados por expressa disposição legal podem recorrer de tais decisões.

No mesmo sentido, Erik Navarro Wolkart, ao defender a impossibilidade de interposição de recurso pelos terceiros que tenham seus processos sobrestados, ressalta que suspender os processos e permitir, ao mesmo tempo, que milhares de terceiros possam vir a recorrer da tese fixada, implica violação aos próprios "princípios unificadores do sistema de julgamento de processos repetitivos, quais sejam a economia processual e a duração razoável do processo"[237]. No caso, é evidente que o benefício advindo da interposição do recurso pelo terceiro não justifica todo o impacto que ele tem sobre o sistema, nem o dispêndio de recursos públicos com sua análise e julgamento.

Fundamento relevante para o recurso do terceiro, nesses casos, é apresentado, ainda ao tempo do CPC/73, por Sérgio Cruz Arenhart, que afirma que os terceiros sofreriam os efeitos da decisão vinculante de forma "praticamente de forma imutável" e que impedir sua intervenção implicaria violação ao contraditório[238]. Não parece, no entanto, que tal argumento seja suficiente para justificar o recurso e superar a falta de legitimidade e interesse recursal do terceiro. Isso porque o CPC/15 trouxe, para os procedimentos aptos à formação de precedentes vinculantes, a possibilidade de um contraditório dife-

237. O fetiche dos microssistemas no novo Código de Processo civil: integrações normativas entre procedimentos para formação de precedentes e para julgamentos de processos repetitivos. *In*: A nova aplicação da jurisprudência e precedentes no CPC/15. Dierle Nunes, Aloisio Mendes, Fernando Jayme. São Paulo: Editora Revista dos Tribunais, 2017, p. 384.

238. ARENHART, Sérgio Cruz. O recurso de terceiro prejudicado e as decisões vinculantes. *In*: NERY JUNIOR, Nelson; WAMBIER, Teresa Arruda Alvim (Coord.). Aspectos polêmicos e atuais dos recursos cíveis e assuntos afins. São Paulo: Revista dos Tribunais, 2007, v. 11, p. 436-437.

renciado, com ampla participação social, sobretudo de figuras como o *amicus curiae*.

Já Lucas Buril de Macêdo, admitindo o recurso do terceiro que tenha seu processo sobrestado, ressalta que a sua legitimidade se apresenta por ser "pessoa sujeita à eficácia do precedente" e o interesse exige que o recorrente seja capaz de "contribuir para o debate, trazendo, objetivamente, alguma razão nova para que a decisão seja tomada no sentido defendido pelo legitimado"[239]. O entendimento, com as devidas vênias, também não nos parece correto.

Em se tratando de precedente vinculante, qualquer pessoa em território nacional será sujeita à sua eficácia, independentemente de ter processo sobrestado. Por certo, o sujeito que tenha seu processo sobrestado – em regra – sofrerá mais rapidamente os efeitos do precedente, porém, seu prejuízo é remoto e apenas será efetivo quando da aplicação da tese ao seu caso.

Em segundo lugar, ao exigir, como faz Lucas Buril de Macêdo, para formação do interesse recursal, que o recurso seja apto a contribuir para o debate, impõe que o julgador, apenas para a análise da existência do interesse recursal de um terceiro futuramente prejudicado, debruce-se sobre o recurso, seu objeto e seus fundamentos, realizando um cotejo entre o que já se põe na controvérsia instaurada e o que o terceiro recorrente traz de novo, à sua análise. A medida é absolutamente inefetiva e implica um dispêndio inaceitável de tempo e recursos apenas para análise do interesse recursal que se presta exatamente ao contrário, isto é, a impedir que o tribunal se dedique inutilmente sobre o mérito de recursos inaptos a julgamento.

Também não é possível concordar com Sofia Temer, quando afirma que o recurso interposto no IRDR não está sujeito aos requisitos construídos para o processo civil individual ou coletivo[240]. Não há previsão legal para justificar tal argumento, ainda que se considere toda a finalidade pública do sistema de precedentes vinculantes. Não se pode deixar de lado que se está tratando de recursos excepcionais,

---

239. Influência do sistema brasileiro de precedentes no interesse recursal. *In*: NERY JUNIOR, Nelson; WAMBIER, Teresa Arruda Alvim (coord.). Aspectos polêmicos e atuais dos recursos cíveis e assuntos afins, v. 13. Paulo: Editora Revista dos Tribunais, 2017, p. 337-378.

240. Recursos no incidente de resolução de demandas repetitivas: quem pode recorrer da decisão que fixa a tese jurídica? *In*: A nova aplicação da jurisprudência e precedentes no CPC/15. Dierle Nunes, Aloisio Mendes, Fernando Jayme. São Paulo: Editora Revista dos Tribunais, 2017.

destinados ao conhecimento e julgamento por tribunais de cúpula, ou seja, cujo conhecimento implica grande dispêndio de recursos por parte do Estado.

Admitir irrestritamente tais recursos, ainda que se adote a posição de Fredie Didier Jr. e Leonardo Carneiro da Cunha, no sentido de que se trata de uma legitimidade concorrente e disjuntiva, ou seja, "que todos os legitimados são considerados como sendo a mesma pessoa"[241] e que interposto um recurso fica obstada a interposição de outros, agride, sem que exista qualquer exceção na lei ou na Constituição Federal para tanto, comezinhos critérios para o estabelecimento do interesse processual, o qual, não se pode olvidar, atende ao interesse público, ao devido processo legal e à efetividade.

Por fim, em tese defendida após o depósito da dissertação que deu origem ao presente trabalho, na esteira da necessidade de um contraditório qualificado, Alexandre Freitas Câmara defende a intervenção das partes das demandas "isomórficas"[242], ressaltando que a possibilidade desses indivíduos participarem da formação da decisão que lhes vinculará é fundamental para legitimidade do precedente vinculante. O faz esclarecendo que tais indivíduos não se qualificam como qualquer das figuras típicas de intervenção de terceiros e que sua legitimidade surge da "sujeitabilidade daquele terceiro à eficácia vinculante da decisão que será produzida"[243]. Atribui, pelo que se extrai das suas conclusões, uma finalidade pública dessa intervenção, já que compreende que a vinculação aos precedentes apenas é possível quando estes decorrerem de um procedimento com contraditório qualificado e ampla participação social.

Não trata, porém, especificamente da intervenção através de recurso, mas, da sua admissão como interessado, na forma do art. 983. A questão foi suscitada por Ronaldo Cramer e Teresa Arruda Alvim, na banca de avaliação da dissertação, que questionaram a possibilidade de intervenção e, por consequência, de interposição de recurso

241. Curso de direito processual civil: Meios de impugnação às decisões judiciais e processo nos tribunais. 21. ed. rev., atual. e ampl. São Paulo: Juspodivm, 2024, p. 858.

242. "(...) demandas integrantes da mesma série daquela que originou o processo em que instaurado o incidente de resolução de demandas repetitivas": CÂMARA, Alexandre Freitas. Levando os padrões decisórios a sério. São Paulo: Atlas, 2018, p. 240.

243. CÂMARA, Alexandre Freitas. Levando os padrões decisórios a sério. São Paulo: Atlas, 2018, p. 242.

por sujeitos que tenham seus processos sobrestados, com fundamento no referido dispositivo legal.

As situações não se confundem e a admissão de manifestações de tais indivíduos não implica necessariamente o preenchimento dos requisitos para admissibilidade do recurso. Este terceiro não é, portanto, o terceiro recorrente. Veja-se que o próprio art. 983 admite que possíveis interessados sejam ouvidos, requeiram a juntada de documentos e de diligências necessárias. Apenas isso, a critério do relator e no prazo de 15 dias. Tanto assim o é que a legitimidade para o *amicus curiae* recorrer foi expressamente prevista pelo legislador, que aparentemente pretendeu limitar a utilização irrestrita dos recursos aos tribunais superiores, sem restringir o contraditório amplo e qualificado, necessário ao procedimento de formação do precedente vinculante.

Caso a parte de processo sobrestado possua representatividade adequada poderá, sem problema algum, requerer sua participação como *amicus curiae* e sua atuação estará sujeita à admissão, na forma do art. 138[244]. No mais, deverá atender aos critérios gerais para intervenção por recurso de terceiro prejudicado, os quais, como já demonstrado, não são preenchidos apenas com o fato de ter tido seu processo sobrestado e possivelmente vir a estar sujeito ao precedente formado.

3.6. INTERESSE RECURSAL DO MINISTÉRIO PÚBLICO

O Ministério Público poderá recorrer como parte ou como fiscal da ordem jurídica. Quando se trata de parte, não há distinção entre a aferição de seu interesse. Os critérios a serem aplicados deverão

244. Sobre o terceiro com processo sobrestado, possível interveniente do art. 983, Alexandre Freitas Câmara, ao tempo que nega possa ser este considerado assistente, ressalta que "Também não se trata, evidentemente, de intervenção de amicus curiae. Afinal, não se trata de admitir alguém no processo em razão de sua representatividade adequada (art. 138 do CPC/2015). Diferentemente disso, trata-se de aceitar sua intervenção pelo simples fato de ser parte (ou poder vir a ser parte) em processo instaurado por demanda isomórfica e, por tal razão, ser um interessado na fixação da tese que, uma vez determinada, será aplicada ao seu caso concreto com eficácia vinculante". Levando os padrões decisórios a sério. São Paulo: Atlas, 2018, p. 242. Já Bruno Dantas entende que o assistente simples deve ter interesse jurídico sobre a questão. Justificando,assim, quea parte cujo processo foi suspenso em razão do IRDR, possa intervir neste último, na qualidade de assistente simples.Capítulo VIII: Do incidente de resolução de demandas repetitivas: Comentários ao art. 983. WAMBIER, Teresa Arruda Alvim. Et al. (Coord). Breves comentários ao Novo Código de Processo Civil. 3. ed. rev. e atual. São Paulo: Editora Revista dos Tribunais, 2016, p. 2.438.

ser os mesmos daqueles exigidos das demais partes do processo[245]. Quando recorre como fiscal da ordem jurídica, em virtude de agir na defesa de interesse público, há profunda alteração nos critérios adotados, mesmo porque não é possível que o Ministério Público sucumba ou sofra direto prejuízo em decorrência da decisão[246].

Parte-se da premissa que, por ter sua legitimidade recursal legalmente prevista, o mesmo ocorreria quanto ao interesse, que se daria *in re ipsa*[247-248]. Isso, porém, não parece ser correto. Basta verificar que, ainda em sua atuação no atendimento a interesse público, o Ministério Público não está isento da análise do interesse de agir para o ajuizamento de demanda coletiva. É preciso que preencha o binômio necessidade-utilidade.

Há de se ter em mente, em qualquer caso, que o interesse recursal que justifica a interposição do recurso pelo Ministério Público não decorre da sucumbência ou da existência de prejuízo ou gravame[249]. Ele visa a obtenção de vantagem, do melhor proveito possível a ser tirado da tutela jurisdicional, em favor do interesse que justificou sua intervenção no processo.

Por isso, o Ministério Público, como fiscal da ordem jurídica, não tem sua atuação limitada ao interesse que autoriza sua interven-

---

245. BARBOSA MOREIRA, José Carlos. O juízo de admissibilidade no sistema dos recursos civis. Rio de Janeiro, 1968, p. 70.

246. Tratando do contexto histórico da recorribilidade pelo Ministério Público, como fiscal da ordem jurídica, João Claudino de Oliveira e Cruz, ressalta que o artigo 814, do CPC/39, autorizava o recurso quando a faculdade fosse prevista em lei. O Código de Organização Judiciária do Distrito Federal, em seu artigo 129, III, dispunha que ao MP incumbia "usar dos recursos legais nos feitos em que fôr ou puder ser parte principal, bem como para a execução e observância das leis de ordem pública", dando ao Ministério Público estadual poderes menos amplos que aqueles outorgados ao Ministério Público da União que, na forma da Lei nº 1.341/51 poderiam recorrer "das decisões e sentenças proferidas nos processos de natureza civil ou administrativa em que devem funcionar": CRUZ, João Claudino de Oliveira e. Prática dos recursos (cíveis e criminais). Rio de Janeiro: Forense, 1957, p. 18.

247. NERY JUNIOR, Nelson. Teoria geral dos recursos. 8. ed, rev., atual. e ampl. São Paulo: Thomson Reuters Brasil, 2024, p. 370-373.

248. REsp 1246711/MG, Rel.a Ministra Nancy Andrighi, Terceira Turma, julgado em 20/08/2013, DJe 28/02/2014.

249 "Essa maneira de considerar a questão permite uniformizar-lhe os termos, quer se trate de recurso da parte, quer de terceiro prejudicado, quer do Ministério Público enquanto fiscal da lei. É evidente que, na terceira hipótese, há de entender-se a utilidade ou proveito não como vantagem destinada a beneficiar individualmente o órgão do Ministério Público que interponha o recurso, mas como a satisfação que poderá ter, mercê do pronunciamento do órgão ad quem, o interesse (na observância do direito objetivo) sustentado por aquele no processo": MOREIRA, José Carlos Barbosa. Comentários ao Código de Processo Civil, Lei nº 5.869, de 11 de janeiro de 1973, vol. V. 17. ed., rev. e atual. Rio de Janeiro: Editora Forense, 2013, p. 296-297.

ção. A partir do momento que passa a participar do processo, é possível que verifique a existência de dissintonia entre o interesse que foi chamado a tutelar e o interesse público. Nesses casos, não pode ter sua atuação limitada pelo motivo ensejador do seu ingresso e poderá recorrer, por exemplo, para ver revertida a decisão favorável ao incapaz, sempre que o ato judicial não atenda ao interesse público[250-251-252].

E mais. Ao ingressar no processo para atuar como fiscal da ordem jurídica, o Ministério Público assume, igualmente a defesa do interesse público presente na atuação jurisdicional em si, ou seja, é legítimo responsável por zelar a correta aplicação do ordenamento jurídico[253]. Tal circunstância, embora ainda não seja, como já apontado, fator relevante no tratamento do interesse recursal no Brasil[254], autoriza, por exemplo, que o Ministério Público italiano interponha

---

250. "A caracterização do interesse recursal do Ministério Público (que também pode ser titular do direito de recorrer, ainda quanto atue como custos legis) supõe-se existente quanto, em seu entendimento, tenha havido ofensa ao direito objetivo, ao interesse público (aí incluídos os interesses sociais e individuais indisponíveis e ao regime democrático (art. 127, caput, da CF/1988)". MARINONI, Luiz Guilherme; MITIDIERO, Daniel. Comentários ao Código de Processo Civil: artigos 976 ao 1.044. v. XVI. Dir. Luiz Guilherme Marinoni. Coord. Sérgio Cruz Arenhart e Daniel Mitidiero. São Paulo: Thomson Reuters Brasil, 2021, p. 161.

251. No mesmo sentido, aparentemente tratando legitimidade e interesse recursal do Ministério Público como sinônimos: CIVIL E PROCESSUAL. AÇÃO DE INVESTIGAÇÃO DE PATERNIDADE. REVELIA DO PAI INVESTIGADO. JULGAMENTO ANTECIPADO DA LIDE. RECURSO DO MINISTÉRIO PÚBLICO. CUSTOS LEGIS. APELAÇÃO NÃO RECEBIDA. AGRAVO DE INSTRUMENTO IMPROVIDO. LEGITIMIDADE E INTERESSE RECURSAL. CPC, ARTS. 3o, 320, II, E 499, § 2º. EXEGESE. I. A legitimidade do Ministério Público para apelar das decisões tomadas em ação de investigação de paternidade, onde atua na qualidade de custos legis (CPC, art. 499, parágrafo 2o), não se limita à defesa do menor investigado, mas do interesse público, na busca da verdade real, que pode não coincidir, necessariamente, com a da parte autora. II. Destarte, decretada em 1º grau a revelia do investigado, mas sem que qualquer prova da paternidade ou elementos de convicção a respeito tenham sido produzidos nos autos, tem legitimidade e interesse em recorrer da sentença o Ministério Público. III. Recurso especial conhecido e provido, para determinar o processamento da apelação do parquet. (REsp 172.968/MG, Rel. Min. Aldir Passarinho Jr., Quarta Turma, julgado em 29/06/2004, DJ 18/10/2004, p. 279).

252. Em sentido contrário: BONDIOLI, Luis Guilherme Aidar. Comentários ao código de processo civil – volume XX (arts. 994-1.044). Coordenação de José Roberto Ferreira Gouvêa, Luis Guilherme Aidar Bondioli, João Francisco Naves da Fonseca. São Paulo: Saraiva, 2016, p. 40 e TALAMINI, Eduardo. Interesse recursal. *In*: ARENHART, Sérgio Cruz; MITIDIERO, Daniel. (Coord.). DOTTI, Rogéria. (Org.). O Processo civil entre a técnica processual e a tutela dos direitos: estudos em homenagem a Luiz Guilherme Marinoni. São Paulo: Editora Revista dos Tribunais, 2017.

253. Grasso, ao tratar do interesse recursal, em linhas gerais, condicionou seu surgimento à existência de decisão judicial que a) cause prejuízo ou b) ofenda a "giuridicità di una norma". L'interesse ad impugnare. Milano: Dott. A. Giuffrè Editore, 1967, p. 82.

254. O STJ já negou a existência de interesse recursal do Ministério Público para ver a correta aplicação de princípios constitucionais e da lei processual penal, afirmando, como se extrai do voto da Ministra Relatora que "Não se admite, pois, recurso dirigido à proteção em abstrato de norma processual sem nenhuma repercussão concreta na prestação jurisdicional ou, como quer o recorrente, "independentemente do elemento 'sucumbência'." (REsp 1330554/GO, Rel. Ministra Maria Thereza de Assis Moura, Sexta Turma, julgado em 27/06/2014, DJe 04/08/2014).

recurso no interesse da lei ou para impugnar decisão que resulte de colusão entre as partes[255-256-257].

Em todo caso, ressalvadas as ponderações a serem feitas adiante acerca dos influxos do sistema de precedentes vinculantes no interesse recursal, para que seja admitido o recurso do Ministério Público, é necessário que demonstre a utilidade prática da modificação pretendida, em favor do interesse que justificou seu ingresso e, caso exista divergência entre este e o defendido no recurso, a respectiva justificativa para a mudança de posição.

3.7. INTERESSE RECURSAL DO AMICUS CURIAE

A análise do interesse recursal do *amicus curiae* leva a duas ponderações distintas, mas, igualmente relevantes. A primeira delas, no tocante ao influxo do sistema de precedentes vinculantes, será tratada no próximo capítulo. A segunda, denota de forma marcante como o requisito do cabimento está intimamente ligado ao interesse, ressaltando que se trata de um de seus elementos[258].

O art. 138 dispõe que o juiz "poderá, por decisão irrecorrível" admitir ou solicitar o ingresso do *amicus curiae*. A irrecorribilidade de que trata o texto legal se refere exclusivamente à decisão que admite e que estabelece a atuação do *amicus curiae* no processo e não à que

---

255. PROVINCIALI, Renzo. Delle impugnazioni in generale. Napoli: Morano Editore, 1962, p. 154.

256. Art. 397, do CPC italiano.

257. No direito canônico, para as causas de anulação de casamento, é possível o recurso do Defensor do Vínculo para defesa do matrimônio. No caso, de 1917 a 1983, admitia-se o interesse recursal com critérios diferenciados e mais tênues que os das partes, sendo possível a dispensa da apresentação de provas novas, exigência feita às partes, como decorrência da necessidade de demonstração de "novos e graves argumentos, que desdigam a decisão anterior". José L. López Zubillaga esclarece que, até 1917, era possível que também as partes recorressem da sentença, independente da apresentação de novas provas. Para ele, a medida garantia isonomia entre as partes do processo, uma vez que incabível colocar o Defensor do Vínculo em posição mais favorável que as partes. A situação foi corrigida no Código de 1983. ZUBILLAGA, José L. Lopez. La doble decisión conforme em la doctrina procesal del Código de 1917. Revista Española de Derecho Canónico. Vol. 59. Año 2002. Enero-Junio.

258. Está excluída do presente trabalho, por ser tema alheio ao campo do interesse recursal, a discussão sobre a legitimidade do amicus curiae para interpor recursos, além dos embargos de declaração. Sobre o tema, vide: BUENO, Cassio Scarpinella. Comentário ao artigo 138. *In*: BUENO, Cassio Scarpinella. (Coord.). Comentários ao código de processo civil – volume 1 (arts. 1º a 317). São Paulo: Saraiva, 2017, p. 611. Sobre a possibilidade de o amicus curiae interpor embargos de declaração, vide: MUNHOZ, Manoela Virmond. Questão de ordem no tema 881 do STF. Disponível em: https://www.jota.info/artigos/questao-de-ordem-no-tema-881-do-stf-21042024?non-beta=1&amp. Acesso em 7.8.2024.

indefere a intervenção, a qual é sujeita a agravo de instrumento, na forma do art. 1.015, IX (inadmissão de intervenção de terceiros)[259].

No caso, além das partes, o *amicus curiae* poderá recorrer da decisão desde que, evidentemente, demonstre interesse recursal para tanto. Fará isso apontando a relevância do interesse institucional que visa a proteger com sua intervenção e em que medida este pode sofrer prejuízo em decorrência da ausência de sua participação no processo.

O *amicus curiae* também poderá recorrer das decisões que lhe prejudiquem diretamente, como indevidas restrições aos poderes anteriormente estabelecidos na forma do art. 138, §2º, além de sanções processuais que lhe sejam aplicadas. A questão de qual o recurso é cabível para impugnar tais decisões será tratada adiante.

Por muitas vezes considerada como atuação de *amicus curiae*[260], há, ainda, a possibilidade de interposição de recursos por pessoas jurídicas de direito público que, por força de lei, são instadas a participarem do processo, na defesa de interesse público. É o caso, por exemplo, da própria União Federal e de suas agências reguladoras. Independente da natureza da intervenção, fato é que também para esses sujeitos são exigidos os mesmos requisitos de admissibilidade dos recursos das partes, sendo necessária a demonstração do interesse recursal que, a exemplo do que ocorre com o MP e com o *amicus curiae*, não se dá *in re ipsa*.

---

259. BUENO, Cassio Scarpinella. Comentário ao artigo 138. *In*: BUENO, Cassio Scarpinella. (Coord.). Comentários ao código de processo civil – volume 1 (arts. 1º a 317). São Paulo: Saraiva, 2017, p. 612. Vide, ainda: MUNHOZ, Manoela Virmond. A participação do amicus curiae: interesse, funções, regime jurídico e classificação. – São Paulo: Thomson Reuters Brasil, 2024.

260. Sobre a intervenção da União Federal, vide: CARNEIRO, Athos Gusmão. Da intervenção da União Federal, como amicus curiae. Ilegitimidade para, nesta qualidade, requerer a suspensão dos efeitos de decisão jurisdicional. Leis 8.437/92, art. 4º, e 9.469/97, art. 5º. Revista de Processo, v. 111. São Paulo: Editora Revista dos Tribunais, jul-set/2003 e NERY JUNIOR, Nelson. Intervenção da união como amicus curiae. Deslocamento de competência. *In*: Soluções práticas – Nery. Vol. 4. São Paulo: Editora Revista dos Tribunais, set/2010, p. 159-187.

CAPÍTULO 4

O CPC/15 E O INTERESSE RECURSAL

4.1. ESTABILIZAÇÃO DA TUTELA ANTECIPADA E INTERESSE RECURSAL PRESUMIDO

O CPC autoriza, nos termos do art. 303, que a parte formule pedido de tutela antecipada antecedente, através de petição que se limite "ao requerimento da tutela antecipada e à indicação do pedido de tutela final, com a exposição da lide, do direito que se busca realizar e do perigo de dano ou do risco ao resultado útil do processo"[1].

O art. 304 prevê, na sequência, que, intimado o réu da decisão que deferiu a antecipação da tutela jurisdicional, caso não interponha o respectivo recurso, a decisão tornar-se-á estável e o processo será extinto[2]. Deixou aparentemente claro que a impugnação à decisão, para evitar a estabilização da tutela antecipada, deverá ser o recurso –

1. A chamada estabilização da tutela antecipada, como esclarecem Ada Pellegrini Grinover e Kazuo Watanabe, surgiu a partir da influência do direito francês, pelo bem sucedido instituto do référé: Recepção e transmissão de institutos processuais civis. Revista de Processo, v. 140. São Paulo: Revista dos Tribunais, out, 2006, p 143-154. Sobre o tema, vide, dentre outros: GRINOVER, Ada Pellegrini. Tutela jurisdicional diferenciada: a antecipação e sua estabilização. O processo: estudos e pareceres. 2. ed. rev. e ampl. São Paulo: DPJ Editora, 2009, p. 83/110; TALAMINI, Eduardo. Tutela de urgência no projeto do novo Código de Processo Civil: a estabilização da medida urgente e a monitorização do processo civil brasileiro. Revista de Processo, v. 209. São Paulo: Revista dos Tribunais, jul, 2012, p. 13-34; e ASSIS, Carlos Augusto de. A antecipação de tutela e sua estabilização: novas perspectivas. In: BUENO, Cassio Scarpinella. Et al. (Coord.). Tutela provisória no novo CPC: dos 20 anos de vigência do art. 273 do CPC/1973 ao CPC/2015. São Paulo: Saraiva, 2016, p. 25-42.

2. Art. 304. A tutela antecipada, concedida nos termos do art. 303, torna-se estável se da decisão que a conceder não for interposto o respectivo recurso. § 1º No caso previsto no caput, o processo será extinto.

em regra, agravo de instrumento, conforme art. 1.015, I[3]. Diz-se em regra porque também é possível que, indeferida a tutela de urgência pelo juízo de primeiro grau, o autor interponha o agravo de instrumento e obtenha o deferimento da tutela antecipada recursal, perante o Tribunal. Nesse caso, caso o réu, intimado da decisão, não interponha o agravo interno, a decisão provisória estabilizará[4].

Muito embora o ponto tenha suscitado importantes controvérsias na doutrina, que tende a compreender que a impugnação exclusivamente através de agravo de instrumento não é a solução mais adequada[5], fato é que não se pode ignorar que a lei assim determinou e, portanto, é a partir da necessidade de interposição do recurso para se evitar a estabilidade prevista no art. 304 – que o tema deve ser tratado.

O recurso, aqui, assumiu o papel de uma figura condicionante, uma vez que, caso não interposto, tanto o réu estará sujeito à estabilidade da decisão quanto, diante da extinção do processo, não poderá apresentar defesa. Isso porque o prazo para apresentação de defesa inicia após a realização da audiência de conciliação ou mediação que apenas ocorrerá na ausência de estabilização da tutela antecipada. Claro que o réu sempre poderá antecipar sua defesa, porém, ao fazê-lo antes mesmo de terminado o prazo para o recurso, como sugere Daniel Mitidiero, será privado da plena tentativa de conciliação e da

---

3. Nesse sentido: BEDAQUE, José Roberto dos Santos. Comentário ao artigo 304. *In*: BUENO, Cassio Scarpinella. (Coord.). Comentários ao código de processo civil – volume 1 (arts. 1º a 317). São Paulo: Saraiva, 2017, p. 944.

4. Eduardo Cambi, Rogéria Dotti, Paulo Eduardo d'Arce Pinheiro, Sandro Gilbert Martins e Sandro Kozikoski defendem também a interposição de recurso especial ou extraordinário, como meio de evitar a estabilização, sempre que a tutela antecipada seja deferida pelo colegiado. Diante das limitações ao cabimento dos recursos excepcionais, não parece possível impor à parte tal ônus. Assim, parece-nos melhor entendimento a que o recurso exigido pelo artigo 304 seja recurso ordinário e sem fundamentação vinculada: Curso de processo civil completo. 3. ed. rev., atual. e ampl. São Paulo: Thomson Reuters Brasil, 2022, p. 319.

5. Por todos, vide: MITIDIERO, Daniel. Autonomização e estabilização da antecipação de tutela no Novo Código de Processo Civil. Revista Magister de Direito Civil e Processual Civil. Ano XI. Número 63. Nov-dez/2014; SICA, Heitor Vitor Mendonça. Doze problemas e onze soluções quanto à chamada "estabilização da tutela antecipada". *In*: BUENO, Cassio Scarpinella. Et al. (Coord.). Tutela provisória no novo CPC: dos 20 anos de vigência do art. 273 do CPC/1973 ao CPC/2015. São Paulo: Saraiva, 2016, p. 400-422; WAMBIER, Teresa Arruda Alvim; CONCEIÇÃO, Maria Lúcia Lins; RIBEIRO, Leonardo Ferres da Silva; MELLO, Rogerio Licastro Torres de. Primeiros comentários ao novo Código de Processo Civil: artigo por artigo. 3. ed. São Paulo: Thomson Reuters Brasil, 2020, p. 576-578; GODINHO, Robson Renault. Comentário ao artigo 304. *In*: CABRAL, Antonio do Passo; CRAMER, Ronaldo. Comentários ao novo Código de Processo Civil.– 2. ed. rev., atual. e ampl. Rio de Janeiro: Forense, 2016, p. 478-479 e REDONDO, Bruno Garcia. Estabilização, modificação e negociação da tutela de urgência antecipada antecedente: principais controvérsias. Revista de Processo, v. 244. São Paulo: Revista dos Tribunais, 2015.

análise integral do pedido, da causa de pedir e dos fundamentos da demanda, já que, em regra, ainda não terá ocorrido o aditamento à petição inicial.

Tal circunstância faz com que o recurso se torne necessário, impondo que a parte recorra sempre que queira participar da audiência de conciliação e/ou mediação, contestar, levar o processo a uma cognição exauriente e obter a sentença de mérito. Não importa se o réu concorda ou não com a decisão provisória. O que está em jogo é muito mais que a decisão em si. É estabilização da decisão sumária e a impossibilidade de o réu fruir livremente do seu direito de defesa, sem que interponha o respectivo recurso.

A situação do réu é muito desfavorável, tendo se tornado, o recurso, consoante a interpretação literal da lei, requisito para a realização da audiência de conciliação e apresentação de contestação. Ora, se para a parte contestar é necessário recorrer da decisão - já que o processo será extinto antes do início do prazo para defesa -, mesmo que o deferimento da tutela antecipada esteja coerente com a jurisprudência dominante e que o réu saiba ser impossível reformar a decisão, ou ainda que concorde com seu conteúdo, terá que aventurar-se no procedimento recursal. Tão somente com a finalidade de ver garantido o amplo exercício de seu direito a defesa.

A exemplo do que ocorre com as ações constitutivas, o recurso assumiu a posição de ato necessário para fruição de um direito, o que torna a presença do interesse recursal presumível *in re ipsa*. A aferição do interesse, nesses casos, não deve pautar-se na análise comum do interesse recursal, mas sim, partir da presunção da sua existência, impondo a admissibilidade do recurso e impedindo a condenação da parte pela prática de ato processual abusivo.

4.2. RECORRIBILIDADE DAS DECISÕES INTERLOCUTÓRIAS

4.2.1. Agravo de Instrumento

Outra alteração trazida pelo CPC/15, com reflexos diretos no interesse recursal, foi a tentativa de – mais uma vez – restringir[6] a re-

6. A busca pela restrição à recorribilidade das interlocutórias está atrelada à oralidade e constitui um de seus subprincípios, como leciona Humberto Theodoro Junior. O problema da recorribilidade

corribilidade imediata das decisões interlocutórias[7]. Houve substancial alteração no regime, de tal maneira que, dependendo do conteúdo e do momento em que a decisão for prolatada, haverá diferentes formas de impugnação. Estas vão desde o agravo de instrumento interposto contra decisão que julga parcialmente o pedido, ao recurso da interlocutória não agravável interposto em preliminar de razões ou contrarrazões de apelação. Passou a ser possível existir tanto apelação em face de decisão interlocutória quanto agravo de instrumento em face de decisão que julga o mérito do processo[8].

Frise-se que a exceção ao critério eminentemente formal para o cabimento de agravo de instrumento tinha como parâmetro o conteúdo do ato impugnado e não, genericamente, seus possíveis efeitos lesivos, como fazia o CPC/73.

O sistema do código revogado, em sua versão final, para diferenciar as hipóteses de cabimento de agravo de instrumento e de agravo retido, levava em consideração principalmente o perigo na demora, que justificava a antecipação do conhecimento do recurso -por instrumento- que, em regra, deveria aguardar a sentença -pela via retida. A urgência passava a integrar a análise do cabimento do recurso, como uma forma de fazer surgir a utilidade na apreciação imediata da matéria -interesse, portanto.

Ronaldo Vasconcelos e Marcello de Oliveira Gulim continuam enxergando, no sistema do CPC/15, uma relação direta entre o cabimento do recurso e os possíveis "prejuízos severos ao processo em razão de posterior nulidade" [9], sustentando que o rol previsto no ar-

---

das interlocutórias no processo civil brasileiro. Gênesis: Revista de Direito Processual Civil. V. 8, n. 30, p. 840-848, out./dez., 2003.

7. Sobre os aspectos históricos e insucessos do legislador, vide: SICA, Heitor Vitor Mendonça. O agravo e o "mito de prometeu": considerações sobre a lei 11.187/2005. *In*: NERY JUNIOR, Nelson; WAMBIER, Teresa Arruda Alvim. (Coord.). Aspectos Polêmicos e atuais dos Recursos Cíveis e assuntos afins. Série Aspectos Polêmicos e Atuais dos Recurso. v 9, São Paulo: Revista dos Tribunais, 2006 e YOSHIKAWA, Eduardo Henrique de Oliveira. Prometeu (re)acorrentado: a recorribilidade em separados das decisões interlocutórias do CPC/39 ao CPC/2015. *In*: NERY JUNIOR, Nelson; WAMBIER, Teresa Arruda Alvim. (Coord.). Aspectos Aspectos polêmicos e atuais dos recursos cíveis e assuntos afins, v. 13. São Paulo: Editora Revista dos Tribunais, 2017, p.159-197.

8. Art. 356. O juiz decidirá parcialmente o mérito quando um ou mais dos pedidos formulados ou parcela deles: I – mostrar-se incontroverso; II – estiver em condições de imediato julgamento, nos termos do art. 355. (...) § 5º A decisão proferida com base neste artigo é impugnável por agravo de instrumento.

9. Sistema recursal brasileiro e o vetor da não recorribilidade. In: NERY JUNIOR, Nelson; ALVIM, Teresa Arruda. (Coord.). Aspectos polêmicos e atuais dos recursos cíveis e assuntos afins, v. 13. São Paulo: Editora Revista dos Tribunais, 2017, p. 505.

tigo 1.015 buscou elencar decisões que possuam aspecto mais crítico e urgente. A afirmativa é correta, porém, ao delimitar quais decisões, por presunção legislativa, são consideradas críticas, o CPC/15 retirou do *periculum in mora* a condição de fator preponderante para o cabimento do agravo de instrumento. Veja-se que, ainda que a decisão não seja crítica e ou apta a provocar sérios prejuízos ao processo, ela poderá ser recorrida imediatamente, desde que seu conteúdo esteja adequado a alguma das hipóteses previstas no rol do artigo 1.015.

O art. 1.015 do CPC prevê hipóteses taxativas de cabimento de agravo de instrumento. De acordo com a lei, caberá agravo exclusivamente em face de decisões que versem sobre tutela provisória (deferimento, indeferimento, modificação ou forma de cumprimento), mérito do processo, rejeição de alegação de convenção de arbitragem, incidente de desconsideração da personalidade jurídica (incluindo-se, aqui, todas as decisões proferidas no curso do incidente), rejeição ou revogação de gratuidade de justiça, exibição ou posse de documento ou coisa, exclusão de litisconsorte ou rejeição do pedido de limitação de litisconsórcio, intervenção de terceiros (admissão ou inadmissão), concessão, modificação ou revogação de efeito suspensivo em embargos à execução e redistribuição do ônus da prova. Há, além do art. 1.015, previsão de cabimento de agravo de instrumento em face de outras situações previstas em lei, como é o caso da decisão proferida em procedimento de recuperação judicial ou falência.

Além do texto legal, o STJ julgou, no dia 04.12.2018, o tema repetitivo nº 988, a fim de definir o alcance do rol previsto no art. 1.015[10]. O 'rol do agravo' foi objeto de inúmeras controvérsias na doutrina, destacando-se, principalmente, o entendimento defendido por Fredie Didier Jr. e Leonardo José Carneiro da Cunha, no sentido de que, embora taxativo, o art. 1.015 comportaria interpretação extensiva. A tese seria aplicável, especialmente, para as decisões que versassem sobre competência do juízo e que negassem vigência a negócio jurídico processual[11].

10. Recursos Especiais números 1696396/MT e 1704520/MT, de relatoria da Ministra Nancy Andrighi, julgados pelo regime dos recursos repetitivos.

11. Agravo de instrumento contra decisão que versa sobre competência e decisão que nega eficácia a negócio processual na fase de conhecimento: uma interpretação sobre o agravo de instrumento do CPC-2015. Revista de Processo, n. 242. São Paulo: Revista dos Tribunais, abr., 2015..

A decisão da Corte Especial, entretanto, foi no sentido de que a melhor interpretação da regra prevista no art. 1.015 é a chamada *taxatividade mitigada*. Apesar de o rol de hipóteses de cabimento do agravo de instrumento ser taxativo e não comportar interpretação extensiva ou analógica, as situações que não possam aguardar rediscussão em futura apelação poderão ser impugnadas por aquele recurso.

O critério definidor da expressão "*situações que não possam aguardar rediscussão em futura apelação*" seria a urgência decorrente da impossibilidade de aguardar-se o momento oportuno para apreciação do recurso. Caso a parte espere a apelação para recorrer da decisão interlocutória, haverá um grave risco de inutilidade da tutela jurisdicional. Como consta no voto:

> É possível extrair desse critério que o recurso será cabível em situações de urgência, devendo ser este o elemento que deverá nortear quaisquer interpretações relacionadas ao cabimento do recurso de agravo de instrumento fora das hipóteses arroladas no art. 1.015 do CPC.
>
> (...)
>
> Do estudo da história do direito processual brasileiro e de como a questão é tratada no direito comparado, pode-se afirmar, com segurança, que a urgência que justifica o manejo imediato de uma impugnação em face de questão incidente está fundamentalmente assentada na inutilidade do julgamento diferido se a impugnação for ofertada apenas conjuntamente ao recurso contra o mérito, ao final do processo.

Em outras palavras, apenas quando a decisão recorrida possa provocar "*perigo de dano iminente grave e de difícil reparação, cuja prevenção não possa aguardar o julgamento final da causa*",[12] será possível, a partir do precedente fixado, interpor agravo de instrumento (independentemente do conteúdo da decisão). A decisão do STJ não

---

12. Ao tempo do CPC/73 e comentando suas inúmeras reformas, assim defendia Humberto Theodoro Junior: "A recorribilidade das interlocutórias por meio de instrumento deveria continuar limitada a casos expressamente previstos em lei, como os de prisão civil, levantamento de dinheiro e alienação de bens litigiosos e aqueles em que se comprovasse inequivocamente o perigo de dano iminente grave e de difícil reparação, cuja prevenção não possa aguardar o julgamento final da causa": THEODORO JUNIOR, Humberto. O problema da recorribilidade das interlocutórias no processo civil brasileiro" (Gênesis: Revista de Direito Processual Civil. V. 8, n. 30, p. 840-848, out./dez., 2003.)

repristina o modelo do CPC/73. No sistema do Código revogado, as hipóteses de cabimento de agravo de instrumento levavam em consideração exclusivamente a urgência. Tanto aquela decorrente da demora do processo, quanto a vinculada ao direito material. Sempre que houvesse risco, caberia o recurso por instrumento.

O precedente do STJ, entretanto, faz referência ao *periculum in mora*, ou seja, o perigo causado exclusivamente pela demora do processo. O risco de dano abrangido pelo novo precedente, é importante que fique claro, não decorre da relação jurídica conflituosa e não é oriundo do direito material discutido pelas partes. Quem provoca esse perigo é única e exclusivamente a decisão prolatada, conjugada com o decurso do tempo existente entre o momento da sua prolação e a sentença. Trata-se de um perigo que surge no processo e é exclusivamente com ele relacionado.

Para admitir o agravo de instrumento nestes casos, o voto condutor partiu da premissa de que o recurso sempre esteve, historicamente, em alguma medida, relacionado ao perigo na demora. O agravo de instrumento, conclui-se a partir da leitura do voto, seria – em sua essência – uma tutela urgente (não de urgência, dado que, no caso do agravo de instrumento, a decisão sobre o mérito é definitiva, sem qualquer caráter de provisoriedade).

Ocorre que, diferentemente dos seus antecessores, esta não parece ser a premissa que norteou a definição do rol previsto no art. 1.015 do CPC/15. Apesar de ter sido considerada pelo legislador, que admitiu expressamente o recurso contra decisão que verse sobre tutela provisória, a urgência deixou de ser fator preponderante para o cabimento do agravo de instrumento.

Hoje em dia, ainda que a decisão não seja crítica ou apta a provocar sérios prejuízos às partes e ao processo, ela poderá ser recorrida imediatamente, desde que seu conteúdo esteja previsto em alguma das hipóteses do rol do artigo 1.015[13]. Daí por que, parece-nos que

13. Poderão ser impugnadas por agravo de instrumento as decisões que versarem sobre tutela provisória, mérito do processo, rejeição da alegação de convenção de arbitragem, incidente de desconsideração da personalidade jurídica, rejeição de requerimento ou revogação de gratuidade de justiça, exibição ou posse de documento ou coisa, exclusão de litisconsorte, rejeição do pedido de limitação do litisconsórcio, admissão ou inadmissão de intervenção de terceiros, efeito suspensivo em embargos à execução e redistribuição do ônus da prova. Aqui, a limitação ao cabimento do recurso é qualitativa, de tal forma que a decisão deverá estar prevista em algum dos incisos para que a parte possa utilizar o agravo de instrumento. Também são recorríveis

o CPC/15 rompeu com as premissas que justificaram a formação da tese fixada, razão pela qual não poderiam ter sido utilizadas como parâmetro para fundamentar a situação excepcional.

Isso, entretanto, não significa dizer que a decisão do STJ esteja, necessariamente, equivocada.

O que se tem, no caso, é uma situação de urgência que, em razão da estrutura prevista pelo legislador processual, deixou de ser adequadamente tutelada. Não foi por outro motivo que o próprio voto da Ministra Relatora referenciou a necessidade de se analisar a situação a partir do princípio da inafastabilidade da jurisdição.

O que se percebe é que há, evidentemente, um vácuo legislativo criado tanto pelo sistema adotado nos arts. 1.009 e 1.015, quanto pelo fato de que o CPC/15 não previu mecanismo equivalente às medidas cautelares satisfativas, comumente utilizadas na vigência do CPC/73.

Há situações de perigo, causadas pela demora na entrega da tutela jurisdicional, que não são tuteladas pelo CPC. Trata-se de uma urgência instrumental, que nasce do processo, compromete sua efetividade e que autoriza, conforme decidido pela Corte Especial, a adoção de uma medida imediata e efetiva do respectivo órgão competente.

Considerando que "*não se justificam constitucionalmente quaisquer limitações impostas legal ou judicialmente à concessão de medidas de urgência*"[14-15], nada mais justo que, ao interpretar a legislação processual de acordo com suas normas fundamentais e com o princípio da inafastabilidade da tutela jurisdicional, o julgador busque meios

por agravo de instrumento, as decisões previstas no parágrafo único do art. 1.015, que abrange aquelas proferidas na fase de liquidação e cumprimento de sentença, processo de execução e processo de inventário. Na hipótese, o recurso tem limitações procedimentais. Não importa a qualidade da decisão prolatada, o que viabiliza ou não seu cabimento é o momento da prolação, independentemente de ela encaixar-se no rol previsto no art. 1.015.

14. VENTURI, Elton. Suspensão de liminares e sentenças contrárias ao poder público. São Paulo : RT, 2005, p. 59.

15. "A garantia constitucional da proteção à lesão dos direitos não conduz, propriamente ou necessariamente, a tais ideias. Ao contrário, leva à conclusão de que a tutela de urgência se presta a proteger o próprio direito material, ainda que de forma temporária, e mediante uma análise sumária, fundada em juízo de probabilidade (verossimilhança). Em última *ratio*, trata-se de aceitar a autonomia da tutela cautelar, que não deriva nem se resume a uma autonomia procedimental. Refere-se à existência de um direito à cautela como defluência dos princípios da inafastabilidade e do devido processo legal, que deve ser implementado pelo magistrado em qualquer procedimento, desde que, por óbvio, presentes os pressupostos para tanto". VENTURI, Elton. Suspensão de liminares e sentenças contrárias ao poder público. São Paulo : RT, 2005, p. 64.

para garantir seja a tutela prestada efetiva. Mais do que uma possibilidade, é um dever.

Daí porque o STJ acertou ao admitir que sejam imediatamente recorridas as decisões interlocutórias cuja análise, ao tempo oportuno, impediria a concessão de tutela adequada. Não porque o recurso será inútil. O interesse recursal já foi previamente avaliado quando da definição das hipóteses de cabimento; e a opção legislativa deve ser respeitada. Mas porque a Constituição autoriza a fazê-lo. A rigor, mais que isso. A Constituição determina que o faça. É o que se traduz a partir do poder-dever geral de cautela, adequadamente respeitado pelo STJ e pelo precedente vinculante[16].

A impugnação da decisão causadora do *periculum in mora* poderia ser realizada por meio de uma medida atípica autônoma? Poderia. Mas não haveria sentido em inovar criando um sucedâneo que, necessariamente, seguiria o procedimento previsto para o agravo de instrumento. Assim, ao afirmar estar mitigando o rol do art. 1.015, o STJ está, na realidade, concedendo tutela efetiva e adequada, a despeito do déficit legislativo. Déficit este que está mais relacionado à inadequada tutela das situações de urgência, pelo CPC, do que, propriamente, às hipóteses previstas no art. 1.015.

A rigor, não há mitigação, uma vez que a taxatividade seguirá sendo respeitada. Há, em realidade, o acolhimento normativo de uma situação latente, percebida pela prática e que havia sido ignorada pelo legislador. Há tutela adequada da situação de urgência, em âmbito recursal, tal qual determina a Constituição.

4.2.2. Interesse complexo

Com relação à recorribilidade das interlocutórias, contra as quais não é cabível recurso imediato, ou seja, aquelas que não estão

16. Solução semelhante foi sugerida por Ana Beatriz Presgrave que sugeriu a recorribilidade imediata das decisões interlocutórias, sempre que haja risco ao resultado útil do processo. Em suas palavras, a medida adequada seria um "pedido antecipatório antecedente recursal". O problema do rol taxativo do 1015: há uma solução no CPC? Pensamos que sim! Disponível em https://processualistas.jusbrasil.com.br/artigos/460956892/o-problema-do-rol-taxativo-do-1015-ha-uma-solucao-no-cpc. Acesso em 30.03.2024. Pensamos, entretanto, que não é o caso de confundir-se a tutela da urgência, como estabelecida no precedente, com tutela provisória. No caso, o que se tem é a plena satisfação do direito ao recurso e o julgamento, em definitivo, da impugnação à decisão interlocutória.

previstas no art. 1.015[17] e que, por força do art. 1.009, §§ 1º e 2º, deverão, em regra, ser suscitadas em preliminar de apelação ou nas contrarrazões. Isto porque aquelas agraváveis, muito embora comportem interessantes discussões acerca do cabimento[18], não chegaram a gerar qualquer repercussão no interesse recursal.

Em primeiro lugar, adere-se ao entendimento de Leonardo José Carneiro da Cunha e Fredie Didier Jr.[19] no sentido de ser *recurso* o ato praticado pela parte em preliminar de razões ou contrarrazões, uma

17. Poderão ser recorríveis por agravo de instrumento as decisões que versarem sobre tutela provisória, mérito do processo, rejeição da alegação de convenção de arbitragem, incidente de desconsideração da personalidade jurídica, rejeição de requerimento ou revogação de gratuidade de justiça, exibição ou posse de documento ou coisa, exclusão de litisconsorte, rejeição do pedido de limitação do litisconsórcio, admissão ou inadmissão de intervenção de terceiros, efeito suspensivo em embargos à execução e redistribuição do ônus da prova. Aqui, a limitação ao cabimento do recurso é qualitativa, de tal forma que a decisão deverá encaixar-se em algum dos incisos para que a parte possa utilizar o agravo de instrumento. Também são recorríveis por agravo de instrumento, as decisões previstas no parágrafo único do art. 1.015, que abrange aquelas proferidas na fase de liquidação e cumprimento de sentença, processo de execução e processo de inventário. Na hipótese, o recurso tem limitações procedimentais. Não importa a qualidade da decisão prolatada, o que viabiliza ou não seu cabimento é o momento da prolação, independentemente de ela encaixar-se no rol previsto no art. 1.015.

18. O STJ, recentemente, em julgamento da Quarta Turma, decidiu pela recorribilidade, por agravo de instrumento, de decisões interlocutórias que versem sobre competência. Pelo que se extrai do voto da lavra do Min. Luis Felipe Salomão, o cabimento do recurso se extrai a partir de uma "interpretação analógica ou extensiva da norma". Isso porque, em primeiro lugar, o art. 64, §4º afirma que o juiz decidirá imediatamente a alegação de incompetência. Além disso, nas palavras do Relator, ao admitir a interposição do recurso contra tais decisões, evita-se as consequências nefastas de um processo que tramite perante juízo incompetente. (REsp nº 1.679.909/RS, julgado em 14.11.2017). A recorribilidade das interlocutórias que versam sobre competência já era defendida pela doutrina, especialmente por Fredie Didier Jr. e Leonardo Carneiro da Cunha, que sustentam que, embora taxativo, o rol do art. 1.015 comporta interpretação extensiva. Em suas palavras, "É verdade que interpretar o texto normativo com a finalidade de evitar o uso anômalo e excessivo do mandado de segurança pode consistir num consequencialismo. Como se sabe, o consequencialismo constitui método de interpretação em que, diante de várias interpretações possíveis, o intérprete deve optar por aquela que conduza a resultados econômicos, sociais ou políticos mais aceitáveis, mais adequados e menos problemáticos. Busca-se, assim, uma melhor integração entre a norma e a realidade. É um método de interpretação que pode servir para confirmar a interpretação extensiva ora proposta": DIDIER JR., Fredie; CUNHA, Leonardo Carneiro da Curso de direito processual civil: Meios de impugnação às decisões judiciais e processo nos tribunais. 21. ed. rev., atual. e ampl. São Paulo: Juspodivm, 2024, p. 274-281.

19. Apelação contra decisão interlocutória não agravável: a apelação do vencido e a apelação subordinada do vencedor. Revista de Processo, v. 241. São Paulo: Revista dos Tribunais, mar, 2015, p. 237. No mesmo sentido: MARINONI, Luiz Guilherme; MITIDIERO, Daniel. Comentários ao Código de Processo Civil: artigos 976 ao 1.044. v. XVI. Dir. Luiz Guilherme Marinoni. Coord. Sérgio Cruz Arenhart e Daniel Mitidiero. São Paulo: Thomson Reuters Brasil, 2021, p. 197; LINS, Liana Cirne. Apelação contra decisão interlocutória não agravável: natureza jurídica e possibilidade de interposição autônoma. *In*: GALINDO, Beatriz Magalhães; KOHLBACH, Marcela. (Coord.). Recursos no CPC/15: perspectivas, críticas e desafios. Salvador: Editora Juspodivm, 2017, p. 171; e PEREZ, Marcela Melo. Qual a natureza jurídica e aspectos procedimentais da preliminar de apelação e contrarrazões prevista no art. 1009, parágrafo primeiro, do NCPC? In: Recursos no CPC/15: perspectivas, críticas e desafios. Coordenadoras Beatriz Magalhães Galindo e Marcela Kohlbach. Salvador: Editora Juspodivm, 2017, p. 217-221.

vez que nesse momento provocará o reexame das decisões para que sejam invalidadas ou reformadas[20]. Diferentemente do que ocorria no agravo retido previsto no sistema do CPC/73, no qual em preliminar de razões ou contrarrazões a parte apenas ratificava o recurso ora interposto, no CPC/15 há verdadeira interposição, exercício do direito de ação da parte que impugna a decisão interlocutória proferida no curso do processo.

O momento para interposição do respectivo recurso será diferido[21] e a parte deverá aguardar a elaboração das razões ou contrarrazões de apelação para manifestar seu inconformismo e impugnar a decisão. Se, por exemplo, a parte requerer a produção de determinada prova e tal requerimento for indeferido, não poderá valer-se do agravo de instrumento e deverá aguardar a sentença para insurgir-se contra a decisão. Suscitará o indeferimento da prova em preliminar das razões de sua apelação, em um modelo semelhante ao agravo retido previsto no CPC/15[22].

Não há, no exemplo, autonomia recursal, todavia, também não se pode falar em subordinação deste recurso ao recurso em face da sentença, dado que ele é julgado preliminarmente e pode prejudicar

20. Em sentido contrário: MACHADO JR., Dario Ribeiro. Novo código de processo civil anotado e comparado. Dario Ribeiro Machado Jr. e outros; coordenação Paulo Cezar Pinheiro Carneiro, Humberto Dalla Berbardina de Pinho. Rio de Janeiro: Forense, 2015, p. 581; BONDIOLI, Luis Guilherme Aidar. Comentários ao código de processo civil – volume XX (arts. 994-1.044). Coordenação de José Roberto Ferreira Gouvêa, Luis Guilharme Aindar Bondioli, João Francisco Naves da Fonseca. São Paulo: Saraiva, 2016, p. 90; e BARIONI, Rodrigo Otávio. Prelcusão diferida, o fim do agravo retido e a ampliação do objeto da apelação no novo Código de Processo Civil. Revista de Processo, v. 243. São Paulo: Revista dos Tribunais, mai., 2015, p. 269-280.

21. O art. 1.009, §1º afirma que as decisões interlocutórias não recorríveis por agravo de instrumento não precluirão. O termo utilizado pelo legislador não parece ser o mais adequado. As decisões, por certo, precluirão. O que tem-se é o diferimento do momento de interposição do recurso. Zulmar Duarte defende, no caso, a existência de um "sistema elástico de preclusão", uma vez que esta permaneceria "em estado letárgico até o não agir futuro da parte". Elasticidade na preclusão e centro de gravidade. Alterações do sistema preclusivo pelo Novo CPC serão terrenos férteis para semeadura de problemas. Disponível em https://jota.info/colunas/novo-cpc/elasticidade-na-preclusao-e-o-centro-de-gravidade-do-processo-29062015. Acesso em 30.03.2024. Não se entende, porém, que o CPC/15 tenha inaugurado qualquer novo sistema de preclusão. Trata-se de mera preclusão temporal. O que foi alterado foi apenas o início do prazo recursal, diferido para o momento da interposição da apelação, recurso cabível para impugnar as decisões não agraváveis.

22. "O agravo retido, embora não enseje imediata apreciação pelo tribunal, desempenha importante papel no processo, porque uma vez interposto impede a preclusão em torno da matéria tratada na decisão interlocutória. (...) se não for interposta a apelação, ou se não ocorrer a confirmação do agravo retido nas razões ou contrarrazões do último recurso, dele não se conhecerá (CPC, art. 523, § 1º). Trata-se, dessa forma de um recurso sob condição". THEODORO JUNIOR, Humberto. O agravo de instrumento e as causas do direito de família. Revista da de Direito da UFMG. Belo Horizonte, n. 50, p. 222-238, jan.-jul., 2007.Disponível em https://revista.direito.ufmg.br/index.php/revista/article/view/35. Acesso em 30.03.2024.

a análise do mérito da apelação. No recurso contra interlocutória não agravável interposto pelo apelante, está-se diante de uma real preliminar, uma vez que sua apreciação é condição para a análise posterior da sentença[23]. Já aqui impõe-se a conjugação de dois fatores para formação do interesse recursal. No que toca ao cabimento, é necessário que a decisão interlocutória e a sentença tenham sido prolatadas, ou seja, a dualidade de decisões que autoriza a interposição da apelação, com a preliminar que impugne a interlocutória. Já quanto ao interesse recursal, propriamente dito, é preciso que a parte apelante tenha sucumbido, em alguma medida, tanto na decisão interlocutória, quanto na sentença.

Para melhor ilustrar e sistematizar a aferição do interesse recursal, adota-se novamente o exemplo do indeferimento da produção de determinada prova. Supondo que o autor tenha requerido a produção de prova pericial e tal requerimento sido indeferido pelo juiz. Já no indeferimento surge o primeiro requisito para formação do interesse recursal contra tal decisão: o sujeito sucumbiu. Prolatada a sentença de improcedência do pedido, surge o segundo requisito para formação do interesse recursal, que se completa, viabilizando a recorribilidade da decisão de indeferimento de prova em preliminar de apelação. No caso, há dupla sucumbência do autor, que foi vencido/prejudicado na interlocutória e teve seu pedido julgado improcedente.

A medida, que visa a economia processual, remete à sistemática do art. 522, §1º do CPC/73, que viabilizava uma forma simples de desistência do agravo retido ora interposto, quando, em decorrência do resultado da causa, a parte perdesse o interesse no julgamento do recurso. Para tanto, bastava que se omitisse, deixando de reiterar o recurso em preliminar de apelação[24]. Na hipótese de reiteração do agra-

---

23. Em todo caso e qualquer caso deve ser observada a primazia do julgamento de mérito, prevista dentre as normas fundamentais do novo código (art. 4º).

24. "O preceito contido no art. 522, §1.º, fine, atende à possibilidade de que cesse, para o agravante, o interesse em impugnar a decisão interlocutória contra a qual se interpôs o agravo retido. Por exemplo: requerera ele certa prova, e o juiz a indeferira; daí o recurso. Vem a sentença, e diante dela a parte se convence de que a realização da prova lhe seria desnecessária, ou inútil. A lei indica-lhe um meio simples de desistir do agravo: basta que se abstenha de reiterá-lo nas razões ou nas contra razões de apelação. Por motivos que não interessam agora, preferiu o Código tal disciplina à alternativa, consistente em exigir a desistência expressa". MOREIRA, José Carlos Barbosa. Agravo retido posterior à apelação. Revista de Processo, v. 31. São Paulo: Revista dos Tribunais, jul-set, 1983, p. 267-270.

vo retido, mesmo diante de sua vitória na sentença, era-lhe atribuído caráter de eventualidade no julgamento, impondo-se a sucumbência virtual, para seu conhecimento. Caso não se desse a sucumbência, o recurso era tido por prejudicado, sem que o tribunal se voltasse para a análise do interesse recursal. Na vigência do CPC/15, não se trata de desistência do recurso, uma vez que este apenas será interposto na própria preliminar, o que autoriza ao tribunal realizar uma análise prévia acerca de sua admissibilidade, que levará em conta, necessariamente, a coexistência de decisão interlocutória não agravável e de sentença -em regra; e a existência de sucumbência em ambas, para formação do interesse complexo.

4.2.3. Interesse condicionado[25], eventual[26] ou virtual[27]

É permitido, também, àquele que teve seu pedido provido – vencedor na sentença e sem qualquer interesse em modificá-la, recorrer das interlocutórias em preliminar de suas contrarrazões. O recurso, nessa hipótese, será em regra subordinado[28] à apelação interposta pelo vencido e dependerá de seu conhecimento e provimento para ser conhecido[29].

Por exemplo, o indeferimento de determinada prova prejudica aquele que a requereu, o que, pela concepção clássica de interesse

25. LIBARDONI, Carolina Uzeda. Interesse recursal complexo e condicionado quanto às decisões interlocutórias não agraváveis no novo Código de Processo Civil: segundas impressões sobre a apelação autônoma do vencedor. Revista de Processo, n. 249. São Paulo: Revista dos Tribunais, nov, 2015.

26. NEVES, Daniel Amorim Assumpção. Interesse recursal eventual e o recurso adesivo condicionado ao julgamento do recurso principal. Revista Dialética de Direito Processual, n. 32, novembro, 2005 e DIDIER JR., Fredie; CUNHA, Leonardo Carneiro da. Curso de direito processual civil: Meios de impugnação às decisões judiciais e processo nos tribunais. 21. ed. rev., atual. e ampl. São Paulo: Juspodivm, 2024, p. 160-161.

27. TALAMINI, Eduardo. Interesse recursal. *In*: ARENHART, Sérgio Cruz; MITIDIERO, Daniel. (Coord.). DOTTI, Rogéria. (Org.). O Processo civil entre a técnica processual e a tutela dos direitos: estudos em homenagem a Luiz Guilherme Marinoni. São Paulo: Editora Revista dos Tribunais, 2017.

28. "A apelação do vencedor, neste caso, é um recurso subordinado. Ela seguirá o destino da apelação do vencido. Caso o vencido desista da apelação interposta ou essa não seja admissível, a apelação do vencedor perde o sentido: por ter sido o vencedor, o interesse recursal somente subsiste se a apelação do vencido for para frente": DIDIER JR., Fredie; CUNHA, Leonardo José Carneiro da. Apelação contra decisão interlocutória não agravável: a apelação do vencido e a apelação subordinada do vencedor. Revista de Processo, v. 241. São Paulo: Revista dos Tribunais, mar, 2015.

29. Não há identidade entre este recurso interposto em preliminar de contrarrazões com o recurso adesivo. Nada impede que a parte parcialmente sucumbente e recorrida interponha o recurso adesivo no mesmo prazo para oferecimento de contrarrazões, mas, para tal modalidade de recurso subordinado permanece necessária sucumbência recíproca. O recurso interposto na forma do §1º do art. 1.009 não exige sucumbência e, como veremos a seguir, pode ou não ser subordinado.

recursal criaria a possibilidade de interposição do respectivo recurso. Ocorre que a decisão, no ambiente do CPC/15, não é recorrível imediatamente, de tal forma que o cabimento do recurso permanece suspenso[30] até o momento oportuno, qual seja, a interposição de apelação.

Sendo assim, aquele que teve contra si o indeferimento da prova, vitorioso na sentença, não terá interesse na interposição do recurso, seja contra a sentença, seja contra a decisão interlocutória. Com a sentença de procedência, seu interesse recursal para impugnar a decisão interlocutória não é complementado, logo, não surge.

Caso o vencido apele, a situação se altera, uma vez que existe possibilidade de revisão da sentença. O risco da reforma e de uma nova decisão desfavorável ao então vencedor traz para ele a possibilidade de interpor o recurso e buscar rever a decisão interlocutória, mas *apenas se provido o recurso do vencido.* Trata-se de interesse que, além de complexo, é condicionado[31].

Aqui se verifica uma possível e eventual sucumbência. A parte vencedora, a princípio, não tem interesse em recorrer sequer das interlocutórias desfavoráveis, por falta de formação do interesse complexo (dupla sucumbência), contudo, a possibilidade de reforma da sentença e o risco de alteração de sua situação processual criam sensação de incerteza que a autoriza a recorrer. Na hipótese, a vantagem que legitima a interposição do recurso é aquela decorrente da certeza de que, caso reformada a sentença, todas as questões a ele favoráveis serão oportunamente apreciadas, de forma a manter sua condição

30. As decisões não são irrecorríveis, apenas têm sua recorribilidade suspensa até o momento de interposição da apelação ou oferecimento de contrarrazões.

31. Daniel Neves tratou do tema, sob a ótica do CPC/73 e considerando o agravo retido, ressalta com clareza a distinção entre a sucumbência na sentença e na decisão interlocutória: "A nítida separação da sucumbência na decisão interlocutória e sentença, admitindo o agravo retido por parte do vencedor da demanda, evidentemente, só passa a ser considerada a partir do momento em que a parte contrária ingressa com a apelação, porque sem tal recurso a sucumbência suportada pela decisão interlocutória é irrelevante à parte que venceu a demanda. Prova maior disso é que, não interposto o recurso da parte contrária, qualquer tentativa do agravante de ver julgado seu agravo retido será liminarmente rejeitada, por evidente ausência de interesse recursal. Significa dizer que, apesar de a sucumbência ser diversa tomando-se as decisões isoladamente, a relevância da sucumbência na decisão interlocutória está intimamente ligada à possibilidade de reforma da decisão pelo tribunal em julgamento da apelação interposta pela parte contrária": NEVES, Daniel Amorim Assumpção. Interesse recursal eventual e o recurso adesivo condicionado ao julgamento do recurso principal. Revista Dialética de Direito Processual, n. 32, novembro, 2005, p. 42-43.

vitoriosa. Situação semelhante foi aventada por Ovídio Baptista[32], quando tratou do recurso extraordinário adesivo condicionado, hipótese na qual o litigante vitorioso poderia recorrer diante do risco de sucumbência[33].

O interesse recursal do vencedor na sentença para impugnar as decisões interlocutórias não recorríveis por agravo de instrumento é, portanto, complexo e condicionado. Não basta a decisão interlocutória desfavorável. É preciso somá-la à sucumbência na sentença ou à interposição de apelação pelo vencido. E, ainda, interposto o recurso, falta-lhe requisito de admissibilidade para julgamento do mérito, até que sua condição de vencedor efetivamente seja alterada. A possibilidade de interposição pressupõe a conjugação desses dois fatores: derrota na interlocutória mais risco decorrente do julgamento da apelação da parte contrária. A formação do interesse recursal e admissibilidade do recurso requer mais um fator, qual seja, a efetiva derrota, até então meramente previsível. Ou seja, para conhecimento do recurso do vencedor, é necessário que o risco que autorizou a interposição se concretize e ele seja – de fato – derrotado[34].

Voltando ao exemplo anterior. Suponha-se que o autor vença, apesar do indeferimento de sua prova. No caso, apenas o primeiro requisito está presente (sucumbência na interlocutória) e ressalvadas as restritas hipóteses que autorizam a apelação autônoma do vencedor

32. "Para superar um impasse dessa natureza, não há outro caminho senão admitir-se o recurso adesivo condicionado, a que estaria legitimado excepcionalmente o litigante inteiramente vitorioso que alegasse apenas o risco de uma sucumbência futura, capaz de causar-lhe o provimento do recurso de seu adversário". cf. ARAGÃO, Paulo Cezar Recurso adesivo, nº 75; para o direito italiano, EDUARDO GRASSO, Le impugnazione incidentali, 54. Neste caso, ter-se-ia, como mostra J. C. BARBOSA MOREIRA (Comentário, nº 181), no recurso extraordinário ou especial condicionados, a mesma estrutura lógica de um cúmulo eventual de demandas, que nosso direito francamente admite, segundo o art. 289, do Código de Processo Civil". SILVA, Ovídio A. Baptista. Curso de Processo Civil. Vol. 1. Processo de conhecimento. 3ª ed. revista e atualizada. Porto Alegre: Fabris, 1996, p. 399-400.

33. "Também por força da fundamentação vinculada e da devolução estrita desses recursos, pode surgir interesse para a parte que foi integralmente vitoriosa recorrer adesivamente em caráter eventual. A sucumbência que, no âmbito dos recursos ordinários seria meramente teórica, pode tornar-se "virtual" (LUISO, 2009, p. 303), nos recursos extraordinários, se houver recurso do adversário". TALAMINI, Eduardo. Interesse recursal. *In*: ARENHART, Sérgio Cruz; MITIDIERO, Daniel. (Coord.). DOTTI, Rogéria. (Org.). O Processo civil entre a técnica processual e a tutela dos direitos: estudos em homenagem a Luiz Guilherme Marinoni. São Paulo: Editora Revista dos Tribunais, 2017. Sobre o tema, vide: OLIVEIRA, Pedro Miranda de. Recurso excepcional adesivo cruzado. Revista da ESMESC. V. 13. N. 19, 2006.

34. NEVES, Daniel Amorim Assumpção. Interesse recursal eventual e o recurso adesivo condicionado ao julgamento do recurso principal. Revista Dialética de Direito Processual, n. 32, novembro, 2005, p. 43.

na causa, não há possibilidade de utilização da apelação, pela falta de interesse da parte em anular ou modificar a sentença. A situação se altera caso o vencido, ora réu, recorra da decisão. Nesse caso surge para o autor vencedor o risco de ver reformada a sentença de procedência e o art. 1009, §1º autoriza que recorra em preliminar de contrarrazões.

Humberto Theodoro Junior afirma que, nesses casos, "a impugnação do apelado teria o papel de condicionar o julgamento da pretensão do apelante ao prévio exame das preliminares suscitadas nas contrarrazões da parte vencedora no decisório de primeiro grau"[35]. Não é possível concordar, na medida em que, apenas sendo provida a apelação do vencido, para a improcedência do pedido, o autor passa a ter interesse[36] em ver a decisão anulada em virtude da não realização da perícia, razão pela qual seu recurso deverá ser analisado pelo Tribunal. Há formação do interesse complexo e condicionado, com a sucumbência na primeira decisão, mais o risco de ver a sentença alterada, mais a reforma ou anulação da sentença. Apenas nessas hipóteses o recurso do vencedor apresentado nas contrarrazões poderá ser conhecido, até mesmo para ser evitada a esdrúxula possibilidade de seu levar à anulação da sentença que lhe é favorável[37-38].

Não se pretende sustentar a utópica ordem nos julgamentos, em que o Tribunal proverá o recurso do vencido para, apenas após, decidir o recurso interposto em preliminar de contrarrazões pelo vencedor. Na prática será inviável e que o Tribunal, quando do julgamento, realizará análise conjunta de ambos os recursos e respectivas preliminares. Todavia, considerando o que aqui se expôs, faz-se neces-

35. Curso de direito processual civil*:* vol. III. 51. ed. rev., atual. e ampl. Rio de Janeiro: Forense, 2018, p. 1.067.

36. Apenas com o provimento (ainda que virtual) da apelação podemos falar em interesse recursal completo. A álea, como expomos, justifica a interposição do recurso, mas não autoriza seu julgamento, uma vez que para tal é necessária a existência do prejuízo, gravame ou sucumbência da parte. Para maiores esclarecimentos sobre a necessidade de prejuízo para formação do interesse processual: ALVIM, Teresa Arruda. Os agravos no CPC de 2015. 5. ed. Curitiba: Editora Direito Contemporâneo, 2021, p. 212-213.

37. Tratando do risco, pela ótica do direito italiano, Eduardo Grasso sugere que, diante de sua existência, torna-se possível a impugnação por parte do vencedor. GRASSO, Eduardo. Le impugnazioni incidentali. - Milano: Dott. A. Giuffrè Editore, 1973, p. 53.

38. No mesmo sentido, ressaltando que a questão se resolve de forma distinta a depender do objeto do recurso do vencido: PEREZ, Marcela Melo. Qual a natureza jurídica e aspectos procedimentais da preliminar de apelação e contrarrazões prevista no art. 1009, parágrafo primeiro, do NCPC? *In*: GALINDO, Beatriz Magalhães; KOHLBACH, Marcela. (Coord.). Recursos no CPC/15: perspectivas, críticas e desafios.. Salvador: Editora Juspodivm, 2017, p. 229-230.

sária, inclusive para respeito à primazia do julgamento do mérito, a utilização do método da sucumbência virtual, "condicionada ao juízo hipotético de procedência do recurso principal"[39]. Assim, o Tribunal avaliará ambos os recursos, mas apenas conhecerá e julgará o recurso do vencedor caso pretenda prover o recurso do vencido e modificar a sentença[40-41].

4.2.4. Cabimento de apelação para impugnar exclusivamente decisão interlocutória

Por fim, há decisões interlocutórias não recorríveis por agravo de instrumento e que, por si e em virtude de sua qualidade, sustentam a interposição de apelação autônoma (e principal) pelo vencedor. Diferente da hipótese anteriormente aventada, em que o recurso contra decisão interlocutória do vencedor apenas será útil se conhecido e provido o recurso do vencido. Há situações nas quais, reformada ou não a sentença, o vencedor permanece com interesse na modificação da decisão interlocutória (e tão somente dela).

Trata-se, aqui, de decisões interlocutórias que não têm qualquer relação de prejudicialidade com a sentença, isto é, independentemente de sua existência e natureza, a sentença seria a mesma, permaneceria intacta. Não há interferência da decisão interlocutória sobre o teor da sentença[42]. O recurso interposto contra essas decisões, caso

39. Araken de Assis esclarece: "Ficaria preservada a ordem natural dos julgamentos, mas o julgamento do recurso subordinado ocorreria tão-só na hipótese de o órgão judiciário se convencer de que proveria o recurso independente". Manual dos Recursos. 10. ed. rev. e atual. São Paulo: Thomson Reuters Brasil, 2021, p. 75.

40. Tal sucumbência virtual deverá constar na fundamentação, com a indicação precisa das razões que levaram o Tribunal a apreciar o recurso subordinado antes do provimento da apelação do vencido. José Carlos Barbosa Moreira apontou a seguinte solução no voto prolatado nos autos da Apelação Cível nº 27.251, do TJRJ: "A dificuldade é afastável, desde que habilmente interpretado o pedido da Agravante. Antes de julgar-se o agravo, proceder-se-á à delibação da apelação, para verificar se tem ou não tem razão o Apelante, sem propriamente decidir sobre o respectivo provimento ou desprovimento. Em seguida, à luz do resultado desse exame, aprecia-se o agravo, para depois voltar-se em definitivo ao julgamento da apelação." Direito aplicado (acórdãos e votos). Rio de Janeiro: Forense, 1987, p. 153.

41. A situação é similar à da impugnação incidental, do direito italiano: RUSCIANO, Silvia. Interesse ad impugnare (dir. proc. civ.) [aggiornamento-2010], in Digesto civ., Utet, Torino, 772.

42. Adota-se as lições de José Carlos Barbosa Moreira: "É sobre a ideia de influência, de condicionamento, que merece aqui ser projetado o foco luminoso. Se a solução de uma questão influi necessariamente na outra, e se em razão de tal influência é que se lhe vai atribuir tal ou qual nomen iuris, parece óbvio que a investigação deva concentrar-se no esclarecimento da relação que liga as duas questões, como dado principal para fundar qualquer esquema classificatório. [...] A denominação de prejudiciais, a essa luz, será aplicável às questões de cuja solução depender

provido, não trará qualquer efeito sobre a sentença, de tal forma que a relação de independência autoriza sua interposição e julgamento de forma autônoma[43].

É o exemplo da multa por litigância de má-fé e por ausência à audiência de conciliação ou mediação. O sujeito poderá ser vencedor na sentença e ainda assim ter tido contra si o arbitramento de multa[44]. Tal situação não está prevista no rol taxativo do agravo de instrumento e deverá, portanto, ser recorrida através de apelação[45]. Sendo o sujeito vencedor da causa, tem interesse para apelar autônoma e exclusivamente contra a decisão interlocutória. E ainda que o faça na preliminar de suas contrarrazões, o que se expôs acerca da subordinação não se aplica a ele. Isto posto, o interesse de recorrer de tais decisões interlocutórias nasce exclusivamente com o prejuízo decorrente da decisão interlocutória, sendo irrelevante o resultado da sentença ou a existência/provimento de apelação da parte vencida. O que se tem é apenas a espera pelo momento oportuno e a quebra da correlação existente entre decisão interlocutória e agravo. Trata-se de apelação exclusiva e unicamente interposta em face de decisão interlocutória, sem qualquer efeito sobre a sentença[46].

---

necessariamente o teor da solução que se haja de dar a outras questões": Questões prejudiciais e coisa julgada. Tese de concurso para a docência livre de direito judiciário civil apresentada à congregação da faculdade de direito da UFRJ. - Rio de Janeiro: Forense, 1967, p. 22-26.

43. No mesmo sentido: TALAMINI, Eduardo. Interesse recursal. *In*: ARENHART, Sérgio Cruz; MITIDIERO, Daniel. (Coord.). DOTTI, Rogéria. (Org.). O Processo civil entre a técnica processual e a tutela dos direitos: estudos em homenagem a Luiz Guilherme Marinoni. São Paulo: Editora Revista dos Tribunais, 2017.

44. Outro exemplo é o recurso do vencedor contra a decisão que fixa valor da causa. Pelo interesse autônomo do vencedor em ver apreciada a questão suscitada em contrarrazões: WAMBIER, Teresa Arruda Alvim; CONCEIÇÃO, Maria Lúcia Lins; RIBEIRO, Leonardo Ferres da Silva; MELLO, Rogerio Licastro Torres de. Primeiros comentários ao novo Código de Processo Civil: artigo por artigo. 3. ed. São Paulo: Thomson Reuters Brasil, 2020, p. 1.548.

45 STJ. 3ª Turma. REsp 1.762.957/MG, Rel. Min. Paulo de Tarso Sanseverino, j. 10.03.2020.

46. Igualmente admitindo a apelação autônoma para impugnar decisões interlocutórias: FERREIRA, William Santos. Comentário ao artigo 1.013. *In*: BUENO, Cassio Scarpinella. (Coord.). Comentários ao código de processo civil – volume 4 (arts. 926 a 1.072). São Paulo: Saraiva, 2017, p. 428; TALAMINI, Eduardo; WLADECK, Felipe Scripes. Comentário ao artigo 994. *In*: BUENO, Cassio Scarpinella. (Coord.). Comentários ao código de processo civil – volume 4 (arts. 926 a 1.072). São Paulo: Saraiva, 2017, p. 259 e LINS, Liana Cirne. Apelação contra decisão interlocutória não agravável: natureza jurídica e possibilidade de interposição autônoma. In: GALINDO, Beatriz Magalhães; KOHLBACH, Marcela. (Coord.). Recursos no CPC/15: perspectivas, críticas e desafios.. Salvador: Editora Juspodivm, 2017, p. 178-180. Em sentido contrário, pelo não cabimento de apelação autônoma: AURELLI, Arlete Inês. Meios de impugnação das decisões interlocutórias no novo CPC. *In*: GALINDO, Beatriz Magalhães; KOHLBACH, Marcela. (Coord.). Recursos no CPC/15: perspectivas, críticas e desafios. Salvador: Editora Juspodivm, 2017, p. 33.

Não é possível que o fato de ser vitorioso na causa impeça a parte de questionar a multa aplicada; pois, desta forma, estaria ele sendo punido duplamente e, pior, mesmo após ter por sentença reconhecido seu direito. Também não nos parece legítimo que a parte vencedora na sentença e inconformada com a decisão interlocutória dependa exclusivamente do recurso do vencido para manifestar seu inconformismo[47]. Seu direito a questionar a referida decisão estaria nas mãos de seu oponente, o que, além de tudo, seria frontal violação à isonomia. Há interesse recursal e a via adequada é a apelação. O sistema de irrecorribilidade imediata de determinadas decisões in-

47. A crítica já foi feita por Athos Gusmão Carneiro, no tocante à impossibilidade, pelo que constava na lei, de reiteração do agravo retido, quando a sentença fosse levada ao conhecimento do tribunal, por remessa necessária. No ponto, afirmou que: "Mas o mesmo não ocorreria com o agravo interposto pela parte contrária à entidade de direito público (ou pela parte que pretende a nulidade do casamento). Tal parte contrária, por hipótese não poderia apelar, porque não fora sucumbente; ora, em não havendo apelação da Fazenda, a parte contrária não dispõe, é evidente, de ensejo para manter seu agravo em contra-razões. Em conseqüência, dito agravo seria tido por "renunciado", com a decorrente preclusão da decisão interlocutória agravada; e tal decisão interlocutória, porque favorável à Fazenda, estará excluída da abrangência do reexame necessário. Dois pesos, assim, e duas medidas, com possibilidade de grave prejuízo à parte contrária à Fazenda, parte esta que verá seus agravos tidos por inexistentes, muito embora o reexame necessário equivalha, em seus efeitos e eficácia, à apelação integral em favor da Fazenda, abrangente de toda a área em que a mesma haja sucumbido. (...) A orientação favorável ao não conhecimento do agravo retido (interposto pela parte – vencedora na demanda – contrária à Fazenda ou contrária a manutenção do vínculo), poderia ainda resultar, eventualmente, numa distorção processual: abster-se o representante da Fazenda de usar do recurso de apelação – confiante na eficácia do reexame necessário, a fim de propiciar, com o não conhecimento dos agravos da parte contrária, uma posição processual mais favorável à modificação da sentença em que a Fazenda sucumbira (ou que a nulidade do casamento fora decretada). E nem se afirme que o conhecimento e provimento do agravo retido, interposto pela parte contrária à Fazenda, irá resultar numa "reformatio in pejus" contrária à finalidade mesma do reexame necessário. Em primeiro lugar, a eventual manutenção da sentença será conseqüência do agravo, não diretamente do reexame; em segundo lugar, o provimento do agravo não poderá piorar a situação da Fazenda, mas apenas poderá resultar na manutenção da sentença, tal como proferida no juízo singular. Nestes termos, e ponderando o princípio processual, com embasamento constitucional, da igualdade das partes (art. 125, n. I, do CPC (LGL\1973\5)), parece-nos, "sub censura", que nos casos do necessário duplo grau de jurisdição, sem interposição de apelação, o conhecimento dos agravos retidos interpostos por qualquer das partes independe da manifestação recursal e, pois, da ratificação prevista no art. 522, § 1.º "in fine", do CPC (LGL\1973\5)". CARNEIRO, Athos Gusmão. Questões polêmicas do novo Código de Processo Civil. Doutrinas Essenciais de Processo Civil. vol. 1, p. 615 – 624, Out/2011. José Carlos Barbosa Moreira, ao tratar das hipóteses de cabimento da reiteração do agravo retido pela parte vencedora e da própria interposição autônoma de recurso para impugnar a decisão interlocutória outrora agravada pelo vencedor, encampou o entendimento. Em suas palavras: "Pelo menos outra já foi apontada em sede doutrinária: a do agravo interposto, com retenção, pela parte afinal vencedora, se os autos sobrem ao Tribunal para revisão obrigatória, ex vi do art. 475 do Código, ou de norma análoga em lei extravagante, sem que ninguém haja apelado da sentença – e, portanto, sem que se tenha aberto oportunidade para resposta. Aí tampouco a omissão do agravante em reiterar a impugnação subtrai o agravo ao conhecimento do órgão ad quem: sustentar o contrário implicaria entender que a circunstância de o adversário não apelar gera, paradoxalmente, uma desvantagem para o litigante vitorioso!". MOREIRA, José Carlos Barbosa. Agravo retido posterior à apelação. Revista de Processo, v. 31. São Paulo: Revista dos Tribunais, jul-set, 1983, p. 267-270.

terlocutórias viabiliza, portanto, o cabimento de apelação que verse exclusivamente sobre interlocutórias, quando a parte não tenha interesse em questionar a sentença.

Nessa hipótese é dispensável a conjugação dos prejuízos – sucumbência na interlocutória mais sucumbência na sentença ou apelação do vencido – para interposição e formação do interesse recursal. O vencedor na causa poderá recorrer de forma autônoma, não sendo tal recurso subordinado, subsistindo de forma independente[48]. O que o diferencia é justamente a natureza da decisão recorrida e os efeitos que ela pode vir a ter sobre a sentença. Se não for passível, ainda que provido o recurso, de alterar a substância do que foi decidido (ausência de prejudicialidade), pode-se falar em autonomia recursal.

Questão que surge, em consequência do que aqui se expôs, é se havendo apelação autônoma do vencedor da causa e concomitantemente também recorrer o vencido, se o vencedor poderá impugnar as demais interlocutórias em preliminar de contrarrazões. A resposta parece positiva.

Inicialmente, como acima afirmado, o vencedor não tinha interesse recursal para impugnar decisões interlocutórias não recorríveis autonomamente. Não poderia, por exemplo, impugnar em apelação autônoma, do indeferimento de prova. Não havia surgido o para ele o direito ao recurso, o que apenas se forma com a interposição da apelação pelo vencido. Assim, há uma nova situação jurídica. Com a interposição do recurso do vencido e surgimento do risco forma-se o interesse para impugnar também as demais decisões interlocutórias. Sendo nova situação jurídica, não há o que se falar em preclusão, de tal forma que poderá, agora, em contrarrazões, apelar das decisões desfavoráveis e com relação de prejudicialidade com a sentença[49].

---

48. Enunciado 67, do CJF: "Há interesse recursal no pleito da parte para impugnar a multa do art. 334, §8º do CPC/2015 por meio de apelação, embora tenha sido vitoriosa na demanda."

49. Ressalte-se que não se está entendendo pela possibilidade de aditamento do recurso, como a defendida por Paulo Cezar Aragão (Recurso adesivo, São Paulo: Saraiva, 1974, p. 56), mas sim de situações e momentos processuais distintos. Quando da apelação autônoma não havia a álea que justificasse a interposição do recurso em face das demais interlocutórias. A possibilidade de interpor recurso das decisões com relação de prejudicialidade com a sentença apenas nasceu com o recurso do vencido, legitimando – assim – nova impugnação por parte do vencedor. Pela ausência de preclusão e possibilidade de o recorrente que apelou autonomamente da decisão interlocutória apelar das demais interlocutórias em preliminar de contrarrazões: ARAÚJO, Luciano Vianna. Apelação cível no Código de Processo Civil de 2015. Revista de Processo, v. 261. São Paulo: Editora Revista dos Tribunais, nov/2016.

A situação é semelhante à possibilidade de complementação do recurso, nas hipóteses de provimento de embargos de declaração opostos pela parte recorrida. Caso o recorrente antecipe a sua apelação e o recorrido tenha interposto embargos de declaração, providos os embargos, surge para o recorrente a possibilidade (e o interesse) para complementar suas razões, podendo, inclusive, ampliar o pedido recursal. Tanto na correção/integração da sentença, quanto na interposição de recurso pelo vencido, o que se tem é a criação de nova situação jurídica, modificação fática que viabiliza a complementação do recurso.

Ressalta-se que não se trata aqui de recurso parcial, uma vez que a limitação do objeto recursal não foi voluntária[50]. O recorrente recorreu de tudo o que poderia ter recorrido naquele momento, abrangeu toda a matéria possível, de tal forma que com a interposição da apelação pelo vencido surge para ele novo direito ao recurso[51].

O recurso autônomo contra a decisão interlocutória também poderá ser interposto pelo vencido (total ou parcialmente), caso se conforme com a sentença e, ainda assim, veja utilidade na reforma ou cassação da decisão interlocutória. Nesse caso, o entendimento é o mesmo quanto à inexistência de preclusão para impugnar as decisões interlocutórias em preliminar de contrarrazões.

Apenas se cogita perda do direito ao recurso adesivo, diante da preclusão consumativa, nos casos de sucumbência recíproca, caso a parte interponha apelação apenas em face da decisão interlocutória. Aqui, havia, desde sempre, o direito a recorrer da sentença, o qual é consumido pela apelação.

50. Sobre recurso parcial, vide: DINAMARCO, Cândido Rangel. Capítulos de sentença. 7. ed. São Paulo: Malheiross, 2021, p. 104-113.

51. Em sentido diverso, Leonardo Carneiro da Cunha e Fredie Didier Jr.: "Se o vencedor recorrer apenas de uma interlocutória não agravável, não poderá depois, nas contrarrazões à apelação do vencido, recorrer de outras interlocutórias não agraváveis; terá havido preclusão consumativa. A apelação já foi interposta, devendo ser, inclusive, exigido o preparo. O problema aqui é só de rótulo. A apelação do vencedor deveria ser veiculada nas contrarrazões, mas ele antecipou-se ao momento, valendo-se de uma apelação autônoma": Apelação contra decisão interlocutória não agravável: a apelação do vencido e a apelação subordinada do vencedor. Revista de Processo, n. 241. São Paulo: Revista dos Tribunais, março, 2015.

4.2.5. Decisão parcial terminativa ou decisão parcial de mérito e cabimento do recurso contra decisões interlocutórias até então prolatadas[52]

Os arts. 354, p. ú. e 356 do CPC, autorizam que o juiz extinga parcialmente o processo ou julgue parcialmente a causa, sempre que um dos pedidos se mostrar incontroverso ou estiver em condições de imediato julgamento. Assim, por exemplo, caso o juiz identifique que parcela do pedido se encontra prescrita, poderá, desde logo, reconhecer a perda do direito e empreender a atividade jurisdicional apenas naquilo que ainda pende de instrução e cognição mais profunda.

Para impugnar tais decisões, prolatadas na forma dos arts. 354, p. ú. e 356, o CPC previu que caberá agravo de instrumento, ressaltando que a referida decisão, não interposto o recurso, se tornará estável, inclusive, conforme seja seu conteúdo, podendo ser atingida pela coisa julgada material.

No tocante às decisões interlocutórias não agraváveis, como dito, o art. 1.009 é expresso ao afirmar que estas devem ser impugnadas em preliminar de razões ou contrarrazões da apelação, sem fazer referência a uma eventual atração da impugnação de tais decisões para o agravo de instrumento eventualmente interposto.

Suponha que a parte autora requeira produção de prova testemunhal e que o juiz indefira o referido requerimento para, logo após, afirmando estar a causa madura para julgamento, julgar improcedente o pedido cumulado, na forma do art. 356. A decisão de indeferimento de requerimento de produção de prova, irrecorrível imediatamente, deveria ser, por força do art. 1.009, impugnada em preliminar das razões ou contrarrazões de apelação. Ocorre que, julgado parcialmente o pedido, quando da apelação, a referida decisão já terá transitado em julgado e, diante da coisa julgada formada, restará absolutamente inútil impugnar a decisão interlocutória.

Tentando resolver o grave problema, Luis Guilherme Aidar Bondioli propõe a cisão da recorribilidade das decisões interlocutó-

52. Sobre o tema, vide: UZEDA, Carolina. Decisão parcial de mérito. Pontos de distanciamento da sentença identificados a partir do meio de impugnação. Disponível em https://www.academia.edu/27186778/Decis%C3%A3o_parcial_de_m%C3%A9rito._Pontos_de_distanciamento_da_senten%C3%A7a_identificados_a_partir_do_meio_de_impugna%C3%A7%C3%A3o. Acesso em 30.03.2024.

rias não agraváveis, sustentando que aquelas relacionadas à parcela do mérito julgada parcialmente sejam impugnadas exclusivamente por agravo de instrumento:

> O agravo de instrumento também pode (*rectius*: deve) ser esse veículo para a condução à instancia recursal de questão previamente decidida, quando interposto contra a decisão que julga parte do mérito, nos termos do art. 356 do CPC. Afinal, é nessa oportunidade que devem ser colocadas em discussão as questões prévias relacionadas com a parcela do *meritum causae* já julgada. Na futura apelação contra a sentença que esgota o exame da causa, somente poderão ser levadas para o tribunal questões prévias relacionadas com esse último julgamento de *meritis*[53].

Ou seja, separou as interlocutórias prolatadas entre aquelas exclusivamente relacionadas ao pedido julgado, as quais deverão ser impugnadas em preliminar do agravo de instrumento e outras que estejam (a) vinculadas ao pedido julgado antecipadamente e a outro(s) pedidos formulados; e (b) vinculadas exclusivamente aos pedidos não julgados. Estas últimas seriam recorríveis através de preliminar nas razões ou contrarrazões de apelação[54].

A alternativa não parece ser a mais acertada. Primeiro por ter ignorado as decisões interlocutórias sem laço de prejudicialidade

53. BONDIOLI, Luis Guilherme Aidar. Comentários ao código de processo civil – volume XX (arts. 994-1.044). Coordenação de José Roberto Ferreira Gouvêa, Luis Guilherme Aidar Bondioli, João Francisco Naves da Fonseca. São Paulo: Saraiva, 2016, p. 89. No mesmo sentido, o FPPC aprovou o enunciado nº 611: "Na hipótese de decisão parcial com fundamento no art. 485 ou no art. 487, as questões exclusivamente a ela relacionadas e resolvidas anteriormente, quando não recorríveis de imediato, devem ser impugnadas em preliminar do agravo de instrumento ou nas contrarrazões".

54. Gabriel Araújo Gonzales conclui que "a) quando a decisão anterior disser respeito apenas àquilo resolvido na decisão posterior, ela deve ser impugnada por agravo de instrumento; b) quando a decisão anterior se relacionar a questão exclusivamente ligada ao decidido na sentença, ela segue a regra geral da recorribilidade por apelação; c) quando a decisão anterior resolver questão comum ao resolvido na decisão posterior e na sentença, ela deve ser impugnada por agravo de instrumento, sob pena de preclusão". GONZALEZ, Gabriel Araújo. A recorribilidade das decisões interlocutórias no Código de Processo Civil de 2015. Salvador: Editora Juspodivm, 2017, p. 248. No mesmo sentido: PANTOJA, Fernanda Medina; HOLZMEISTER, Verônica Estrella. O agravo de instrumento contra decisão parcial e a impugnação de decisões interlocutórias anteriores. *In*: GALINDO, Beatriz Magalhães; KOHLBACH, Marcela. (Coord.). Recursos no CPC/15: perspectivas, críticas e desafios. Salvador: Editora Juspodivm, 2017, p. 81-99 e OLIVEIRA, Pedro Miranda de. O regime especial do agravo de instrumento contra decisão parcial (com ou sem resolução de mérito). *In*: LUCON, Paulo Henrique dos Santos; OLIVEIRA, Pedro Miranda de. Panorama atual do novo CPC 2. Florianópolis: Empório do Direito, 2017, p. 423-442.

com a sentença. Segundo porque, ao afirmar que apenas as questões exclusivamente a ela relacionadas são impugnáveis através do agravo de instrumento, deixa a parte em profunda incerteza jurídica, quanto à definição exata de quais decisões podem ou não vir a interferir também no julgamento do pedido final. Exige-se da parte um vaticínio que pode levar à incorreta avaliação do momento oportuno para impugnar a decisão.

A questão se resolve no requisito do cabimento. O que acontece é a alteração do recurso cabível, que se dá a partir da decisão prolatada na forma dos arts. 354, p. ú. ou 356. Ao proferir julgamento parcial extintivo ou de mérito, o recurso cabível para impugnação das decisões interlocutórias inicialmente não agraváveis passa a ser o agravo de instrumento, que atrai, para si, a incidência dos parágrafos do art. 1.009[55].

Não é possível que – e aqui se violaria a regra da unirrecorribilidade – fique ao alvitre da parte decidir quais das decisões interlocutórias não agraváveis serão recorridas em preliminar do agravo de instrumento e quais serão impugnadas em apelação. Ou seja, admitir a hipótese de cisão da recorribilidade de tais decisões, tomando por parâmetro o critério da exclusividade com relação ao pedido julgado, seria igualmente admitir a hipótese de, nos casos de a decisão se referir simultaneamente ao pedido ou parcela do pedido julgado e aquele cujo julgamento foi postergado, a decisão ser passível de ser impugnada por mais de um recurso, ao exclusivo critério da parte.

Ainda que assim não fosse, chega-se à mesma conclusão adotando de forma ampla o entendimento até então manifestado pela doutrina, no sentido de que a impugnação das decisões interlocutórias em apelação se trata, em verdade, de diferimento da preclusão[56]. O recurso é postergado por motivos de economia processual, evitando-se que o tribunal tome conhecimento de tema que poderia, no fim, nem ser útil ao recorrente. No caso, o tribunal já se debruçará sobre o processo, razão pela qual a economia pretendida pelo diferi-

55. Eduardo Talamini, embora sem tratar especificamente da impugnação das decisões interlocutórias não agraváveis, afirma que "Por versar sobre a solução dada a parte do mérito da causa, o agravo de instrumento submeter-se-á à incidência de determinadas regras aplicáveis à apelação": TALAMINI, Eduardo. Comentário ao artigo 356. *In*: BUENO, Cassio Scarpinella. (Coord.). Comentários ao código de processo civil – volume 2 (arts. 318 a 538). São Paulo: Saraiva, 2017, p. 175.

56. ARAÚJO, José Henrique Mouta. A recorribilidade das interlocutórias no novo CPC: variações sobre o tema. Revista de Processo, v. 251. São Paulo: Revista dos Tribunais, jan, 2016, p. 207-228.

mento perde sua razão de ser. Assim, todas as interlocutórias prolatadas até o momento do julgamento parcial deverão ser impugnadas na preliminar das razões ou contrarrazões do agravo, quando interposto o agravo de instrumento, na forma do art. 1.015, II.

Em resumo, o recurso cabível para impugnação de decisões interlocutórias não previstas no art. 1.015 será, em regra, a apelação, salvo se o juiz prolatar decisão parcial, na forma dos arts. 354., p. ú ou 356. Nesses casos, o recurso cabível passa a ser, por arrastamento, a preliminar do agravo de instrumento, impondo-se a impugnação no respectivo prazo. Caso a parte não recorra da decisão interlocutória no bojo do agravo interposto contra a decisão parcial – extintiva ou de mérito, a matéria restará preclusa, não podendo ser impugnada em futura e eventual apelação[57].

Ressalte-se que a atração da recorribilidade das interlocutórias para o agravo de instrumento não pode servir de fundamento para a afirmação de preclusão do direito de recorrer, quando a parte opte por não interpor o respectivo agravo, contra a decisão que julgar parcialmente o mérito ou extinguir parcialmente o processo. Na hipótese de não interposição do recurso, as decisões interlocutórias não agraváveis poderão ser recorridas em preliminar de apelação ou de contrarrazões de apelação, mantendo-se a regra do arts. 1.009, §§1º e 2º. Isso porque, em que pese a cisão da recorribilidade pareça ser a melhor solução, não é possível, por via meramente interpretativa, limitar o direito ao recurso quando a própria lei afirma que o momento oportuno será a apelação.

Por certo, no que toca às decisões que tenham relação com a parte do pedido julgada, por decisão transitada em julgado, a questão resolver-se-á na própria utilidade do recurso, faltando, conforme o caso, interesse recursal para a impugnação de tais interlocutórias. Por

57. Divergimos de José Henrique Mouta Araújo, que afirma ser possível que "se a questão processual for comum, a resolução antecipada de um dos capítulos não impede que seja suscitada na apelação ou contrarrazões futuras, exclusivamente em relação ao capítulo de mérito constante na sentença": A recorribilidade das interlocutórias no novo CPC: variações sobre o tema. Revista de Processo, v. 251. São Paulo: Revista dos Tribunais, jan, 2016, p. 207-228. No mesmo sentido e afirmando que quando "a decisão anterior dizia respeito a questão relacionada exclusivamente à parcela do objeto litigioso que não foi examinada na decisão agravada – e que será, portanto, examinada na sentença" a parte deverá recorrer exclusivamente em preliminar de razões ou contrarrazões da apelação: DIDIER JR., Fredie; CUNHA, Leonardo Carneiro da. Curso de direito processual civil: Meios de impugnação às decisões judiciais e processo nos tribunais. 21. ed. rev., atual. e ampl. São Paulo: Juspodivm, 2024, p. 306.

exemplo, supondo que o autor requeira a produção de prova pericial, para avaliação da extensão dos danos patrimoniais sofridos. Indeferida a referida prova e julgado o pedido, em decisão interlocutória parcial de mérito, caso o autor não interponha o respectivo agravo, resultando na formação de coisa julgada sobre a parcela decidida, faltará interesse recursal para a interposição de apelação contra a interlocutória de indeferimento de prova. Veja-se que da análise do recurso não advirá qualquer proveito prático ao recorrente, uma vez que o rejulgamento do pedido, naquele processo, está obstado pela coisa julgada. Ainda que se possa falar da nulidade decorrente de eventual cerceamento de defesa, seu reconhecimento deverá ocorrer na ação rescisória, caso ajuizada.

4.2.6. Decisões proferidas contra terceiros imparciais e em procedimentos arrecadatórios e em processos estruturais

Como dito, as decisões interlocutórias não previstas no art. 1.015 deverão ser impugnadas em preliminar de razões ou contrarrazões de apelação. A irrecorribilidade imediata pressupõe que, diante da sentença, seja possível que a parte derrotada na decisão interlocutória perca o interesse em recorrer, pela completa falta de utilidade da impugnação.

Acontece que, além dos problemas já aventados, acerca da necessidade de se admitir apelação autônoma da parte vencedora na causa para impugnar exclusivamente a decisão interlocutória, outro, de maior gravidade, surge no tocante às decisões prolatadas contra aqueles que não são partes na demanda.

É o caso dos terceiros que, independente do resultado da sentença, não têm, nem poderiam ter, qualquer interesse em interpor apelação. Ou seja, todos aqueles que são indiferentes ao objeto do processo. Além das sanções processuais, é possível imaginar inúmeras decisões aptas a provocar prejuízo direto a estes sujeitos, especialmente no tocante aos limites e poderes na sua atuação. Veja-se que, por exemplo, a decisão que admite o *amicus curiae* e veda que este realize sustentação oral, ainda que possa vir a prejudicar as partes, também se volta contra o interesse institucional por ele defendido, sem que se cogite possa ele, mais adiante, vir a impugnar o referido ato através de preliminar de apelação.

A situação se agrava ainda mais no tocante às decisões que envolvem os auxiliares da justiça e o Ministério Público, como, por exemplo, aquela que declara suspeito ou impedido o membro do Ministério Público, o mediador ou o perito. Muito embora a lei autorize expressamente que o juiz recorra da referida decisão prolatada pelo tribunal, quando do julgamento de incidente para apurar sua suspeição ou impedimento, não há manifestação legal expressa no sentido de permitir que aqueles que se submetem à avaliação da imparcialidade perante o juízo de piso, possam impugnar a decisão, o que configura grave teratologia.

Da mesma forma que é relevante para o sistema o requisito do cabimento, também é premissa básica que nenhuma decisão apta a provocar prejuízo seja irrecorrível. O ordenamento jurídico brasileiro optou por não deixar sem impugnação específica qualquer decisão, o que nos impõe interpretar o sistema, de tal forma a identificar qual o recurso cabível para tais situações[58].

Apesar de a apelação ser apta a atender algumas das situações aqui expostas, podendo levar ao reconhecimento de nulidade da sentença, fato é que não se trata da via mais adequada. Isto porque nem sempre será possível identificar relação de prejudicialidade entre a decisão interlocutória impugnada e a sentença e, ainda, não se cogita que todos aqueles que possam eventualmente ser prejudicados *no curso do processo* sejam legitimados a interpor o recurso.

Excluída a apelação, só resta a esses sujeitos, terceiros ou auxiliares do juízo, a utilização do agravo de instrumento, o que poderá ser feito na forma do parágrafo único do art. 1.015.

O dispositivo afirma que, independentemente do teor da decisão impugnada, serão recorríveis por agravo as decisões proferidas em "fase de liquidação de sentença ou de cumprimento de sentença, no

58. No mesmo sentido, pela legitimidade do auxiliar da justiça para interpor recurso: ASSIS, Araken de. Manual dos recursos. 10. ed. rev. e atual. São Paulo: Thomson Reuters Brasil, 2021, p. 186-188 e ALVIM, Teresa Arruda. Os agravos no CPC de 2015. 5. ed. Curitiba: Editora Direito Contemporâneo, 2021, p 248-254. Em sentido contrário, Flávio Cheim Jorge sustenta que o auxiliar da justiça não tem legitimidade para interpor qualquer recurso, devendo valer-se de ação impugnativa autônoma. Em suas palavras: "Por isso é que não possuem legitimidade para recorrer o depositário judicial, o leiloeiro, o escrivão, o oficial de justiça, o administrador e o intérprete. Todas essas figuras, caso tenham alguém prejuízo com alguma decisão proferida no curso da demanda, podem utilizar-se de ação autônoma, mas não interpor recursos, eis que lhes falta legitimidade para recorrer." (JORGE, Flávio Cheim. Teoria geral dos recursos cíveis. 8. ed. rev., atual. e ampl. São Paulo: Editora Revista dos Tribunais, 2017, p. 131-132).

processo de execução e no processo de inventário". Não se cogita, nas três hipóteses mencionadas, que possa existir vantagem, em alguma medida, na postergação do recurso contra decisão interlocutória. Muito pelo contrário. Aqui, o recurso contratais decisões apenas em apelação seria inútil e, portanto, resultaria na inadmissibilidade do recurso.

Disso é possível extrair não apenas a possibilidade, mas a necessidade de interpretar extensivamente o referido dispositivo, para que seja possível admitir sejam impugnáveis por agravo de instrumento quando for demonstrado que, em razão da natureza da decisão, não haverá legitimidade ou interesse recursal para interposição da apelação[59-60].

A hipótese fica mais clara diante de procedimentos arrecadatórios e do processo estrutural. Como identificou-se em trabalho anterior, em coautoria com Manoela Virmond Munhoz[61].

4.3. SISTEMA DE PRECEDENTES VINCULANTES E INTERESSE RECURSAL

Os recursos excepcionais receberam reforço em sua função paradigmática, com o reconhecimento de que "as decisões judiciais po-

59. Esse é o entendimento de William dos Santos Ferreira, ao tratar, de forma ampla, sobre a taxatividade do rol do artigo 1.015. Em suas palavras, "há uma taxatividade fraca, decorrente da própria definição de recorribilidade geral das interlocutórias, mas ainda taxatividade, porque o agravante tem o ônus de demonstrar que é necessário o agravo de instrumento em razão da inutilidade de interposição e julgamento futuros de apelação": FERREIRA, William Santos. Cabimento do agravo de instrumento e a ótica prospectiva da utilidade – o direito ao interesse na recorribilidade de decisões interlocutórias. Revista de Processo, v. 263. São Paulo: Revista dos Tribunais, jan, 2017, p. 193-203.

60. No mesmo sentido, afirma Gabriel Araújo Gonzales que "além das hipóteses expressamente previstas no CPC/15, são agraváveis todas as decisões interlocutórias cujo exame postergado seja incapaz de oferecer uma tutela satisfatória". A recorribilidade das decisões interlocutórias no Código de Processo Civil de 2015. Salvador: Editora Juspodivm, 2017, p. 370. Em sentido semelhante, Andre Vasconcelos Roque e Bernardo Barreto Baptista defendem a recorribilidade de decisões prolatadas em recuperação judicial e falência, o que fazem diante da necessidade de uma "interpretação funcional" do art. 1.015. Em suas palavras: "a recorribilidade imediata de qualquer decisão interlocutória mediante agravo de instrumento não deve ficar restrita aos casos previstos de forma expressa no parágrafo único do art. 1.015 do NCPC, aplicando-se igualmente aos processos de recuperação judicial e de falência, sob pena de ensejar situações de irrecorribilidade prática não contempladas pelo sistema". O novo CPC e o agravo de instrumento na recuperação judicial e falência: por uma interpretação funcional. Disponível em http://www.migalhas.com.br/dePeso/16,MI224424,81042-O+novo+CPC+e+o+agravo+de+instrumento+na+recuperacao+judicial+e. Acesso em 30.03.2024.

61. UZEDA, Carolina; MUNHOZ, Manoela Virmond. Hipóteses de cabimento do agravo de instrumento: da taxatividade mitigada do caput do art. 1.015 à interpretação analógica do parágrafo único. Revista Jurídica da Escola Superior de Advocacia da OAB/PR, v.6, p. 39-70, 2021.

dem, sim, gerar efeitos para muito além das partes", nas palavras de Teresa Arruda Alvim e Bruno Dantas[62-63]. Isso porque o legislador brasileiro instituiu um sistema de precedentes vinculantes, que podem ser conceituados como julgados de tribunal que criam norma jurídica a ser seguida obrigatoriamente em casos idênticos[64].

Em termos suficientes à compreensão do tratamento do interesse recursal que será feito no presente capítulo, da decisão emergirão duas normas distintas: a individual, extraída do dispositivo e voltada exclusivamente às partes; e a geral, extraída, em regra, da fundamentação[65], voltada tanto às partes, quanto à coletividade, respeitados os critérios de competência, a depender do procedimento que a originou[66-67].

Diz-se que a norma estará em regra contida na fundamentação porque o legislador brasileiro, ao estabelecer o rol do art. 927, tratou de mesclar decisões e enunciados de súmulas, incluindo também a

62. ALVIM, Teresa Arruda; DANTAS, Bruno. Precedentes, recurso especial e recurso extraordinário. 7. ed. rev., atual. e ampl. São Paulo: Thomson Reuters Brasil, 2023, p. 475-483.

63. "Ao lado de ser essa uniformização do direito uma exigência prática, coaduna-se com o próprio mandamento constitucional (art. 153, §1º, da CF), e daí verificarmos que o processo (em especial nos tribunais superiores, arts. 476 e 479, e, mais ainda, no STF, art. 119, III, "d", da CD e RISTF, arts. 325, I-XI, e 327, §1º, da ER 2/85) é elemento que garante e resguarda a unidade do direito, e, pois, a integridade do sistema jurídico, na medida em que isto é reclamado pela certeza do direito". ARRUDA ALVIM NETTO, José Manoel de. Notas a respeito dos aspectos gerais e fundamentais da existência dos recursos – direito brasileiro. Revista de Processo, v. 48. São Paulo: Revista dos Tribunais, out-dez, 1987, p. -726.

64. Tratando tanto dos precedentes vinculantes, quanto dos persuasivos, Ronaldo Cramer define "precedente como todo julgado de tribunal que, por força de sua condição orignária ou de reconhecimento posterior, cria a norma jurídica a ser seguida, obrigatoriamente ou não, em casos idênticos". CRAMER, Ronaldo. Precedentes judiciais: teoria e dinâmica. - Rio de Janeiro: Forense, 2017, p. 86. No presente trabalho, sem desconsiderar os debates existentes e a importância do tratamento dos precedentes persuasivos, o termo precedente será utilizado única e exclusivamente para aqueles vinculantes, cuja obrigatoriedade de aplicação está expressamente prevista em lei.

65. Como afirma Daniel Mitidiero, a ratio decidendi é "formada com material recolhido na fundamentação": MITIDIERO, Daniel. Fundamentação e precedente: dois discursos a partir da decisão judicial. Revista de Processo, v. 206. São Paulo: Revista dos Tribunais, abr, 2012, p. 72.

66. Daniel Mitidiero fala em duplicidade de discursos: "O primeiro constitui direito fundamental da parte e compõe o núcleo duro do direito ao processo justo (arts. 5º, LIV, e 93, IX, da CF/1988). O segundo é de ordem institucional, está estruturado para promover a unidade do direito e visa à realização da segurança jurídica, da igualdade e da coerência normativa": MITIDIERO, Daniel. MITIDIERO, Daniel. Fundamentação e precedente: dois discursos a partir da decisão judicial. Revista de Processo, v. 206. São Paulo: Revista dos Tribunais, abr, 2012,p. 62.

67. Não se ignora, com isso, que mesmo nas hipóteses de julgamento de caso individual, inapto a gerar precedente vinculante, exista a criação de duas normas jurídicas. A discussão, porém, é desnecessária à fixação de premissas do presente trabalho. Sobre o tema, vide: DIDIER Jr., Fredie; BRAGA, Paula Sarno; OLIVEIRA, Rafael Alexandria. Curso de direito processual civil: teoria da prova, direito probatório, decisão, precedente, coisa julgada, processo estrutural e tutela provisória. 19. ed. rev., atual. e ampl. São Paulo: Editora JusPodivm, 2024, p. 594.

decisão prolatada pelo STF, em controle concentrado de constitucionalidade, cuja eficácia é absolutamente distinta da das decisões judiciais em geral[68].

Para o presente trabalho interessam apenas os precedentes que podem ser formados a partir da interposição de algum recurso, o que exclui a análise das hipóteses previstas no art. 927, incisos I, II, IV e V. Restam, portanto, os acórdãos prolatados em incidente de assunção de competência, de resolução de demandas repetitivas e no julgamento de contra eles interpostos e nos recursos repetitivos. Em todos esses casos, está-se diante da criação, por tribunal, de duas normas jurídicas, individual e geral, esta última a partir da fundamentação do acórdão.

É possível, igualmente, perceber a existência de eficácia *erga omnes* nos recursos extraordinários, julgados sob regime da repercussão geral, ainda que estes não constem expressamente no rol do art. 927. Isso porque o art. 525, § 12, reconhece como inexigível o título executivo judicial "fundado em lei ou ato normativo considerado inconstitucional pelo Supremo Tribunal Federal, ou fundado em aplicação ou interpretação da lei ou do ato normativo tido pelo Supremo Tribunal Federal como incompatível com a Constituição Federal, em controle de constitucionalidade concentrado ou difuso".

Também a Lei nº 13.256, de 4 de fevereiro de 2016, que alterou o texto original do CPC, passou a admitir que seja negado seguimento, pelo presidente ou vice-presidente do tribunal recorrido, a recurso extraordinário que seja contrário à tese fixada em acórdão de recurso extraordinário com repercussão geral reconhecida (art. 1.030, I)[69].

---

68. José Manoel de Arruda Alvim Netto e Leonard Ziesemer Schmitz tratam o rol do art. 927, como dotado de credibilidade diferenciada. Isso porque: "O tribunal que prolatar uma decisão que se enquadre no art. 927 já saberá, de antemão, que está editando um pronunciamento com força normativa futura e abstrata, aplicável a uma série de casos". (Ementa. Função indexadora. (Ab) uso mecanizado. Problema hermenêutico. A nova aplicação da jurisprudência e precedentes no CPC/15. Dierle Nunes, Aloisio Mendes, Fernando Jayme. São Paulo: Editora Revista dos Tribunais, 2017, p. 662-663).

69. Tal já era, inclusive, o entendimento ainda sob a vigência do Código de Processo Civil de 1973, no sentido de que é cabível a reclamação nos casos de negativa do julgador em se retratar para seguir a tese fixada em acórdão exarado sob o regime de repercussão geral: "RECLAMAÇÃO. SUPOSTA APLICAÇÃO INDEVIDA PELA PRESIDÊNCIA DO TRIBUNAL DE ORIGEM DO INSTITUTO DA REPERCUSSÃO GERAL. DECISÃO PROFERIDA PELO PLENÁRIO DO SUPREMO TRIBUNAL FEDERAL NO JULGAMENTO DO RECURSO EXTRAORDINÁRIO 576.336-RG/RO. ALEGAÇÃO DE USURPAÇÃO DE COMPETÊNCIA DO SUPREMO TRIBUNAL FEDERAL E DE AFRONTA À SÚMULA STF 727. INOCORRÊNCIA. 1. Se não houve juízo de admissibilidade do recurso extraordinário, não é cabível a interposição do agravo de instrumento previsto no art. 544 do Código de Processo Civil, razão pela

Disso extrai-se que o recurso extraordinário será apto a gerar norma geral que atinge diretamente processos em curso e futuros. Opta-se por deixar de tratar especificamente desta hipótese, porque o tema merece estudo próprio, o qual foge aos limites desta dissertação, seja pela necessidade de análise da inserção do controle difuso de constitucionalidade como precedente vinculante, seja porque tal inserção exigirá a avaliação das relações entre o recurso individual e os recursos extraordinários repetitivos[70].

Assim, nos itens seguintes serão considerados apenas os (a) recursos excepcionais interpostos contra acórdão prolatado em IAC e IRDR; e (b) os recursos repetitivos.

4.3.1. Formação de precedente como efeito do recurso[71]

Em todas as hipóteses previstas no inciso III, do art. 927, o que se tem é a formação do precedente vinculante a partir do julgamento do conflito levado ao Poder Judiciário pelas partes. Isso, porém, ocorre de forma inicialmente imprevisível. Caio e Tício não imaginam, ao estabelecerem a controvérsia, que do seu processo surgirá norma geral. O autor, ao demandar, e o réu, ao se defender, pretendem exclusivamente a defesa de seus interesses individuais, ressalvado, claro, os casos de demandas coletivas que, desde sempre, são motivadas por interesse supraindividuais.

---

qual não há que falar em afronta à Súmula STF 727. 2. O Plenário desta Corte decidiu, no julgamento da Ação Cautelar 2.177-MC-QO/PE, que a jurisdição do Supremo Tribunal Federal somente se inicia com a manutenção, pelo Tribunal de origem, de decisão contrária ao entendimento firmado no julgamento da repercussão geral, nos termos do § 4º do art. 543-B do Código de Processo Civil. 3. Fora dessa específica hipótese não há previsão legal de cabimento de recurso ou de outro remédio processual para o Supremo Tribunal Federal. 4. Inteligência dos arts. 543-B do Código de Processo Civil e 328-A do Regimento Interno do Supremo Tribunal Federal. 5. Possibilidade de a parte que considerar equivocada a aplicação da repercussão geral interpor agravo interno perante o Tribunal de origem. 6. Oportunidade de correção, no próprio âmbito do Tribunal de origem, seja em juízo de retratação, seja por decisão colegiada, do eventual equívoco. (...) 9. Autorização concedida à Secretaria desta Suprema Corte para proceder à baixa imediata desta Reclamação": Rcl 7569, Rel.. Ministra Ellen Gracie, Tribunal Pleno, julgado em 19/11/2009, DJe-232 10-12-2009.

70. Sobre o tema, vide: JEVEAUX, Geovany Cardoso; ZANETI JR., Hermes. Controle difuso no novo CPC. Revista de Direito Brasileira. São Paulo, SP, v. 16, n. 7, p. 324-345, Jan/Abr. 2017. Ainda, o acórdão prolatado nos autos da Reclamação nº 4.335/AC, de relatoria do Ministro Gilmar Mendes, DJ 20.03.2014.

71. Como efeito genérico, consequência natural de sua interposição, decorrente da prática do ato processual e não necessariamente incidente sobre a decisão recorrida. Sobre o tema, vide: PROVINCIALI, Renzo. Delle impugnazioni in generale. - Napoli: Morano Editore, 1962, p. 212.

Ocorre que, diante das particularidades do caso, tem-se a instauração de um incidente com a específica finalidade de formação do precedente vinculante (IAC e IRDR) ou a escolha do recurso das partes como representativo da controvérsia. O processo, que nasce com o fim específico de produzir norma entre as partes, torna-se ulteriormente apto a gerar norma geral, o que acaba por converter sua finalidade principal, lançando sobre ele uma carga intensa de interesse público, que modifica completamente a maneira pela qual é visto, tratado e julgado.

Bruno Dantas, ao analisar da natureza jurídica dos recursos repetitivos, identifica a presença de dois interesses, um público e outro privado. Para o autor, o interesse público presente em tais recursos e vinculado à sua função nomofilática faz com que estes não se adequem inteiramente à concepção de "mero procedimento em continuação da demanda iniciada em primeiro grau de jurisdição"[72]. Assim, concluiu que

> Por sua vez, a tutela recursal pluri-individual tem natureza jurídica de atividade estatal exercida pelo STF e pelo STJ em atenção à função nomofilática, na qual se busca primariamente dar resposta ao interesse público consistente na definição da questão de direito que subjaz aos múltiplos recursos extraordinários e especiais que repetem idêntica fundamentação jurídica[73].

Não parece haver diferença entre a natureza jurídica dos recursos ou dos interesses neles presentes. O que se tem é apenas a sobreposição do interesse público sobre o privado, sendo certo que a existência de ambos, em maior ou menor grau, é fenômeno presente em todos os recursos, assim como é igualmente verificável em todas as demandas. Mantém-se, aqui, -e não há razão para ser diferente- a dualidade de interesses público-privado, a exemplo do que ocorre com o interesse de agir. Mas não se afasta, por certo, a existência de um aumento do interesse público, que assume o papel de protagonista no

---

72. DANTAS, Bruno. Teoria dos recursos repetitivos: tutela pluri-individual nos recursos dirigidos ao STF e STJ (art. 543-B e 543-C do CPC). São Paulo: Editora Revista dos Tribunais, p. 119.
73. DANTAS, Bruno. Teoria dos recursos repetitivos: tutela pluri-individual nos recursos dirigidos ao STF e STJ (art. 543-B e 543-C do CPC). São Paulo: Editora Revista dos Tribunais, p. 121.

recurso, o que autoriza e impõe seja sujeito a regras distintas daquelas que incidem sobre os demais.

O momento no qual se dá este "enxerto" de interesse público no processo é variável, mas ocorrerá sempre após a interposição do recurso.

Isso porque a instauração de incidente de assunção de competência, na forma do art. 947, ocorrerá "quando do julgamento de recurso", do mesmo modo que a escolha do recurso representativo da controvérsia, nos recursos repetitivos, pressupõe a existência de recurso já interposto.

Da mesma forma também se exige a existência de recurso a instauração de incidente de resolução de demanda repetitiva. Sobre o tema pende séria controvérsia na doutrina. Adota-se a posição de Leonardo Carneiro da Cunha e de Fredie Didier Jr., segundo a qual admitir a instauração do IRDR previamente à interposição do recurso seria criar um "processo originário, com transferência ao tribunal de parte da cognição que deveria ser realizada pelos juízos de primeira instância"[74]. Como se sabe, tal medida violaria diretamente a Constituição Federal, vez que implicaria criação de competência originária de tribunal por lei ordinária, o que é vedado[75].

Em todos esses casos, as partes não cogitam, quando da interposição do seu recurso, que seu processo será apto a dar origem a norma geral, razão pela qual não poderá ser considerado seu objeto. Isto ocorre como um efeito do julgamento do recurso, sobre o qual não têm qualquer gestão.

4.3.2. Formação do precedente como objeto do recurso

Diferentemente das hipóteses anteriormente tratadas, há situações nas quais a formação do precedente vinculante é previsível antes da interposição do recurso. Ou seja, o recorrente, ao apresentar a impugnação, sabe que do julgamento do seu recurso surgirá norma

74. CUNHA, Leonardo Carneiro da; DIDIER JR., Fredie. Recursos contra decisão proferida em incidente de resolução de demandas repetitivas que apenas fixa a tese jurídica. *In*: DIDIER JR., Fredie. (Coord.). Julgamento de casos repetitivos. Coleção grandes temas do novo CPC. Salvador: Editora Juspodivm, 2017, p. 318.

75. Defendendo a possibilidade de instauração do IRDR em primeira instância, sem a possibilidade de o tribunal conhecer a causa: TEMER, Sofia. Incidente de resolução de demandas repetitivas. Salvador: Editora Juspodivm, 2016, p. 108-115.

geral. São hipóteses nas quais o enxerto do interesse público no processo já ocorreu.

É o caso dos recursos excepcionais interpostos contra acórdão prolatado em julgamento de IAC e IRDR, que atraem para si o caráter vinculante atribuído à decisão recorrida, na forma do previsto no art. 987, §2º[76]. O julgamento do mérito recurso pelo órgão superior levará à criação de norma com eficácia *erga omnes* e abrangência em todo território nacional[77].

Justamente por isso o CPC previu expressamente a possibilidade de "suspensão de todos os processos individuais ou coletivos em curso no território nacional que versem sobre a questão objeto do incidente já instaurado" (art. 982, §3º), bem como a legitimidade recursal tanto do *amicus curiae* (art. 138, §3º) quanto, de forma implícita, dos sujeitos previstos no art. 977, II e III.

Nessas hipóteses, o recurso poderá gerar a formação do precedente vinculante, tanto como efeito, quanto como seu objeto.

Será efeito especificamente no caso de interposição de recurso pelo vencido, que impugne tanto o precedente (a fundamentação e a tese fixada) quanto o julgamento do caso concreto. O recurso, para ter a formação do precedente meramente como efeito, deverá impugnar tanto a norma geral, quanto a individual. Tal circunstância tem reflexos diretos na sua admissibilidade, já que, sendo parte sucumbente e impugnando a integralidade da decisão, o vencido não encontrará grandes obstáculos para o conhecimento do seu recurso.

A situação se altera quando o recurso versar exclusivamente sobre a tese fixada[78]. Na hipótese, o recorrente limitará o efeito

---

76. Adere-se ao entendimento de Fredie Didier Jr., Paula Sarno Braga e Rafael Alexandria de Oliveira, pela existência de um microssistema de formação concentrada de precedentes obrigatórios, que permite a atração, para o IAC, no que couber, das normas previstas para o IRDR. DIDIER Jr., Fredie; BRAGA, Paula Sarno; OLIVEIRA, Rafael Alexandria de. Curso de direito processual civil: teoria da prova, direito probatório, decisão, precedente, coisa julgada, processo estrutural e tutela provisória. 19. ed. rev., atual. e ampl. São Paulo: Editora JusPodivm, 2024, p. 621-622.

77. Ainda que mantida a decisão prolatada pelo tribunal, em decorrência do efeito substitutivo do recurso, o STF e/ou o STF criarão a norma e não apenas alterarão seus efeitos, para ampliação da eficácia para todo o país.

78. "Tudo isso confirma ser possível conceber a existência de interesse recursal limitado à discussão do precedente, que se encontra na fundamentação, independentemente da impugnação da norma jurídica individualizada, que se encontra no dispositivo". CUNHA, Leonardo Carneiro da; DIDIER JR., Fredie. Recursos contra decisão proferida em incidente de resolução de demandas repetitivas que apenas fixa a tese jurídica. *In*: DIDIER JR., Fredie. (Coord.). Julgamento de casos repetitivos. Coleção grandes temas do novo CPC. Salvador: Editora Juspodivm, 2017, p. 322.

substitutivo do recurso à formação do precedente, impedindo que a decisão prolatada pelo STF ou pelo STJ incida sobre o dispositivo da decisão recorrida, que transitará em julgado. Trata-se de um recurso parcial e os efeitos do precedente vinculante gerado a partir do seu julgamento, sobre o caso específico, se limitarão à possibilidade de ajuizamento de ação rescisória ou de reconhecimento de inexigibilidade do título[79].

Pode-se pensar em um IRDR instaurado a partir de demandas repetitivas, propostas por consumidores, questionando determinada cobrança em suas contas de luz. O resultado da fundamentação, que reconhece inválida a cobrança, será, além da sua suspensão, a restituição, em dobro, dos valores pagos pelos consumidores. Aqui, aplica-se os mesmos critérios adotados para a hipótese da parte que, conformada com o dispositivo, pretende impugnar apenas a fundamentação, evitando que sobre ela incida a coisa julgada. Ou seja, é possível que a concessionária do serviço público, embora optando por cumprir o dispositivo do acórdão, pretenda recorrer do seu fundamento, particularmente da *ratio* nele contida, com a finalidade de obstar a formação ou a superação do precedente vinculante e a aplicação em todos os processos suspensos e futuros.

O mesmo pode ocorrer na situação em que, embora a norma individual esteja de acordo com o que foi pedido pela parte – ou seja, ele é vitorioso no dispositivo –, a norma geral destoa dos fundamentos por ele apresentados. O precedente vinculante se forma, portanto, contra os interesses da parte, que entende deva ele ser modificado ou aprimorado, para que se adeque aos fundamentos por ela apresentados nos autos.

---

79. Admitindo recurso exclusivamente para impugnar a norma geral, formada a partir da fundamentação da decisão: ALVIM, Teresa Arruda; DANTAS, Bruno. Precedentes, recurso especial e recursoextraordinário. 7. ed. rev., atual. e ampl. São Paulo: Thomson Reuters Brasil, 2023, p. 378-382; CRAMER, Ronaldo. Precedentes judiciais: teoria e dinâmica. Rio de Janeiro: Forense, 2017, p. 165-167; TEMER, Sofia. Incidente de resolução de demandas repetitivas. Salvador: Editora Juspodivm, 2016, p. 236-245 e LIPIANI, Júlia. Reconstrução do interesse recursal no sistema de força normativa do precedente. Civil Procedure Review, v. 5, n.2: 45-72, may-aug., 2014. Em sentido contrário, negando o cabimento de recurso, quando o recurso versar exclusivamente sobre a norma geral: CABRAL, Antonio do Passo. Comentário ao artigo 987. *In*: CABRAL, Antonio do Passo; CRAMER, Ronaldo. Comentários ao novo Código de Processo Civil.– 2. ed. rev., atual. e ampl. Rio de Janeiro: Forense, 2016, p. 1.471-1.472; NERY JUNIOR, Nelson; NERY, Rosa Maria de Andrade. Código de processo civil comentado. 18ed. rev., atual. e ampl. São Paulo: Thomson Reuters Brasil, 2019, p. 2.099-2.100 e SÁ, Renato Montans de. Manual de direito processual civil. 2. ed. São Paulo: Saraiva, 2017, p. 952.

Para Ronaldo Cramer tal situação equivale a recurso do vencedor, autorizado para que este defenda a formação de um precedente vinculante que lhe seja favorável, desde que exista alguma parte da decisão que precise ser aprimorada e que a necessidade desse aprimoramento surja de uma violação de alguma norma federal ou constitucional[80]. Como desenvolvido no item referente à sucumbência, todo sujeito que, de alguma forma, compreenda que a decisão precisa ser aprimorada, não pode ser considerado vencedor, já que não obteve da decisão tudo o que dela poderia esperar. Assim, o que se tem é o recurso parcial do vencido, que opta por impugnar exclusivamente a norma geral[81].

Daí porque não se obsta que as partes, tal qual os demais legitimados por lei, ou seja, o Ministério Público, a Defensoria Pública e o *amicus curiae*, recorram exclusivamente para a formação de precedente vinculante, desde que – e isto vale para todos os legitimados legais – demonstrem a existência de interesse recursal.

Apesar de o STF já ter admitido recurso exclusivamente em face da tese fixada no julgamento de IRDR (Tema 1.141), o STJ vem apresentando sérias barreiras à admissibilidade desses recursos. Nos autos do Recurso Especial nº 1.798.374/DF, de relatoria do Min. Mauro Campbell Marques, a Corte Especial do STJ[82] decidiu que não cabe recurso especial em face de acórdão que revê tese jurídica fixada em IRDR, uma vez que não haveria o julgamento conjunto do caso concreto:

---

80. Precedentes judiciais: teoria e dinâmica. Rio de Janeiro: Forense, 2017, p. 167.

81. Eduardo Talamini defende o mesmo, embora sustentando que a norma geral e a norma individual são formadas a partir de decisões distintas. Em suas palavras: "A situação é distinta da que se tem quando a questão jurídica é objeto de incidente próprio, de modo a "objetivar-se" a sua definição (procedimento de recursos especiais ou extraordinários repetitivos, incidente de resolução de demandas repetitivas, incidente de assunção de competência...). Nesses casos, a questão jurídica é objeto de uma decisão específica, em abstrato, que não se confunde com a decisão do próprio recurso ou ação afetado como "amostra". Tal decisão específica inclusive tem caráter vinculante para outros casos, em que a mesma questão jurídica se apresente. Nessa hipótese, deve-se reconhecer o interesse para recorrer da solução da questão jurídica objetivada, precisamente porque ela é feita em "caráter principal". Esse interesse recursal independe da solução dada ao caso concreto – e a legitimidade estende-se a todos que estavam legitimados a participar do próprio incidente em que a questão jurídica foi resolvida". Interesse recursal. *In*: ARENHART, Sérgio Cruz; MITIDIERO, Daniel. (Coord.). DOTTI, Rogéria. (Org.). O Processo civil entre a técnica processual e a tutela dos direitos: estudos em homenagem a Luiz Guilherme Marinoni. Sérgio Cruz Arenhart, Daniel Mitidiero, coordenadores; Rogéria Dotti, organizadora. São Paulo: Editora Revista dos Tribunais, 2017.

82. Julg. 18.5.2022, Dje 21.6.2022.

6. A interpretação constitucional do cabimento do recurso especial e o IRDR

6.1. O tema em questão, como visto, é controvertido no âmbito da doutrina e da jurisprudência do Superior Tribunal de Justiça, o que exige o enfrentamento de diversos institutos processuais relacionados que são capazes de influenciam na proposta de resolução da controvérsia.

6.2. A primeira premissa a ser estabelecida é no sentido de que, embora o artigo 987 do CPC estabeleça que do "julgamento do mérito do incidente caberá recurso extraordinário ou especial, conforme o caso", as hipóteses de cabimento dos recursos excepcionais estão previstas, exclusivamente, no âmbito da Constituição Federal. Portanto, o simples fato de existir acórdão de mérito proferido em IRDR não significa dizer que cabe recurso especial sem a necessidade de observância dos requisitos constitucionais, ou de outro modo, os requisitos não podem ser mitigados pela legislação infraconstitucional (Código de Processo Civil), sob pena de eventual interpretação inconstitucional do referido dispositivo.

6.3. Assim, partindo do inafastável parâmetro, no sentido de que o cabimento dos recursos excepcionais deve ser analisado sob a ótica constitucional (art. 1º do CPC), o próximo ponto a ser enfrentado é a compreensão dos limites do conceito e interpretação de "causas decididas" como pressuposto constitucional de cabimento do recurso especial. Nos termos do art. 105, III, da Constituição Federal, o Superior Tribunal de Justiça é competente para julgar, em recurso especial, as causas decididas, em única ou última instância, pelos Tribunais Regionais Federais ou pelos tribunais dos Estados, do Distrito Federal e Territórios, nas hipóteses em que a decisão recorrida estiver inserida nos incisos a, b ou c do referido texto constitucional.

6.4. O conceito de "causas decididas" utilizado como requisito de admissibilidade do recurso especial pelo Superior Tribunal de Justiça compreende tanto o esgotamento das instâncias ordinárias, como o efetivo prequestionamento da matéria relacionada à lei federal, ou seja, a efetiva emissão de juízo de valor pelo Tribunal de origem sobre o tema de lei federal no julgamento de um caso concreto. Certamente, o termo "causas decididas" não deve ser interpretado restritivamente, pois pode corresponder a julgamentos relacionados tanto ao mérito propriamente dito, bem como questões de direito material ou direito processual, em outros termos, pode ser considerado equivalente a uma questão jurídica de direito federal decidida.

6.5. Todavia, não obstante a amplitude interpretativa do conceito, deve ser ponderado se a questão jurídica decidida deve, necessariamente, ser efetivamente proferida pelo Tribunal de origem em um determinado processo em concreto, uma lide propriamente dita, ou bastaria qualquer pronunciamento judicial para o cumprimento do requisito, ainda que emitido em tese ou abstrato.

6.6. O ponto é relevante a partir do momento que se torna necessário compreender a natureza jurídica do IRDR e a forma como que é julgado pelo Tribunal de origem. Deveras, respeitando as opiniões contrárias, diante do já exposto, ainda que o instituto seja relativamente recente em nosso ordenamento civil, parece ser razoável afirmar que o IRDR não é um recurso, mas um incidente no processo que adota técnica de julgamento aplicada no âmbito do Tribunal de origem, que visa estabelecer racionalidade, isonomia e segurança jurídica no julgamento para determinada tese jurídica para aplicação em processos idênticos repetitivos. Nesse sentido: Arruda Alvim. Manual de Direito Processual Civil: Teoria Geral do Processo, Processo de Conhecimento, Recursos e Precedentes. 18ª. ed. rev., atual. e ampl. São Paulo: Thompson Reuters Brasil, 2019, pp. 1.507/1508.

6.7. Assim, a tese jurídica fixada em abstrato no julgamento do IRDR, ainda que no âmbito da interpretação de norma infraconstitucional federal, não pode ser considerada como causa decidida sob a ótica constitucional, o que somente ocorreria com a aplicação da referida tese jurídica ao caso selecionado para o julgamento ou na aplicação nas causas em andamento/sobrestadas (caso concreto) que versem sobre o tema repetitivo julgado no referido incidente.

7. A problemática do julgamento do IRDR e o precedente local criado pelo CPC/2015

7.1. Diante das conclusões parciais apresentadas até o momento, surge uma consequência que foi imposta pelo próprio CPC/2015 ao prever o julgamento do IRDR pelos Tribunais de origem, qual seja, o risco de existir um precedente vinculante "local", de caráter estadual (TJ) ou regional (TRF) e, consequentemente, uma restrição federativa ou regional dos efeitos gerados. Basta pensar na hipótese, ao menos em tese, da inexistência de interposição dos recursos excepcionais contra o acórdão que fixa a tese jurídica do IRDR, gerando o respectivo trânsito em julgado no âmbito do Tribunal de origem.

7.2. A afirmação decorre do efeito colateral proporcionado pela proposta contida no CPC/2015 ao permitir que Tribunais locais julguem em IRDR temas de direito infraconstitucional federal e constitucionais em "precedente vinculante local", o que permitiria questionar a própria constitucionalidade de tal previsão legal diante da função constitucional das Cortes Superiores.

7.3. Não obstante tal consideração, a fim de mitigar parte de tal efeito, o artigo 982, §§ 3º e 4º, do CPC, estabeleceu a possibilidade de suspensão nacional dos processos individuais e coletivos que versem sobre questão de IRDR instaurado, a ser determinada pelo Superior Tribunal de Justiça ou pelo Supremo Tribunal Federal.

7.4. Entretanto, a referida previsão legal não resolve o problema do "precedente local", pois na hipótese de inexistência de interposição de recurso excepcional contra o acórdão proferido no IRDR (inclusive prevista no § 5º do art. 982 do CPC), acabaria gerando um "precedente vinculante" apenas em âmbito estadual ou regional.

7.5. No mencionado contexto, não prospera o argumento de que o não cabimento do recurso especial contra o acórdão que fixa a tese em abstrato no IRDR pode gerar restrição federativa dos efeitos do julgamento, pois a tese jurídica será aplicada aos demais casos idênticos e sobrestados que aguardavam a resolução do incidente e tratavam da mesma questão jurídica, o que, ao menos em linha de princípio, viabilizaria a interposição do recurso especial, desde que observados os demais requisitos constitucionais e legais do recurso excepcional. Sobre o tema, José Miguel Garcia Medina (Curso de Direito Processual Moderno, 7ª ed. rev., atual, e amp. - São Paulo: Thompson Reuters Brasil, 2022, pp. 1.413/1.414).

7.6. Evidente que, para evitar o potencial volume de recursos especiais dirigidos ao STJ, nada impede que o Tribunal local selecione processos e envie para o julgamento sob o rito dos recursos repetitivos, na sistemática prevista nos arts. 1.036/1.041 do CPC, sendo perfeitamente possível a determinação de sobrestamento dos demais processos idênticos até a fixação da tese pela referida Corte Superior no julgamento do recurso especial.

7.7. Tal opção não viola a essência do IRDR prevista no CPC/2015 no sentido de diminuir a quantidade de processos dirigidos ao STJ, o que afastaria eventual crítica relacionada à mitigação dos efeitos jurídicos prospectivos gerados pela técnica de julgamento de causas repetitivas.

(...)

9. Algumas considerações sobre o Superior Tribunal de Justiça, o Recurso Especial Repetitivo, o Incidente de Resolução de Demandas Repetitivas e o Sistema Brasileiro de Precedentes

9.1. De fato, é importante observar no presente julgamento uma das principais diferenças no julgamento do IRDR e do recurso especial repetitivo. No recurso especial repetitivo não há cisão cognitiva, pois, em regra, o Superior Tribunal de Justiça ao julgar o(s) processo(s) selecionado(s), diante dos fatos e provas delimitados no acórdão recorrido e das teses e dispositivos prequestionados pelo Tribunal de origem contidas no recurso especial, fixa tese jurídica extraída do caso concreto, isto é, não há julgamento em abstrato da interpretação da lei federal.

9.2. Aliás, o debate sobre eventual cabimento de objetivação na seara do recurso especial repetitivo já ocorreu em diversas hipóteses desde a criação da técnica de julgamento (Lei nº 11.672/208) em diferentes julgamentos no âmbito das Seções e da Corte Especial do STJ, sempre prevalecendo a orientação de que não cabe julgamento em abstrato no âmbito do recurso especial repetitivo, mas apenas o julgamento da lide, de um caso concreto.

9.3. A admissão de ideia em sentido contrário, da possibilidade de julgamento em tese de temas infraconstitucionais, embora seja certamente instigante do ponto de vista teórico, significaria estabelecer uma quebra absoluta do modelo de julgamento de recursos especiais repetitivos no STJ e, salvo melhor juízo, seria de duvidosa

9.4. Na hipótese dos autos, como já dito, a controvérsia é exatamente o cabimento de recurso especial repetitivo em acórdão fundado em pedido de revisão de tese em IRDR que nega o pedido formulado pela Defensoria Pública, onde sequer existe parte contrária e, consequentemente, qualquer espécie de contraditório, seja no Tribunal de origem, tampouco no âmbito desta Corte Superior, indispensáveis para a adequada formação do precedente obrigatório.

9.5. Além disso, inexiste um caso concreto específico, individualizado, que possa ser analisado em seus aspectos fáticos e jurídicos necessários ao julgamento, considerações que violariam a essência da formação de um precedente obrigatório na breve "tradição jurídica brasileira" na teoria dos precedentes judiciais.

9.6. Outra importante questão sobre o debate envolve a necessária reflexão da evolução do conceito de interesse recursal em uma proposta de sistema de precedentes judiciais, de caráter vinculante, como indicado no CPC/2015. Em tal contexto, o interesse recursal, em muitos casos, transcende a resolução do caso concreto, as figuras tradicionais de parte vencedora ou vencida, pois o precedente firmado atinge uma coletividade que será submetida à tese jurídica fixada. Sobre o tema: Eduardo Talamini. O Processo Civil entre a técnica processual e a tutela dos direitos: estudos em homenagem a Luiz Guilherme Marinoni. Sérgio Cruz Arenhart, Daniel Mitidiero, coordenadores; Rogéria Dotti, organizadora. São Paulo: Editora Revista dos Tribunais, 2017, pp. 807/826.

9.7. Com efeito, admitir um novo conceito ou interpretação de interesse recursal no âmbito da proposta de sistema de precedentes do CPC/2015 exigiria uma profunda reconstrução do sistema atual, inclusive da atual jurisprudência desta Corte Superior sobre o papel dos amici curiae e da necessidade de representatividade adequada na formação de precedentes obrigatórios. Embora o tema mereça reflexão crítica e construtiva, é importante lembrar que apesar dos avanços proporcionados pelo sistema brasileiro de precedentes, é inequívoco que existe um longo caminho para a construção de um sistema racional e que permita a redução da dispersão jurisprudencial e respeite a isonomia e a segurança jurídica.

9.8. O Superior Tribunal de Justiça, apesar de exercer o papel de uma Corte de Precedentes no sistema judicial brasileiro e dos profundos esforços e significativos resultados alcançados, talvez seja um dos poucos tribunais de cúpula no âmbito do direito comparado que ainda não conte com qualquer espécie de filtro recursal, o que proporciona uma distribuição anual de centenas de milhares de processos, o que certamente o descaracteriza, ao menos em parte, como um corte típica de precedentes.

9.9. Admitir a competência para analisar teses em abstrato, sem uma profunda e cuidadosa reflexão sobre os impactos que tal opção possa causar, é potencialmente capaz de gerar resultados não esperados pela comunidade jurídica e pelo próprio Superior Tribunal de Justiça.

9.10. Ademais, embora a inegável e absoluta pertinência e importância teórica e sistêmica, inclusive defendida com propriedade no âmbito doutrinário, a ampliação dos conceitos e limites do interesse recursal e de causa decidida extrapolam os limites constitucionais de cabimento do recurso especial, bem como da maneira como Superior Tribunal de Justiça forma os seus precedentes obrigatórios, o que recomenda, no atual momento histórico e jurídico, a prudência em implementar mudanças profundas. Por óbvio, nada impede a evolução de tal entendimento por esta Corte Superior, em momento oportuno, mediante o amadurecimento das questões processuais debatidas no presente processo.

10. Conclusões

10.1. Diante das premissas estabelecidas no presente voto, surge a necessidade de analisar a constitucionalidade do art. 987 do Código de Processo Civil. ("art. 987. Do julgamento do mérito do incidente caberá recurso extraordinário ou especial, conforme o caso"), hipótese plenamente adequada por se tratar de julgamento no âmbito da Corte Especial do Superior Tribunal de Justiça, o que observa o princípio da reserva de plenário, nos termos do art. 97 da Constituição Federal.

10.2 Deveras, a simples declaração de inconstitucionalidade do referido dispositivo não se mostra como a melhor solução, pois é possível adotar técnica de interpretação conforme a Constituição, em razão do art. 987 CPC permitir significação em conformidade com o texto constitucional, o que autoriza a manutenção da norma em nosso ordenamento jurídico. Sobre o tema: Alexandre de Moraes (Direito Constitucional, - 28ª ed. - São Paulo: Atlas, 2012, pp. 797/798); Nelson Nery Junior e Georges Abboud (Direito Constitucional Brasileiro: Curso Completo. 2ª ed. São Paulo: Thompson Reuters, 2019, p. 919).

10.3. Assim, na hipótese examinada, entre as interpretações possíveis relacionadas ao dispositivo legal, é adequada aque-

> la compatível com a Constituição Federal, a qual estabelece os requisitos para o cabimento do recurso especial e atende a função constitucional do Superior Tribunal de Justiça no sentido de atribuir unidade ao direito infraconstitucional federal.
>
> 10.4. Portanto, em síntese, não cabe recurso especial contra acórdão proferido pelo Tribunal de origem que fixa tese jurídica em abstrato em julgamento do IRDR, por ausência do requisito constitucional de cabimento de "causa decidida", mas apenas naquele que aplica a tese fixada, que resolve a lide, desde que observados os demais requisitos constitucionais do art. 105, III, da Constituição Federal e dos dispositivos do Código de Processo Civil que regem o tema.
>
> 10.5. Recurso Especial não conhecido.

A decisão representa jurisprudência defensiva que gera efeito gravíssimo, afinal, o mero fato de recursos estarem sendo interpostos apenas em face da tese indica que muitos tribunais estão cindindo o julgamento dos IRDRs, de modo a decidir separadamente o precedente e o caso concreto (muitas vezes, por órgãos distintos). Impedir que a parte impugne o julgamento feito em abstrato pelo tribunal, significa eliminar o direito ao recurso, tornando a norma criada pelo tribunal local irrecorrível e incontrolável.

Merece ser ressaltado o entendimento de Júlia Lipiani que, de forma mais ampla, admite a interposição de recurso exclusivamente diante da existência de sinalização de uma futura superação no entendimento outrora firmado. Em suas palavras, o exemplo seria aquele "em que apesar de ter decidido em um sentido, o órgão jurisdicional já demonstra, como *obiter dictum*, uma mudança de entendimento jurisprudencial a ser adotada no futuro"[83]. Muito embora seja possível admitir que o recurso que pretenda 'proteger' o precedente vinculante tenha alguma utilidade, fato é que, independente do conceito que se adote de *obiter dictum* e dos efeitos que sejam a ele atribuídos, a sinalização representa apenas indicativo de uma possível alteração no precedente, o que retira completamente a atualidade. A situação não é apta sequer a gerar estado de incerteza jurídica, uma vez que

83. LIPIANI, Júlia. Reconstrução do interesse recursal no sistema de força normativa do precedente. Civil Procedure Review, v. 5, n.2: p. 45-72, may-aug., 2014.

a superação se dá em processo gradativo, sendo possível que sequer ocorra, nada obstante tudo o que se exponha em *obiter dictum*.

Destarte, para que seja admitido o recurso com o exclusivo objetivo de formar o precedente vinculante, é necessário que seja demonstrada a existência de interesse atual, público ou privado, a depender do legitimado que o interponha.

A admissão do recurso, nessas hipóteses, visa a correção de um possível defeito no sistema, que surge da interpretação em sentido contrário. Em que pese reconhecida a possibilidade de formação de precedente vinculante quando do julgamento de recursos excepcionais interpostos contra decisões prolatadas em IRDR e IAC, a lei processual brasileira deixou de prever instrumentos que viabilizem seja a matéria levada aos tribunais superiores, independentemente de manifestação das partes ou dos demais legitimados. A situação conflita, inclusive, com o fato de o próprio Estado-Juiz poder instaurar os incidentes.

A omissão legal cria um sistema diferenciado de vinculação, no qual a tese fixada nos referidos incidentes poderá, ou não, ter efeitos em âmbito nacional, a depender do exercício, pelos legitimados, do direito de recorrer. Correta a crítica feita por Carolina Teodoro Falleiros e Leonard Ziesemer Schmitz acerca da exigência de recurso para que as decisões prolatadas em IRDR e IAC sejam apreciadas pelos tribunais superiores:

> Seria consequência natural admitir-se que os tribunais requisessem a remessa dos autos ao STJ ou STF caso constatassem tratar a questão de tema cuja última palavra é da competência dos tribunais superiores, aos quais é atribuída a guarda da lei federal e da Constituição – já que abstração já houve, a partir da instauração do incidente. A medida ajudaria a evitar, ainda, o trâmite paralelo de incidentes sobre o mesmo tema – patologia que se vê acontecer nos processos coletivos[84].

84. O que a experiência do procedimento-modelo alemão tem a ensinar ao incidente de resolução de demandas repetitivas do novo Código de Processo Civil. O novo Código de Processo Civil Brasileiro – Estudos Dirigidos: Sistematização e Procedimentos. Coordenação Thereza Arruda Alvim [et. al.]. Rio de Janeiro: Forense, 2015, p. 421-422. Situação que solucionaria a deficiência do sistema seria a utilização, no direito processual civil, de figura semelhante à prevista no artigo 898, da CLT, que autoriza o presidente do tribunal a recorrer "Das decisões proferidas em dissídio coletivo que afete empresa de serviço público, ou, em qualquer caso, das proferidas em revisão".

O problema apontado pelos autores, de exigência da utilização da via recursal para produção de efeitos em todo território nacional é gravíssimo e, em certo ponto, como será demonstrado adiante, impõe que se faça, para além do redimensionamento do conceito do recurso no ordenamento pátrio, a requalificação do próprio interesse recursal.

Considerando que o sistema brasileiro optou por direcionar tal função ao recurso, interposto pelos legitimados, pode-se concluir que, para além de uma eventual cassação ou reforma da decisão impugnada, nesses casos específicos, é inafastável escopo do recurso interposto a formação de um precedente vinculante, que tenha eficácia *erga omnes* e cujo resultado, independentemente da suspensão prevista no art. 982, §3º, atinja todos os processos em tramite e futuros, no território nacional.

4.3.3. Modificação do objeto do recurso em decorrência de desistência, abandono ou perda superveniente do interesse recursal do recorrente

Em que pese os recursos repetitivos eleitos como representativos da controvérsia não tenham a formação do precedente como seu objeto, não se nega que -igualmente- recebem o enxerto de interesse público, que lhe altera o procedimento, passando a ser tratado prioritariamente (art. 1.037, §4º) e tendo um contraditório diferenciado, com ampla participação tanto do Ministério Público (art. 1.038, III), quanto de *amici curiae* (art. 1.038, I). O mesmo se dá com relação ao recurso interposto, que deu origem à instauração do IAC ou IRDR ou, ainda, daquele interposto pelo vencido contra o acórdão prolatado em um dos incidentes[85].

Isto é, embora sejam recursos cuja formação do precedente é efeito e não objeto, não há distinção com relação à incidência do interesse público que se sobrepõe ao individual. Tal sobreposição, porém, alcança apenas a criação da norma geral, não se impondo sobre a discussão referente à norma individual, ou seja, aquela extraída do dispositivo.

85. Enunciado 65, do CJF: "A desistência do recurso pela parte não impede a análise da questão objeto do incidente de assunção de competência".

Por este motivo, é possível que o recorrente -livremente- desista do seu recurso ou perca supervenientemente o interesse recursal, levando ao encerramento do procedimento com relação ao dispositivo, que transitará em julgado[86-87]. Adere-se ao entendimento de com Leonardo Carneiro da Cunha e Fredie Didier Jr., que defendem que a instauração do incidente ou a seleção do recurso como representativo da controvérsia levam à criação de um novo procedimento, que "não se confunde com o procedimento principal originário ou recursal"[88].

Havendo a desistência do recurso, o objeto inicial, qual seja, a reforma ou invalidação da decisão impugnada no tocante ao dispositivo, altera-se para a formação do precedente. Para tanto, o sistema viabiliza a sucessão processual, permitindo que o Ministério Público assuma a posição do recorrente (art. 976, §3º).

Veja-se, por exemplo, o que ocorreu no IRDR nº 0023203-35.2016.8.26.0000, do Tribunal de Justiça do Estado de São Paulo[89]. Conforme consta do relatório, as partes litigantes originais celebraram transação, razão pela qual o juiz que instaurou o incidente "juntou aos autos caso idêntico relativo ao mesmo empreendimento imobiliário". O TJSP autorizou a "alteração do caso paradigma", porém, não chegou a julgar a causa, por entender que, tendo sido o IRDR instaurado em primeira instância, ao assim fazê-lo ocorreria indevida supressão de instância. Como já exposto, entendemos que não seria possível sequer a instauração do IRDR neste caso, premissa evidentemente não acolhida pelo tribunal paulista.

Sobre a posição do desistente, Eduardo Talamini e Felipe Scripes Wladeck ressaltam que este

> (...) não terá legitimidade nem interesse processual para participar do procedimento de julgamento da questão repetitiva – a não ser que esteja sujeito aos efeitos de recurso de um litis-

86. Artigo 998, parágrafo único.
87. TALAMINI, Eduardo; WLADECK, Felipe Scripes. Comentário ao artigo 998. *In*: BUENO, Cassio Scarpinella. (Coord.). Comentários ao código de processo civil – volume 4 (arts. 926 a 1.072). São Paulo: Saraiva, 2017, p. 345.
88. Recursos contra decisão proferida em incidente de resolução de demandas repetitivas que apenas fixa a tese jurídica. *In*: DIDIER JR., Fredie. (Coord.). Julgamento de casos repetitivos. Coleção grandes temas do novo CPC. Salvador: Editora Juspodivm, 2017, p. 318.
89. Rel. Francisco Eduardo Loureiro. Julgamento em 31.08.2017.

> consorte (nos termos do art. 1.005) ou que seja parte em outro processo em que a mesma questão jurídica é discutida)[90].

Apesar de correta a conclusão, entendemos que, no caso, apenas será possível a participação do desistente neste recurso nas hipóteses em que sua desistência seja meramente parcial. Ou seja, o recorrente poderá desistir apenas do recurso interposto no tocante à norma individual e persistir, enquanto recorrente, impugnando a norma geral, desde que demonstre interesse recursal para tanto.

Nesses casos, não deixará de ser considerado recorrente e será desnecessária a sucessão pelo Ministério Público. Caso desista integralmente do seu recurso, a exemplo do que já exposto no item referente ao recurso do terceiro prejudicado, não poderá participar do procedimento de julgamento, no tocante à norma geral, salvo se admitido, na forma do art. 1.038, I.

Já quanto ao recorrido, é possível que duas situações se apresentem. Com a desistência do recurso ou perda superveniente do interesse recursal, ele poderá perder, igualmente, seu interesse em buscar seja negado provimento ao recurso e desistir da sua posição processual, permitindo que qualquer dos legitimados o suceda no polo passivo. Poderá, ainda, permanecer como recorrido, buscando a manutenção do acórdão, no tocante à norma geral. Neste caso, seu interesse deverá ser avaliado com os mesmos critérios a serem adotados para a interposição do recurso pelo vencedor, desenvolvidos no item 4.3.5.

4.3.4. Interesse recursal do Ministério Público e do *amicus curiae*

O Ministério Público e o *amicus curiae* têm legitimidade para interpor recurso especial e extraordinário cujo objeto seja a formação de precedente vinculante, isto é, aqueles interpostos contra acórdãos prolatados no julgamento de incidentes de assunção de competência e de resolução de demandas repetitivas[91].

---

90. TALAMINI, Eduardo; WLADECK, Felipe Scripes. Comentário ao artigo 998. *In*: BUENO, Cassio Scarpinella. (Coord.). Comentários ao código de processo civil – volume 4 (arts. 926 a 1.072). São Paulo: Saraiva, 2017, p. 345.

91. O artigo 987 menciona, também, a Defensoria Pública como legitimada a interpor o recurso. Nesses casos, como ressalta Sofia Temer, o fará como condutor do IRDR ou assumindo a posição de amicus curiae. Recursos no incidente de resolução de demandas repetitivas: quem pode recorrer da decisão que fixa a tese jurídica? *In*: A nova aplicação da jurisprudência e precedentes no CPC/15. Dierle Nunes, Aloisio Mendes, Fernando Jayme. São Paulo: Editora Revista dos Tribunais, 2017.

Isso porque a sua intervenção decorre exclusivamente do interesse presente na formação do precedente vinculante. No caso, o sistema brasileiro instituiu algo semelhante ao chamado recurso no interesse da lei, presente nos ordenamentos italiano e espanhol e voltado exclusivamente ao cumprimento da função nomofilática dos tribunais superiores. Justamente por isso, nos recursos pelo interesse da lei os legitimados são exclusivamente aqueles responsáveis por zelar pela correta aplicação do direito, como Procurador Geral, na Itália, e, além dele, a Defensoria Pública, na Espanha.

Para que seja possível a interposição desse recurso, é necessário que inexista recurso das partes, agindo, portanto, como meio subsidiário e específico para impedir a manutenção de uma decisão incompatível com a jurisprudência dos tribunais superiores e que revele erro na aplicação/interpretação da lei ou da Constituição[92]. No caso, o legitimado legal recorre aos órgãos de cúpula para que unifiquem a jurisprudência, impedindo que se estabeleça, apesar do caráter não vinculante das decisões judiciais naqueles países, um precedente persuasivo equivocado[93].

É importante frisar novamente que tanto no recurso interposto no interesse da lei quanto naquele exclusivamente para formação do precedente, a decisão prolatada pela corte de cúpula, sobre a norma geral, não terá efeito direto sobre a norma individual. Da mesma forma que o recurso interposto não terá o efeito de, quando for o caso, obstar a formação da coisa julgada. O que se tem, no caso, é o recurso interposto apenas para modificar a norma geral, substituindo o precedente formado em âmbito regional, para modificar tanto seu conteúdo, quanto sua abrangência.

Diferente do sistema do recurso no interesse da lei, considerando que o ordenamento jurídico brasileiro admite precedentes vinculantes, o recurso para formação do precedente pode abranger aquele

92. MONTERO AROCA, Juan. Derecho jurisdicional. II. Proceso Civil. 13ª edición. Valencia: Tirant lo blanch, 2004, p. 462-463 e ANDRIOLI, Virgilio. Commento al Codice di Procedura Civili. Volume II. Del processo di gognizione. Terza Edizione Riveduta. - Napoli: Casa Editrice Dott. Eugenio Jovene, 1956, p. 528.

93. Sobre o principio di diritto nell'interesse della legge, previsto no artigo 363, do CPC italiano: CALAMANDREI, Piero. Opere giuridiche. Volume settimo. Napoli: Morano Editore, 1979, p. 117-130 e ANDRIOLI, Virgilio. Commento al Codice di Procedura Civili. Volume II. Del processo di gognizione. Terza Edizione Riveduta. Napoli: Casa Editrice Dott. Eugenio Jovene, 1956, p. 526-528. Sobre sua aplicação no direito espanhol: MONTERO AROCA, Juan. Derecho jurisdicional. II. Proceso Civil. 13ª edición. - Valencia: Tirant lo blanch, 2004, p. 462-463.

que vise a modificar o seu conteúdo e o que busque apenas alterar o âmbito de abrangência dos seus efeitos, para atribuir-lhe abrangência nacional.

Enquanto o recurso no interesse da lei se volta a impedir que subsista no ordenamento precedente persuasivo equivocado, o recurso interposto contra o acórdão prolatado em IAC e IRDR busca não apenas isso, mas, também, viabilizar que seja garantida a mesma interpretação da lei ou da Constituição Federal entre os entes federativos, atendendo ao princípio da isonomia. Assim, pode-se concluir, na esteira da lição de Humberto Theodoro Júnior, em lição que deve ser ampliada também para o recurso especial, que

> (...) o próprio objetivo do recurso extraordinário, na espécie, não é outro senão assegurar que o efeito local do julgamento do incidente se expanda por todo o território nacional, atingindo todos os processos individuais ou coletivos em andamento e que venham a ser ajuizados, envolvendo a mesma questão de direito definida no acórdão recorrido (NCPC, art.987, §2º)[94].

Sofia Temer pondera, embora sem admitir que se trate efetivamente de recurso, que a parte de processo repetitivo idêntico, tramitando em estado diferente daquele em que instaurado e decidido o IRDR, teria igualmente interesse em levar a matéria aos tribunais superiores, com "o único objetivo de acarretar o espraiamento da tese para âmbito nacional"[95]. Considerando as premissas da autora, no tocante ao recurso interposto por partes de processos sobrestados, seria necessário concluir, também, que estes poderiam -igualmente e com maior razão- interpor o recurso.

No entanto, como manifestado quando da análise do interesse do terceiro prejudicado, faltam a tais sujeitos legitimidade recursal e interesse para interposição do recurso, seja para alterar a norma, seja para ampliar sua abrangência. A preocupação da autora, no tocante à natureza jurídica do referido recurso, merece maior atenção.

94. THEODORO JUNIOR, Humberto. Curso de direito processual civil: vol. III. 51. ed. rev., atual. e ampl. Rio de Janeiro: Forense, 2018, p. 977.

95. TEMER, Sofia. Incidente de resolução de demandas repetitivas. Salvador: Editora Juspodivm, 2016, p. 250.

Não se nega que o próprio recurso no interesse da lei tenha sua natureza jurídica questionada nos países em que é previsto[96]. Mas, naqueles casos, o questionamento surge basicamente pelo fato de se tratar de impugnação à fundamentação da decisão judicial, que não implica alteração na norma individual e não tem qualquer efeito sobre a esfera de direitos partes[97]. Ou seja, a controvérsia existente, sobretudo na Itália, sequer foi aventada no Brasil pelos defensores do recurso apenas para impugnar a fundamentação apta a gerar precedente vinculante.

O problema que se põe em terras brasileiras é o fato de este recurso ser voltado à confirmação do acórdão, com a única finalidade de ampliar sua abrangência, como se a decisão da corte superior apenas se prestasse a, nas palavras de Sofia Temer, gerar o espraiamento da tese. Tal circunstância retiraria do recurso sua função principal, de revisão da decisão impugnada. A tese, nestes termos, é defendida por Lucas Buril de Macêdo, que, sustentando a perda da pertinência da Súmula 126 do STJ, afirma expressamente que "recurso, nesse caso, é excepcionalmente um meio para a *confirmação* da decisão, e não para a sua cassação ou reforma, conforme conceito tradicional"[98-99].

Como já demonstrado na primeira parte deste trabalho, o recurso deve ser visto como um método de obtenção de um benefício não concedido pela decisão impugnada e passível de ser obtido com sua interposição. É uma forma de obter do Estado tudo o que é possível de ser concedido pela tutela jurisdicional, naquele processo. É atribuir e obter a máxima efetividade do Estado-Juiz.

Tal é o resultado de observar o interesse recursal a partir de uma ótica prospectiva, de obtenção do máximo aproveitamento da tutela

---

96. Sobre a controvérsia, vide: ANDRIOLI, Virgilio. Commento al Codice di Procedura Civili. Volume II. Del processo di gognizione. Terza Edizione Riveduta. Napoli: Casa Editrice Dott. Eugenio Jovene, 1956, p. 526-528.

97. MITIDIERO, Daniel. Fundamentação e precedente: dois discursos a partir da decisão judicial. Revista de Processo, v. 206. São Paulo: Revista dos Tribunais, abr, 2012, p. 527.

98. MACÊDO, Lucas Buril de. Influência do sistema brasileiro de precedentes no interesse recursal. *In*: NERY JUNIOR, Nelson; ALVIM, Arruda Alvim. (Coord.). Aspectos polêmicos e atuais dos recursos cíveis e assuntos afins, v. 13. São Paulo: Editora Revista dos Tribunais, 2017, p. 337-378.

99. No mesmo sentido, Leonardo de Faria Beraldo afirma que "o interessado em que a tese jurídica fixada pelo TJ ou TRF passe a ter amplitude nacional interporá o recurso especial, o extraordinário ou ambos, com base nos dispositivos constitucionais supra citados, e requererá, simplesmente, que o recurso seja apreciado para os fins do disposto no §2º, do artigo 987, do CPC". BERALDO, Leonardo de Faria. Comentários às inovações do Código de Processo Civil Novo CPC: Lei 13.105/2015. Belo Horizonte: Del Rey, 2015, p. 389.

jurisdicional, que autoriza a parte a recorrer sempre que o recurso for apto a lhe gerar algum proveito prático.

Para exemplificar, imagine-se um IRDR instaurado junto ao Tribunal Regional Federal da 2ª Região. Ele decorre de casos repetitivos em que é discutida determinada cláusula contratual, inserida nos contratos de financiamento de imóveis, pelo banco público, de atuação em todo território nacional. Caso, no IRDR, seja fixada tese no sentido de invalidade da cláusula contratual, com a derrota da instituição financeira.

Caso o banco-vencido recorra, a matéria será levada ao conhecimento do STF ou do STJ que, no julgamento do recurso, substituirá o acórdão, mediante nova decisão, cuja norma geral terá abrangência em todo território nacional. Assim, supondo que seja negado provimento ao recurso do banco, teremos a formação de um precedente vinculante, apto a alcançar todos os consumidores, de todos os estados da federação. Não se nega, portanto, que o desprovimento do recurso do vencido gerará para a sociedade, representada pelo Ministério Público e pelo *amicus curiae*, um proveito prático maior que aquele produzido pela decisão impugnada.

A situação beira o absurdo, já que não se pode admitir que a obtenção de tal proveito prático fique condicionada à conduta da parte contrária. Ou seja, o Estado-Juiz é apto a fornecer tal proveito, mas não entrega aos interessados qualquer meio de obtê-lo. E, pior, ao entregar ao vencido a escolha sobre levar ou não a matéria à análise das cortes superiores, viabiliza a não interposição de recurso como forma de abuso do direito. O vencido, no caso, a instituição financeira, pode deixar de recorrer, justamente para não correr o risco de ver a matéria decidida para todo o país, travando tanto os interessados, quanto o Estado, em nítido prejuízo ao interesse público.

Se o proveito prático pode ser obtido mediante a interposição de recurso pela parte vencida, é absolutamente aceitável que se admita que tal proveito seja igualmente alcançado pela interposição de recurso pelo Ministério Público e pelo *amicus curiae*, sobretudo considerando a natureza dos interesses que são por eles tutelados. Na hipótese, a finalidade do recurso será a substituição da decisão impugnada por uma nova, cuja abrangência alcance todo o território nacional.

4.3.4.1. Cabimento do recurso para formação de precedente de abrangência nacional

Apesar da divergência da doutrina quanto ao cabimento do recurso com o fundamento exclusivo da necessidade de formação de precedente, majoritariamente, admite-se sua interposição para, cassando ou reformando a decisão impugnada, corrigi-la, formando precedente adequado à melhor interpretação da lei e da Constituição Federal.

Com relação à interposição do recurso pelo Ministério Público ou pelo *amicus curiae*, com a única finalidade de substituir o acórdão prolatado em IAC ou IRDR por outro de abrangência em todo território nacional, a questão do cabimento se mostra mais complexa.

Isso porque a Constituição Federal estabelece que caberá recurso extraordinário quando a parte afirmar que a decisão recorrida (a) contraria dispositivo da Constituição Federal; (b) declara inconstitucional tratado ou lei federal; (c) julga válida lei ou ato de governo local contestado em face da Constituição Federal; e (d) julga válida lei local contestada em face de lei federal. Tais requisitos, assim como os previstos para cabimento de REsp, expressamente previstos na Constituição Federal, não sofreram qualquer alteração e devem ser respeitados[100].

Ora, no caso, considerando que tanto o Ministério Público, quanto *amicus curiae* partem da premissa de que a decisão é correta e não pretendem que seja alterada em sua substância, não poderão afirmar existir qualquer das hipóteses de cabimento do recurso extraordinário. Assim, em uma primeira leitura, seria inviável a interposição do recurso extraordinário, por óbice constitucional[101]. Foi, inclusive, o que se defendeu na primeira edição deste livro.

---

100. "O dispositivo em estudo não faz surgir outra hipótese de cabimento dos recursos direcionados ao Superior Tribunal de Justiça e ao Supremo Tribunal Federal, mas somente possibilita que tais cortes analisem o julgamento da questão de direito debatida no Incidente de Resolução de Demandas Repetitivas. Por isso a necessidade de que o recorrente demonstre as hipóteses previstas nos arts. 102, III, e 105, III, da CF/1988": ALVIM, Teresa Arruda; DANTAS, Bruno. Precedentes, recurso especial e recurso extraordinário. 7. ed. rev., atual. e ampl. São Paulo: Thomson Reuters Brasil, 2023, p. 380.

101. Humberto Theodoro Junior, afirmando que a ausência de abrangência nacional das decisões prolatadas em IRDR constitui, por si, uma violação à Constituição e à lei federal, admite a interposição de ambos os recursos excepcionais, com fundamento em violação à norma. Em suas palavras: "Sem o recurso para os tribunais superiores, o incidente ficaria com eficácia restrita aos órgãos jurisdicionais subordinados ao tribunal local que o julgou. A uniformização da interpretação e aplicação da ordem jurídica ficaria incompleta e imperfeita no resguardo

Ocorre que não se pode olvidar que, como defendido na primeira parte deste trabalho, o cabimento nada mais é do que uma espécie de presunção legal (ou, no caso, constitucional) de que o sujeito poderá vir a ter interesse recursal para impugnar determinada decisão. Trata-se de uma escolha feita na elaboração das regras que será mitigada sempre que, apesar da não previsão legal ou constitucional, o recurso seja necessário e haja utilidade em seu conhecimento.

Foi com base nessa perspectiva, embora sem afirmá-la expressamente, que o STF reconheceu a repercussão geral em sede de recurso interposto pelo vencedor, com o único objetivo de ampliar a abrangência de tese fixada pelo TJRS, no julgamento de IRDR. Trata-se do agravo em recurso extraordinário nº 1307386 (Tema 1.141), com repercussão geral reconhecida em maio de 2021. Na decisão que reconheceu a repercussão geral, a Corte foi clara ao ressaltar a necessidade de se ampliar as hipóteses de cabimento, a fim de dar máxima efetividade ao sistema de precedentes:

> O complexo normativo do referido microssistema é formado pelo tratamento legal do incidente de resolução de demandas repetitivas (artigos 976 a 987) e dos recursos repetitivos (artigos 1.036 a 1.041), ao qual se soma principiologia própria, que reúne normas fundamentais, notadamente os princípios da isonomia, da segurança jurídica e da eficiência jurisdicional, os quais funcionam tanto a embasar a criação das técnicas como para outorgar-lhes correta hermenêutica.
>
> Esses incidentes possuem como precípua finalidade a fixação de tese jurídica que esclareça, com precisão, o único enten-

da isonomia e da segurança jurídica. Daí a importância da política de facilitar e não embaraçar formalmente o manejo dos recursos extraordinários e especial, na espécie. Poder-se-á objetar que o recurso extraordinário ou especial não estaria, como quer a Constituição, atacando decisão ofensiva a dispositivo dela ou da lei ordinária. De fato, o recurso no caso do art. 987 do NCPC não depende de ter sido improcedente o incidente. Mesmo sendo acolhido o pedido de uniformização da tese jurídica, maltratada terá sido a norma constitucional ou infraconstitucional interpretada, por não ter o tribunal como observar a garantia completa da isonomia e da segurança jurídica para todo o território nacional, e como assegurar a autoridade e a uniformidade da aplicação da lei federal, também para todo o território nacional. O recurso extraordinário ou o especial permitirá ao tribunal superior sanar o vício da incompletude – além de ensejar a correção de eventual erro na definição da tese afirmada no incidente – indesejável do decisório local, que, por impotência institucional do órgão julgador, acabou por criar precedente discriminatório, se sua eficácia permanecer restritiva ao território do tribunal local": Curso de direito processual civil: vol. III. 51. ed. rev., atual. e ampl. Rio de Janeiro: Forense, 2018, p. 978.

dimento a ser seguido: o contido no precedente judicial formado.

A opção do legislador pela duplicidade de técnicas se justifica tanto pela produtiva experiência dos recursos repetitivos, ainda na vigência do Código de Processo Civil de 1973, como pela diferenciação quanto à competência, cabendo o IRDR, primordialmente, nos tribunais locais, os quais, não raras vezes, possuem matérias jurídicas que demandam pronta uniformização sem que se revistam da extensão nacional evidenciada pelos contornos exigidos, por exemplo, pela repercussão geral. Em outros casos, a pacificação estadual, distrital ou regional funciona como uma antecipação da solução final a ser dada pelos Tribunais Superiores com alcance nacional, em grau recursal:

(...)

Nessa linha, de maneira a priorizar a formação de tese jurídica aplicável por todos os julgadores do país, há expressa previsão de subsidiariedade do incidente de resolução de demandas repetitivas em relação ao julgamento de recursos repetitivos (artigo 976, § 4º):

(...)

Portanto, a sistemática cogitada passa por dois momentos, idealmente: (i) apreciação em âmbito local da questão jurídica, através da instauração e do julgamento de incidente de resolução de demandas repetitivas no próprio tribunal e (ii) definição nacional da mesma questão, por meio de recurso especial para o Superior Tribunal de Justiça ou extraordinário para este Supremo Tribunal Federal. O Tribunal a quo entendeu inadmissível o recurso extraordinário, por falta de interesse, já que a tese adotada no IRDR foi favorável ao recorrente, bem como em razão do entendimento do Supremo Tribunal Federal rechaçando a instauração originária do incidente nesta Corte Constitucional (Pet 8.245, Rel. Min. Dias Toffoli, DJe de 15/10/2019). Conclui-se que o agravo merece prosperar, afastando-se ambos os fundamentos da decisão impugnada.

Primeiramente, cumpre recordar que, na exata medida em que o recurso é prolongamento do direito de ação, o interesse recursal é desdobramento do interesse de agir. A respeito deste, pude expor, em sede doutrinária, que em todos os casos reclama-se que a parte tenha necessidade da via judicial e que ela resulte numa providência mais útil do que aquela que obteria por mãos próprias acaso fosse autorizada a autotutela. Por essa razão é que se afirma que o interesse de agir deve ser composto do binômio necessidade-utilidade da via jurisdicional. (FUX, Luiz. Teoria Geral do Processo Civil. 3. ed. Rio de Janeiro: Forense, 2019).

No sistema de precedentes, a impugnação pela via recursal merece leitura própria e contemporânea, divorciada da leitura clássica do interesse recursal que denota a perspectiva individualista do Direito Processual Civil, indicando uma noção restritiva e simplista da sucumbência. Com efeito, estabelecer um paralelo com as tradicionais lições doutrinárias a respeito desse requisito intrínseco de admissibilidade recursal permite que se chegue a essa conclusão:

A fim de que possa o interessado socorrer-se do recurso, é fundamental que possa antever algum interesse na sua utilização, isto é, antever a possibilidade de o seu provimento levar à melhora de sua esfera jurídica. À semelhança do que acontece com o interesse de agir, é necessário que o interessado possa vislumbrar alguma utilidade na interposição do recurso, utilidade essa que somente possa ser obtida através da via recursal (necessidade). A fim de preencher o requisito utilidade, será necessário que a parte (ou o terceiro), interessada em recorrer, tenha sofrido algum prejuízo jurídico direto ou indireto em decorrência da decisão judicial ou ao menos que essa não tenha satisfeito plenamente a sua pretensão (uma vez que, sendo vencidos autor e réu, ambos terão interesse em recorrer). Em relação à necessidade, essa estará presente se, por outro modo, não for possível resolver a questão, alterando-se ou suplantando-se o prejuízo verificado. (MARINONI, Luiz Guilherme; MITIDIERO, Daniel; ARENHART, Sérgio Cruz. Curso de Processo Civil: tutela dos direitos mediante o procedimento comum. 7. ed. São Paulo: Revista dos Tribunais, 2021).

A partir do momento em que o recurso extraordinário se mostra como o caminho adequado para permitir a análise definitiva da correta interpretação do ordenamento pelo Supremo Tribunal Federal, na sistemática dos julgamentos de questões repetitivas, bem como medida necessária para que os envolvidos nos processos subjetivos aos quais a tese será

> aplicada possam exercer sua liberdade com isonomia e segurança jurídica, é seguro afirmar que os recursos mencionados pelo legislador no artigo 987 podem ser validamente manejados também pelos interessados cuja argumentação prevaleceu no incidente. Em suma, a utilidade do instrumento é evidente, sua interposição, desejável, e sua admissão, imperativa.
>
> Há, ainda, outro fundamento a esclarecer o cabimento: o princípio da eficiência jurisdicional. De nada adiantaria delinear a sistemática de integração entre o IRDR e os recursos repetitivos, em um único microssistema, sem que se otimizasse o funcionamento do incidente, permitindo que a uniformização local se tornasse nacional, revisada pelo competente Tribunal Superior. Ignorar a viabilidade do recurso ao interessado que teve sua posição acolhida é estimular a recorribilidade em todos os processos em curso, sob a ótica individual. Nessa linha, comentando o cabimento do recurso extraordinário em face da decisão de mérito do incidente de resolução de demandas repetitivas, conclui acertadamente a doutrina:
>
> (...)
>
> Em segundo lugar, não se pode confundir a decisão mencionada pelo decisum impugnado, a qual afasta o cabimento do incidente de resolução de demandas repetitivas diretamente no Supremo Tribunal Federal, com a pretensão ora analisada. Isso porque esta apenas pretende, no exato limite prescrito pelo legislador, que a questão jurídica debatida no IRDR julgado em âmbito estadual seja levada à definitiva análise da Corte Constitucional, a quem cumpre outorgar a última interpretação à luz da Constituição Federal. Recorde-se, por fim, que, não à toa, o Código de Processo assegura a presunção de repercussão geral na presente hipótese, descortinando a relevância da discussão para todos aqueles submetidos ao ordenamento brasileiro (artigo 987, § 1º).

Para o recurso especial, há ainda outro argumento suficiente para justificar o cabimento do recurso. Isso porque o art. 105, III, "c", da Constituição Federal, admite seja interposto o recurso quando a parte afirmar que a decisão recorrida deu "a lei federal interpretação divergente da que lhe haja atribuído outro tribunal".

Muito embora parte da doutrina e a jurisprudência do STJ tenham firmado posição no sentido de não ser possível a interposição do REsp apenas pela alínea "c"[102-103], tal entendimento não nos parece mais adequado, especialmente considerando que, na vigência do CPC/15 é não apenas possível, mas, recomendável que a referida corte se manifeste o quanto antes, através de decisão com força vinculante, sobre a divergência[104]. A medida não apenas atenderá ao interesse público defendido pelo recorrente no âmbito do incidente, como também permitirá que o STJ exerça de forma ampla suas funções uniformizadora e nomofilática. Assim, cabível o REsp, sempre que, evidentemente, preenchido o requisito previsto na alínea "c" do art. 105, III, da Constituição Federal.

Por fim, apenas para confirmar a correção da tese que aqui é defendida, é importante ressaltar que a parte, ao recorrer, ainda que seja para confirmação dos fundamentos apresentados pelo juízo *a quo*, pretende, como em qualquer outro recurso, a substituição da decisão. No caso, a substituição de uma decisão que apenas é apta a alcançar determinado território, por outra, muito mais efetiva, de âmbito nacional[105].

---

102. O saudoso professor Rodrigo Otávio Barioni ressalta que "A rigor, o permissivo da alínea c está abrangido pela hipótese mais ampla da alínea a. Na interposição do recurso especial fundado no dissídio jurisprudencial, o recorrente afirma que a interpretação conferida à norma infraconstitucional federal pelo órgão a quo não é adequada": BARIONI, Rodrigo Otávio. Ação rescisória e recursos para os Tribunais Superiores. 2. ed. São Paulo: Editora Revista dos Tribunais, 2013, p. 215. Cassio Scarpinella Bueno, no mesmo sentido, afirma que a interposição do recurso especial pela alínea "c" "não deixa de ser um reforço" para a hipótese prevista na alínea "a", do artigo 105, III, da Constituição Federal: Curso sistematizado de direito processual civil, vol. 5: recursos, processos e incidentes nos tribunais, sucedâneos recursais: técnicas de controle das decisões jurisdicionais. 5 ed. rev. e atual. – São Paulo: Saraiva, 2014, p. 271.

103. AgRg nos EREsp 382.756/SC, Rel. Ministra Laurita Vaz, Corte Especial, DJe 17.12.09.

104. No mesmo sentido, Fredie Didier Jr. e Leonardo Carneiro da Cunha afirmam que "O segundo entendimento esvazia o conteúdo do comando constitucional previsto na letra "c", ignorando, exatamente, que o objetivo do texto normativo é o de permitir que o Superior Tribunal de Justiça uniformize a interpretação da lei federal e, com isso, forneça paradigmas que tornem mais previsíveis as decisões judiciais, diminuindo a insegurança jurídica. Toda interpretação que favoreça a uniformização da jurisprudência deve ser prestigiada. O sistema jurídico brasileiro é estruturado partindo-se dessa premissa (arts. 926-927, CPC). Ademais, é preciso lembrar que o inciso III do art. 105 da CF/1988 consagra um direito de acesso aos tribunais superiores, cuja interpretação não pode ser restritiva". Curso de direito processual civil: Meios de impugnação às decisões judiciais e processo nos tribunais. 21. ed. rev., atual. e ampl. São Paulo: Juspodivm, 2024, p. 470.

105. Partir dessa premissa implica necessariamente reformular o efeito substitutivo dos recursos, para que seja possível admiti-lo ainda que a parte não afirme a existência de error in judicando. O tema é alheio ao presente trabalho e merecerá análise própria, em outra oportunidade. Sobre o efeito substitutivo dos recursos, vide: MAZZEI, Rodrigo Reis. O efeito devolutivo e seus desdobramentos. *In*: Dos recursos: temas obrigatórios e atuais. Vol. 1: Parte geral. - Vitória: Instituto Capixaba de Estudos, 2001, p. 140-145.

4.3.5. Interesse recursal do vencedor

No item anterior, concluiu-se que é possível a interposição de recurso especial pelo Ministério Público e/ou *amicus curiae* com a finalidade específica de substituir a decisão prolatada em IAC ou IRDR por outra de abrangência nacional. Para tanto, considerando o interesse público/institucional defendido por ambos legitimados, é necessário afirmar a existência de divergência entre tribunais, levando ao cabimento do recurso especial, pelo art. 105, III, "c", da Constituição Federal[106], ou a necessidade de se mitigar o cabimento do recurso extraordinário, para que se admita o recurso independentemente de não existir afirmação de violação à Constituição.

A situação é semelhante no tocante à parte vencedora que, igualmente, poderá interpor recurso especial com o mesmo objetivo, desde que demonstre interesse recursal para tanto, ou seja, desde que afirme a existência de algum proveito prático a ser obtido com a substituição do acórdão.

Isso porque, diferentemente do Ministério Público e do *amicus curiae*, a parte não tem legitimidade para defender interesse público ou institucional. Não basta que alegue a necessidade de estabelecimento de entendimento uniforme em todo território nacional. Tal objetivo não lhe compete, razão pela qual o recurso não será admissível, quando os fundamentos para tanto se restrinjam a critérios gerais, voltados à função do STJ e do STF, bem como do sistema de precedentes vinculantes.

Não é diferente a conclusão da doutrina italiana acerca do recurso no interesse da lei, cuja legitimidade é exclusiva do Ministério Público. A parte vencedora não pode levar matéria à Corte, sob o argumento da necessidade de formar ou aprimorar o precedente persuasivo[107].

---

106. Para Sofia Temer, também será possível que partes de processos em outros estados ou regiões interponham o recurso para espraiamento da tese. Tal posicionamento é coerente com suas premissas que, como já ressaltado no item referente ao interesse de terceiro prejudicado, admitem que qualquer indivíduo afetado pela tese fixada no julgamento do IRDR é legitimado a interpor o recurso excepcional: Recursos no incidente de resolução de demandas repetitivas: quem pode recorrer da decisão que fixa a tese jurídica? *In*: A nova aplicação da jurisprudência e precedentes no CPC/15. Dierle Nunes, Aloisio Mendes, Fernando Jayme. São Paulo: Editora Revista dos Tribunais, 2017.

107. "Se dalla attività degli organi giurisdizionale sono posti in giuoco contemporaneamente questi due ben distinti pubblici interessi, l'interesse che il privato mira a soddisfare in giudizio è sempre

Ocorre que é possível que a parte vencedora do IAC ou IRDR obtenha proveito prático, caso a decisão seja levada à apreciação pelos tribunais superiores. No mesmo exemplo da instituição financeira e do IRDR instaurado no âmbito do Tribunal Regional Federal da 2ª Região, suponha-se que o julgamento do IRDR fixe tese no sentido da validade da cláusula e que pendam, em outros tribunais, processos nos quais a mesma cláusula é discutida. Caso o STJ se manifeste no sentido da validade da cláusula, a decisão alcançará todos os demais processos pendentes em que a instituição financeira figura como parte, fazendo com que todos os processos em nível nacional possam ser solucionados uniformemente.

O proveito prático possível de ser obtido com o julgamento do recurso é evidente, palpável e atual, eis que o recorrente demonstra ser parte em outros processos não alcançados pelo julgamento do IRDR, distribuídos em tribunais distintos.

O recurso deve ser admitido, não em decorrência do interesse público tutelado, mas sim, do interesse privado e do efetivo proveito prático a ser obtido, de tal forma que a tutela jurisdicional entregue ao indivíduo tudo que é possível ser entregue, esgotando, na íntegra, sua atividade.

O raciocínio é o mesmo daquele realizado para a hipótese de recurso do Ministério Público e do *amicus curiae*. Isto é, não se pode cogitar que a tutela jurisdicional entregue maior proveito ao indivíduo quando este perca – de forma a viabilizar a interposição do recurso como vencido – ou quando seja recorrido. Não é possível admitir que situações claramente desfavoráveis, como a derrota ou a interposição de recurso pela parte contrária, sejam, na prática, mais proveitosas que a vitória. Aceitar tal aberração no sistema, significaria inverter os objetivos dos indivíduos no processo, sendo possível imaginar que determinado sujeito prefira ser derrotado no julgamento pelo tribunal, apenas e exclusivamente para que lhe seja aberta a via recursal e a possibilidade de obter decisão de abrangência nacional.

---

uno: ottenere una pronuncia giurisdizionale, la quale accerti che nella fattispecie esiste una concreta volontà di legge che garantisca la sua aspettativa di un bene. Per questo il privato non si sente danneggiato dagli errores in iudicando in cui il giudice sai eventualmente incorso nella motivazione della sentenza, se non in quanto questi errori si ripercuotano a suo svantaggio sul dispositivo; il litigante non aspira avere una sentenza correttamente motivata, ma una sentenza favorevole nella parte conclusiva": CALAMANDREI, Piero. Opere giuridiche. Volume settimo. Napoli: Morano Editore, 1979, p. 132.

No ponto, tem-se, verdadeiramente, um recurso do vencedor, tido como aquele que obteve da decisão tudo o que dela era possível esperar. A este sujeito é admitido recorrer para que possa receber, não da decisão, mas da tutela jurisdicional, todo o proveito prático possível de ser obtido através dela. Especificamente neste caso, há uma dissintonia entre o proveito possível de ser obtido com a decisão impugnada e aquele possível de ser alcançado mediante o julgamento do recurso. Tal anomalia, presente no sistema brasileiro, permite-nos dar ampla aplicação à ótica prospectiva do interesse recursal e autoriza a interposição do recurso por aquele que, em que pese concordando com o conteúdo da decisão, pretende alterar seus efeitos[108].

4.4. LEI 13.256/16 E INTERESSE RECURSAL

A Lei 13.256/15 trouxe profundas alterações no texto original do CPC/15, antes mesmo do início da sua vigência. A principal modificação foi a reintrodução do juízo de admissibilidade dos recursos excepcionais perante o órgão *a quo*. Na versão original do CPC/15, a exemplo do que ocorreu com a apelação, foi extinta a dupla admissibilidade dos recursos excepcionais, perante os órgãos *a quo* e *ad quem*, mantendo-se apenas o segundo. Esta ocorreria diretamente pelo tribunal competente, retirando-se da origem a competência para fazê-lo. A referida alteração, porém, retomou o regime do CPC/73, com a possibilidade de o presidente ou vice-presidente do tribunal de origem obstar, desde logo, o seguimento do recurso.

Assim, o art. 1.030, determina que, apresentadas as contrarrazões ao recurso, o presidente ou vice-presidente do tribunal, poderá inadmitir (a) "recurso extraordinário que discuta questão constitucional à qual o Supremo Tribunal Federal não tenha reconhecido a

108. Lucas Buril de Macêdo admite o recurso do vencedor, para formação do precedente vinculante, aplicando um entendimento bem mais amplo. Para ele, basta a existência de um provável prejuízo, não limitado à pendência de demandas idênticas em outros estados da federação. Em suas palavras, "há utilidade na interposição do "recurso" pelo vencedor, que é capaz de garantir maior estabilidade ao precedente, por torná-lo proveniente de uma corte de vértice, e maior eficácia à ratio decidendi, que passará a vincular em todo território nacional": Influência do sistema brasileiro de precedentes no interesse recursal. In: Aspectos polêmicos e atuais dos recursos cíveis e assuntos afins, v. 13. Coordenação Nelson Nery Junior, Teresa Arruda Alvim. São Paulo: Editora Revista dos Tribunais, 2017, p. 337-378. Não é possível concordar. O recurso, nestes termos, além de não ser dotado da necessária utilidade, será invariavelmente obstado pelas hipóteses de cabimento do recurso excepcional, que não admitem a interposição, salvo quando afirmada violação à lei ou à Constituição ou, no caso do REsp, demonstrada a existência de dissídio.

existência de repercussão geral" (1.030, I, "a", primeira parte); (b) "recurso extraordinário interposto contra acórdão que esteja em conformidade com entendimento do Supremo Tribunal Federal exarado no regime de repercussão geral" (1.030, I, "a", segunda parte); (c) recurso especial ou extraordinário cujo acórdão impugnado esteja em conformidade com tese fixada em RE/REsp repetitivos (1.030, I, "b"); e (d) por ausência de qualquer dos demais requisitos de admissibilidade, positivos ou negativos, gerais ou específicos, dos referidos recursos (1.030, V).

O mesmo artigo autoriza que o presidente ou vice-presidente do tribunal também encaminhe o processo ao juízo prolator da decisão recorrida, para juízo de retratação, nas hipóteses em que o acórdão divirja "do entendimento do Supremo Tribunal Federal ou do Superior Tribunal de Justiça exarado, conforme o caso, nos regimes de repercussão geral ou de recursos repetitivos" (1.030, II) e sobreste "recurso que versar sobre controvérsia de caráter repetitivo ainda não decidida pelo Supremo Tribunal Federal ou pelo Superior Tribunal de Justiça" (1.030, III).

Por fim -e aqui sobressaem os mais graves problemas trazidos pela Lei 13.256/15- afirma que contra a decisão de inadmissibilidade prolatada sob os fundamentos expostos no inciso I e de sobrestamento do recurso, caberá agravo interno (1.030, §2°) e contra a decisão de inadmissibilidade prolatada na forma do inciso V, caberá agravo em recurso especial ou extraordinário, conforme seja o recurso excepcional inadmitido.

4.4.1. Artigo 1.030, I, agravo interno e a sua pretendida irrecorribilidade

O art. 1.030, I, autoriza a prematura inadmissibilidade do recurso excepcional, em obediência ao entendimento firmado em julgamento de casos repetitivos, ou sob regime da repercussão geral. A ideia, aqui, é obstar que recursos fadados ao insucesso sejam remetidos ao STF e STJ, 'valorizando' o sistema de precedentes vinculantes adotado pelo CPC/15[109].

109. Lucas Buril de Macêdo defende a inconstitucionalidade do texto legal, sugerindo interpretação conforme a Constituição Federal, no sentido de impedir a inadmissibilidade do recurso excepcional, sempre que o recorrente trouxer argumentos de distinção ou superação. Em suas palavras:

O art. 1.030 traz hipótese de novo requisito específico de admissibilidade dos recursos excepcionais[110], especialmente considerando que é vedado ao presidente ou vice-presidente do tribunal adotar as medidas previstas no art. 932, IV, do CPC/15[111], por absoluta incompetência para julgamento do mérito recursal. Ou seja, aquilo que, para os recursos ordinários seria causa de negativa de provimento, em se tratando do primeiro juízo de admissibilidade dos recursos excepcionais, apresenta-se como requisito de admissibilidade. Isto sem prejuízo de, em um segundo momento, no juízo de admissibilidade realizado pelo STF ou STJ, a mesma matéria dar ensejo ao julgamento monocrático do mérito recursal.

Contra a referida decisão, o §2º do mesmo dispositivo prevê a interposição de agravo interno, que será julgado pelo órgão competente, a ser determinado pelo regimento interno do respectivo tribunal. A escolha é coerente. Isso porque, sendo o agravo interno, no caso, um recurso de fundamentação vinculada (apenas é possível, por ele, afirmar a existência de distinção ou de necessidade de superação do entendimento firmado), é possível, sobretudo quanto à distinção, que seja necessária a análise de fatos. Nesse caso, caberá ao tribunal de origem. Julgado o referido recurso, porém, o CPC não traz ex-

---

"Tratando-se de um argumento de distinção ou de superação que não foi examinado pelo STF ou pelo STJ, o presidente ou vice-presidente do tribunal recorrido deve examinar tão somente a admissibilidade do recurso e remetê-lo à superior instância, nada obstante exista precedente sobre a matéria de fundo". A análise dos recursos excepcionais pelos tribunais intermediários – o pernicioso art. 1.030 do CPC e sua inadequação técnica como fruto de uma compreensão equivocada do sistema de precedentes vinculantes. Revista de Processo, v. 262. São Paulo: Editora Revista dos Tribunais, 2016.

110. Arlete Inês Aurelli e Cláudia Cimardi, em sentido diverso, compreendem que, no caso, o presidente ou vice-presidente do tribunal avalia a existência de interesse recursal. Isso porque, para as autoras "Não há interesse em recurso excepcional que veicula questão que tenha sido enfrentada e decidida pelos tribunais superiores, quanto à existência de repercussão geral ou quanto ao próprio conteúdo da questão relacionada ao conflito de massa representado nos recursos repetitivos. O recurso excepcional que veicule questão já apreciada pelos tribunais superiores não apresenta perspectiva alguma de resultar em decisão que confira situação mais vantajosa do que a contida na decisão recorrida. Desta forma, carece ao recorrente o interesse em recorrer, pois um novo julgamento pelos tribunais superiores apenas viria a confirmar um julgamento que vem ao encontro da tese esposada no acórdão impugnado": O juízo de admissibilidade dos recursos excepcionais no Código de Processo Civil de 2015. Texto inédito gentilmente cedido pelas autoras. Não é possível concordar. Relacionar o artigo 1030, I, com uma suposta ausência de interesse recursal, diante da inutilidade do recurso seria partir da premissa da impossibilidade de superação do entendimento firmado, o que não é compatível com o sistema de precedentes vinculantes e com a própria necessária evolução do ordenamento jurídico.

111. O art. 932 expressamente autoriza que o relator negue provimento a recurso contrário aos precedentes listados no art. 927, do CPC.

pressamente qual seria o meio impugnativo apto a viabilizar que a matéria seja conhecida pelo STJ ou STF.

A questão remete diretamente à competência para o exercício do juízo de admissibilidade, que deverá, sempre, do juízo competente para decidir o mérito. No tocante aos recursos, ainda que a lei admita que o juízo de admissibilidade possa ser exercido pelo órgão *a quo*, tal circunstância não frustra nem impede a reanálise do tema pelo juízo pelo órgão *ad quem*. Sobre o tema, José Carlos Barbosa Moreira afirma que

> (...) salvo expressa exceção legal, nenhum recurso pode ser rejeitado como inadmissível pelo órgão perante o qual se interpõe, se dessa decisão a lei não faculta ao recorrente outro recurso, ou remédio análogo, para o juízo a que tocaria julgar o primeiro. A competência atribuída ao órgão perante o qual se interpõe o recurso, para aferir-lhe a admissibilidade, não exclui obviamente a competência do órgão *ad quem*, e deve ser feito de ofício pelo órgão competente[112].

Ada Pellegrini Grinover e João Ferreira Braga vão além e afirmam que

> o órgão da interposição não poderá jamais subtrair do órgão *ad quem* o juízo de admissibilidade: assim, se o sistema não contemplar recurso, ou remédio análogo, da decisão que rejeitar o recurso por inadmissível, não poderá ele ser assim declarado pelo órgão *a quo*[113].

A premissa aparentemente óbvia teve sua relevância ampliada pela restrição do recurso contra a decisão do órgão *a quo*, limitando, portanto, o exercício do juízo de admissibilidade pelo tribunal competente para julgar o mérito.

Por mais que se possa admitir que contra o acórdão que julgar o agravo interno, interposto na forma do art. 1.030, §2º, sejam cabíveis

---

112. Comentários ao Código de Processo Civil, Lei nº 5.869, de 11 de janeiro de 1973, vol. V: arts. 476 a 565. 17. ed. Rio de Janeiro: Forense, 2013, p. 264-265.

113. GRINOVER, Ada Pellegrini; BRAGA, João Ferreira. Um estudo de teoria geral do processo: admissibilidade e mérito no julgamento dos recursos. Revista de Processo, v. 227. São Paulo: Revista dos Tribunais, jan, 2014, p. 171-196.

recursos especial ou extraordinário, o fato de se tratar de recursos com fundamentação vinculada restringe sobremaneira sua utilização e implica usurpação da competência do STJ e do STF, que não terão meios de avaliarem a correção do juízo de admissibilidade exercido na origem.

Luiz Fux, defendendo a reintrodução da duplicidade de juízos de admissibilidade, ressalta que uma de suas finalidades é evitar que o órgão *a quo* barre o recurso, "para não sujeitar suas decisões a outro crivo, excluindo a chance de o recorrente ver apreciada sua manifestação"[114]. É justamente o que ocorre com a hipótese do 1.030, I, uma vez que cria obstáculo quase instransponível para o exercício do juízo de admissibilidade pelos tribunais de cúpula e gera efeito ainda mais lesivo, especialmente considerando as funções dos recursos especial e extraordinário[115].

Ronaldo Cramer concorda com o óbice previsto no art. 1.030, desde que o recurso inadmitido não vise à superação do precedente. Ou seja, se a argumentação da parte se bastar a "invocar a tese já refutada por precedente de tribunal superior, sem apresentar razões para a sua superação, [o recurso] deve ser inadmitido com base naquele dispositivo". Para os casos em que a parte busca a superação, sugere a distribuição "de mera petição ao tribunal superior competente, a fim de determinar a subida do recurso"[116]. Não é possível concordar. A proposta sugere que o presidente ou vice-presidente do tribunal de origem se debruce sobre o mérito do recurso, avaliando se este pretende –ou não- a superação da tese fixada. Isto é, além de obstar a admissibilidade pelo tribunal competente para o julgamento do mérito, delega competência, não prevista na Constituição, para o tribunal de origem, outorgando ao lobo a guarda do rebanho.

---

114. A reforma do processo civil: comentários e análise crítica da reforma infraconstitucional do Poder Judiciário e da reforma do CPC. 2. ed. – Niterói: Impetus, 2008, p. 16-17.

115. Restrição semelhante é encontrada em decisões monocráticas, nas quais o relator, prolator da decisão agravada, inadmite o agravo interno (por exemplo, vide AgInt no Pedido de Tutela Provisória nº 936/SP, Rel. Min. Gurgel de Faria, DJe 23.11.2017). Ao assim fazê-lo, obsta que o colegiado tenha acesso à decisão e ao próprio recurso, inviabilizando o controle sobre seus atos. A questão já foi observada por Athos Gusmão Carneiro, que sinalizou para o risco de criar-se um círculo vicioso. Em suas palavras "O agravo regimental (rectius, agravo interno) interposto contra a decisão de relator deve ser submetido, necessariamente, ao órgão colegiado competente (...)": Recurso especial, agravos e agravo interno: exposição didática: área do processo civil, com inovação à jurisprudência do Superior Tribunal de Justiça. Rio de Janeiro: Forense, 2005, p. 316.

116. Precedentes judiciais: teoria e dinâmica. - Rio de Janeiro: Forense, 2017, p. 161-162.

Luiz Guilherme Marinoni e Daniel Mitidiero, fazendo a mesma crítica que aqui se põe, defendem a interposição de agravo em recurso especial ou extraordinário, ressaltando a inconstitucionalidade da tentativa de supressão de recurso, do próprio exercício do juízo de admissibilidade pelo tribunal competente para julgar o mérito e, ainda da possibilidade do STJ e do STF afirmarem "os seus próprios precedentes mediante as devidas distinções e, ao fim e ao cabo, não permitir o próprio desenvolvimento do direito mediante adições de paulatinas ampliações e restrições"[117]. O mesmo entendimento é sustentado por Nelson Nery Junior e Rosa Maria de Andrade Nery que, em uma interpretação conforme a Constituição, afirmam que a única solução possível para o problema posto pela Lei 13.256/15 é admitir a recorribilidade da decisão que julga o agravo interno, pelo agravo previsto no art. 1.042[118].

Não parece, porém, que seja possível extrair do art. 1.042 interpretação que autorize a interposição daquele recurso, razão pela qual se adere ao posicionamento de Luiz Rodrigues Wambier e Eduardo Talamini, pelo cabimento de novos recursos excepcionais[119].

Frise-se que o STJ já se manifestou sobre o tema, através da sua Quarta Turma, ressaltando que a referida decisão é irrecorrível e que, nos termos do voto do Rel. Min. Raul Araújo, "tratando-se de ato judicial contra o qual não cabe recurso, tem a parte, ainda, via ex-

117. Comentários ao Código de Processo Civil: artigos 976 ao 1.044. v. XVI. Dir. Luiz Guilherme Marinoni. Coord. Sérgio Cruz Arenhart e Daniel Mitidiero. São Paulo: Thomson Reuters Brasil, 2021, p. 272-274.

118. "Só será constitucional essa sistemática, se entender-se recorrível por agravo interno, a decisão do relator que nega seguimento ao RE/REsp (CPC 1030 I), e, depois, por agravo de instrumento do CPC 1042, para o STF e/ou STJ, da decisão do tribunal local que julgar o mencionado agravo interno". Código de processo civil comentado. 18. ed. rev., atual. e ampl. São Paulo: Thomson Reuters Brasil, 2019, p.2.330. No mesmo sentido: NERY JUNIOR, Nelson; ABBOUD, Georges. Recursos para os Tribunais Superiores e a Lei 13.256/2016. Revista de Processo, v. 257. São Paulo: Revista dos Tribunais, ano 41, julho, 2016.

119. WAMBIER, Luiz Rodrigues; TALAMINI, Eduardo. Curso avançado de processo civil: cognição jurisdicional (processo comum de conhecimento e tutela provisória), volume 2. 21. ed.rev., atual. e ampl.. São Paulo: Thomson Reuters Brasil, 2022, p. 674. No mesmo sentido: CÂMARA, Alexandre Freitas. O novo processo civil brasileiro. 4. ed. rev. e atual. São Paulo: Atlas, 2018, p. 553-554; NUNES, Dierle; BAHIA, Alexandre; PEDRO, Flávio Quinaud. Artigo 1.030. *In*: STRECK, Lênio Luiz; NUNES, Dierle; CUNHA, Leonardo (Org.). Comentários ao Código de Processo Civil. São Paulo: Saraiva, 2016, p. 1.371-1.372; e LIPIANI, Julia. Como promover a superação dos precedentes formados nos julgamentos de recursos repetitivos por meio dos recursos especial e extraordinário? *In*: GALINDO, Beatriz Magalhães; KOHLBACH, Marcela. (Coord.). Recursos no CPC/15: perspectivas, críticas e desafios. Salvador: Editora Juspodivm, 2017, p. 145-166.

cepcional outra, caso entenda ter tido violado direito próprio"[120]. A referida via seria, aparentemente, o mandado de segurança.[121]

Isso porque ao acolher o referido entendimento, o STJ assumiu como premissa o fundamento adotado no voto proferido pelo Min. Gilmar Mendes, nos autos da Questão de Ordem no Agravo de Instrumento 760.358/SE, no qual restou consignado que:

> (...) os tribunais e turmas recursais de origem têm competência para dar encaminhamento definitivo aos processos múltiplos nos temas levados à análise de repercussão geral. Não há, nesta hipótese, delegação de competência. O *Tribunal a quo* a exerce por força direta da nova sistemática legal.

Veja-se que, no caso, decidido sob a égide do CPC/73, a manifestação do Pleno do STF se deu com a específica finalidade de determinar a remessa dos autos ao tribunal de origem, para julgamento do agravo regimental[122]. Ou seja, muito embora tenha havido unani-

---

120. Agravo Interno no TP 473/SP, julgado em 17/08/2017, DJe 08/09/2017. No mesmo sentido, igualmente de relatoria do Min. Raul Araújo: Agravo Interno na Petição 11.856/PE, julgado em 18/05/2017, DJe 01/06/2017. A Corte Especial, embora tratando da jurisdição do STJ, afirmou que o agravo interno é o "único recurso cabível" contra a decisão que inadmite recurso extraordinário, na forma do artigo 1.030, I, "a": (Agravo em Recurso Extraordinário no Agravo Interno no Recurso Extraordinário nos Embargos de Declaração no Agravo Regimental no REsp 1532329/SP, Rel. Min. Humberto Martins, Corte Especial, julgado em 19/04/2017, DJe 03/05/2017). Dierle Nunes e Marina Carvalho Freitas, analisando a decisão monocrática proferida pelo Min. Luis Felipe Salomão, nos autos do AREsp nº 1.170.332/SP (DJe 07.11.2017), que também entendeu pela irrecorribilidade da decisão que julga o agravo interno, observam que inviabilizar o acesso ao respectivo órgão superior, responsável pela formação e superação do precedente, acaba por engessar o Direito, inviabilizando seu aprimoramento e frustrando o modelo constitucional de processo. O STJ e a necessidade de meios para superação dos precedentes. Disponível em https://www.conjur.com.br/2017-nov-22/opiniao-stj-meios-superacao-precedentes. Acesso em 30.03.2024.
121. Nesse sentido, vide: AgInt no RMS nº 53790/RJ, rel. Min. Gurgel de Faria, julg. 10.5.2021.
122. O voto do Ministro Gilmar Mendes também trata de diferenciar "registro de prejudicialidade" de juízo de admissibilidade, nos seguintes termos: "É de se destacar que não ocorreu o juízo de admissibilidade do recurso extraordinário pelo tribunal a quo, mas o registro da prejudicialidade, com base nas regras previstas pelo regime da repercussão geral (art. 543-B, §3º, do CPC). A prejudicialidade, aqui, decorre diretamente da lei processual e do mecanismo de racionalização nela estabelecido. É a lei que presume a inexistência de interesse no julgamento de recurso interposto de decisão já conformada ao entendimento desta Corte ao examinar questão constitucional de repercussão geral." Assim, aparentemente, diferencia a análise do interesse recursal do próprio juízo de admissibilidade, criando uma nova categoria – prejudicialidade – que, por ser desvinculada da admissibilidade, poderia ser transferida ao órgão a quo. Veja-se que, embora admita-se a presunção legal de ausência de interesse recursal, a análise de sua existência não pode ser extirpada do juízo competente para o conhecimento do mérito do recurso, especialmente se tal juízo tiver sua competência definida pela Constituição Federal. Já o Ministro Marco Aurélio, pelo que se extrai da ata do julgamento, chegou a ressaltar que a declaração de

midade no resultado, o voto do Ministro Gilmar Mendes, pelo que se extrai da ata do julgamento, não foi acolhido em seus fundamentos. A convergência se deu porque, em todo caso, ainda restava a possibilidade de recurso contra a decisão por agravo regimental, sendo certo que a irrecorribilidade chegou a ser expressamente rechaçada pelo Ministro Marco Aurélio.

Admitir tal entendimento, consubstanciado no voto pretérito do Ministro Gilmar Mendes e nas recentes decisões do STJ, para o âmbito da legislação vigente, implica aceitar que lei federal teria retirado a competência do STF e do STJ para o exercício de admissibilidade dos recursos a eles direcionados, o que é inconstitucional. Apenas a própria Constituição Federal pode delimitar a competência dos órgãos de cúpula, seja para ampliá-la, seja para – principalmente – restringi-la. A temática, frise-se, não foi enfrentada pelo Pleno do STF, quando do julgamento da Questão de Ordem.

Há, ainda, uma outra consideração a ser feita. Ainda que fosse possível se admitir o não cabimento de novos recursos especial e extraordinário nas hipóteses em que a parte busque a reforma da decisão que aplicou equivocadamente o precedente vinculante, isso não seria aplicável quando o acórdão que julga o agravo interno estiver maculado por vício de fundamentação. O nosso ordenamento jurídico não convive com decisões judiciais não fundamentadas, de modo que, na hipótese de se ter violado o art. 489, §1º, CPC, caberá a interposição de embargos de declaração e, caso o vício não seja sanado, de recurso especial.

Assim, evidente que inadmitindo o recurso no julgamento do agravo interno, ao tempo que, conforme for, autoriza a interposição de novo recurso especial ou extraordinário, admite, igualmente, o ajuizamento de reclamação, diante da usurpação de competência do tribunal de cúpula, que não pode ser impedido de realizar juízo de admissibilidade sobre os recursos a ele destinados[123].

---

prejuízo do recurso equivaleria à inadmissibilidade e que, a depender dos critérios que levarem à negativa de seguimento ao recurso, seria cabível o agravo, mandado de segurança ou a própria reclamação. Por fim, o Pleno aplicou o princípio da fungibilidade, recebeu o agravo em recurso extraordinário como agravo regimental e remeteu os autos para julgamento pelo tribunal de origem.

123. Entendendo pelo cabimento de reclamação, porém, sem tratar especificamente da usurpação da competência para exercício do juízo de admissibilidade: DIDIER JR., Fredie; CUNHA, Leonardo José Carneiro da. Curso de direito processual civil: Meios de impugnação às decisões judiciais e

4.4.2. Inadmissão de recursos excepcionais por mais de um fundamento. A interposição simultânea de agravo interno e agravo em recurso especial e extraordinário.

Como antecipado, o art. 1.030, após a alteração realizada pela Lei 13.256/15, trouxe a possibilidade de interposição simultânea de dois recursos distintos, para impugnar a decisão que inadmite recurso especial e extraordinário. Sempre que o recurso excepcional foi inadmitido na forma do art. 1.030, I, "a", será cabível agravo interno, na forma do §2º. Toda vez que a inadmissibilidade do recurso ocorrer por ausência de qualquer dos outros requisitos, gerais ou específicos, o recurso cabível será o agravo em recurso especial ou extraordinário, na forma do §1º.

Ocorre que é possível que a inadmissibilidade se dê por ambos os fundamentos, em capítulos distintos da decisão. O presidente ou vice-presidente do tribunal de origem poderá, simultaneamente, negar seguimento ao recurso especial, diante da incompatibilidade com precedente vinculante e, ainda, pela ausência de preparo ou de demonstração efetiva da violação à lei federal.

Nesses casos, considerando a multiplicidade de capítulos da decisão, será necessária a interposição de ambos os recursos simultaneamente, como, inclusive, consta no enunciado 77, do CJF:

> Para impugnar decisão que obsta trânsito a recurso excepcional e que contenha simultaneamente fundamento relacionado à sistemática dos recursos repetitivos ou da repercussão geral (art. 1.030, I, do CPC/2015) e fundamento relacionado à análise dos pressupostos de admissibilidade recursais (art. 1.030, V, do CPC/2015), a parte sucumbente deve interpor, simultaneamente, agravo interno (art. 1.021 do CPC/2015) caso queira impugnar a parte relativa aos recursos repetitivos ou repercussão geral e agravo em recurso especial/extraordi-

processo nos tribunais. 21. ed. rev., atual. e ampl.. São Paulo: Juspodivm, 2024., p. 3653-66. No STF, entendendo pelo cabimento da reclamação: Rcl 30505 AgR, Relator Alexandre de Moraes, Primeira Turma, julgado em 29/06/2018, DJe 03/08/2018; Rcl 31401, Relator Min. Alexandre de Moraes, julgado em 01/02/2019, DJe 04/02/2019. Em sentido contrário, pelo não cabimento da reclamação: Rcl 38845 AgR, Relatora Min. Rosa Weber, Primeira Turma, julgado em 15/04/2020, DJe 12/05/2020; Rcl 24145 AgR, Relator Min. EDSON FACHIN, Primeira Turma, julgado em 07/10/2016, DJe 24-10-2016; e Rcl 9433 AgR, Relator Min. Roberto Barroso, Primeira Turma, julgado em 15/03/2016, DJe 11/04/2016.

> nário (art. 1.042 do CPC/2015) caso queira impugnar a parte relativa aos fundamentos de inadmissão por ausência dos pressupostos recursais.

Veja-se que ainda que o enunciado afirme que a parte interporá ambos recursos 'caso queira impugnar' é evidente que a interposição simultânea é praticamente obrigatória. Ou seja, o raciocínio aqui aplicado será o mesmo que deu ensejo aos enunciados das Súmulas 283/STF e 126/STJ, que impõem, quando a decisão tiver fundamentos que sozinhos são aptos a mantê-la, a impugnação de todos e/ou a interposição simultânea de recurso especial e extraordinário[124].

No caso, a parte deverá interpor ambos os recursos, impugnando integralmente a decisão de inadmissibilidade, sendo certo que o agravo em recurso especial ou recurso extraordinário apenas será encaminhado ao respectivo tribunal, para admissibilidade e julgamento, na hipótese de provimento do agravo interno. O provimento do agravo interno, aqui, torna-se condição para admissibilidade do agravo em recurso especial ou extraordinário.

A necessidade de interposição simultânea apenas não existirá quando opte por recorrer apenas parcialmente da decisão de inadmissibilidade, concordando com o trânsito em julgado do capítulo do acórdão, sobre o qual não haverá recurso excepcional admitido.

Considerando o que foi dito no item anterior, pode-se concluir que a sistemática trazida pela Lei 13.256/15, diversamente do que parece ter sido sua intenção, trouxe a possibilidade de ampliar ainda mais os recursos e ações impugnativas a serem conhecidos pelos tribunais de cúpula. Isto porque pode-se imaginar que, desprovido o agravo interno, a parte interporá o respectivo recurso especial/extraordinário ou a reclamação. A isso será agregado o agravo em recurso especial ou extraordinário interposto contra o capítulo que inadmitiu o recurso, com fundamento no art. 1.030, V. Ou seja, o que poderia ser solucionado apenas com a interposição de um recurso, foi cindido na possibilidade de desdobramento da impugnação em agravo

124. Sobre o tema, vide: DIDIER JR., Fredie; CUNHA, Leonardo Carneiro da. Curso de direito processual civil: Meios de impugnação às decisões judiciais e processo nos tribunais. 21. ed. rev., atual. e ampl. São Paulo: Juspodivm, 2024, p. 449-453.

interno, agravo em recurso especial ou extraordinário, novo recurso especial ou extraordinário e reclamação.

E ainda que se busque paliativos para minimizar os problemas causados pelo art. 1.030, não parece que exista solução legal apta a diminuir a problemática por ele criada que, hoje, constitui sério comprometimento à efetividade da tutela jurisdicional.

4.4.3. Sobrestamento de recurso excepcional, na forma do art. 1.030, III e a desnecessidade do agravo interno

Os problemas trazidos pelo art. 1.030 não se resumem à inadmissibilidade do recurso excepcional. É previsto, igualmente, que caberá ao presidente ou vice-presidente do tribunal sobrestar os recursos que versem sobre controvérsia de caráter repetitivo ainda não decidida pelo STF ou STJ. Contra tal decisão, o § 2º afirma que caberá agravo interno.

Ocorre que o art. 1.037, que trata do julgamento dos recursos extraordinário e especial repetitivos e que não foi atingido pela Lei 13.256/15, afirma, em seus §§9º e 10 que a parte poderá demonstrar a distinção entre a questão a ser decidida no seu recurso e aquela afetada, mediante mero requerimento a ser dirigido ao relator do acórdão recorrido (§10, III). Ou seja, cria meio mais simples e econômico para solucionar a questão, aparentemente tornando desnecessária a interposição do agravo interno, contra a decisão do presidente ou vice-presidente do tribunal.

No caso, sobrestado o recurso especial ou extraordinário, a parte deverá realizar o requerimento de dessobrestamento junto ao relator do acórdão recorrido, demonstrando a existência de distinção; e, caso indeferido o pleito, aí sim, interpor agravo interno, para julgamento pelo colegiado por ele integrado[125].

Veja-se que há uma diferença também na competência para apreciação, seja do agravo interno interposto na forma do art. 1030, seja do requerimento previsto no art. 1037, a qual impede que seja aplicada fungibilidade entre as medidas.

125. BUENO, Cassio Scarpinella. Manual de direito processual civil. 7. ed. São Paulo: Saraiva Educação, 2021. 914-915 e THEODORO JUNIOR, Humberto. Curso de direito processual: vol. III. 51. ed. rev., atual. e ampl. Rio de Janeiro: Forense, 2018, p. 1.211-1.212.

Assim, quando a intenção da parte for exclusivamente o dessobrestamento do recurso, diante da demonstração de distinção, bastaria formular o respectivo requerimento, o que torna o agravo interno é desnecessário.

Ocorre que, apesar da desnecessidade do recurso, a lei previu expressamente seu cabimento, presumindo a existência do interesse recursal, que, no caso, dá-se *in re ipsa*, autorizando que a parte escolha qual procedimento irá utilizar.

Poderá, portanto, interpor o respectivo recurso ou formular o requerimento diretamente ao relator do acórdão recorrido, sendo que, em um e outro caso, a medida e o esgotamento das vias ordinárias será necessária ao ajuizamento da respectiva reclamação, na hipótese de não reconhecimento da distinção.

Frise-se que, no caso, o mesmo raciocínio adotado para a ausência de cabimento de recurso se presta a, em sentido contrário, atender ao que aqui se defende. Isso porque se a ausência de recurso previsto no ordenamento, como dito, decorre de uma presunção legal da falta de interesse recursal. Sua previsão, ainda que possa ser, inicialmente, considerado desnecessário em termos práticos, faz surgir a presunção legal de interesse recursal, autorizando, conforme a vontade da parte, a interposição do respectivo recurso.

Está viabilizado, portanto, à livre escolha da parte, o uso do recurso ou do mero requerimento, sendo certo que este deverá ser formulado antes do trânsito em julgado da decisão, que ocorrerá necessariamente no prazo do agravo interno.

4.4.4. Encaminhamento para juízo de retratação

Também está prevista no art. 1.030 a possibilidade de o presidente ou vice-presidente do tribunal encaminhar o processo ao órgão prolator do acórdão recorrido, sempre que "divergir do entendimento do Supremo Tribunal Federal ou do Superior Tribunal de Justiça exarado, conforme o caso, nos regimes de repercussão geral ou de recursos repetitivos" (art. 1.030, II). Tal orientação está de acordo com o art. 1.040, II, que determina que o órgão que proferiu o acórdão recorrido reexamine "o processo de competência originária, a remessa necessária ou o recurso anteriormente julgado".

A interpretação de ambos os artigos leva à conclusão de que a possibilidade de 'reexame' do acórdão recorrido pelo órgão colegiado ocorrerá sempre que este tenha sido prolatado antes da formação do precedente vinculante, sem que o colegiado tenha tido a efetiva oportunidade de se manifestar sobre a tese fixada.

O 1.030, II, porém, por ser norma que busca a conformação da decisão recorrida com o precedente fixado pelo STF ou pelo STJ[126], autoriza que o presidente ou vice-presidente do tribunal também identifique a existência de desconformidade entre o paradigma e o acórdão recorrido, adentrando propriamente no mérito do recurso e avaliando a eventual existência de violação ao art. 489, §1º, VI, ainda que o precedente seja prévio à sua prolação.

Disso extrai-se que, tendo o acórdão recorrido enfrentado o precedente e demonstrado a existência de sua superação ou distinção, não é possível –por absoluta inutilidade- a aplicação do art. 1.030, II, devendo o presidente ou vice-presidente do tribunal exercer o juízo de admissibilidade, na forma do inciso V.

E a questão é relevante porque, em ambos os casos, o que se tem é a constatação, pelo presidente ou vice-presidente do tribunal, de que a decisão recorrida é rescindível – rescindibilidade essa na forma do art. 966, V, surgida após a prolação do acórdão –, ou nula, por deficiência de fundamentação, na forma do art. 489, §1º. O próprio Estado identifica a existência do vício e dá início a procedimento para sua correção, evitando, assim, o dispêndio desnecessário de energia das partes e a remessa indevida de recurso ao tribunal de cúpula.

A questão que surge é acerca da natureza desta decisão, prolatada pelo órgão colegiado, quando do exercício do juízo de retratação. Não nos parece haver dúvida que, havendo retratação e conformação da decisão ao precedente, com a modificação integral do acórdão, há substituição da decisão recorrida, perda superveniente do interesse recursal do recorrente, a levar invariavelmente à inadmissão do recurso extraordinário ou especial, na forma do art. 1.030, V. Também parece tranquila a possibilidade de o recorrido, outrora vitorioso, in-

126. MANCUSO, Rodolfo de Camargo. Comentários aos artigos 1.029 a 1.041. *In*: BUENO, Cassio Scarpinella. (Coord.). Comentários ao código de processo civil – volume 4 (arts. 926 a 1.072). São Paulo: Saraiva, 2017, p. 505.

terpor, se cabível, recurso especial ou extraordinário contra o novo acórdão[127].

A situação não é tão simples quando (*a*) o recurso excepcional versar sobre mais de uma matéria e apenas for parcialmente atingido pelo precedente; (*b*) a retratação for parcial; e (*c*) não houver retratação e o acórdão for mantido, com a demonstração de distinção ou superação do precedente.

A hipótese *a*, de recurso que verse sobre mais de uma matéria, foi integralmente resolvida pelo legislador que, no art. 1.041, §2º, com redação dada pela Lei 13.256/2016, que previu que "depois do reexame pelo órgão de origem e independentemente de ratificação do recurso" será exercido o juízo de admissibilidade e, se positivo, remetidos os autos ao tribunal de cúpula para conhecimento e julgamento. Isto porque é evidente que havendo cumulação de pedidos recursais, aqueles não afetados pelo precedente não sofrem qualquer interferência da nova decisão. Correto o legislador ao dispensar a ratificação do recurso. Tal não obsta que o recorrido, diante da nova decisão, interponha recurso excepcional, especificamente quanto ao objeto do juízo de retratação.

Na hipótese de rejeição do juízo de retratação, parcial ou total, o art. 1.030, V, *c*, afirma que o presidente ou vice-presidente do tribunal realizará o juízo de admissibilidade do recurso excepcional e, se positivo, o remeterá ao tribunal de cúpula. Isto é, induz, sem considerar os novos argumentos trazidos pelo órgão prolator do acórdão recorrido, que a decisão que rejeita o juízo de retratação não integra o acórdão anteriormente prolatado.

Não é possível concordar. Em primeiro lugar porque contra a decisão de rejeição do juízo de retratação, sem a efetiva e correta demonstração de distinção ou superação, cabe reclamação[128]. Sem prejuízo, considera-se que tal decisão –e, por certo, seus fundamentos- integra o acórdão recorrido, viabilizando que o recorrente, a exemplo do que ocorre na hipótese de modificação da decisão embargada

127. MOREIRA, José Carlos Barbosa. Comentários ao Código de Processo Civil, Lei nº 5.869, de 11 de janeiro de 1973, vol. V: arts. 476 a 565. 10 ed. - Rio de Janeiro: Forense, 2002, p. 513.

128. Neste sentido, já decidiu o STF, em mais de uma oportunidade. Vide: Rcl 7569, Rel. Ministra Ellen Gracie, Tribunal Pleno, julgado em 19/11/2009, DJe 10.12.2009 e Rcl 25902, Rel.Ministra Rosa Weber, julgado em 30/03/2017, DJe 03.04.2017.

prevista no art. 1.024, §4º, complemente ou altere suas razões, "nos exatos limites da modificação, no prazo de 15 (quinze) dias".

No ponto, encontra-se a influência da Lei 13.256/16 no interesse recursal, já que traz para os recursos excepcionais o mesmo regime dos embargos de declaração que, ainda que levem a uma nova decisão, não admitem a interposição de novo recurso, impondo um aproveitamento do ato anteriormente praticado, mediante sua complementação ou alteração, sempre e exclusivamente dentro dos limites dos fundamentos trazidos pelo novo acórdão.

A interposição de um novo recurso excepcional figura-se desnecessária e, ainda, levaria invariavelmente à duplicidade de recursos contra o mesmo acórdão, o que não se admite. Da mesma forma que, diante da nova decisão e desde que sejam apresentados novos fundamentos acerca de eventual distinção ou superação, diferente do que ocorre com a hipótese do art. 1.041, §2º, entendemos por salutar que se exija da parte a ratificação do seu recurso[129]. Em todo e qualquer caso, também será possível ao recorrido manifestar-se acerca da nova decisão, aditando ou alterando suas contrarrazões, nos limites dos novos fundamentos agregados ao acórdão.

---

129. Este, inclusive, é o entendimento do STJ, que aplica analogicamente a Súmula 579, às hipóteses de apresentação de novos argumentos, quando o órgão julgador refuta o juízo de retratação. Vide, por todos: Agravo Interno no AREsp 828.379/RJ, Rel. Min. Benedito Gonçalves, Primeira Turma, julgado em 15/08/2017, DJe 25/08/2017.

CONCLUSÃO

Diante de tudo o que foi apresentado, conclui-se que:

1. O direito ao recurso constitui extensão do direito de ação, compreendido como o direito à tutela jurisdicional efetiva.

2. Para o exercício do direito de ação, garantindo a prolação de decisões válidas e aptas a serem efetivadas, o sistema criou requisitos de admissibilidade do julgamento do mérito, que podem ser extrínsecos ou intrínsecos.

3. Os requisitos intrínsecos para julgamento do mérito da causa são as chamadas condições da ação, que permanecem no sistema do CPC/15.

4. O legislador do CPC/15 apenas especificou como condições da ação a legitimidade da parte e o interesse de agir que, na esteira das lições de Liebman, é integrado pela possibilidade jurídica do pedido.

5. As condições da ação devem ser aferidas (a) ser aferidas *in statu assertionis*, viabilizando a extinção liminar do processo sem resolução de mérito; (b) ultrapassada a fase inicial, devem levar necessariamente à extinção com mérito, desde que – e aqui temos a condicionante – o julgamento de mérito seja útil a alguém, a ponto de justificar o dispêndio de energia do julgador. Se não houver a sobredita utilidade, a extinção deverá ser sem resolução do mérito.

6. Os pressupostos processuais negativos estão no limiar entre as condições da ação e os pressupostos processuais, o que autoriza tratá-los como requisitos intrínsecos de admissibilidade.

7. O interesse de agir, uma das condições da ação, é integrado pela necessidade, utilidade e adequação.
8. A utilidade é aferida tomando-se como parâmetro tanto o interesse das partes, quanto o do Estado, considerando-se o escopo político da jurisdição.
9. Interesse processual e interesse de agir não são sinônimos, eis que que o interesse de agir é especificamente voltado à demanda. Isto não impede que para o interesse processual também sejam avaliados os mesmos critérios de necessidade, utilidade e adequação.
10. O conceito de recurso evoluiu, devendo ser compreendido como instrumento voluntário idôneo a ensejar, dentro do mesmo processo, a correção de erro material, esclarecimento, integração, reforma, invalidação e reconhecimento de inexistência da decisão judicial que se impugna, bem como o julgamento da causa diretamente pelo tribunal e a formação de precedente vinculante, nas hipóteses previstas em lei.
11. Para aplicação do art. 1.013, §3º do CPC/15 é necessário pedido expresso do recorrente.
12. As condições para o recurso se identificam plenamente com as condições da ação, sendo a legitimidade recursal e o interesse recursal.
13. O cabimento integra o interesse recursal, representando o interesse-possibilidade jurídica do pedido e o interesse-adequação.
14. As condições do recurso, assim como as condições da ação, são fenômenos meramente afirmados.
15. A legitimidade recursal decorre da lei e não se confunde com o interesse recursal.
16. O interesse recursal, tal como o interesse de agir, é aferido a partir da análise da necessidade, utilidade, possibilidade jurídica do pedido e adequação.
17. A necessidade do recurso implica que este seja o único meio possível, ou o menos oneroso, para obter o resultado esperado.

18. A utilidade do recurso deve ser aferida a partir da relação entre o interesse do recorrente e o interesse público.
19. A sucumbência, ainda que não seja o único parâmetro para aferição da existência da utilidade, é um ponto de partida para, de uma forma simples, identificar a existência do interesse recursal.
20. É possível que a parte sucumba e, ainda assim, não tenha interesse recursal.
21. Sucumbência formal e sucumbência material são os principais critérios para aferição do interesse recursal, mas não são os únicos alcançados pela aferição do interesse sob uma ótica prospectiva, conforme proposta por José Carlos Barbosa Moreira.
22. A ótica prospectiva toma como parâmetro a utilidade possível de ser alcançada pelo recurso, independentemente de a sentença ter concedido ao recorrente tudo que era dela esperado.
23. Há interesse recursal para impugnar apenas a questão prejudicial, inclusive, de forma autônoma à impugnação do dispositivo.
24. É possível existir interesse recursal do réu para impugnar decisão de extinção do processo sem resolução de mérito, ainda que tenha formulado requerimento neste sentido, em preliminar de contestação.
25. É possível haver interesse recursal do autor em impugnar sentença de improcedência buscando a extinção do processo sem resolução de mérito.
26. Há interesse recursal de todas as partes para impugnar decisão inexistente, rescindível ou inexigível.
27. Há interesse recursal de todas as partes para recorrer de sentença resultante em dolo, coação, simulação ou colusão, sendo irrelevante que o recorrente tenha dado causa ao vício.
28. É possível que o recurso seja útil, ainda que não haja sucumbência, formal ou material.

29. Há utilidade sem sucumbência nas hipóteses nas quais apesar de prolatada sem qualquer defeito e aplicando corretamente o direito ao caso concreto, a decisão se torna precária por fato superveniente à sua prolação, isto é, quando a causa de rescindibilidade ou de inexigibilidade surja entre a publicação do *decisum* e o trânsito em julgado.

30. Há utilidade sem sucumbência quando o vencedor, diante da descoberta de fato novo ou prova nova, reconheça por infundada a sua pretensão e não possa, por outro meio, impedir os efeitos práticos da sentença.

31. O interesse-cabimento é composto pela possibilidade jurídica do pedido e pela adequação, elementos do interesse de agir.

32. A fungibilidade persiste no CPC/15, não se confundindo com a conversão do recurso especial em recurso extraordinário.

33. A conversão do recurso especial em extraordinário ocorre pelo ato da parte, que ajusta o recurso e não pela decisão que determina que o faça. Caso a parte não realize o ajuste do recurso, este deverá ser inadmitido por ser incabível. Realizada a conversão, o recorrido deverá ser intimado para complementar suas razões e os autos remetidos para o STF, independentemente de juízo de admissibilidade.

34. O interesse recursal do terceiro é aferido em dois momentos distintos. Primeiro avalia-se a existência do pedido, viabilizando que possa ser considerado legitimado. Após, verifica-se o preenchimento dos demais elementos do interesse recursal, inclusive a utilidade que, como dito, pode não existir, ainda que a terceiro tenha sido prejudicado.

35. Não é admissível o recurso das partes de processos sobrestados, contra decisão que julga IRDR.

36. Legitimidade e interesse recursal do Ministério Público e do *amicus curiae* não se confundem. Ambos, para recorrer, deverão demonstrar que o recurso é cabível, bem como a presença de utilidade e necessidade em seu julgamento.

37. A estabilização da tutela antecipada criou a figura do interesse recursal presumido.

38. A recorribilidade das decisões interlocutórias não recorríveis por agravo de instrumento está sujeita à aferição de interesse recursal complexo e condicionado.

39. É possível interposição de apelação autônoma, para impugnar exclusivamente decisão interlocutória.

40. Caso venha a ser prolatada decisão parcial terminativa ou decisão parcial de mérito, todas as decisões interlocutórias não agraváveis prolatadas até o momento da interposição do respectivo agravo de instrumento, deverão ser recorridas na preliminar do agravo, sob pena de preclusão.

41. Para tanto, não é necessário que a decisão interlocutória não agravável tenha qualquer relação com a parcela do pedido julgada.

42. As decisões prolatadas contra terceiros e auxiliares da justiça, bem como aquelas proferidas em sede de procedimentos arrecadatórios e processos estruturais deverão ser recorridas por agravo de instrumento, na forma do art. 1.015, parágrafo único.

43. Nos procedimentos de IAC, IRDR e recursos repetitivos é possível que a formação do precedente caracterize exclusivamente um efeito do recurso.

44. Nos procedimentos de IAC, IRDR e recursos repetitivos é possível que a formação do precedente seja objeto do recurso.

45. É possível que a parte desista do recurso interposto contra a norma individual e persistir impugnando a norma geral.

46. O recorrido, no caso de desistência do recurso pelo recorrente, poderá perder seu interesse em buscar a negativa de provimento ao recurso e desistir da sua posição processual, permitindo que qualquer dos legitimados o suceda no polo passivo. Poderá, ainda, permanecer como recorrido, buscando a manutenção do acórdão, no tocante à norma geral.

47. Ministério Público e *amicus curiae* apenas podem recorrer da norma geral, salvo nas hipóteses em que o Ministério Público atue como *custos legis*, quando deverá demonstrar a existência de interesse recursal para impugnar a norma individual.

48. Ainda que o Ministério Público e *amicus curiae* defendam interesses atendidos no julgamento do IAC e do IRDR, é possível que recorram para obtenção de novo julgamento da matéria, pelo STJ e obtenção de decisão que abranja todo o país.

49. O vencedor também poderá recorrer para obter o mesmo resultado, desde que demonstre que obterá proveito prático efetivo com seu julgamento.

50. A decisão que julga o agravo interno interposto contra a decisão que inadmite recurso especial ou extraordinário, com fundamento no art. 1.030, I, está sujeita a recurso especial ou extraordinário e, se incabíveis, reclamação, por usurpação da competência do tribunal de cúpula.

51. Em regra, inadmitido o recurso excepcional por mais de um fundamento (1030, I e 1030, V) a parte deverá interpor tanto agravo interno, quanto agravo em recurso especial ou extraordinário, conforme for o caso.

52. Em regra, o provimento do agravo interno será condição de admissibilidade para o agravo em recurso especial ou extraordinário.

53. A Lei 13.256/2015 criou hipótese de interesse recursal-necessidade presumido, ao autorizar a interposição de recurso, em que pese exista meio menos oneroso para buscar a alteração da decisão que sobrestá recurso excepcional, na forma do art. 1.030, III.

54. Exercido o juízo de retratação, é cabível novo recurso.

55. Refutado o juízo de retratação, com novos fundamentos e modificação do acórdão recorrido, o recorrente deverá ratificar o seu recurso, sob pena de, não o fazendo, ser considerado inadmissível.

REFERÊNCIAS

ALVIM, Eduardo Arruda. *Direito processual civil.* 2. ed. reform., atual. e ampl. São Paulo: Editora Revista dos Tribunais, 2008.

ALVIM, Teresa Arruda. *Nulidades do processo e da sentença*. 11. ed. rev., atual. e ampl. São Paulo: Thomson Reuters Brasil, 2021.__________. *Embargos de declaração. Como se motiva uma decisão judicial?* 5. ed. rev., atual. e ampl. São Paulo: Thomson Reuters Brasil, 2020.__________. Os novos embargos de declaração. In: GALINDO, Beatriz Magalhães; KOHLBACH, Marcela. (Coord.). *Recursos no CPC/15: perspectivas, críticas e desafios.* Salvador: Editora Juspodivm, 2017.

__________. *Os agravos no CPC de 2015.* 5. ed. Curitiba: Editora Direito Contemporâneo, 2021.

__________; DANTAS, Bruno. *Precedentes, recurso especial e recurso extraordinário.* 7. ed. rev., atual. e ampl. São Paulo: Thomson Reuters Brasil, 2023.

__________; CONCEIÇÃO, Maria Lúcia Lins. *Ação rescisória e querela nullitatis: semelhanças e diferenças.* 3. ed. rev., atual. e ampl. São Paulo: Thomson Reuters Brasil, 2022.

ALVIM, Thereza Arruda. *Questões prévias e os limites objetivos da coisa julgada.* São Paulo: Revista dos Tribunais, 1977.

ANDRIOLI, Virgilio. *Commento al Codice di Procedura Civili. Volume II. Del processo di cognizione.* Terza Edizione Riveduta. Napoli: Casa Editrice Dott. Eugenio Jovene, 1956.

APRIGLIANO, Ricardo de Carvalho. *A apelação e seus efeitos.* 2. ed. São Paulo: Atlas, 2007.

__________. *Ordem pública e processo: o tratamento das questões de ordem pública no direito processual civil.* São Paulo: Atlas, 2011.

ARAGÃO, Paulo Cezar. *Recurso adesivo.* São Paulo: Saraiva, 1974.

ARAÚJO, Luciano Vianna. Pressupostos processuais. *In*: YARSHELL, Flávio Luiz; ZUFELATO, Camilo. (Org.). *40 anos da teoria geral do processo no Brasil. Passado, presente e futuro.* São Paulo: Malheiros Editores, 2013.

__________. Apelação cível no Código de Processo Civil de 2015. *Revista de Processo*, v. 261. São Paulo: Editora Revista dos Tribunais, nov/2016.

ARAÚJO, José Henrique Mouta. Os títulos executivos inconstitucionais e o Novo CPC: reflexões necessárias. *Revista de Direito da ADVOCEF.* Porto Alegre, ADVOCEF, v. 1, n. 24, 2017.

__________. A recorribilidade das interlocutórias no novo CPC: variações sobre o tema. *Revista de Processo*, n. 251. São Paulo: Revista dos Tribunais, jan-2016, p. 207-228.

ARENHART, Sérgio Cruz. O recurso de terceiro prejudicado e as decisões vinculantes. *In*: NERY JUNIOR, Nelson; WAMBIER, Teresa Arruda Alvim. (Coord.). *Aspectos polêmicos e atuais dos recursos cíveis e assuntos afins*. São Paulo: Revista dos Tribunais, 2007, v. 11, p. 436-437.

ARMELIN, Donaldo. *Legitimidade para agir no direito processual civil brasileiro*. São Paulo: Editora Revista dos Tribunais, 1979.

__________. *Embargos de terceiro*. Atualizações de João Paulo Hecker da Silva. Et al. São Paulo: Saraiva, 2017.

AROCA, Juan Montero. *Derecho jurisdicional. II. Proceso Civil.* 13ª edición. Valencia: Tirant lo blanch, 2004.

ALVIM, Arruda.. *Manual de direito processual civil.* 20. ed. rev., atual. e ampl. São Paulo: Thomson Reuters Brasil, 2021.

__________. A ação e as condições da ação no processo civil contemporâneo. *In*: YARSHELL, Flávio Luiz; ZUFELATO, Camilo. (Org.). *40 anos da teoria geral do processo no Brasil. Passado, presente e futuro.* São Paulo: Malheiros Editores, 2013.

__________. *Tratado de direito processual civil* – 2. ed., refundida, do "Código de Processo Civil Comentado", vol. 1 (arts. 1º ao 6º). São Paulo: Editora Revista dos Tribunais, 1990.

__________. Anotações sobre a teoria geral dos recursos. *In*: WAMBIER, Teresa Arruda Alvim; NERY JUNIOR, Nelson. (Coord.). *Aspectos polêmicos e atuais dos recursos cíveis de acordo com a Lei 9.756/98.* São Paulo: Editora Revista dos Tribunais, 1999.

__________. *Novo contencioso cível no CPC/15. 2. ed. rev., atual. e ampl.* São Paulo: Thomson Reuters Brasil, 2022.

__________. Notas a respeito dos aspectos gerais e fundamentais da existência dos recursos – direito brasileiro. *Revista de Processo*, v. 48. São Paulo: Revista dos Tribunais, out-dez/1987, p. 7-26.

__________; SCHMITZ, Leonard Ziesemer. Ementa. Função indexadora. (Ab)uso mecanizado. Problema hermenêutico. *In*: *A nova aplicação da jurisprudência e precedentes no CPC/15.* Dierle Nunes, Aloisio Mendes, Fernando Jayme. São Paulo: Editora Revista dos Tribunais, 2017.

ASSIS, Araken de. *Manual dos recursos*. 10. ed. rev. eatual. São Paulo: Thomson Reuters Brasil, 2021.

__________. Condições de admissibilidade dos recursos cíveis. *In*: WAMBIER, Teresa Arruda Alvim; NERY JUNIOR, Nelson. (Coord.). *Aspectos polêmicos e atuais dos recursos cíveis de acordo com a Lei 9.756/98.* São Paulo: Editora Revista dos Tribunais, 1999.

ASSIS, Carlos Augusto de. A antecipação de tutela e sua estabilização. Novas perspectivas. In: *Tutela provisória no novo CPC: dos 20 anos de vigência do art. 273 do CPC/1973 ao CPC/2015* – coordenação de Cassio Scarpinella Bueno... [et al.]. São Paulo: Saraiva, 2016, p. 25-42.

ATTARDI, Aldo. *L'interesse ad agire*. Padova: Cedam, 1958.

AURELLI, Arlete Inês. Função social da jurisdição e do processo. *In*: YARSHELL, Flávio Luiz; ZUFELATO, Camilo. (Org.). *40 anos da teoria geral do processo no Brasil. Passado, presente e futuro.* São Paulo: Malheiros Editores, 2013.

__________. Meios de impugnação das decisões interlocutórias no novo CPC. *In*: GALINDO, Beatriz Magalhães; KOHLBACH, Marcela. (Coord.). *Recursos no CPC/15: perspectivas, críticas e desafios*. Salvador: Editora Juspodivm, 2017.

__________. As condições da ação no novo Código de Processo Civil. *In:* CÂMARA, Helder Moroni. Et al. (Org.). Aspectos polêmicos do novo Código de Processo Civil, volume 1. São Paulo: Almedina, 2018.

__________; CIMARDI, Claudia Aparecida. O juízo de admissibilidade dos recursos excepcionais no Código de Processo Civil de 2015. Texto inédito gentilmente cedido pelas autoras.

AZEVEDO, Luiz Carlos de. *Origem e introdução da apelação no Direito Lusitano*. São Paulo: FIEO, 1976.

BADARÓ, Gustavo Henrique. *Manual dos recursos penais*. São Paulo: Editora Revista dos Tribunais, 2016.

__________. As condições da ação penal. *In*: YARSHELL, Flávio Luiz; ZUFELATO, Camilo. (Org.). *40 anos da teoria geral do processo no Brasil. Passado, presente e futuro*. - São Paulo: Malheiros Editores, 2013.

BARIONI, Rodrigo. *Efeito devolutivo da apelação civil*. São Paulo: Editora Revista dos Tribunais, 2007.

__________. *Ação rescisória e recursos para os Tribunais Superiores*. 2. ed. São Paulo: Editora Revista dos Tribunais, 2013.

__________. Preclusão diferida, o fim do agravo retido e a ampliação do objeto da apelação no novo Código de Processo Civil. *Revista de Processo*, n. 243. São Paulo: Revista dos Tribunais, mai, 2015.

BEDAQUE, José Roberto dos Santos. *Tutela cautelar e tutela antecipada: tutelas sumárias e de urgência: tentativa de sistematização*. 2. ed. rev. e ampl. São Paulo: Malheiros Editores, 2001.

__________. *Efetividade do processo e técnica processual*. 4. ed. Curitiba: Editora Direito Contemporâneo, 2024.

__________. Breves notas sobre jurisdição e ação. *In*: YARSHELL, Flávio Luiz; ZUFELATO, Camilo. (Org.). *40 anos da teoria geral do processo no Brasil. Passado, presente e futuro*. São Paulo: Malheiros Editores, 2013.

__________. Comentário ao artigo 304. In: BUENO, Cassio Scarpinella. (Coord.). *Comentários ao código de processo civil – volume 1 (arts. 1º a 317)*. São Paulo: Saraiva, 2017.

BERALDO, Leonardo de Faria. *Comentários às inovações do Código de Processo Civil Novo CPC: Lei 13.105/2015*. Belo Horizonte: Del Rey, 2015.

BERMUDES, Sergio. *Comentários ao código de processo civil*. 2. ed. São Paulo: Editora Revista dos Tribunais, 1977, v. 7.

BONDIOLI, Luis Guilherme Aidar. *Comentários ao código de processo civil – volume XX (arts. 994-1.044)*. Coordenação de José Roberto Ferreira Gouvêa, Luis Guilherme Aidar Bondioli, João Francisco Naves da Fonseca. São Paulo: Saraiva, 2016.

__________. *Embargos de declaração*. São Paulo: Saraiva, 2005.

BUENO, Cassio Scarpinella. *Manual de direito processual civil*. Vol. Único. 7. Ed. São Paulo: Saraiva Educação, 2021.

_________. *Curso sistematizado de direito processual civil: teoria geral do direito processual civil - parte geral do Código de Processo Civil, vol. 1*. 9. ed. São Paulo: Saraiva Educação, 2018.

_________. *Curso sistematizado de direito processual civil, vol. 5: recursos, processos e incidentes nos tribunais, sucedâneos recursais: técnicas de controle das decisões jurisdicionais*. 5 ed. rev. e atual. São Paulo: Saraiva, 2014.

_________. Amicus curiae *no processo civil brasileiro: um terceiro enigmático*. 2. ed. rev., atual. e ampl. São Paulo: Saraiva, 2008.

_________. Comentário ao artigo 138. In: BUENO, Cassio Scarpinella. (Coord.). *Comentários ao código de processo civil - volume 1 (arts. 1º a 317)*. São Paulo: Saraiva, 2017.

BUZAID, Alfredo. A influência de Liebman no Direito Processual Civil Brasileiro. Revista de Processo. vol. 27/1982. p. 1226. jul.-set./1982..

_________. *Estudos de direito*. São Paulo: Saraiva, 1972.

_________. Exposição de motivos do Código de Processo Civil. Lei nº 5.869, de 11 de janeiro de 1973, item 31.

CABRAL, Antonio do Passo. *Coisa julgada e preclusões dinâmicas. Entre continuidade, mudança e transição de posições processuais estáveis*. 4. ed. rev., atual. e ampl. Salvador: Editora Juspodivm, 2021.

CABRAL, Antonio do Passo. Jurisdição sem decisão: non liquet e consulta jurisdicional no Direito Processual Civil. - São Paulo: Editora Juspodivm, 2023

_________. Despolarização do processo e zonas de interesse: sobre a migração entre polos da demanda. *Revista Forense*, vol. 1 - 1904. Volume 404 - 2009 (julho/agosto). Rio de Janeiro: Forense, 2009.

_________. Pelas asas de Hermes: a intervenção do *amicus curiae*, um terceiro especial. Uma análise dos institutos interventivos similares - o *amicus* e o *Vertreter des Öffentlichen* interesses. *Revista de Processo*, n. 117. São Paulo: Revista dos Tribunais, set-out, 2004, p. 9-41.

_________. *In*: WAMBIER, Teresa Arruda Alvim. Et al. (Coord.). Seção V: Da coisa julgada. Comentários ao art. 504. *Breves Comentários ao novo Código de Processo Civil*. São Paulo: Editora Revista dos Tribunais, 2016.

CABRAL, Tricia Navarro Xavier. *Ordem pública processual*. Brasília: Gazeta Jurídica, 2015.

CALAMANDREI, Piero. *Opere giuridiche. Volume ottavo*. Napoli: Morano Editore, 1979.

_________. *Opere giuridiche. Volume settimo*. Napoli: Morano Editore, 1979.

CAMBI, Eduardo; DOTTI, Rogéria; PINHEIRO, Paulo Eduardo d'Arce; MARTINS, Sandro Gilbert; KOZIKOSKI, Sandro Marcelo. *Curso de processo civil completo. 3. ed. rev., atual. e ampl.* São Paulo: Thomson Reuters Brasil, 2022.

CÂMARA, Alexandre Freitas. Será o fim da categoria "condição da ação" Uma resposta a Fredie Didier Jr. *Revista de Processo*, n. 197. São Paulo: Revista dos Tribunais, jul-2011, p. 261-269 .

_________. *O novo processo civil brasileiro*. 4. ed. rev. e atual. São Paulo: Atlas, 2018.

_________. As razões da crise de nosso sistema recursal. In: FABRÍCIO, Adroaldo Furtado. (Coord.). *Meios de impugnação ao julgado civil. Estudos em homenagem a José Carlos Barbosa Moreira*. Rio de Janeiro: Forense, 2008.

__________. Requisitos de admissibilidade dos recursos civis. *In*: *Escritos de direito processual. Segunda série*. – Rio de Janeiro: Editora Lumen Juris, 2005.

__________. *Levando os padrões decisórios a sério*. São Paulo: Atlas, 2018.

CARNEIRO, Athos Gusmão. Observações sobre o recurso adesivo. *Revista de Processo*, n. 18. São Paulo: Revista dos Tribunais, abr-jun, 1980, p. 161-164.

__________. Questões polêmicas do novo Código de Processo Civil. *In*: *Doutrinas Essenciais de Processo Civil*, vol. 1. São Paulo: Revista dos Tribunais, out, 2011, p. 615-624.

__________. *O novo recurso de agravo e outros estudos*. Rio de Janeiro: Forense, 1996.

__________. Da intervenção da União Federal, como amicus curiae. Ilegitimidade para, nesta qualidade, requerer a suspensão dos efeitos de decisão jurisdicional. Leis 8.437/92, art. 4º, e 9.469/97, art. 5º. *Revista de Processo*, v. 111. São Paulo: Revista dos Tribunais, jul-set/2003.

__________. *Recurso especial, agravos e agravo interno: exposição didática: área do processo civil, com inovação à jurisprudência do Superior Tribunal de Justiça*. Rio de Janeiro: Forense, 2005.

CARNEIRO, Paulo Cezar Pinheiro. Livro I: Das normas processuais civis.Comentários ao art. 3º. *In*: WAMBIER, Teresa Arruda Alvim et al. (Coord.). *Breves comentários ao Novo Código de Processo Civil*. São Paulo: Editora Revista dos Tribunais, 2016.

CARVALHO, Fabiano. Julgamento unipessoal do mérito da causa por meio da apelação: interpretação dos arts. 557 e 515, §3º, do CPC. *Revista de Processo*, n. 144. São Paulo: Revista dos Tribunais, fev, 2007, p. 113-116.

__________. A função do relatório no julgamento colegiado. Manifestação do princípio do contraditório. *Revista de Processo*, n. 198. São Paulo: Revista dos Tribunais, ago, 2011, p. 445-454.

__________. Súmula 568 do STJ: ilegalidades e inconstitucionalidades. Revista do Advogado. N. 136, dez, 2017, p. 44-47.

CHIOVENDA, Giuseppe. *Instituições de direito processual civil*. Volume I: Os conceitos fundamentais. A doutrina das ações. Tradução da 2ª edição italiana por J. Guimarães Menegale. São Paulo: Saraiva, 1942.

CINTRA, Antonio Carlos de Araújo; GRINOVER, Ada Pellegrini; DINAMARCO, Cândido Rangel. *Teoria geral do processo*. 31ª ed., rev. e ampl. São Paulo: Malheiros Editores, 2015.

CINTRA, Lia Carolina Batista. Pressupostos processuais e efetividade do processo civil: uma tentativa de sistematização. *Revista de Processo*, n. 214. São Paulo: Revista dos Tribunais, dez, 2012, p. 79-119.

CONSOLO, Claudio. *Spiegazioni di diritto processuale civile*, X ed. Torino: Giappichelli, 2015, livro digital.

__________. *Spiegazioni di diritto processuale civile. Volume II: Profili generali*. Secunda edizione. Torino: Giappichelli.

CÔRTES, Estefania Freitas. A teoria da causa madura no julgamento da apelação: análise do regime adotado pelo Código de Processo Civil de 2015. In: *Recursos no CPC/15: perspectivas, críticas e desafios*. Coordenadoras Beatriz Magalhães Galindo e Marcela Kohlbach. Salvador: Editora Juspodivm, 2017.

COSTA, Susana Henriques da. *Condições da ação*. São Paulo: Quartier Latin, 2005.

__________. Comentário ao artigo 17. *In*: BUENO, Cassio Scarpinella. (Coord.). *Comentários ao novo código de processo civil.* São Paulo: Saraiva, 2017.

__________. Comentário ao art. 332. *In*: CABRAL, Antonio do Passo; CRAMER, Ronaldo. (Coord.). *Comentários ao novo Código de Processo Civil.*, . – 2. ed. rev., atual. e ampl. – Rio de Janeiro: Forense, 2016.

COSTA, Agustín A. *El recurso ordinário de apelacion en el econhec civil.* Buenos Aires: Asociación de Abogados de Buenos Aires, 1950.

COUTURE, Eduardo. *Fundamentos del Derecho Procesal Civil.* Tercera econhe. Buenos Aires: Ediciones Depalma, 1966.

__________. Prólogo. In: COSTA, Agustin A. *El recurso de apelación en el econhec civil* . Buenos Aires: Asociacion de Abogados de Buenos Aires, 1950.

CRAMER, Ronaldo. *Precedentes judiciais: teoria e dinâmica.* Rio de Janeiro: Forense, 2017.

CREMASCO, Suzana Santi. A interpretação extensiva da hipótese de cabimento de agravo de instrumento prevista no art. 1.015, III, do NCPC: o reconhecimento de competência do árbitro como pressuposto processual negativo no processo judicial. In: *Recursos no CPC/15: perspectivas, críticas e desafios.* Coordenadoras Beatriz Magalhães Galindo e Marcela Kohlbach. Salvador: Editora Juspodivm, 2017.

CRUZ, João Claudino de Oliveira e. *Dos recursos no Código de Processo Civil (Lei-Doutrina-Jurisprudência).* Rio de Janeiro: Forense, 1954.

__________. *Prática dos recursos (cíveis e criminais).* Rio de Janeiro: Forense, 1957.

CUNHA, Leonardo José Carneiro da. Será o fim da categoria das condições da ação? Uma intromissão no debate travado entre Fredie Didier Jr. E Alexandre Freitas Câmara. *Revista de Processo*, n. 198. São Paulo: Revista dos Tribunais, ago, 2011, p. 227–236.

__________. *Interesse de agir na ação declaratória.* Curitiba: Juruá, 2002.

__________. Comentário ao artigo 203. *In*: CABRAL, Antonio do Passo; CRAMER, Ronaldo. *Comentários ao novo Código de Processo Civil.* 2. ed. rev., atual. e ampl. Rio de Janeiro: Forense, 2016.

__________; DIDIER JR., Fredie. Recursos contra decisão proferida em incidente de resolução de demandas repetitivas que apenas fixa a tese jurídica. *In*: DIDIER JR., Fredie. (Coord.). *Julgamento de casos repetitivos. Coleção grandes temas do novo CPC.* Salvador: Editora Juspodivm, 2017.

DANTAS, Bruno. *Teoria dos recursos repetitivos: tutela pluri-individual nos recursos dirigidos ao STF e STJ (art. 543-B e 543-C do CPC).* São Paulo: Editora Revista dos Tribunais, 2015.

__________. Capítulo VIII: Do incidente de resolução de demandas repetitivas. Comentários ao art. 983. *In*: WAMBIER, Teresa Arruda Alvim. Et al. (Coord.). *Breves Comentários ao novo Código de Processo Civil.*Paulo: Editora Revista dos Tribunais, 2016.

DIDIER JR., Fredie. *Pressupostos processuais e condições da ação: o juízo de admissibilidade do processo.* São Paulo: Saraiva, 2005.

__________. *Recurso de terceiro.* 2. ed. São Paulo: Revista dos Tribunais, 2005.

__________. Será o fim da categoria "condição da ação"? Um elogio ao projeto do novo Código de Processo Civil. *Revista de Processo*, n. 197. São Paulo: Revista dos Tribunais, jul, 2011, p. 256-260.

__________. *Curso de direito processual civil: introdução ao direito processual civil, parte geral e processo de conhecimento.* 26. ed., rev., atual. e ampl. São Paulo: Editora Juspodivm, 2024.

__________. *Sobre a teoria geral do processo, essa desconhecida.* 3. ed. - Salvador: Juspodivm, 2016.

__________. Extensão da coisa julgada à resolução da questão prejudicial incidental no novo Código de Processo Civil brasileiro. *Civil Procedure Review*, v.6, n.1: 81-94, jan-apr., 2015.

__________; CUNHA, Leonardo Carneiro da. *Curso de direito processual civil: Meios de impugnação às decisões judiciais e processo nos tribunais.* 21. ed.rev., atual. e ampl.. São Paulo: Juspodivm, 2024.

__________; __________. Agravo de instrumento contra decisão que versa sobre competência e a decisão que nega eficácia a negócio jurídico processual na fase de conhecimento. *Revista de Processo*, n. 242. - São Paulo: Revista dos Tribunais, abr., 2015.

__________; __________. Apelação contra decisão interlocutória não agravável: a apelação do vencido e a apelação subordinada do vencedor. *Revista de Processo*, n. 241. - São Paulo: Revista dos Tribunais, março, 2015.

__________; BRAGA, Paula Sarno; OLIVEIRA, Rafael Alexandria de. *Curso de direito processual civil: teoria da prova, direito probatório, decisão, precedente, coisa julgada, processo estrutural e tutela provisória.* 19. ed. rev., atual. e ampl. São Paulo: Editora JusPodivm, 2024.

__________; FERNANDEZ, Leandro. *Introdução à Justiça Multiportas: sistema de solução de problemas jurídicos e o perfil do acesso à Justiça no Brasil.* – São Paulo: Editora Juspodivm, 2024.

DINAMARCO, Cândido Rangel. *Capítulos de sentença.* 7. ed. São Paulo: Malheiros, 2021.

__________. Enrico Tullio Liebman e a cultura processual brasileira. *Enrico Tullio Liebman Oggi: riflessioni sul pensiero di un maestro.* Milano: Dott. A. Giuffrè Editore, 2004.

__________. *Execução civil.* 4. ed. rev., atual. e ampl. São Paulo: Malheiros Editores, 1994.

__________. *Instituições de direito processual civil: volume I. 10. ed., rev. e atual.* São Paulo: Malheiros, 2020.

__________. *Instituições de direito processual civil: volume II.* 9. ed., rev. e atual. São Paulo: Editora JusPodivm, 2023.

__________. *Instituições de direito processual civil: vol. III.* 8. ed., rev. e atual. São Paulo: Malheiros, 2019.

__________. *Fundamentos do processo civil moderno.* São Paulo: Editora Revista dos Tribunais, 1986.

__________. *A reforma do Código de Processo Civil.* 5. ed. rev., ampl. e atual. São Paulo: Malheiros Editores, 2001.

__________. *A reforma da reforma.* 3. ed. São Paulo: Malheiros Editores, 2002.

__________. *A instrumentalidade do processo.* 16. ed. rev. e atual. São Paulo: Malheiros/ JusPodivm, 2022.

DOTTI, Rogéria. A uniformização da jurisprudência e a admissibilidade de recurso especial diante de valor irrisório de indenização. In: *Reflexões teóricas sobre direito material e processual: estudos jurídicos em homenagem ao jubileu de diamante da criação da Faculdade Estadual de Direito de Ponta Grossa.* Org. Kleber Cazzaro. Blumenau: Legere/Nova Letra, 2014.

DUARTE, Zulmar. Elasticidade na preclusão e centro de gravidade. Alterações do sistema preclusivo pelo Novo CPC serão terrenos férteis para semeadura de problemas. Disponível em https://jota.info/colunas/novo-cpc/elasticidade-na-preclusao-e-o--centro-de-gravidade-do-processo-29062015. Acesso em 30.03.2024.

FERNANDES, Luis Eduardo Simardi. O princípio da fungibilidade recursal. In: WAMBIER, Teresa Arruda Alvim; NERY JUNIOR, Nelson. (Coord.). *Aspectos polêmicos e atuais dos recursos cíveis de acordo com a Lei 9.756/98.* São Paulo: Editora Revista dos Tribunais, 1999.

FERRARI, Renata Fonseca. A natureza jurídica do juízo de admissibilidade recursal. In: GALINDO, Beatriz Magalhães; KOHLBACH, Marcela. (Coord.). *Recursos no CPC/15: perspectivas, críticas e desafios.* Salvador: Editora Juspodivm, 2017.

FERREIRA, William Santos. Pressupostos processuais, condições da ação e mérito. Estudos revisitados e o Projeto do CPC. In: AURELLI, Arlete Inês. Et al. (Coord.). *O direito de estar em juízo e a coisa julgada: Estudos em homenagem a Thereza Alvim.* São Paulo: Revista dos Tribunais, 2014.

__________. Cabimento do agravo de instrumento e a ótica prospectiva da utilidade – o direito ao interesse na recorribilidade de decisões interlocutórias. *Revista de Processo*, n. 263. - São Paulo: Revista dos Tribunais, jan, 2017, p. 193-203.

__________. Comentário ao artigo 1.013. In: BUENO, Cassio Scarpinella. (Coord.). *Comentários ao código de processo civil – volume 4 (arts. 926 a 1.072).* São Paulo: Saraiva, 2017.

FERREIRA FILHO, Manoel Caetano. Comentário ao artigo 499. In: SILVA, Ovídio Araújo Baptista da. (Coord.). *Comentários ao código de processo civil, v. 7: do processo de conhecimento, arts. 496 a 564.* São Paulo: Editora Revista dos Tribunais, 2001.

FONSÊCA, Vitor Moreira da. *Processo civil e direitos humanos: o controle de convencionalidade no processo civil.* Tese de doutorado apresentada à Pontifícia Universidade Católica de São Paulo, 2018.

FREIRE, Alexandre. Comentário ao artigo 1.032. In: CABRAL, Antonio do Passo; CRAMER, Ronaldo. *Comentários ao novo Código de Processo Civil.*– 2. ed. rev., atual. e ampl. Rio de Janeiro: Forense, 2016.

FREIRE, Rodrigo da Cunha Lima. *Condições da ação: enfoque sobre o interesse de agir.* 2. ed. rev., atual. e ampl. São Paulo: Editora Revista dos Tribunais, 2001.

FUX, Luiz. *A reforma do processo civil: comentários e análise crítica da reforma infraconstitucional do Poder Judiciário e da reforma do CPC.* 2. ed. Niterói: Impetus, 2008.

GIOVANNI, Pateri. *Dei mezzi per impugnar ele sentenze.* Torino: Unione Tipografico, 1888.

GIUDICEANDREA, Nicola. *Le impugnazioni civili, volume primo, Sistema delle impugnazioni.* Milano: Dott. A. Giuffrè Editore, 1952.

GUIMARÃES, Luiz Machado. Carência de ação. *In*: *Estudos de direito processual civil.* Rio de Janeiro-São Paulo: Editora Jurídica e Universitária, 1969.

__________. A revisão do código de processo civil. I*n*: *Estudos de direito processual civil.* - Rio de Janeiro-São Paulo: Editora Jurídica e Universitária, 1969.

__________. Efeito devolutivo da apelação. *In*: *Estudos de direito processual civil*. Rio de Janeiro-São Paulo: Editora Jurídica e Universitária, 1969.

GODINHO, Robson Renault. Direito constitucional ao recurso. *Revista da Faculdade de Direito do Sul de Minas*, Pouso Alegre, v. 24, n. 2: 269-310, jul/dez. 2009.

__________. Comentário ao artigo 304. In: CABRAL, Antonio do Passo; CRAMER, Ronaldo. (Coord.). *Comentários ao novo Código de Processo Civil*.– 2. ed. rev., atual. e ampl. Rio de Janeiro: Forense, 2016.

GONZALEZ, Gabriel Araújo. GONZALEZ, Gabriel Araújo. *A recorribilidade das decisões interlocutórias no Código de Processo Civil de 2015*. - Salvador: Editora Juspodivm, 2017.

GRADI, Marco. Vizi in procedendo e ingiutizia della decisione. *Studi in onore di Carmine Punzi. Volume terzo. Diritto processuale. Impugnazione*. Torino: G. Giappichelli Editore, 2008.

GRASSO, Eduardo. *L'interesse ad impugnare*. Milano: Dott. A. Giuffrè Editore, 1967.

__________. *Le impugnazioni incidentali*. Milano: Dott. A. Giuffrè Editore, 1973.

GRECO, Leonardo. *Instituições de processo civil: recursos e processos da competência originária dos tribunais, volume III*. Rio de Janeiro: Forense, 2015.

GRECO FILHO, Vicente. *Direito processual civil brasileiro*. V. 2. 12ª edição, rev. e atual. São Paulo: Saraiva, 1997.

GRINOVER, Ada Pellegrini. As condições da ação penal. *Revista Brasileira de Ciências Criminais*, vol. 69/2007. Nov-Dez, 2007, p. 179-199.

__________. Os limites objetivos e a eficácia preclusiva da coisa julgada. *In*: *O processo: estudos e pareceres*. 2. ed. rev. e ampl. – São Paulo: DPJ Editora, 2009.

__________. Tutela jurisdicional diferenciada: a antecipação e sua estabilização. *In*: *O processo: estudos e pareceres*. 2. ed. rev. e ampl. – São Paulo: DPJ Editora, 2009.

__________; BRAGA, João Ferreira. Um estudo de teoria geral do processo: admissibilidade e mérito no julgamento dos recursos. *Revista de Processo*, n. 227. São Paulo: Revista dos Tribunais, jan, 2014, p. 171-196.

__________; WATANABE, Kazuo. Recepção e transmissão de institutos processuais civis. *Revista de Processo*, n. 140. São Paulo: Revista dos Tribunais, out, 2006, p. 143-154.

JAUERNIG, Othmar. *Direito processual civil*. 25ª edição, totalmente refundida, da obra criada por Friedrich Lent. Tradução de F. Silveira Ramos. Coimbra: Almedina, 2002.

JEVEAUX, Geovany Cardoso; ZANETI JR., Hermes. Controle difuso no novo CPC. *Revista de Direito Brasileira*. São Paulo, SP, v. 16, n. 7, p. 324-345, Jan/Abr. 2017.

JORGE, Flávio Cheim. *Teoria geral dos recursos cíveis*. 8. ed. rev., atual. e ampl. São Paulo: Editora Revista dos Tribunais, 2017.

__________. Apelação cível: teoria geral e admissibilidade. São Paulo: Editora Revista dos Tribunais, 1999.

__________. Requisitos de admissibilidade dos recursos: entre a relativização e as restrições indevidas (jurisprudência defensiva). *Revista de Processo*, n. 217. São Paulo: Revista dos Tribunais, mar, 2013, p. 13-39.

KOEHLER, Frederico Augusto Leopoldino. As novidades do NCPC com relação à improcedência liminar do pedido (art. 285-A do CPC/73, atual art. 332 do NCPC). In: *Novo CPC doutrina selecionada, v. 2: procedimento comum* / Coordenador geral,

Fredie Didier Jr.; organizadores, Lucas Buril de Macêdo, Ravi Peixoto, Alexandre Freire – Salvador: Juspodivm, 2016.

KUKINA, Sérgio Luiz. O princípio do duplo grau de jurisdição. *Revista de Processo*, n. 109. São Paulo: Revista dos Tribunais, jan-mar, 2003, p. 97-112.

LACERDA, Galeno. *Despacho saneador.* Porto Alegre: Livraria Sulina, 1953.

LANCELLOTTI, Franco. *La soccombenza: requisito di legittimazione alle impugnazioni.* - Milano: Dott. A. Giuffrè Editore, 1996.

LASPRO, Oreste Nestor Souza. Comentário ao artigo 332. In: *Código de processo civil anotado*. TUCCI, José Rogério Cruz e. [et. al.] Coord. - Rio de Janeiro: LMJ Mundo Jurídico, 2016.

__________. Garantia do duplo grau de jurisdição. In: *Garantias constitucionais do processo civil.* Coord. José Rogério Cruz e Tucci. - São Paulo: Revista dos Tribunais, 1999.

LEIBLE, Stefan. *Processo civil alemán.* Medellín: Biblioteca Jurídica Diké, 1999.

LEITE, Armando Roberto Holanda. Recurso adesivo – subordinação ao recurso principal – admissibilidade – matéria impugnada – Código de Processo Civil, art. 505. *Revista de Processo*, n. 21. São Paulo: Revista dos Tribunais, jan-mar, 1981, p. 285-295.

LEMOS, Vinicius Silva. *Recursos e processos nos tribunais no novo CPC.* São Paulo: Lexia, 2015.

__________. Algumas novidades na tramitação dos recurso excepcionais no CPC/2015. Revista Jurídica da Seção Judiciária de Pernambuco. Disponível em https://www.academia.edu/35369867/ALGUMAS_NOVIDADES_NA_TRAMITA%C3%87%C3%83O_DOS_RECURSOS_EXCEPCIONAIS_NO_CPC_2015_SOME_NEWS_ON_THE_PROCESSING_OF_EXCEPTIONAL_RESOURCES_AT_CPC_2015. Acesso em 30.03.2024.

LEONEL, Ricardo de Barros. Objeto litigioso do processo e o princípio do duplo grau de jurisdição. In: TUCCI, José Rogério Cruz e; BEDAQUE, José Roberto dos Santos. (Coord.). *Causa de pedir e pedido no processo civil (questões polêmicas).* São Paulo: Revista dos Tribunais, 2002.

LIBARDONI, Carolina Uzeda. Interesse recursal complexo e condicionado quanto às decisões interlocutórias não agraváveis no novo Código de Processo Civil: segundas impressões sobre a apelação autônoma do vencedor. *Revista de Processo*, n. 249. São Paulo: Revista dos Tribunais, nov, 2015.

__________. Coisa julgada sob perspectiva comparatística: o que o sistema norte-americano pode nos ensinar sobre a extensão dos limites objetivos e subjetivos da coisa julgada. *Revista de Processo*, n. 258. São Paulo: Revista dos Tribunais, ago, 2016.

__________. Decisão parcial de mérito. Pontos de distanciamento da sentença identificados a partir do meio de impugnação. Disponível em https://www.academia.edu/27186778/Decis%C3%A3o_parcial_de_m%C3%A9rito._Pontos_de_distanciamento_da_senten%C3%A7a_identificados_a_partir_do_meio_de_impugna%C3%A7%C3%A3o. Acesso em 30.03.2024

LIEBMAN, Enrico Tullio. *Manual de direito processual civil.* 3ª edição. Vol. I. tradução e notas de Cândido Rangel Dinamarco. Tradução da 4ª edição italiana do Manuale di Diritto Processuale Civile, Giuffrè, Milão, 1980. São Paulo: Malheiros Editores, 2005.

__________. O despacho saneador e o julgamento do mérito. *In: Estudos sobre o processo civil brasileiro.* São Paulo: Bestbook Editora Distribuidora, 2001.

__________. *Appunti sulle impugnazioni*. - Milano: Cisalpino-Goliardica, 1961.

LIMA, Alcides de Mendonça. *Introdução aos recursos cíveis*. 2. ed. rev. e atualizada. - São Paulo: Editora Revista dos Tribunais, 1976.

LIMA, Patrícia Carla de Deus. Sobre a possibilidade de interposição de recurso pela parte vencedora que sofreu cerceamento de defesa: algumas reflexões. *In:* NERY JÚNIOR, Nelson; WAMBIER, Teresa Arruda Alvim. (Coord.). *Aspectos polêmicos e atuais dos recursos cíveis e assuntos afins*. São Paulo: Editora Revista dos Tribunais, 2016.

LINS, Liana Cirne. Apelação contra decisão interlocutória não agravável: natureza jurídica e possibilidade de interposição autônoma. *In*: GALINDO, Beatriz Magalhães; KOHLBACH, Marcela (Coord.). *Recursos no CPC/15: perspectivas, críticas e desafios*. Salvador: Editora Juspodivm, 2017.

LIPIANI, Júlia. Reconstrução do interesse recursal no sistema de força normativa do precedente. *Civil Procedure Review*, v. 5, n.2: 45-72, may-aug., 2014.

__________. Como promover a superação dos precedentes formados nos julgamentos de recursos repetitivos por meio dos recursos especial e extraordinário? *In*: GALINDO, Beatriz Magalhães; KOHLBACH, Marcela. (Coord.). *Recursos no CPC/15: perspectivas, críticas e desafios*. Salvador: Editora Juspodivm, 2017.

LOPES, Bruno Vasconcelos Carrilho. *Limites objetivos e eficácia preclusiva da coisa julgada*. São Paulo: Saraiva, 2012.

LOPES, João Batista. Natureza jurídica do processo e tutela jurisdicional. *In*: YARSHELL, Flávio Luiz; ZUFELATO, Camilo. (Org.). *40 anos da teoria geral do processo no Brasil. Passado, presente e futuro*. - São Paulo: Malheiros Editores, 2013.

LOPES, Maria Elizabeth de Castro. Comentário ao artigo 382. *In*: BUENO, Cassio Scarpinella. (Coord.). *Comentários ao código de processo civil – volume 2 (arts. 318 a 538)*. São Paulo: Saraiva, 2017.

LUCON, Paulo Henrique dos Santos. Tutela ao contraditório: vedação à decisão-surpresa; requisito para extensão dos limites objetivos da coisa julgada; identificação das decisões imotivadas. *In*: LUCON, Paulo Henrique dos Santos; OLIVEIRA, Pedro Miranda de. (Coord.). *Panorama atual do novo CPC 2.* , Florianópolis: Empório do Direito, 2017.

LUISO, Francesco P. *Diritto processuale civile. II. Il processo di cognizione*. Terza edizione. Milano: Dott. A. Giuffrè Editore, 2000.

MACÊDO, Lucas Buril de. Coisa julgada sobre fato? Análise comparativa com o *colateral estoppel* de sua possibilidade de *lege lata* ou de *lege federenda*. *Revista de Processo*, n. 260. - São Paulo: Revista dos Tribunais, out, 2016, p. 355-412.

__________. Influência do sistema brasileiro de precedentes no interesse recursal. *In*: NERY JUNIOR, Nelson; ALVIM, Teresa Arruda. (Coord.). *Aspectos polêmicos e atuais dos recursos cíveis e assuntos afins*, v. 13. - São Paulo: Editora Revista dos Tribunais, 2017.

__________. A análise dos recursos excepcionais pelos tribunais intermediários – o pernicioso art. 1.030 do CPC e sua inadequação técnica como fruto de uma compreensão equivocada do sistema de precedentes vinculantes. *Revista de Processo*, n. 262. - São Paulo: Editora Revista dos Tribunais, dez, 2016.

MACHADO JR., Dario Ribeiro. *Novo código de processo civil anotado e comparado.* Dario Ribeiro Machado Jr. e outros; coordenação Paulo Cezar Pinheiro Carneio, Humberto Dalla Bernardina de Pinho. Rio de Janeiro: Forense, 2015.

MANCUSO, Rodolfo de Camargo. Comentários aos artigos 1.029 a 1.032. *In*: BUENO, Cassio Scarpinella. (Coord.). *Comentários ao código de processo civil – volume 4 (arts. 926 a 1.072)*. - São Paulo: Saraiva, 2017.

MANDRIOLI, Crisanto; CARRATA, Antonio. *Diritto processuale civile*, XXV ed. Torino: Giappichelli, 2016, livro digital.

MARCATO, Ana Cândida Menezes. *O princípio do duplo grau de jurisdição e a reforma do Código de Processo Civil.* São Paulo: Atlas, 2006.

MARCATO, Antonio Carlos. *Procedimentos especiais.* 17ª ed. rev., atual. e ampl. São Paulo: Atlas, 2017.

MARÇAL, Felipe Barreto. Levando a fungibilidade recursal a sério: pelo fim da "dúvida objetiva", do "erro grosseiro" e da "má-fé" como requisitos para aplicação da fungibilidade e por sua integração com o CPC/15. *Revista de Processo, vol. 292/2019.* São Paulo: Thomson Reuters, 2019, p. 199-214.

MARINONI, Luiz Guilherme; MITIDIERO, Daniel. *Comentários ao Código de Processo Civil: artigos 1º ao 69*; v. 1. 3. ed. rev. e atual. Dir. Luiz Guilherme Marinoni. Coord. Sérgio Cruz Arenhart e Daniel Mitidiero. São Paulo: Thomson Reuters Brasil, 2021.

__________; __________; *Comentários ao Código de Processo Civil: artigos 976 ao 1.044. v. XVI.* Dir. Luiz Guilherme Marinoni. Coord. Sérgio Cruz Arenhart e Daniel Mitidiero. São Paulo: Thomson Reuters Brasil, 2021.

__________; __________; ARENHART, Sérgio Cruz. *Curso de processo civil: teoria do processo civil,* volume 1. 4. ed. São Paulo: Thomson Reuters Brasil, 2019.

__________; *Novo curso de processo civil: tutela dos direitos mediante procedimento comum*, volume 2. 2 ed. rev., atual. e ampl. São Paulo: Revista dos Tribunais, 2016.

MARQUES, José Frederico. *Manual de direito processual civil. V. 1. Teoria geral do processo civil.* 7. ed. São Paulo: Saraiva, 1980.

MARTINS, Pedro Batista. *Recursos e processos da competência originária dos tribunais.* Atualizado pelo Prof. Alfredo Buzaid. Rio de Janeiro: Forense, 1957.

MATEO, Juan de Dios Doval de. *La revisión civil.* Barcelona: Libreria Bosch, 1979.

MAZZEI, Rodrigo Reis. O efeito devolutivo e seus desdobramentos. In: *Dos recursos: temas obrigatórios e atuais. Vol. 1: Parte geral.* Vitória: Instituto Capixaba de Estudos, 2001.

MEDINA, José Miguel Garcia. *Novo Código de Processo Civil Comentado: com remissões e notas comparativas ao CPC/1973.* São Paulo: Editora Revista dos Tribunais, 2015.

__________; WAMBIER, Teresa Arruda Alvim. *Recursos e ações autônomas de impugnação: teoria geral e princípios fundamentais dos recursos.* 3. ed. rev. e atual. São Paulo: Editora Revista dos Tribunais, 2013.

MELLO, Celso Antonio Bandeira de. Curso de direito administrativo. 36. ed. Belo Horizonte: Fórum, 2023

MENDES, Aluisio Gonçalves de Castro. *Incidente de resolução de demandas repetitivas: sistematização, análise e interpretação do novo instituto processual.* Rio de Janeiro: Forense, 2017.

__________; TEMER, Sofia. Comentário ao artigo 987. *In*: BUENO, Cassio Scarpinella. (Coord.). *Comentários ao código de processo civil – volume 4 (arts. 926 a 1.072).* São Paulo: Saraiva, 2017.

MENDES, Armindo Ribeiro. *Recursos em processo civil.* 2. ed. Lisboa: Lex Edições Jurídicas, 1994.

MIRANDA, Francisco Cavalcanti Pontes de. *Comentários ao Código de Processo Civil,* tomo I: arts. 1º ao 45. Rio de Janeiro: Forense, 1979.

__________. *Comentários ao Código de Processo Civil, tomo VII: arts. 496 ao 538.* Rio de Janeiro: Forense, 1975.

MIRANDA, Gilson Delgado; PIZZOL, Patrícia Miranda. *Recursos no processo civil.* 6. ed. atual. com as Leis n. 11.417/06, 11.418/06, 11.419/06, 11.636/07 e 11.672/08. São Paulo: Atlas, 2009.

MITIDIERO, Daniel. Autonomização e estabilização da antecipação de tutela no Novo Código de Processo Civil. *Revista Magister de Direito Civil e Processual Civil.* Ano XI. Número 63. Nov-dez/2014.

__________. Fundamentação e precedente: dois discursos a partir da decisão judicial. *Revista de Processo,* n. 206. São Paulo: Revista dos Tribunais, abr, 2012, p. 61-78.

MONACCIANI, Luigi. *Azione e legitimazione.* Milano: Dott. A. Giuffrè – Editore, 1951.

MONIZ DE ARAGÃO, Egas Dirceu. Demasiados recursos? *In*: FABRÍCIO, Adroaldo Furtado. (Coord.). *Meios de impugnação ao julgado civil. Estudos em homenagem a José Carlos Barbosa Moreira.* Rio de Janeiro: Forense, 2008.

MONTORO, Marcos André Franco. Interesse em recorrer contra a fundamentação da sentença, com objetivo de evitar eventual aplicação do §1º do art. 475-L ou do parágrafo único do art. 741, ambos do CPC. *In*: CARMONA, Carlos Alberto. (Coord.). *Reflexões sobre a reforma do código de processo civil: estudos em homenagem a Ada Pellegrini Grinover, Cândido R. Dinamarco e Kazuo Watanabe.* São Paulo: Atlas, 2007.

MORAES, Mauricio Zanoide de. *Interesse e legitimação para recorrer no processo penal brasileiro: análise doutrinária e jurisprudencial de suas estruturas.* São Paulo: Editora Revista dos Tribunais, 2000.

MOREIRA, José Carlos Barbosa. Tendências contemporâneas de direito processual civil. *Revista de Processo,* n. 31. São Paulo: Revista dos Tribunais, jul-set, 1983, p. 199-209.

__________. *Comentários ao Código de Processo Civil, Lei nº 5.869, de 11 de janeiro de 1973, vol. V: arts. 476 a 565.* 10 ed. Rio de Janeiro: Forense, 2002.

__________. *Comentários ao Código de Processo Civil, Lei nº 5.869, de 11 de janeiro de 1973, vol. V: arts. 476 a 565.* 17 ed. Rio de Janeiro: Forense, 2013.

__________. Tutela jurisdicional dos interesses coletivos ou difusos. *Revista de Processo,* n. 39. São Paulo: Revista de Tribunais, jul-set, 1985, p. 55-77.

__________. O processo, as partes e a sociedade. *Revista de Processo,* n. 125. São Paulo: Revista dos Tribunais, jul, 2005, p. 279-288.

__________. *O novo processo civil brasileiro.* Vol I. Processo de conhecimento. Rio de Janeiro: Forense, 1975.

__________. *O juízo de admissibilidade no sistema dos recursos civis.* Sem editora. Rio de Janeiro, 1968.

__________. Efetividade do processo e técnica processual. *Revista de Processo,* n. 77. São Paulo: Revista dos Tribunais, jan-mar, 1995, p. 168-176.

__________. *Questões prejudiciais e coisa julgada*. Tese de concurso para a docência livre de direito judiciário civil apresentada à congregação da faculdade de direito da UFRJ. Rio de Janeiro: Forense, 1967.

__________. *Direito aplicado (acórdãos e votos)*. Rio de Janeiro: Forense, 1987.

__________. Tendências contemporâneas do direito processual civil. *Revista de Processo*, n. 31. São Paulo: Revista dos Tribunais, jul-set, 1983, p. 199-209.

__________. Juízo de admissibilidade e juízo de mérito no julgamento do recurso especial. *Revista de Processo*, n. 59. São Paulo: Revista dos Tribunais, jul-set, 1990, p. 7-13.

__________. La revisión de las decisiones judiciales en el proceso civil brasileño. *In*: *Temas de Direito Processual: terceira Série*. 2. ed. Rio de Janeiro: GZ, 2023.

__________. A subserviência cultural. *In*: *Temas de Direito Processual: sétima série*. 2. ed. Rio de Janeiro: GZ, 2023.

__________. O processo civil brasileiro entre dois mundos. *In*: *Temas de Direito Processual: oitava série*. 2. ed. Rio de Janeiro: GZ, 2023.

__________. Súmula, jurisprudência, precedente: uma escalada e seus riscos. *In*: *Temas de Direito Processual: nona série*. 2. ed. Rio de Janeiro: GZ, 2023.

__________. Questões de técnica de julgamento nos tribunais. *In*: *Temas de direito processual: nona série*. 2. ed. Rio de Janeiro: GZ, 2023.

MUNHOZ, Manoela Virmond. A participação do amicus curiae: interesse, funções, regime jurídico e classificação. – São Paulo: Thomson Reuters Brasil, 2024.

NERY JUNIOR, Nelson. *Princípios do processo na Constituição Federal: (processo civil, penal e administrativo)*. 12. ed. rev., ampl. e atual. com as novas súmulas do STF (simples e vinculantes) e com o novo CPC (Lei 13.105/2015). São Paulo: Editora Revista dos Tribunais, 2016.

__________. *Teoria geral dos recursos*. 8. ed, rev., atual. e ampl. São Paulo: Thomson Reuters Brasil, 2024..

__________. Teoria da causa madura e incorreta valoração da prova oral. *In*: *Soluções Práticas de Direito - Nelson Nery Junior*. Vol. 8. São Paulo: Editora Revista dos Tribunais, set/2014.

__________. Coisa julgada e interesse recursal. *In*: *Soluções Práticas de Direito - Nelson Nery Junior*. Vol. 10. São Paulo: Editora Revista dos Tribunais, set/2014.

__________. Intervenção da união como *amicus curiae*. Deslocamento de competência. *In*: *Soluções práticas – Nery*. Vol. 4. - São Paulo: Editora Revista dos Tribunais, set/2010, p. 159-187.

__________. Reconhecimento jurídico do pedido e perda de interesse processual recursal. *In*: *Soluções Práticas de Direito – Nelson Nery Junior*. Vol. 10. - São Paulo: Editora Revista dos Tribunais, 2014.

__________; NERY, Rosa Maria de Andrade. Código de processo civil comentado. 18. ed. rev., atual. e ampl. – São Paulo: Thomson Reuters Brasil, 2019. __________; ABBOUD, Georges. Recursos para os Tribunais Superiores e a Lei 13.256/2016. *Revista de Processo*, n. 257. - São Paulo: Revista dos Tribunais, ano 41, julho, 2016.

NEVES, Daniel Amorim Assumpção. Interesse recursal e sucumbência. *Revista Dialética de Direito Processual*, n. 45, dezembro, 2006.

__________. Interesse recursal eventual e o recurso adesivo condicionado ao julgamento do recurso principal. *Revista Dialética de Direito Processual*, n. 32, novembro, 2005.

NUNES, Dierle. *Direito constitucional ao recurso: da teoria geral dos recursos, das reformas processuais e da comparticipação nas decisões. Com comentários à Lei 11.187/2005, que alterou a sistemática do recurso de agravo.* Rio de Janeiro: Editora Lumen Juris, 2006.

__________. Alguns elementos do sistema recursal: da sua importância na alta modernidade brasileira, do juízo de admissibilidade e de seus requisitos. *Revista IOB de Direito Civil e Processual Civil.* Ano VIII, n. 47, mai-jun, 2007.

__________; CARVALHO, Mayara de. Comentários ao artigo 17. In: TUCCI, José Rogério Cruz. Et al. (Coord). *Código de processo civil anotado.* Rio de Janeiro: LMJ Mundo Jurídico, 2016.

__________; BAHIA, Alexandre; PEDRO, Flávio Quinaud. Artigo 1.030. In: STRECK, Lênio Luiz; NUNES, Dierle; CUNHA, Leonardo (org.). *Comentários ao Código de Processo Civil.* São Paulo: Saraiva, 2016, p. 1.371-1.372.

__________; FREITAS, Marina Carvalho. O STJ e a necessidade de meios para superação dos precedentes. Disponível em https://www.conjur.com.br/2017-nov-22/opiniao-stj-meios-superacao-precedentes. Acesso em 30.03.2024. OLIVEIRA, Bruno Silveira de. O formalismo do sistema recursal à luz da instrumentalidade do processo. *Revista de Processo*, n. 160. São Paulo: Revista dos Tribunais, jun, 2008, p. 32/60.

OLIVEIRA, Pedro Miranda de. Seção II: Do recurso extraordinário e do recurso especial. Comentários ao art. 1.032. *In*: WAMBIER, Teresa Arruda Alvim et al. (Coord.). *Breves comentários ao Novo Código de Processo Civil.* São Paulo: Editora Revista dos Tribunais, 2016.

__________. O regime especial do agravo de instrumento contra decisão parcial (com ou sem resolução de mérito). *In*: LUCON, Paulo Henrique dos Santos; OLIVEIRA, Pedro Miranda de. (Coord.). *Panorama atual do novo CPC 2.* Florianópolis: Empório do Direito, 2017.

__________. Recurso excepcional adesivo cruzado. *Revista da ESMESC.* v. 13, n. 19, 2006.

OLIVEIRA, Claudio Ivan de. A psicologia de Tomás de Aquino: a vontade teologicamente orientada pelo intelecto. Memorandum, 17, 08-21. Disponível em https://periodicos.ufmg.br/index.php/memorandum/article/view/6662/4236. Acesso em 07.03.2024. .

PANTALEÃO, Izabel Cristina Pinheiro Cardoso. Fungibilidade recursal como um modelo obrigatório no CPC/15. *In*: GALINDO, Beatriz Magalhães; KOHLBACH, Marcela. (Coord.). *Recursos no CPC/15: perspectivas, críticas e desafios.* - Salvador: Editora Juspodivm, 2017.

PANTOJA, Fernanda Medina; HOLZMEISTER, Verônica Estrella. O agravo de instrumento contra decisão parcial e a impugnação de decisões interlocutórias anteriores. *In*: GALINDO, Beatriz Magalhães; KOHLBACH, Marcela. (Coord.). *Recursos no CPC/15: perspectivas, críticas e desafios.* Salvador: Editora Juspodivm, 2017.

PASSOS, José Joaquim Calmon de. *Esboço de uma teoria das nulidades aplicada às nulidades processuais.* Rio de Janeiro: Forense, 2009.

__________. Em torno das condições da ação – a possibilidade jurídica. *In*: DIDIER JR., Fredie; BRAGA, Paula Sarno. (Org.). *Ensaios e Artigos.* Salvador: Juspodivm, 2016.

__________. Intervenção do Ministério Público nas causas a que se refere o art. 83, III, do *Código de Processo Civil. In*: *Ensaios e artigos: volume I.* Salvador: Editora Juspodivm, 2014.

__________. As razões da crise de nosso sistema recursal. *In*: FABRÍCIO, Adroaldo Furtado. (Coord.). *Meios de impugnação ao julgado civil. Estudos em homenagem a José Carlos Barbosa Moreira*. Rio de Janeiro: Forense, 2008.

PEREZ, Marcela Melo. Qual a natureza jurídica e aspectos procedimentais da preliminar de apelação e contrarrazões prevista no art. 1009, parágrafo primeiro, do NCPC? *In*: GALINDO, Beatriz Magalhães; KOHLBACH, Marcela. (Coord.). *Recursos no CPC/15: perspectivas, críticas e desafios.*: Editora Juspodivm, 2017.

PESGRAVE, Ana Beatriz Ferreira Rebello. O problema do rol taxativo do 1015: há uma solução no CPC? Pensamos que sim! Disponível em https://processualistas.jusbrasil.com.br/artigos/460956892/o-problema-do-rol-taxativo-do-1015-ha-uma-solucao-no-cpc. Acesso em 30.03.2024

PISANI, Andrea Proto. *Lezioni di diritto processuale civile*. Terza edizione. Napoli: Casa Editrice Dott. Eugenio Jovene, 1999.

PINTO, Nelson Luiz. *Manual dos recursos cíveis*. 3. ed., ampl e atual. São Paulo: Malheiros Editores, 2002,

PINTO, Teresa Celina Arruda Alvim. O terceiro recorrente. *Revista de Processo*, n. 59. São Paulo: Revista dos Tribunais, jul, 1990.

PROVINCIALI, Renzo. *Delle impugnazioni in generale*. Napoli: Morano Editore, 1962.

REDONDO, Bruno Garcia. Apelação: o recurso adequado à impugnação da sentença interlocutória. *In:* NERY JUNIOR, Nelson; WAMBIER, Teresa Arruda Alvim. (coord.). *Aspectos polêmicos e atuais dos recursos cíveis e assuntos afins. v. 12*. São Paulo: RT, 2011.

__________. Estabilização, modificação e negociação da tutela de urgência antecipada antecedente: principais controvérsias. *Revista de Processo*, n. 244. São Paulo: Revista dos Tribunais, 2015.

REICHELT, Luis Alberto. Sistemática recursal, direito ao processo justo e o novo Código de Processo Civil: os desafios deixados pelo legislador ao intérprete. *Revista de Processo*, n. 244. São Paulo: Revista dos Tribunais, jun, 2015, p. 15-30.

RIBEIRO, Leonardo Ferres da Silva. Princípio da inafastabilidade do controle jurisdicional. In: LOPES, Maria Elisabeth de Castro; OLIVEIRA NETO, Olavo de. (Coord.). *Princípios Processuais Civis na Constituição*. Rio de Janeiro: Elsevier, 2008.

RODRIGUES, Marco Antonio. *Manual dos recursos, ação rescisória e reclamação*. São Paulo: Atlas, 2017.

ROQUE, Andre Vasconcelos; BAPTISTA, Bernardo Barreto. O novo CPC e o agravo de instrumento na recuperação judicial e falência: por uma interpretação funcional. Disponível em http://www.migalhas.com.br/dePeso/16,MI224424,81042-O+novo+CPC+e+o+agravo+de+instrumento+na+recuperacao+judicial+e. Acesso em 30.03.2024.

RUSCIANO, Silvia. Interesse ad impugnare (dir. proc. civ.) [aggiornamento-2010]. *Digesto civ.*, Utet, Torino, 772.

RUSSEAU, Jean-Jacques. *Do contrato social*. Livro digital disponível em http://www.ebooksbrasil.org/adobeebook/contratosocial.pdf. Acesso em 30.03.2024.

SÁ, Renato Montans de. *Manual de direito processual civil*. 2. ed. São Paulo: Saraiva, 2017.

SALVANESCHI, Laura. *L'interesse ad impugnare*. Milano: Dott. A. Giuffrè Editore, 1990.

SANTOS, Moacyr Amaral. *Primeiras linhas de Direito Processual Civil.* V. 1. 20 ed. rev. e atual. por Aricê Moacyr Amaral Santos. São Paulo: Saraiva, 1998.

__________. *Primeiras linhas de direito processual civil.* V. 3. 16 ed. rev. e atual. e ampl. por Aricê Moacyr Amaral Santos. São Paulo: Saraiva, 1997.

SANTOS, Ulderico Pires dos. *Dos prazos e dos recursos no processo civil.* Rio de Janeiro: Forense, 1962.

SANTOS, Welder Queiroz dos. A hora e a vez do *amicus curiae*: o projeto do novo Código de Processo Civil Brasileiro. *In*: DIDIER JR., Fredie; BASTOS, Antonio Adonias Aguiar. (Coord.). *O projeto do Novo Código ded Processo Civil. Estudos em homenagem ao Professor José Joaquim Calmon de Passos.* 2. Série.. Salvador: Editora Juspodivm, 2012.

SCHMITZ, Leonard Ziesemer. *A fundamentação das decisões judiciais: a crise na construção de respostas no processo civil.* São Paulo: Editora Revista dos Tribunais, 2015.

__________; Carolina Teodoro Falleiros. O que a experiência do procedimento-modelo alemão tem a ensinar ao incidente de resolução de demandas repetitivas do novo Código de Processo Civil. *In*: ALVIM, Thereza Arruda. Et al. (Coord.). *O novo Código de Processo Civil Brasileiro – Estudos Dirigidos: Sistematização e Procedimentos.* C[Rio de Janeiro: Forense, 2015.

SEABRA FAGUNDES, Miguel. *Dos recursos ordinários em matéria civil.* Rio de Janeiro: Revista Forense, 1946.

SERGES, Giovanni. *Il principio del "doppio grado di giurisdizione" nel sistema costituzionale italiano.* Milano: Dott. A. Giuffrè Editore, 1993.

SHIMURA, Sérgio Seiji. *Titulo executivo.* 2. ed. ampl. e atual. São Paulo: Método, 2005.

__________. *Tutela coletiva e sua efetividade.* São Paulo: Editora Método, 2006.

__________. ALVAREZ, Anselmo Prieto; SILVA, Nelson Finotti. *Curso de direito processual civil.* 3. ed. rev., atual. e ampl. Rio de Janeiro: Forense; São Paulo: Método, 2013.

SCHÖNKE, Adolfo. *Derecho procesal civil.* Tradución de la quinta edición alemana. Barcelona: Bosch, Casa Editorial, 1950.

SICA, Heitor Vitor Mendonça. Capítulo VI: Da contestação. Comentários ao art. 337. *In*: WAMBIER, Teresa Arruda Alvim. Et al. (Coord.). *Breves comentários ao Novo Código de Processo Civil.* São Paulo: Editora Revista dos Tribunais, 2016.

__________. *O direito de defesa no processo civil brasileiro: um estudo sobre a posição do réu.* São Paulo: Atlas, 2011.

__________. *Preclusão processual civil.* 2. ed. São Paulo: Atlas, 2008.

__________. *Cognição do juiz na execução civil.* São Paulo: Editora Revista dos Tribunais, 2017.

__________. O agravo e o "mito de prometeu": considerações sobre a lei 11.187/2005. In: *Aspectos Polêmicos e atuais dos Recursos Cíveis e assuntos afins. Série Aspectos Polêmicos e Atuais dos Recurso. v. 9.* NERY JUNIOR., Nelson; WAMBIER, Teresa Arruda Alvim (coords). São Paulo: Revista dos Tribunais, 2006.

__________. Doze problemas e onze soluções quanto à chamada "estabilização da tutela antecipada". In: BUENO, Cassio Scarpinella. Et al. (Coord.). *Tutela provisória no novo CPC: dos 20 anos de vigência do art. 273 do CPC/1973 ao CPC/2015.* São Paulo: Saraiva, 2016.

__________. Comentário ao artigo 1.032. In: TUCCI, José Rogério Cruz e. Et al. (Coord.). *Código de processo civil anotado*. - Rio de Janeiro: LMJ Mundo Jurídico, 2016.

__________. Comentários aos artigos 223 e 225. In: *Comentários ao código de processo civil – volume 1 (arts. 1º a 317)*. Cassio Scarpinella Bueno (coordenador). - São Paulo: Saraiva, 2017.

SILVA, Ovídio Baptista. *Curso de processo civil: processo de conhecimento, volume 1*. 4. ed. rev. e atual. São Paulo: Revista dos Tribunais, 1998.

__________. Tempo do processo e regulação da sucumbência. *Revista Dialética de Direito Processual.* Outubro-2003. Vol. 7.

__________. Direito subjetivo, pretensão de direito material e ação. In: MACHADO, Fábio Cardoso; AMARAL, Guilherme Rizzo; OLIVEIRA, Carlos Alberto Alvaro de. (Org.). *Polêmica sobre a ação, a tutela jurisdicional na perspectiva das relações entre direito e processo.* Porto Alegre: Livraria do Advogado, 2006.

__________; GOMES, Fábio Luiz. *Teoria geral do processo civil.* São Paulo: Editora Revista dos Tribunais, 1997.

TALAMINI, Eduardo. Capítulo IV: Do incidente de desconsideração da personalidade jurídica. Comentários ao art. 138. *In*: WAMBIER, Teresa Arruda Alvim. Et al. (Coord.).*Breves Comentários ao novo Código de Processo Civil* São Paulo : Editora Revista dos Tribunais, 2016.

__________. Interesse recursal. In: ARENHART, Sérgio Cruz; MITIDIERO, Daniel. (Coord.). DOTTI, Rogéria. (Org.). *O Processo civil entre a técnica processual e a tutela dos direitos: estudos em homenagem a Luiz Guilherme Marinoni.*. São Paulo: Editora Revista dos Tribunais, 2017, p. 807-826.

__________. Comentário ao artigo 356. In: BUENO, Cassio Scarpinella. (Coord.). *Comentários ao código de processo civil – volume 2 (arts. 318 a 538).* São Paulo: Saraiva, 2017.

__________. Tutela de urgência no projeto do novo Código de Processo Civil: a estabilização da medida urgente e a monitorização do processo civil brasileiro. *Revista de Processo*, n. 209. São Paulo: Revista dos Tribunais, jul, 2012, p. 13-34.

__________. Remessa necessária (reexame necessário). Revista de Direito Administrativo Contemporâneo. Vol. 24. Ano 4. São Paulo : Editora Revista dos Tribunais, mai-jun, 2016.

__________; WLADECK, Felipe Scripes. Comentário ao artigo 994. In: BUENO, Cassio Scarpinella. (Coord.). *Comentários ao código de processo civil – volume 4 (arts. 926 a 1.072).* São Paulo: Saraiva, 2017.

TAWIL, Guido Santiago. *Recurso ordinario de apelación ante la Corte Suprema de Justicia.* Buenos Aires: Ediciones Depalma, 1990.

TEMER, Sofia. *Incidente de resolução de demandas repetitivas.* Salvador: Editora Juspodivm, 2016.

__________. Recursos no incidente de resolução de demandas repetitivas: quem pode recorrer da decisão que fixa a tese jurídica? *In*: *A nova aplicação da jurisprudência e precedentes no CPC/15.* Dierle Nunes, Aloisio Mendes, Fernando Jayme. São Paulo: Editora Revista dos Tribunais, 2017.

TESHEINER, José Maria Rosa. Em tempo de reformas – o reexame de decisões judiciais. *Revista de Processo*, n. 147. São Paulo: Revista dos Tribunais, mai, 2007, p. 147-163.

THEODORO JÚNIOR, Humberto. Requisitos da tutela cautelar. *Revista de Processo*, n. 50. São Paulo: Revista dos Tribunais, abr-jun, 1988, p. 129-142.

__________. *Curso de Direito Processual Civil: Teoria geral do direito processual civil, processo de conhecimento e procedimento comum:vol. I.* 60. ed. Rio de janeiro: Forense, 2019.

__________. *Curso de direito processual civilvol. III*. 51. ed. rev., atual. e ampl. Rio de Janeiro: Forense, 2018.

__________. O agravo de instrumento e as causas do direito de família. Revista da de Direito da UFMG. Belo Horizonte, n. 50, p. 222-238, jan.-jul., 2007.Disponível em https://revista.direito.ufmg.br/index.php/revista/article/view/35. Acesso em 30.03.2024.

__________. *O problema da recorribilidade das interlocutórias no processo civil brasileiro*. Gênesis: Revista de Direito Processual Civil. V. 8, n. 30, p. 840-848, out./dez., 2003.

TUCCI, José Rogério Cruz e. *Comentários ao Código de Processo Civil: artigos 485 ao 538*. São Paulo: Thomson Reuters Brasil 2021.

__________. *A causa petendi no processo civil*. 3. ed. rev., atual. e ampl. São Paulo: Editora Revista dos Tribunais, 2009.

__________. *Lineamentos da nova reforma do CPC: Lei 10.352, de 26.12.2001, Lei 10.358, de 27.12.2001, Lei 10.444, de 07.05.2002*. 2. ed. rev. atual. e ampl. São Paulo: Editora Revista dos Tribunais, 2002.

UZEDA, Carolina. Boa-fé no processo civil. São Paulo: Thomson Reuters, 2024.

__________. Embargos de declaração com fim de pré-questionamento: art. 1.025 e os riscos para a advocacia. Disponível em: https://www.jusbrasil.com.br/artigos/embargos-de-declaracao-com-fim-de-pre-questionamento-art-102 5-e-os-risco s-para-a-advocacia/1202340675. Acesso em 12/04/2024.

VALITUTTI, Antonio; STEFANO, Franco de. *Le impugnazioni nel processo civile*. Vol. I. - Padova: CEDAM, 1996.

VASCONCELOS, Rita de Cássia Corrêa de. Princípio da fungibilidade: hipóteses de incidência no CPC de 2015. In: LUCON, Paulo Henrique dos Santos; OLIVEIRA, Pedro Miranda de. (Coord.). *Panorama atual do novo CPC 2*. Florianópolis: Empório do Direito, 2017.

VASCONCELOS, Ronaldo; GULIM, Marcello de Oliveira. Sistema recursal brasileiro e o vetor da não recorribilidade. *In*: NERY JUNIOR, Nelson; ALVIM, Teresa Arruda. (Coord.). *Aspectos polêmicos e atuais dos recursos cíveis e assuntos afins, v. 13*. São Paulo: Editora Revista dos Tribunais, 2017.

VENTURI, Elton. Suspensão de liminares e sentenças contrárias ao poder público. São Paulo : RT, 2005.

VESCOVI, Enrique. *Los recursos judiciales y demás medios impugnativos en Iberoamérica*. Buenos Aires: Ediciones Depalma, 1988.

YARSHELL, Flávio Luiz. *Curso de Direito Processual Civil*. Vol. 1. São Paulo: Marcial Pons, 2014.

__________. *Tutela jurisdicional*. 2. ed. São Paulo: Atlas, 2006.

WAMBIER, Luiz Rodrigues; TALAMINI, Eduardo. *Curso avançado de processo civil: cognição jurisdicional (processo comum de conhecimento e tutela provisória)*, volume 2. 21. ed.rev., atual. e ampl.. São Paulo: Thomson Reuters Brasil, 2022.

WAMBIER, Teresa Arruda Alvim. O conceito de sentença no CPC reformado. In: FABRICIO, Adroaldo Furtado. (Org.). *Meios de impugnação ao julgado civil*. Rio de Janeiro: Forense, 2007.

__________. Restrições indevidas ao direito de recorrer. *Revista de Processo*, n. 130. São Paulo: Revista dos Tribunais, dez, 2005, p. 249-251.

__________. Comentário ao artigo 1.001. In: CABRAL, Antonio do Passo; CRAMER, Ronaldo. *Comentários ao novo Código de Processo Civil*.– 2. ed. rev., atual. e ampl. Rio de Janeiro: Forense, 2016.

__________; CONCEIÇÃO, Maria Lúcia Lins; RIBEIRO, Leonardo Ferres da Silva; MELLO, Rogerio Licastro Torres de. *Primeiros comentários ao novo código de processo civil: artigo por artigo*. 3. ed. São Paulo: Thomson Reuters Brasil, 2020.

WATANABE, Kazuo. *Cognição no processo civil*. 4. ed. rev. e atual. São Paulo: Saraiva, 2012.

WOLKART, Erik Navarro. O fetiche dos microssistemas no novo Código de Processo civil: integrações normativas entre procedimentos para formação de precedentes e para julgamentos de processos repetitivos. *In*: *A nova aplicação da jurisprudência e precedentes no CPC/15*. Dierle Nunes, Aloisio Mendes, Fernando Jayme. São Paulo: Editora Revista dos Tribunais, 2017.

YOSHIKAWA, Eduardo Henrique de Oliveira. Prometeu (re)acorrentado: a recorribilidade em separados das decisões interlocutórias do CPC/39 ao CPC/2015. In: *Aspectos polêmicos e atuais dos recursos cíveis e assuntos afins*, v. 13. Coordenação Nelson Nery Junior, Teresa Arruda Alvim. - São Paulo: Editora Revista dos Tribunais, 2017.

ZAMPAR JÚNIOR, José Américo. O prequestionamento ficto e a admissibilidade recursal. Revista dos Tribunais, vol. 990/2018, abr/2018.

ZUBILLAGA, José L. Lopez. La doble decisión conforme em la doctrina procesal del Código de 1917. *Revista Española de Derecho Canónico*. Vol. 59. Año 2002. Enero-Junio.

EDITORA JusPODIVM

www.editorajuspodivm.com.br

Impresso por:

Docuprint

CNPJ 01.036.332/0001-99

JUS3637